走在大路上

重庆脱贫攻坚实践故事

·重庆脱贫攻坚创新实践丛书·

重庆脱贫攻坚创新实践丛书编写组　组编

重庆大学出版社

# 序
## PREFACE

◆◆

让贫困群众与全国人民同步小康，这是党和政府的庄严承诺。党的十八大以来，习近平总书记始终站在全面建成小康社会、实现中华民族伟大复兴中国梦的战略高度，坚持把脱贫攻坚摆到治国理政突出位置，提出了一系列新思想、新观点，作出了一系列新决策、新部署，为我们打赢打好脱贫攻坚战指明了方向、提供了遵循，推动扶贫事业取得举世瞩目的成就。

地处我国西南腹地的重庆，集大城市、大农村、大山区、大库区于一体，城乡发展差距较大，武陵山、秦巴山两大国家级连片特困地区汇集，区域性贫困与"插花式"贫困并存，是全国脱贫攻坚的主战场之一。2014年底，全市有国家扶贫开发工作重点区县14个、市级扶贫开发工作重点区县4个，有扶贫开发任务的非重点区县15个、贫困村1919个，建档立卡贫困人口165.9万人，贫困发生率7.1%。

习近平总书记高度重视重庆发展，始终关心重庆工作，十分牵挂重庆人民。2016年初，总书记在视察重庆时指出，扶贫开发成败系于精准，要找准"穷根"、明确靶向，量身定做、对症下药，真正扶到点上、扶到根上。2019年4月中旬，总书记再次亲临重庆视察指导，实地了解"两不愁三保障"落实情况，强调全面小康路上一个也不能少。深切的关怀，巨大的鼓舞，极大地增强了重庆广大干部群众奔向全面小康的坚定决心和必胜信念！

2020年是脱贫攻坚决战决胜、全面收官之年，是全面建成小康社会、实现第一个百年奋斗目标之年。全市上下坚决贯彻落实党中央决策部署，坚持以习近平新时代中国特色社会主义思想为指导，深学笃用习近平总书记关于扶贫工作重要论述和视察重庆重要讲话精神，坚决把脱贫攻坚作为重大政治任务，坚决执行"两个确保"和"两不愁三保障"目标标准，坚决落实"精准扶贫、精准脱贫"基本方略，全面尽锐出战，强力攻坚克难，全市脱贫攻坚的力度、资金投入的强度、政策保障的厚度、社会参与的广度、工作开展的热度持续加强，如期完成了脱贫攻坚目标任务。

经过"八年精准扶贫、五年脱贫攻坚"，重庆彻底改变了全市贫困地区的面貌，极大改善了生产生活条件，显著提高了群众生活质量，"两不愁三保障"全面实现，"两个确保"顺利完成。在这场脱贫攻坚战中，涌现出了一大批事迹感人的先进典型，也收获了许多宝贵的创新经验。榜样的力量是无穷的，用群众喜闻乐见的形式讲好扶贫故事、脱贫故事，有助于激发党员干部不忘初心、勇担使命的政治自觉，有助于引导更多的群众奋发图强、奋斗圆梦。

脱贫摘帽不是终点，而是新生活、新奋斗的起点。用好脱贫攻坚精神财富，把"扶志扶智"等好机制、好做法延续下去，巩固拓展脱贫攻坚成果，全面推进乡村振兴，需要更好地发挥先进带动、典型示范作用。"征途漫漫，唯有奋斗。"站在新起点上，用好脱贫攻坚成功经验和精神财富，苦干实干创新干，我们一定能在全面建设社会主义现代化国家新征程上创造新的更大的奇迹！

编委会

2020年5月

# 目录
## CONTENTS

走在大路上

上篇

扶贫开发重点区县

# "三师入户"让"三保障"更有温度

万州区始终坚持贫困人口稳定实现"两不愁三保障"这一脱贫标准不动摇。为切实解决"两不愁三保障"突出问题，万州区创新开展了"三师入户"活动（教师、医师、技师），构建了"1+3"（第一书记+"三师"）长效结对帮扶机制，进一步巩固了教育扶贫成果，提升了健康扶贫质量，补齐了产业发展短板，强化了住房保障力度。

活动的主要特点概括起来为"两个阶段、两个聚焦、四个全面发力"，即活动试点阶段主要聚焦深度贫困镇乡，活动实施阶段在全区范围内聚焦解决"两不愁三保障"突出问题，四个行业主管部门多措并举、多管齐下，不断推动活动走深走实。

2019年2—4月，全市18个深度贫困乡镇之一的龙驹镇开展了"三师入户"试点活动。361名教师入户走访1054户1393人次，为贫困学生送知识、送政策、送关爱，开展学习指导、心理疏导、人生向导；重庆三峡中心医院建立"医师联片包户"工作机制，组织800名医师对全镇2355户贫困户开展健康检查，筛查慢病重大疾病、送特病鉴定下乡，有效遏制了"因病返贫"；市科技局扶贫集团与区农业农村委选派100余名农技人员进村入户，对21个村居的产业扶贫项目提供技术咨询服务，帮助制定发展规划，创建专业合作社示范社，加强扶贫产业与村集体和贫困户的利益联结。

为深入学习贯彻习近平总书记在重庆主持召开解决"两不愁三保障"突出问题座谈会精神，进一步聚焦解决"两不愁三保障"突出问题，2019年4月，区扶贫开发领导小组印发了《万州区"三师入户"活动实施方案》，"三师入户"活动在全区范围内推开。**教师**入户宣传教育扶贫政策，解决贫困生就学困难问题，让贫困学生"有学上"；**医师**入户宣传健康扶贫政策，提供个性化健康管理服务，推广居民医保特病鉴定下基层，确保贫困户"看得起病"；**技师（农业技术人员）**入户指导产业发展，培育农村土专家，强化利益联结，让贫困群众的腰包"鼓起来"；**技师（工程技术人员）**入户鉴定住房安全，指导C、D级危房改造，让贫困家庭住上"放心房"。活动启动以来，区委、区政府高度重视，各牵头部门提高站位、主动担当、全面发力、全力推动。

**教师入户断"贫根"**。教师入户做到了"三个实"。**工作机制实**：建立了"1+4+3"工作机制，出台万州区"教师入户"活动《实施方案》；建立入户、日常管理、督查及考核4个制度；规范入户台账、记录表、统计表三本台账。**工作要求实**：各校细化活动方案，以学区为单元，以班主任为主体，每名教师对接不超过5名贫困学生，并建立工作台账和问题清单。**工作督查实**：组织13个督导组对活动开展情况进行常态督查。

**医师入户断"病根"**。构建了"医师入户123"工作体系。城区7家二级以上医院和44家基层卫生院建立紧密性医共体，搭建入户平台，推动实现了"小病不出村、常见病留乡镇、大病不出区"的服务模式。将贫困户分为两类入户对象。一般对象为常见病患者，由基层医疗机构负责入户；重点对象为重大疾病和慢性病患者，由区级医院负责入户。构建了三级入户模式。区级医疗专家、乡镇医务人员、乡村医生共2493人组成了451支入户服务团队，形成"区级专家巡回指导、乡镇医生上门服务、乡村医生全程管理"工作模式，实现全面健康管理与个性化服务有机结合。

**技师入户断"祸根"**。区住建委全面发力，在工程技术人员入户方面做到"2+2+2"，危房改造全覆盖，排除安全隐患。确定两类入户人员，在全区范围内选派规划、建筑、结构、园林景观、环境艺术等领域的专家48名组建区级专家团，在49个镇乡街道确定村镇规划人员196人为基层入户人员。明确两类工作职责，对贫困户房屋鉴定挂牌、指导贫困户C、D级危房改造。明确两项工作范围，贫困户一般农房由乡镇村镇规划人员入户鉴定挂牌，C、D级危房由区级工程技术人员全程指导服务。另外，还构建了"8+192"农业技术人员入户工作体系。抽调69名农业专家组成了柑橘、小水果、茶叶等8类区级专家组，每月开展4次下乡活动，对扶贫产业进行指导及分类培训，帮助贫困乡镇、贫困村解决优势特色产业发展技术问题。由镇乡（街道）选派农技人员联系全区192个村（140个市级贫困村和52个扶贫任务较重的非贫困村），至少半年1次入户指导到户产业发展，帮助贫困户组建或加入农民合作社，建立新型经营主体与贫困户的利益联结机制。

9368名"三师"人员进村入户、积极作为，"两不愁三保障"突出问题得到有效化解，脱贫成果得到有效巩固，基层组织和贫困群众反响较好。教师入户助学4.5万户次，发现并解决问题6764个；医师入户巡访患者28697人次，通过入户指导和预约治疗，治愈294人次；8支区级农技专家组开展技术指导2387次，培训"土专家"及新型农民1900余人，192名乡镇农技人员入户走访贫困户3.24万户次，开展技术指导8756次；工程技术人员完成"三类对象"房屋鉴定5.7万户，指导危改施工及验收3657户，培训农村建筑工匠250人。

# 龙驹镇

# "三查、四扶、三诊"
# 健康扶贫断"病根"

◆◆

为进一步贯彻落实习近平总书记关于解决"两不愁三保障"突出问题座谈会重要讲话精神，着力解决因病致贫、因病返贫问题，龙驹镇"三查、四扶、三诊"系列精准举措，切实落实健康扶贫政策。

**"三查"突出精准覆盖。全面检查：**对辖区3085名因病致贫人员开展全覆盖健康检查，滚动建立健康档案7748份，有效实现了辖区医疗保障100%并全面建立持续巩固机制，确保底数清、情况明。**重点筛查：**对辖区1087名患高血压、慢阻肺、类风湿关节炎、糖尿病等特病慢病人员开展集中筛查，对其中符合慢病特病诊疗证办理条件的205名采取集中统一申报办证，切实减轻群众就医负担。**个别诊查：**结合"三师入户"活动以及家庭签约医生行动，对辖区群众开展不定期健康巡诊，建立"入户诊查+定期随访"机制，建立信息化管理台账，确保群众健康档案及时更新、患病情况随时诊断。

**"四扶"突出精准保障。**采取"四个扶持"对因病致贫对象户进行分类帮扶。**纳入特病慢病政策保障扶持一批：**对符合慢病政策并有诊疗证的贫困户加大政策宣传，做好跟踪服务；对患有特殊疾病符合但未办理诊疗证的贫困户，帮助完善收集资料统一办理，目前已办理特殊病种门诊诊疗证171本。**常态信息管理帮助扶持一批：**建立居民健康档案，做好动态摸排和更新，确保对象户管理到位，健康扶贫工作开展到位。**参照政策救助扶持一批：**对患有长期慢性病但不符合诊疗证办理条件的贫困户，参照政策予以健康补助，建好台账、动态管理，确保补助精准到户，切实减轻医疗开支。**整合其他政策解决扶持一批：**对目前排查出的33名自付费用较高人员，及时开展进一步入户调查，动态管理，整合其他政策，如临时救助、大病补助等予以减轻医疗费用。

**"三诊"突出精准管理。入户随诊：**联合家庭医生签约服务团队、驻村医生、乡村医生对龙驹镇患有慢性病、重大疾病的贫困人员入户随诊，定期开展"面对面随访""一对一指导"。**定期巡诊：**采取"医师联片包户"的方式，每年开展一次辖区居民健康体检，邀请三峡中心医院健康体检中心、全科医学科专家加入家庭医生团队，提高服务能力。**远程导诊：**结合科技扶贫项目，以"智慧医院"建设为支撑，以龙驹分院为依托，加强科室间团队协作，为建卡贫困户提供高效精准的远程心电、影像等诊疗服务，提升广大贫困户的健康水平。

# 太安镇

## 乡村旅游斩"贫根"
## 践行"两山论" 走好"两化路"

太安镇是万州区梯田特色小镇，大石板千层梯田荣获"中国美丽田园"称号、重庆市100个最佳景观拍摄点。太安镇是市级全域旅游示范镇，其核心区凤凰花果山景区是国家AAA级景区、全国20条"茶乡旅游精品线路"、全国最美30座茶园、重庆市首批乡村文化乐园。

太安镇凤凰社区是"中国最美休闲乡村"、"全国首批美丽乡村建设示范村"、"全国特色景观旅游名村"、"全国乡村旅游扶贫重点村"、"全国乡村旅游模范村"、"全国生态文化村"、"全国'一村一品'示范村"、住建部第四批传统村落、重庆市38个"三变"改革试点村之一、万州区乡村振兴乡村善治示范村。太安镇高山有机茶叶"三峡银针"是中国地理标志产品、欧盟和美国有机茶认证产品，获得中国茶叶协会"中茶杯"一等奖、重庆市"十大渝茶品牌"。"林川牌茶乡香米"荣获第十一届稻米博览会优质产品称号。

### 学好用好"两山论"

太安镇把践行好"两山论"重要理念作为当前一个重要的政治任务来抓，在发挥基层党组织战斗堡垒和党员先锋模范作用上做好文章，通过党组织把舵引导、党员带头示范、激发困难群众内生动力等多种方式，将党组织建在产业链上，把党员连在致富链上。

培育"五化"产业。培育市场化经营主体，加大招商引资力度，狠抓新型农业经营主体培育。目前，全镇有农业企业8家，其中市级龙头企业2家，农民专业合作社14个，家庭农场18个，种养大户86户，建设高标准农田和生态综合治理1.1万亩，土地适度规模经营1.58万亩。**发展有机化茶产业**。注册"三峡银针"品牌，以3000亩高山茶园为核心实施有机化改造并成功通过欧盟和美国有机茶认证。在凤凰社区、河堰村新发展2000亩有机茶园，新建优质茶叶加工厂，年产有机绿茶230余吨，向欧盟出口有机片茶、荞茶200余吨，实现茶叶年产值2200万元。**发展优质化米产业**。以林川大米加工厂为龙头，注册"茶乡香米"商标，实行品种、技术、销售的统一标准化种植模式，在长乐、柏弯等5村建成1.5万亩优质米基地，年产优质大米5000吨。**发展精品化果产业**。引入业主在海拔500～1000米区域发展高山晚熟李、柑橘以及小水果等标准化果园2200余亩。种植雷竹100亩、兰考泡桐6800亩。产业基地全部实行精品化种植，投产后结合全域旅游开发集"采、品、游"为一体的农旅融合旅游产品。**发展生态化牧产业**。在柏弯村新建采用"低架网床+益生菌+异位发酵"生态养殖模式的标准化养猪场1个，建成投产后年出栏生猪2万头。在天峰村新建标准化蛋鸡养殖场1个，目前，存栏蛋鸡1.8万只。

**抓好农旅综合融合**。按照"政府引导、企业主体、群众参与、成果共享"的开发机制和模式，积极引导各类企业、社会团体采取独资、合资、承包、租赁等方式，参与农旅融合项目开发，积极打造三峡乡村旅游首选地。2019年接待区内外游客20万人次以上，旅游综合收入2000万元以上（其中凤凰花果山景区门票收入320万元）。**以农兴旅**。立足资源优势（3000亩高山茶园、1.8万亩田园）、区位优势（距万州、云阳主城区1小时内车程），太安镇把全域旅游作为引领发展的突破口，引入重庆玖凤旅游、渝甬公司等业主，投入资金8000余万元，在凤凰社区、柏弯村、法隆村、天峰村流转土地1万余亩，集中打造以"旅游观光、休闲康养、农旅一体"为特色的凤凰花果山景区、大石板梯田景区、天峰生态农业景区，先后培育了"十里荷塘、百亩花园、千亩茶园、万亩田园"等20余个特色景点。**以旅促文**。找准太安茶文化、美食文化、传统文化与全域旅游的结合点，打响"丁家楼子"土鳝鱼美食品牌，推出丁家箭楼—司南祠—气象雷达站人文旅游线路，开发"春采银针、夏享康养、秋品美食、冬观云雾"等文旅融合旅游产品，结合人居环境整治打造10个美丽院落。

**创新"三变"落地开花**。太安镇凤凰社区作为全市38个"三变"改革试点村之一，抓住"三变"改革契机，坚持问题导向，通过土地流转、股份合作、订单帮扶、金融扶贫、务工就业等多种方式的精准利益链接，努力实现资源变资产、资金变股金、农民变股东，积极探索解决当前农业农村经营机制不活、集体经济薄弱、农民群众增收乏力的瓶颈问题。

**"村集体+公司"**。全镇10个村集体入股（贫困村80万元、非贫困村40万元）参与重庆观凤生态农业科技有限公司新建生态猪养殖场，从2020年开始，每个村居每年都可实现固定分红5万元（贫困村10万元）。凤凰社区集体2016年投入资金52.5万元，联合重庆云晟建设公司、重庆艺华建设集团，组建了凤凰自来水公司，总投入150余万元，社区占股35%，几年来，社区集体每年分红近10万元。实行"景区景点+农家乐+农副产品"带贫困户模式。通过景区开发，带动贫困户融入旅游产业链，发展乡村旅游和农家乐，将农副产品变为旅游商品，实行脱贫致富。法隆、凤凰、柏弯等村在凤凰花果山景区内投资建成固定建筑物和附着物（据统计约1000万元）入股旅游景区的玖凤旅游公司实施"凤凰花果山"景区开发，由旅游公司将每年在景区门票收入的15%作为分红，每年保底分红在50万元以上，分红资金主要用于贫困村基础设施建设和贫困农户产业发展。2018年全镇培育乡村旅游示范村（点）4个，发展乡村旅游经营户62户，星级示范户10户，从业人员700人以上，经营收入达到1500万元以上。其中，全镇有近600名贫困人口直接或间接参与到乡村旅游扶贫产业中。随着乡村旅游的逐渐升温，带动邻近的柏弯、法隆、钟刘、古堰等村的特色农产品销售价格大幅提高。

**"公司+农户"**。贫困村河堰、红丰、古堰、钟刘，非贫困村天峰、醒狮、凤凰、长乐共8个村，农户将6800亩土地经营权入股到渝甬农业开发有限公司发展优质泡桐产业，每年保底分红125元/亩，投产后销售由公司负责，销售后农户每株分红40元、村集体分红5元。此项目5年投产后将带动全镇4100户农户，其中贫困农户630户户均增收1500元。

**"合作社+农户"**。凤凰社区1组按照"确权不确地、农民变股东"的土地集中流转模式发展茶叶，将182户农户（贫困户12户）的210亩土地经营权入股，联合组建重庆市乐香农业专业合作社，选出6个代表具体负责土地经营权的集中管理。预计投产后，每年茶园收入150万元以上，利润30万元，所有入股农户按股分红。

**租赁返聘**。实行"土地租赁+返聘务工"带动贫困户增收。开展农村土地经营权确权登记颁证，鼓励和引导贫困户将土地经营权有序流转。企业、合作社、大户流转全镇土地1.2万亩，发展特色种养基地，农户取得土地流转收入350余万元。同时，将土地流转后释放的贫困户劳动力组织起来，成立施肥、修剪、除草等劳务服务队，返聘到产业基地务工，让贫困户由农民变成产业工人。如重庆玖凤旅游公司在凤凰、河堰新建的1200余亩茶叶基地，将除草、施肥等后期管护返包给农户，带动140余户农户户均增收1700元，其中贫困户49户。3—4月采茶季节，重庆玖凤旅游公司每天解决务工300人以上，每人每天收入100元以上，其中，贫困户采茶单价每斤增加0.1元，每天补贴10元车费，带动了34户贫困户户均增收3200元。2018年全镇就近就地季节务工3.5万人次，其中贫困户季节务工800人次，户均增加务工收入1600元。河堰、凤凰解决贫困户常年务工12人。

# 分水镇川兴村
## "三个一"助推产业振兴

分水镇川兴村位于铁峰山南麓，"地无三分平"是地理环境的真实写照。自脱贫攻坚战打响以来，在区人武部帮扶集团的指导下，扶贫产业发生了天翻地覆的变化，贫困户产业有了盼头，腰包鼓起来了，生活变得更加美好。

### "一种信念"笃定产业脱贫促振兴

川兴村村支"两委"始终坚信产业兴则群众兴，坚持"一村一品"发展格局，笃定走好产业扶贫的发展思路，一直在积极探索、认真谋划村级产业。在万州区武装部和分水镇党委多方考察下，村里最终确定发展花椒产业，同时组建重庆万野山花椒种植专业合作社，做好土地流转，新建花椒基地近500亩，铺好了一条产业振兴之路，为川兴村脱贫攻坚打下了坚实的基础。

### "一种模式"四分助力增收促脱贫

2016年，花椒基地初期采用"聘任制"，聘请30余名务工人员长期在基地实施除草、施肥、修剪等工作，按日结算工资。一年后，花椒产量并未达到预期效果，总结原因主要是请的工人不用心，管理无责任，干事不积极，有混工的迹象。2017年合作社负责人受20世纪80年代"家庭联产责任承包制"启发，创新推出"四分"模式，切实强化了利益联结，激发了内生动力，促进了增收脱贫，实现了合作社与农户"双赢双满意"。"四分"模式包括：**土地"分片"，规划更精细**。将500亩花椒基地按地形划分为21个管理单元，每个单元少则2000株，多则4000余株，化整为零，分片管理。**管理"分户"，责任更精确**。将21个单元分给本村有务工意愿、有技术基础的21户农户，其中贫困户5户，实现承包到户分散管理。农户负责除草、施肥、打药、修枝等日常管护，合作社统一提供机械、药品、肥料等，统一安排各单元管护时间节点，统一指导操作，并按每株4.5元/年支付管理费。采摘期间，农户自行组织并指挥经过培训的人员进行采摘，合作社按照1.2元/斤支付采摘管理费，管理运行更加科学有效。**收入"分红"，管护更精心**。每一季采摘结束，以单元为单位兑现分红。每株产量在10斤以下的，按照销售收入的2%分红；每株产量在10斤以上的，按照销售收入的3%分红。按产量分红的激励模式，进一步激发了农户的生产积极性，管护也更加精心。农户蔡廷富承包花椒树4320株，获得管理费1.94万元，采摘花椒2万余斤，获得采摘费0.6万元，收入分红0.3万元，全年总收入超过2.8万元。**利润"分享"，助贫更精准。**合作社每年拿出部分利润对基地范围内贫困户开展慰问，实现了将经济效益和社会效益有机统一，扶贫助贫更加精准。目前共安排资金近万元，累计慰问贫困户15户次。

## "一种机制"巩固产销对接保双赢

完善产销"对接机制"，帮助川兴村万野山花椒种植专业合作社扩大花椒销售渠道，实现产销畅通、互利双赢。**"农餐对接"。**合作社与区内知名餐饮企业签订产销对接协议，直接将产品送进餐馆，花椒基地成为各餐饮企业的辅料基地，区餐饮协会、区烤鱼产业协会的17家餐饮企业组团到川兴村实地对接，999、小八仙、之香唐等6家餐饮企业现场与合作社签订产销对接意向协议。**"农企对接"。**合作社采取"企业+基地"模式共同发展，实现农产品加工企业、合作社、贫困户三方共赢。已与万州区方太太小磨香油有限公司建立稳定的供销关系，2019年企业签约收购花椒60吨。同时，合作社积极与树上鲜食品（集团）有限公司等企业建立对接，让龙头企业带动合作社长足发展。**"农网对接"。**引入现代物流方式，实现线上线下互动，通过互联网将花椒基地与区外大市场实现对接。合作社已与农产品移动电商"美菜网"签订产销对接意向协议，在其电商平台设立销售专区，实现产品通过网络销往全国各地。

## 龙驹镇梧桐村

# 发展"五养"新模式　创新产业新格局

　　为进一步助推龙驹镇深度脱贫攻坚，充分发挥产业扶贫带动作用，壮大村集体经济，带动群众脱贫致富，龙驹镇依托梧桐村汶上芦花鸡生态养殖基地，创新推出消费领养、社会认养、区域联养、分户散养和托管代养"五养"新模式，助推精准脱贫攻坚。

　　**消费领养**。引导帮扶单位通过消费扶贫方式，对基地养殖的芦花鸡（含为贫困户代养的芦花鸡）或贫困户自养的芦花鸡进行领养购买，基地每销售1只芦花鸡，村集体经济可增收2元，贫困户可增收18元（托管代养部分），贫困户自养部分收益全部归贫困户所有。目前，村集体和贫困户已分别增收9.1万元、7.5万余元。

　　**社会认养**。引导社会组织、企业或个人通过前期出资为贫困户购买芦花鸡鸡苗，在贫困户按要求完成养殖后，再以出资回购的方式进行认养消费。目前1000余只芦花鸡已被社会认养，贫困户将增收12万元。

　　**区域联养**。引导养殖基地与万州区后山镇、李河镇、走马镇以及云阳县路阳镇、丰都县三建乡等地签订养殖扶贫合作协议，由龙驹镇养殖基地提供芦花鸡鸡苗和技术指导，当地合作方负责建立养殖场养殖和带动当地贫困户养殖增收，形成大扶贫格局。目前养殖基地已向合作方提供芦花鸡鸡苗5万余只，预计经济生产总值将达到500万元以上。

　　**分户散养**。引导龙驹镇有劳动能力的农户和养殖意愿的贫困户参与芦花鸡养殖，贫困户通过帮扶单位、养殖基地优惠鸡苗，贫困户自己承担小部分的方式购买鸡苗养殖，养殖基地负责提供技术指导和保价回购，确保贫困户无发展养殖的后顾之忧。目前已向贫困户发放鸡苗3000余只，预计带动贫困户增收30余万元。

　　**托管代养**。引导养殖基地为无劳动能力的建卡户、困难群众每户每人代养芦花鸡50只，托管代养部分芦花鸡待销售后，按照村集体经济2元/只、贫困户18元/只的方式进行收益分红，基地与9户无劳动能力贫困户签订2020年托管代养协议，带动9户贫困户增收1.8万元。

　　依托汶上芦花鸡国家级保种场（西南基地）种源优势和梧桐村生态散养科技示范作用，全镇采用"1+5+9"模式，即1个芦花鸡养殖联合社、5个养殖专业合作社、9个行政村居，形成龙驹镇3000亩10万只芦花鸡天然林连片区养殖区域，采用"基地+专业合作社+大户+农户"的运作模式，合作联社从鸡苗优惠、技术指导、统一管理、统一标准、统一销售平台，带动群众实行科学生态养殖，培养形成产、供、销一体的市场体系，打造出区域特色品牌，带动一方脱贫致富。

长岭镇安溪村

# 发展山地高效型产业
# 摘掉"穷帽"戴上"桂冠"

❖❖

安溪村是渝东北一个典型的小乡村，位于长岭镇东部，便民服务中心距五桥城区10公里，辖区面积7.8平方公里，耕地面积3489亩，林地面积4623亩，辖5个村民小组，总人口1059户2566人，其中建卡贫困户133户358人，是市级贫困村。

## 全域旅游示范

自脱贫攻坚以来，安溪村以发展山地高效型产业为抓手，不仅摘掉了"穷帽子"，还戴上了"重庆市全域旅游示范村""重庆市绿色示范村庄""重庆市休闲农业乡村旅游示范村""万州区十大最美乡村""全国乡村治理示范村"五顶示范桂冠。长岭镇地处城郊，位于万州城市二环，距城区4公里、万州机场10公里、沱口深水港码头8公里、宜渝高速路入口6公里，"318"国道、万云南路、宜万铁路横贯境内，万忠高速、万利高速在此交会互通。而安溪村距镇政府驻地6.5公里，交通便捷，可充分享受长岭镇的区位优势，接待上在交通这方面具有地理优势。休闲农家乐天耍山庄已于2018年开门迎客，运营情况良好，正在引进业主发展民宿，休闲旅游氛围逐步成型。在"吃住"方面可提供较优质的条件，具备接待能力。

AAA级景区安澜谷即将营业，具备较好的观光旅游功能，同时，现已接待省部以上领导考察、视察20余次，在接待上具有丰富的经验。

## 脱贫成效显著

**补齐基础设施短板。** 脱贫攻坚前，全村仅有硬化公路2公里，没有一条人行便道，晴天一身灰、雨天一身泥情况普遍；村办公室极其简陋，无任何配套设施及活动场所；安全饮水覆盖率仅为76%，农村电网破旧、电压低，冰箱等家电无法正常使用。脱贫攻坚以来，已硬化道路27公里、公路34.5公里，新修并油化旅游路3公里、人行便道23.5公里。新修400平方米便民服务中心，配套完善了农家书屋、电子阅览室、卫生室，实现了电商、超市、储蓄"三进村"，建成文化展览室、党建文化广场，配备健身器材等设施。农网改造低压线路29公里，整治山坪塘50口，新建集中供水工程4处、分散供水工程8处，安装自来水管网29公里，联通980户，贫困户入户通水率实现100%。

**扶贫产业发展壮大。** 脱贫攻坚前，农业以种植榨菜等传统农作物为主，尤其是红橘，连续多年都只有几毛钱一斤，蔬菜也因为无法及时运出而烂在地里。结构老化、单一。脱贫攻坚以来，通过引进农业公司6家（瀚辉、福道源、牟亮、力牧、林友、石人滩），新建专业合作社2个，创办小微企业12家，发展致富带头人7个，引进天耍山庄农家乐1家（总投资600万元），AAA级景区安澜谷建设初具规模（总投资8000万元）。发展农业产业3000亩，其中翠玉梨1500亩，佛手、晚熟李、默科特、核桃各300亩，砂糖橘100亩，桃子200亩。另有柑橘、枇杷、西瓜、蔬菜等规模种植和特色养殖。"三变"改革逐步推动，集体经济发展壮大。

其中，翠玉梨核心示范园，在2015年9月，由重庆市农业龙头企业瀚辉农业发展有限公司破土建设，总投资300万元，总规模500亩，流转土地涉及农户77户242人，其中建卡贫困户15户35人。示范园的种植品种为翠玉梨，它的落地，为专业合作社和党员示范园的翠玉梨提供了示范和技术支撑。2019年已经实现丰产，产量30万斤，落地收购价格5元，零售价格8元，网上销售价格10元。其中一部分由水利部等各部委帮忙销售，剩余部分也全部销售完毕，后期还出现供不应求的情况，销售总体态势喜人。该园带给贫困户的收益主要来自三个部分：一是土地流转租金19万元/年（每亩380元/年），2019年收入达76万元；二是务工收入，四年来核心示范园的劳务支出就已达50万元；三是持股分红，财政投入的基础设施部分进行股权改革，已经缴纳3年，全村贫困户实现分红。

**战斗堡垒作用增强。** 脱贫攻坚以前，基层党组织软弱涣散，战斗力极弱。脱贫攻坚以来，长岭镇党委把一批懂经营、善管理、发展集体经济意识强的能人选拔进村支"两委"班子，把有见识、有头脑、有眼光的外出务工人员、本土人才请回来发展本地产业，为全村打造起一个动能强大的"引擎"，村党员76人中大专以上文化程度6人。通过组织先进模范党员深入院落宣讲宣传，无职党员在党员示范园义务劳动、党员进门牵手贫困户等形式，让党员的先进模范作用看得见、摸得着。村党支部的战斗力和核心堡垒作用得到显著增强。

**村容村貌升级美化。**脱贫攻坚以前，安溪村是2014年建档立卡识别市级贫困村，贫困发生率为10.3%，是长岭镇15个村居中基础条件最薄弱、村级经济最脆弱、贫困程度最差的贫困村。脱贫攻坚以来，贫困发生率为0.23%，村民在城镇购房421户，购买小车164辆。安溪村2015年顺利摘掉"贫困帽"，通过全村综合治理打造，兴建了一个党建文化广场，油化了一条条沥青道路，涌现出一批批美丽院落，绘制了一幅幅"会说话"的墙画，上墙了一批批村规民约、家风家训，安溪形象升级美化。

**精神文明积极向上。**脱贫攻坚以前，安溪村是有名的光棍村；脱贫攻坚以来，百姓增收，环境美化，原来的孤寡老人也有了老伴，有力促进了社会和谐稳定。安溪村还涌现出一批批先进人物，比如一大批为修公路主动迁坟、主动让地不要补偿的党员群众；一批批主动帮扶邻里管护苗木、传授致富经、共谋互助脱贫致富路的新乡贤……安溪村民的精神面貌焕然一新，社会治理安定有序，乡村善治扎实推进。

# 经验做法有效

**抓住一个核心。**通过"党建+基础设施"，新修400平方米便民服务中心。选好一批"领头羊"，通过"党建+班子建设"，把能人强人请回来。播下一批"致富种"，通过"党建+产业扶持"，将党员的先锋模范作用化作致富经。引领一批"新试点"，通过"党建+乡风文明"，在冉家院子开展"四个家"建设试点，扶贫又扶志，让乡风文明落地生根。

**抓好一个结合。**紧扣"贫困村的面貌改善、贫困户的精准脱贫、基层党组织的战斗力发挥"三条主线，在抓好脱贫攻坚的同时注重向乡村振兴转向。

**探索四条路径。**积极探索产业扶贫新路径并实现对贫困户的全覆盖。种植产业上，通过"公司+专业合作社+农户"的模式发展翠玉梨、柑橘、中药材、桃李等产业3000亩，并全面落实产业利益联结机制，目前已分红3次共计3.05万元，全村115户建卡贫困户受益。乡村旅游产业上，引入企业投资8000万元建设AAA级景区安澜谷，并给集体经济带来10万元以上的收益；休闲农家乐天耍山庄已于2018年开门迎客，运营情况良好；正在引进业主发展民宿，休闲旅游氛围逐步成型。集体经济发展壮大上，村集体发展党员示范翠玉梨园150亩，2020年进入试产，收益20余万元。"三变"改革逐步推动，积极探索集体经济入股旅游景区、"互联网+商贸流通"和农产品深加工等途径，创新土地入股、劳动分红等模式，村集体经济组织进一步壮大。人居环境得到有效改善，围绕"三清一改"、美化、亮化开展院落和农户整治。

## 柱山乡云安村

# 东西协作见真情　大球盖菇红柱山

❧

　　"红皮肤、圆脑袋，挺着白白大肚腩，这一堆、那一片，藏在草丛不露面，炒炖煮、桌上见，色香俱全人人赞。"柱山老百姓自编的顺口溜，说的正是柱山的"萌宠代表"——大球盖菇。2018年，东西扶贫协作正式拉开帷幕，它从山东跨越千里，结缘柱山。

　　千里的牵绊，始于柱山云安。云安村是万州区19个脱贫攻坚重点村之一，结对之初，该村是有名的"空壳村"，村集体经济收入为零，短期内能让贫困户"吹糠见米"的产业基本没有。2018年底，泗水县、金庄镇相关领导携天缘林下循环经济研究院到万州区柱山乡开展扶贫协作，通过实地考察，他们极力推荐在当地种植发展大球盖菇。通过科学论证、综合分析，实地多次调研考察，柱山乡决定在云安村开展大球盖菇试验性种植。

　　探索之路，总是困难重重。缺资金？自启动试验性种植之初，泗水县金庄镇定点捐赠云安村资金10万元，并逐年安排定向帮扶资金。缺技术？泗水县发改局协调济宁市天缘林下循环经济研究院负责提供菌种，安排专业技术人员选择地块、指导种植、定期现场传授管护技术，及时提供市场行情并按大球盖菇等级指导市场销售价格。山东交流到万州区挂职领导杜存业（挂职万州区委委员、区扶贫办副主任）高度关注试种绩效，多次与济宁市天缘林下循环经济研究院副院长李香红、技术员高平等人赴云安村，深入试种农户种植现场亲身示范，现场指导。缺经验？柱山乡党委政府一班人多次实地调查情况，与村干部、群众商讨，专题研究，最终确定"企业+合作社+农户"的运作模式，在天缘林下循环经济研究院的技术支持下，成立云安村豪迈专业合作社负责规划、日常管护和销售，农户提供试种地块，免费获得菌种和种植收益，并多次组织农户到天缘林下循环经济研究院大球盖菇种植基地参观学习。2018年12月，还专程组织部分种植户到四川蓬溪县参加"全国菌需物资博览会"开阔眼界。通过协作指导、深入交流、主动学习，大球盖菇种植户们在地块平整消毒、辅料选择、种植技巧、覆膜通风、温湿度掌控及采摘等环节都学到了很实用的技术。

　　等待成果，往往最是磨人。有一段时期，多户种植现场杂菌丛生，但偏偏大球盖菇迟迟未冒头，很多农户以为试种失败，有沮丧，有抱怨。云安村专业合作社及时联系技术员现场查看、指导，用药物干预使菌床逐渐改善并恢复了正常。功夫怎会负有心之人？！2019年1月，种植户段昌森的地块绽开了第一朵"报信菇"，引来了所有种植户的集体"围观"，它是黎明，更是希望。在山东技术员的指导和种植户的精心管护下，试种地块陆续出菇，10亩大球盖菇产量高达5万斤，按照每斤10～15元不等的市场指导价陆续卖售到万州主城各大农产品交易市场，销售额约60万元。项目惠及农户20户52人，其中建卡贫困户10户28人。2019年底云安村顺利通过脱贫攻坚重点村验收并位居全区前列。

云安村大球盖菇的成功试种，成效即显。家门口可以务工挣钱了，合作社有利益分红了，连以前当作废弃物的秸秆、稻壳、稻草也能派上大用场搞发展促产业，当地群众纷纷点赞称好。为进一步帮助老百姓实现稳定增收，乡党委政府拟扩大大球盖菇种植规模，并就此事与泗水县、金庄镇达成一致意见，使用东西部扶贫协作资金200万元，采取"合作社+公司基地+农户"的模式在柱山乡实施"山地高效农业食用菌种植试验推广项目"，种植面积100亩，惠及柱山乡10个村居共134户农户（其中建卡贫困户125户）。

2019年10月，大球盖菇试验推广项目开始启动，泗水县派出种植专家张忠旺驻守柱山，全程指导。现柱山乡完成大球盖菇种植面积100亩（其中示范基地50亩），建成大球盖菇盐水菇生产厂房500平方米并配套生产线设备，建成大球盖菇冷链物流冻库3个，标准化种植园区已完善路系、管网等基础设施。在销售环节，2020年初受新冠病毒疫情影响一度出现产品滞销，以江南新区为牵头单位的各帮扶集团、贫困村第一书记主动作为，打通四川、广州、上海等售货渠道；邀请万州电视台等多家媒体开展网络直播，现场直销大球盖菇；乡党委书记张永明、乡长谢云军等领导亲自代言，将鲜菇直接送到了万州区各大医院、学校和部门的食堂；慕名而来的人们携家人结对到基地体验采摘农耕文化乐趣，现阶段已出现供不应求的局面。2020年3月下旬，已累计销售大球盖菇鲜菇约12万斤，销售收入84万元，制作盐水菇1万斤，销售收入2.5万元。旺产期产量累计达40万斤，销售收入240万元。

2020年，柱山乡与泗水县、金庄镇又在产业协作方面结合柱山乡作为"重庆市历史文化名镇"的总体规划，把大球盖菇种植作为全乡主导产业推广扩面，打造知名品牌，建成全区乃至全市大球盖菇生产加工基地、观光采摘体验基地，让大球盖菇"柱山产"走向更广阔的天地。

山水之间，是真挚诚恳的付出，是倾情相助的情谊，是守望，是牵挂，更是齐鲁人民的深情所托。真情之至，唯以努力，与泗水、与金庄共同书写东西扶贫协作佳话！

# 黔江精神再迸发　摆脱贫困奔小康

黔江区立体交通

"八七"扶贫攻坚时期，黔江地区贫困群众面对"赤贫千里"的无奈现实，以"敢教日月换新天"的革命气魄，众志成城向贫困宣战，谱写了"北有临沂、南有黔江"的扶贫奇迹，孕育了"宁愿苦干、不愿苦熬"的黔江精神。2014年底有贫困村65个，贫困人口11430户40641人，贫困面达29.8%，贫困发生率8.1%。脱贫攻坚战打响以来，黔江区深学笃用习近平总书记关于扶贫工作重要论述，坚持以脱贫攻坚统揽经济社会发展全局，于2017年摘掉戴了30余年的贫困县"帽子"，群众认可度达96.87%，成为重庆市及武陵山连片贫困地区首批通过国家评估验收的摘帽区县之一，被国务院扶贫办列入全国首批、重庆唯一的"贫困县摘帽案例研究"样本区县之一。

## 弘扬升华"宁愿苦干、不愿苦熬"的黔江精神，凝心聚力共战贫

严格落实"双组长制"，区乡村"三级书记"抓脱贫，34名区级领导"定点包干"，全区党员干部尽锐出战，285名区级以上干部组成65支贫困村驻村工作队，5052名干部与贫困户

黔江区黄溪镇共林村春种

"一对一"结对帮扶，2327名乡村教师入户家访7万余次，749名白衣天使上门随访服务3万余人次。依靠干部、教师、医生"三支队伍"实现结对帮扶全覆盖，同时讲好"我的扶贫故事、我的脱贫故事、我的创业故事"三个故事，4万余名贫困人口不等不靠，自力更生战贫困，形成帮扶干部、贫困群众、致富带头人等各类群体都"比学赶帮超"的浓厚氛围，涌现出荣获全国脱贫攻坚奋进奖的王贞六，"三个土家老汉一台扶贫戏"的滕树文、陈正文、滕树长，带着妻子去扶贫的"最美扶贫人"杜建等先进典型。成功举办全国驻村帮扶工作培训班，得到国务院扶贫办副主任夏更生"黔江早在20世纪八九十年代就创造了'宁愿苦干、不愿苦熬'的黔江精神，在脱贫攻坚伟大实践中，黔江精神又放射出时代光芒，是扶贫战线的一面旗帜"的高度肯定。

## 牢固树立"两山论"，坚持走好"两化路"

按照对外打通"大动脉"、对内畅通"微循环"的思路，在全市率先实现村道公路"6个100%"，武陵山机场10条航线联通北京、上海、成都等国内一线大城市，渝怀铁路、渝湘高速、黔恩高速纵贯全境，"铁、公、机"立体交通体系日臻完善，黔江与全市、全国、全世界的距离逐渐缩小，发展桎梏被打破，发展动力不断增强。依托全区森林覆盖率65%、城区空气质量优良天数达357天和全市无重金属污染区县等优势，大力推动生态产业化，深耕产业链，大力培育"3+X"特色产业，发展亩收万元立体农业10万亩，粮经比调至40∶60，全市深度贫困镇金溪镇粮经比调至10∶90。蚕茧产量连续8年居全市第一，连续11年获"全国生猪调出大县"奖励，荣获"中国猕猴桃之乡""中国脆红李之乡"等称号，农业产业覆盖贫困户在90%以上。立足喀斯特地貌独特地质禀赋，推动"旅游+扶贫"，全方位打造"全景黔江"，变脱贫攻坚"主战场"为旅游开发"新高地"，带动全区10万余名老百姓吃上"旅游饭"。

## 始终坚持"人民对美好生活的向往就是我们的奋斗目标"的服务宗旨，攻坚克难共建小康

聚焦深度贫困地区，累计投入财政涉农资金50余亿元用于脱贫攻坚，贫困村通畅率、村民小组通达率均达100%，安全饮水、安全用电、广播、电视、互联网实现全覆盖；基本形成"一村一品"产业发展格局；村村建有200平方米以上便民服务中心和标准化卫生室。聚焦深度贫困人口，按照"六个精准""五个一批"要求，贯彻精准方略，实施收入、住房、教育、医疗、饮水、日间照料"六大专项行动"，因户施策，全区贫困户每户有1~2项稳定增收项目，没有一个贫困人口因贫失学辍学，所有贫困人口基本医疗得到保障（住院自付比例9.73%、慢病门诊自付比例18.58%、特病门诊自付比例11.21%）；建卡贫困户住房安全问题全部解决，动态清零农村C、D级危房；"两不愁三保障"突出问题得到有效解决，贫困人口全部脱贫。

鸟瞰黔江区白土乡三塘村烟地

## 金溪镇

# "苦干不苦熬" "主战场"变"示范地"

金溪镇位于黔江区西南面，距黔江城区21公里，辖区面积84平方公里，辖8个村（居）、51个村民小组，5257户14880人，耕地面积2.8万亩，林地面积9.1万亩，森林覆盖率59%。全镇建档立卡贫困户507户1988人全部脱贫，脱贫攻坚"主战场"正变为乡村振兴"示范地"。为全国驻村帮扶工作培训班提供了4个高质量现场考察点，得到国扶办夏更生副主任高度称赞；金溪镇的变化得到了市长唐良智，副市长李明清、屈谦（时任）的充分肯定。

### 建设"五好"基础设施，镇容村貌焕然一新

近年来，金溪镇下足"绣花"的功夫，聚焦生存条件、产业发展、社会保障、内生动力、基层组织"五大短板" 精准发力，推动脱贫攻坚落地落实。大力推进基础设施建设，区、镇、村、组"四位一体"互联互通路网格局已经形成，群众安全饮水基本保障，8个村（居）全部接通动力电，4G网络实现全覆盖，天然气站建成点火，标准化卫生室和文化室成为各村标配，农村垃圾实现"组保洁、村收集、镇中转、区处理"，实施易地扶贫搬迁166户611人，精准改善生存条件。

金溪镇护工赴主城医院上班

金溪镇群众美德传承

## 建立益贫带贫机制，脱贫致富保质保量

金溪镇建立了产业益贫机制、利益联结机制和消费扶贫机制三大机制，精准实施产业扶贫。已发展蚕桑10452亩，优质蔬菜5390亩，猕猴桃、青脆李等特色水果5407亩，水产养殖215亩，中蜂养殖1700箱，粮经比由2016年的90：10调整为10：90，形成了"蚕桑+N"一主多辅的产业格局。全市首条自动化养蚕生产线建成投用，在地桑园面积跃居全市乡镇第一，山地现代蚕业基地初具规模。同时打造"金溪护工""金溪被服"两个就业扶贫品牌和"金溪农场"消费扶贫品牌，就业培训5期240余人，360余人实现稳定就业，基本实现"户户有产业，家家有收入"。

## 落实民生政策保障，贫困群众安康幸福

大力开展教育扶贫，适龄儿童义务教育入学率达100%；集镇卫生院整体搬迁即将投用，医疗条件明显改善，建立困难群众医疗保障体系，大病、急病、慢病得到有效救治，贫困户住院自费比例降至10%以下，门诊费20%以内；完成D级危房改造34户、非D级破旧房改造128户，实现"家家能安居"。农村常住居民人均可支配收入不断增加，2018年增长10.1%，达到11965元，高于全区平均水平159元；2019年增加1483元，增长12.39%，达到13448元。

## 注重开展"志智双扶"，引导激发内生动力

引导群众发扬"宁愿苦干、不愿苦熬"的黔江精神，不断激发干事创业的激情，全面提振群众的"精气神"，涌现出敢于碰硬、勇于吃苦的"拼命三郎"杨胜前，背起责任装满决心的"背包书记"田杰，用活新媒体的"点子书记"全克军等一批优秀的"领头雁""好榜样""党小组"先进典型，反映群众内生动力的"土家族三老汉、一台扶贫戏"被国家和市级主流媒体广泛宣传，呈现出户户话发展、人人争先进、发展日日新的景象。长春村成为市级"三变"改革试点村，脱贫攻坚工作被国扶办宣教中心作为典型案例进行研究。

## 中塘镇

# 真不"愁"更有"保障"
# 竭力解决"两不愁三保障一达标"

◆◆

　　中塘镇下辖5个村（社区），其中兴泉社区、迎新村于2014年被确定为国家级贫困村，贫困发生率为15.62%。新一轮脱贫攻坚战以来，镇党委政府坚持精准方略，着力解决"两不愁三保障一达标"突出问题，动态调整建卡贫困户579户2227人全部脱贫，辖区农民人均纯收入从3500元提高到12177元，实现了"镇脱贫、村销号"目标。

　　**扎实发展产业，脱贫基础深厚牢固。**探索"企业引领，专业合作社和大户带动"的产业发展模式，全镇规模流转土地2.2万亩，大力发展脆红李、猕猴桃、油茶、茶叶等特色产业，脆红李、猕猴桃栽种亩数实现"双过万"，特色产业覆盖农户90%以上，覆盖贫困户达

黔江武陵山上，三磊集团农业板块带动周边村舍种植猕猴桃，畅销全球

92%。市级乡村振兴示范点兴泉社区美丽乡村建设示范效应初步显现，深度贫困双石村立足地理优势，发展茶叶基地1500亩，胜利村建成油茶基地2000亩，全镇粮经比实现20：80（其中兴泉居委实现10：90），"一村一品"产业发展和"农业生态化、生态农业化"格局

中塘镇深度贫困村双石茶叶基地

基本形成，所有贫困户都有一个以上持续稳定的增收产业，有力保障了群众脱贫增收，有效巩固了脱贫成效。

严把"三个精准"，脱贫成果真实可靠。严把识别关。落实镇级扶贫信息员2名，村级扶贫信息员5名，实行常态化扶贫信息管理。坚持"三不纳入六纳入"，扎实开展"两摸底"调查，共计排查脱贫监测户3户11人，边缘户13户38人。严把帮扶关。在深入排查的基础上开展六大专项行动，集中力量解决"两不愁三保障"突出问题，全面推动"收入、住房、教育、医疗、饮水、日间照料"问题农户"清零"，贫困发生率下降至0.06%，实现一般农户"零致贫"、住房和饮水安全100%的目标。严把退出关。按照《重庆市扶贫对象动态管理办法》规定，严格执行贫困户"一出三不出"的退出标准和"两评议两公示一比对一公告"的退出程序，45户154名贫困人口达到脱贫标准并通过脱贫认定。

聚焦"四个保障"，脱贫质量过关过硬。教育有保障。政府、学校、家庭三管齐下，建立完善保学保教机制，对因病、因残学生实行送教上门服务，实现义务教育阶段贫困学生入学率100%。医疗有保障。完成镇卫生院、兴泉社区、中塘社区卫生室升级改造。组织居民健康状况入户调查，开展家庭医生签约服务4072人。2019年实施大病救治573人次，全镇贫困户合作医疗参保率达100%，兑现参合资助34.6038万元。住房安全有保障。扎实开展住房安全"清零"行动，全面解决辖区群众住房安全问题。共计完成D级危房改造7户，破旧住房"五改"8户，搬迁至李家溪安置区11户33人，实施易地扶贫分散安置6户35人，并及时兑现政策补助资金，群众住房安全问题得到解决。饮水安全有保障。通过从舟北水厂引水，对海拔630米以下区域进行城市集中供水。对原中塘水厂实施升级改造，解决了海拔630米以上农户饮水问题。建设双石村自来水厂一座，新建500立方米、30立方米蓄水池各一个，维修100立方

米蓄水池一个，保障全村3348人安全饮水。通过集中供水或分散供水方式，2019年共安装管道135公里，全面实现了辖区群众饮水安全。

**强化"三个落实"，扶贫成效稳定长效。强化责任落实。**镇村两级党组书记扎实开展遍访贫困户行动，遍访面达100%。抓好党建促脱贫攻坚，加强镇村两级干部选拔任用机制，2019年调整支部书记2人，聘用村级专职干部3名、本土人才2名。严格落实驻村工作队帮扶责任，与镇村干部同吃同住，全程参与推进脱贫攻坚工作。持续开展扶贫领域作风和腐败问题专项治理，开展扶贫领域"以案四说"警示教育。**强化政策落实。**大力实施就业扶贫，组织农村实用技能培训5期250余人次，成功就业60余人。开发非全日制公益性岗位15个用于解决贫困户和困难人口就业，落实生态护林员岗位30个用于解决贫困人口就业。积极落实小额扶贫信贷。累计发放140户贫困户扶贫小额贷款646万元，户比例24.14%，无一例违规发放或逾期恶意拖欠现象发生。高效落实"两项制度"，推动两项制度双向衔接，全镇337户788人低保对象中有建卡人口173户436人。**强化工作落实。**高质量完成中央巡视整改任务2个，国家2018年成效考核、审计反馈问题3个。高效率推进基础设施建设，建成"四好"农村路5条，完成段溪河段河堤建设工程，完成兴泉社区、中塘社区、双石村整村农网升级改造，4G网络信号及光纤覆盖率达100%。

## 小南海镇新建村

# 依山傍水好风光　乡村旅游致富忙

黔江区小南海镇新建村地处黔江区小南海镇北部，距黔江城区38公里，辖区土家十三寨2017年8月成功申创国家AAAA级旅游景区，该村先后荣获"中国宜居村庄""中国美丽乡村""全国少数民族特色村寨""中国传统村落""中国美丽乡村示范村""重庆首个土家体育竞技场"等称号，拥有全国首个土家族民俗生态博物馆——武陵山民俗生态博物馆，是全国保存最完整、规模最大的土家吊脚楼群。该村是贫困村，2015年实现整村脱贫，有建卡贫困人口64户215人，已全部脱贫，低保户35户73人，特困人员9人，残疾人50人。

2014年以前，该村主要靠传统的种植业、养殖业、劳务输出、部分运输和批发零售业为生，产业结构单一，2013年全村农民人均纯收入7103元。全村基础设施滞后，农户用电、饮水不方便，人畜共厨、人畜共厕等较为严重，垃圾、污水四处可见。

近年来，该村依托小南海AAAA级景区和土家十三寨AAAA级景区优势，以乡村旅游为主导，不断完善基础设施、挖掘土家民俗文化、提升旅游服务质量、打造"中国跑客节"等系列品牌活动，促进农民增收致富。2019年全村农民人均纯收入达12300元。

**激活旅游资源，完善配套要素**。土家十三寨具备得天独厚的优势资源，在保护好十三寨古村落、生态环境、民俗文化的基础上，按照"望得见山，看得见水，记得住乡愁"和"一寨一品"的要求，建设完善有景观价值的景点和有特色文化的体验项目，有效激活了十三寨乡村旅游资源。建成一批有吸引力的主题景点，包括山歌实景体验场、土家体育体验园、老街盐茶古道集市、农耕体验场、土家民俗馆、月色荷塘等，让游客感受独特的民俗文化。串联一批小景点，完善范公祠（以长生为主的文化）、公社粮仓（不同时期的粮仓文化）、怀清娘娘（丹砂女王故事）、王杨氏贞节牌坊（近代女英雄故事）、双生泉（双胞胎故事）等丰富旅游内容。完善旅游配套要素，推广以"十三碗"为主的土家美食，推出以吊脚楼为主题的特色民宿民居，形成以民俗文化为主题的十三寨乡村旅游品牌，真正让优势资源转变为发展资源。

小南海镇新建村厨艺培训现场

**优化产业结构，增加旅游收入**。实施"乡村旅游+文体农商"产业融合发展模式，实现"户户搞旅游、家家有产业、人人有就业"的发展目标。**壮大特色民宿**。出台激励政策和招商引资，提档升级农家乐为特色民宿，分级次、分类型推动特色民宿发展，提高民宿经济效益，带动150余人就业。**培育文化展演**。成立3支文化演出队伍（山歌传承队、

小南海镇新建村旅游扶贫，村民跳摆手舞

土家婚俗文化队、民俗文化队），打造成十三寨乡村旅游文化品牌，并把文化服务推向旅游市场，实现文化资源变经济效益，带动近60人增收。**壮大旅游地接服务**。依托载情旅游服务公司，提升地接服务水平，加大与区内外旅行社合作，打造一支专业的地接服务队伍，组织策划亲子游、同学会、战友会等团队活动，带动20余人就业。**壮大餐饮服务**。推出"十三碗"、苞谷粑、茴香鱼等特色美食，提高餐饮接待能力和小吃摊特色品牌，带动近100人增收致富。**强化旅游体验**。培育以农耕文化为主的研学产业，丰富真人CS、丛林素质拓展、黄包车、马车、抬轿、自行车等收费性体验项目，带动30余人就业。**培育电商服务**。打造十三寨特色旅游商品，招商建成集针织、刺绣、缝纫于一体的扶贫车间一个，带动40余人在家门口就业，其中贫困人口14人。开展土家刺绣培训，建设电商实体店，将扶贫车间和电商实体店有机结合，实现自产自销，把土家刺绣、农产品干货、蜂蜜、手工艺品推向旅游市场，加大线上线下销售。**培育中医药康养**。规模流转土地2120亩，带动周边村民因地制宜发展蚕桑100亩，种植茶叶200亩、中药材450余亩，栽植花卉苗木800亩，养殖土蜂2000群。

促进文旅融合，实施品牌工程。突出提升民族文化软实力，深度挖掘十三寨吊脚楼民居、古村落、土家民俗等文化，打造民俗文化品牌、策划民族节庆活动、包装文旅产品，真正实现文化提升旅游内涵、旅游市场推动文化传承的融合发展。核心打造"长生文化"、巴清女神"女性文化"、土家"民族文化"、巴楚"古道文化"，建成中国第一个土家乡情陈列馆，实现传统文化传承有地、溯源有根。**着力打造旅游品牌**。立足景区优势资源，创意提出"土家十三寨"景区品牌营销口号；结合水源地保护不能大规模开发的实际，巧妙地将体旅结合，创意打造"中国跑客节"活动品牌；结合底蕴深厚的民族文化，创意打造"山歌发源地""土家体育竞技场"等景点。**创意策划旅游营销**。先后开展"中国跑客节""土家山歌擂台赛""武陵山同宗同族粽子文化节""我与女寨主有个约定""过大年土家泡汤宴""土家人自己的春晚"等系列旅游营销活动，"土家十三寨"知名度、旅游丰富度和吸引力大幅度提升。**促进文体农旅融合**。注重挖掘传承民俗文化品牌，以民俗文化提升旅游内涵，以旅游为载体传承民俗文化，推进"一寨一品"文化挖掘包装，组建了一支农民文艺队，打造了一台原生态文化戏，保护了一批古寨吊脚楼群，包装"土家十三碗"美食品牌；打造黔江非物质文化遗产传习基地，常年举办山歌擂台赛、非物质文化遗产传习活动。利用文化影视传媒，打造影视拍摄和媒体采风基地，吸引全国多家摄影协会前来采风，成功拍摄了电影《蜜月》《撼山瑶》，电视专题片《乡土》；在十三寨主要取景拍摄的电视连续剧《侯天明的梦》在中央电视台展播并获得"第28届中国电视金鹰奖荣誉提名奖"。

突出党建引领，实现共同富裕。增强基层组织影响力和号召力，组建"板夹溪联合党委"，以新建村辐射带动周边荆竹村和双堡村，以强带弱，共同构建党员联管、服务联抓、资源联享、文化联创的党建格局。建立村集体、村民、大户利益联结机制，搭建良好的返乡创业平台和致富增收平台。**壮大集体经济**。成立由村集体控股的载情旅游公司，主要从事承接旅游团队餐饮住宿等地接服务，承接研学、夏令营、科普培训等旅游活动，经营土家十三寨特色旅游商品销售，2019年营业收入达200万元，村级集体经济不断发展壮大，努力提升基层党组织带动发展的影响力。**实行民宿旅游联盟**。组织十三寨近50家民宿或农家乐形成发展联盟，实现"三统三共"（统一平台、统一品牌、统一标准，共建共营、共营共享、共享共赢），促进乡村旅游良性竞争、标准规范，实现经营户共同盈利。**实施"电商+基地+大户+农户"机制**。提升十三寨特色商品品牌形象，加大电商线上线下销售力度，有效带动大户和农户生产特色农产品。**打造返乡创业平台**。提供创业环境，出台丰富商业业态政策、回乡创业政策，提供更多就业岗位，同时调动挖掘乡村工匠、老手艺人、老农人的潜在价值，提供展示空间，将传统乡村技艺、乡村文艺、乡村美食等自有资源在寨民的参与下激活重生，转化为乡村旅游发展的价值要素。

## 太极乡太河村

# "四措施"破解"四障碍"
# 脱贫攻坚见实效

❖

黔江区太极乡太河村位于黔江区南面，距离黔江城区35公里，辖区面积10.78平方公里，耕地面积4000亩；辖5个村民小组，565户2376人，有党员44名。长期以来，太河村受位置偏远、交通不便、自然条件恶劣、群众观念陈旧等因素制约，一度成为全乡的"落后村"，曾被作为后进基层党组织整顿对象。近几年，太河村支部、村委会一班人发扬"宁愿苦干、不愿苦熬"的黔江精神，抢抓机遇、乘势而上，积极争取基础设施建设，大力发展蚕桑主导产业。经过区、乡、村三级干部"精准扶贫、精准脱贫"，2015年以来全村64户建档立卡贫困户261人实现脱贫，太河村顺利实现整村脱贫，农村人均可支配收入达到了11800元。

**凝聚发展合力，破解内生障碍。** "火车跑得快，全靠车头带。"太河村始终坚持把加强党支部建设摆在重要位置，强化党员教育和管理，以党建促发展，以党员作示范，有效发挥党支部战斗堡垒作用和党员先锋模范作用。村支书阮涛新建一个供育室和室外大棚，年产茧50担以上，带动周边3户贫困户增收致富；村主任庹清海租赁1000平方米的撂荒桑园托管中心（配备标准化养蚕大棚和省力化设备），流转周边百余亩撂荒桑园，每季养蚕达60张，并带动5户贫困户发展蚕桑产业。同时村支部加强班子队伍建设，近两年新发展党员2名，将2名后备干部培养成为村干部。通过示范引领、典型带动，村级组织的凝聚力、战斗力不断增强，群众充分认识到自己是脱贫攻坚的受益主体，脱贫

太河村二组黄大田易地扶贫搬迁集中安置点

攻坚变干部"独唱"为干群"大合唱"，干群关系空前融洽，群众参与热情高涨，内生动力得到有效激发。

**坚持路水先行，破解发展障碍。**"前坡后坎，居住分散，缺水少路，生产不便"是太河村贫穷的烙印，太河村村支"两委"深刻认识到"要想富先修路"，决定把加快基础设施建设作为改善贫穷落后面貌的基础工作、作为农户增收致富的先决条件，把"想群众之所想，急群众之所急"作为服务群众的根本理念。积极争取乡党委政府、区交通局、区农业农村委和帮扶部门的大力支持，近年来全村新建和改扩建产业路13.2公里，硬化通组公路16.3公里，硬化人行便道20公里，实现农村公路"接干通组入户"。积极争取区水利局支持，大力实施整村人饮提升工程，建成清洁蓄水池21口，安装安全饮水管道4万米，全村实现饮水安全；积极争取区电力公司支持，新装变压器5台，更换下户线3.6公里，新立电杆228基，农村用电得到全面解决。

**实施易地搬迁，破解住房障碍。**2015年初，太河村干部和驻村工作队在走访中发现少数群众居住在位置偏远、生产生活条件严重滞后的沟壑山谷之中，并因建房资金和建房用地问题仍居住在危房中，村支"两委"一班人积极争取乡党委政府支持，统一思想，创新思路，精心选址，决定大力实施易地扶贫搬迁，采取统规代建和统规自建相结合的模式，规划建设占地面积10亩的黄大田居民点，集中解决边远群众居住问题。2015年7月正式启动，2016年8月完工投用，搬迁入住21户78人，其中建卡贫困户6户19人，低保贫困户5户15人，让贫困户一步住上好房子，逐步过上好日子。

**强化产业支撑，破解致富障碍。**太河村村支"两委"一班人着眼于长远和全局，立足生态优势，瞄准贫困对象，因地制宜确定以"蚕桑为主、种养结合、立体发展、循环利用"产业发展路子，推开了发展产业增收致富的"大门"。通过近几年发展，太河村已形成了以蚕桑产业为主，猕猴桃、烤烟、中药材为辅的产业发展布局。现有在地桑园1500亩，蚕棚223间8690平方米。2019年养蚕1686.5张，产茧72189公斤，产值270万元；2020年产茧1500担，实现产值300万元。现有猕猴桃800亩，烤烟80亩，中药材800余亩，特种养殖户2户实现产值100万元。其中，贫困户养蚕27户，种植猕猴桃12户，种植烤烟2户，大户带动10户贫困户增收致富。同时，依托蚕桑优势，采取"菜+桑+鸡"模式，努力实施立体农业综合增收计划，调整农业产业结构，增加农业产业附加值，确保贫困户稳定脱贫。

## 金溪镇长春村

# 改革引领　精准施策
# 抱团发展显成效

距黔江城区15公里，辖区面积7.56平方公里，下辖5个村民小组，共622户1934人，有建档立卡贫困户51户193人（已全部脱贫），低保户28户53人，特困人员12人，残疾人45人。2017年10月以来，长春村深学笃用习近平总书记关于脱贫攻坚重要论述，立足村情实际，坚持以脱贫攻坚为统揽，以推进"三变"改革为抓手，聚焦解决"两不愁三保障"问题，着力推动全村经济社会全面发展。2019年农村人均可支配收入达10526元，长春村成为市级"三变"改革试点村。2019年8月，为全国驻村帮扶工作培训班提供了高质量现场参观点。全国扶贫宣传教育中心把长春村确定为扶贫典型村，相关成果将以图书形式全国发行，CCTV-2、新华社、《半月谈》均对长春村产业发展情况进行了报道。

**坚持"党建引领"，领出干事创业新气象。**抓牢基层组织这个"主心骨"，建强基层堡垒、厚植群众基础，壮大集体经济，推动乡村振兴组织有序、战斗有力。从全市卫生帮扶集团选派高学历中层干部田杰到村担任扶贫工作队第一书记，履行"贴近群众、不忘宗旨、精准扶贫、刻苦拼搏"承诺，一个背包、一顶草帽，扎根长春。将党支部划分为3个党小组，回引在外创业民营企业家万书秦回村任支部书记，构建村级脱贫攻坚战人才支撑体系，长春村党支部从"软弱涣散"的"后进党组织"转变为引领能力日益增强的"先进基层党组织"。规范党务公开、村务公开、财务公开、便民服务程序公示和文化展示墙等，提升居民自治意识，大力发展集体，2019实现集体经济收益16万元。

**深化"三变"改革，改出产业发展新活力。**自2017年9月，长春村坚持运用"三变"改革这个法宝，按照"党支部+合作社+农户"模式和"村集体+企业+合作社+农户"经营方式，按土地入股农户占比30%、合作社领办人员占比30%、村集体组织成员占比40%的比例，成立5个以土地折价入股的合作社，积极发展以蚕桑为重点的特色产业，357户（贫困户41户）入股参与"村社联营"，全村入股经营土地达2781亩，土地入股率达81.19%，推动1600余亩撂荒地变产业基地，5个合作社先后实现股份分红，累计发放红利50余万元。村民收入来源从以外出务工、传统种养殖业主为主渠道变为务工收入、保底、分红等多渠道并存，实现

金溪镇长春村蚕桑养殖脱贫见成效

"流转土地收租金、进社务工收薪金、入股合作分利金"三金齐收，强化利益连接让"资源变资产、资金变股金、农民变股东"，"造血式"扶贫成效明显。

发展"立体农业"，调优产业结构提效益。坚持因地制宜、长短结合，在充分论证产业项目的基础上，选择技术成熟、政策配套好、龙头带动强、市场风险率低的蚕桑产业作为主导产业，大力实施"亩产万元立体农业行动"，创新发展"桑+菌""桑+菜"一地多种、一地多收、种养结合模式，形成"蚕桑+N"山地特色高效农业布局，农业结构持续调整优化，实现环境与发展双赢。目前，建成蚕桑产业2560亩，特色水果387亩；套种羊肚菌等蔬菜1898亩，全村粮经比达10：90。2019年，实现产蚕茧600担、产值100余万元，2021年将实现产茧4000担、产值700万元以上，彻底扭转产业"多杂散小"局面。

激活"三乡人才"，发挥创业创造能动性。用心打好"乡情、乡愁、事业"三张牌，通过项目带动、政策扶持、情感引导等措施，积极引导城市资本下乡、能人回乡、村民兴乡，全面激发乡村人才创业动力。吸引北大毕业生潘先珮放弃百万年薪工作来长春村养蜂创业，成为带领长春村村民致富的产业带头人。回引外出务工人员李绍君返乡创业，创建黔江区金溪镇长春村露菲合作社，发展蚕桑969亩，带动99户农户实现就近务工，户均年收入增长8000元。引导腾树文、腾树长、陈正文3名近70岁的村民抱团成立合作社发展，带动农户栽桑养蚕，脱贫奔小康，成为"土家族三老汉、一台扶贫戏"的新闻人物。深入开展农村实用技术培训，大力培育新型职业农民，每年邀请专家开展蚕桑种养殖等农村实用技术讲座10批次以上，培训500人次以上。

　　增强"文化内核"，繁盛乡村文化树新风。以创建"全国文明城区"为载体，深入开展社会主义核心价值观、农村社会公德、家庭美德等宣传教育。广泛开展"十星级文明户""最美家庭""新乡贤""身边好人"等评比活动，强化家风家训收集整理，精心制定《长春村村规民约（试行）》《长春村干部八条军规》，不断规范村民言行举止，约束村干部的权力在制度下运行，着力构建自治、法治、德治相结合的乡村治理新体系。积极争取资金强化文化基础设施建设，建成藏书达800余册的村级图书室，配套建成老年活动中心及群众性文化体育设施。常态化组织村民开展合作社社员联谊等文化体育活动，持续抓好文化自愿服务、文化"三下乡"等文化服务品牌建设，开展"送文化"下乡活动20余次，村民文化生活得到极大丰富，陈规陋习得到有效根除。

　　建设"生态家园"，整治农村环境增颜值。强化基础设施，切实改善全村生产生活条件，实施住房"五改"，着力推动"厕所革命"，家家住上安全房，户户用上卫生厕；全村通村通畅率、安全饮水保障率、动力电覆盖率、4G网络信号及光纤覆盖率实现全覆盖。完成村公路沿线绿化20公里、庭院绿化40亩、"四旁"植树50亩，配备容量1吨的大型箱体9个、可回收600升容量垃圾箱体3个、简易型200升容量垃圾塑料桶35个，农村生活垃圾治理实现"户集、村收、乡镇转运、区处理"。全面推行农村人居环境整治"5个5"工作机制，积极开展村庄清洁行动，清理存量垃圾1344吨，建立人居环境整治长效机制，实行人居环境卫生评比流动红、灰、黑旗制度，每月一评比，每月一公示，村民参与

长春村现代化蚕房

环境整治的积极性和主动性得到激发。按照产业生态化、生态产业化的绿色发展理念，通过发展"蚕桑+"立体农业2500余亩，森林覆盖率由2016年的59%提高至65.8%，美丽宜居村庄绽放新颜。

## 沙坝镇木良村

# 结对帮扶"显身手"　贫困村庄"换新颜"

沙坝镇木良村认真落实《关于加强贫困村驻村工作选派管理工作的指导意见》精神，在攻坚深度贫困村过程中建强"一线突击队"，壮大"扶贫生力军"，派最能打的人、攻最坚的堡垒，全面激活驻村帮扶最大潜力，实现帮扶效能"最大化"，推动贫困村"换新颜"。

### 过去与现在

木良村原来是一个集骨干产业"空白村"、集体经济"空壳村"于一体的典型落后村，基础差底子薄、经济发展滞后是打响脱贫攻坚战前的缩影。通过近五年的扶贫帮扶，昔日穷村旧貌换新颜，生态美、产业兴、百姓富的美丽画卷正逐渐铺开，成为沙坝镇甚至黔江区高质量打赢脱贫攻坚战的一个典型。

木良村位于沙坝镇西部，毗邻彭水郁山镇，距离黔江城区32公里。下辖4个村民小组，有526户1664人，劳动力800余人。2019年全村人均纯收入7173元，主要收入来源为务工及种养殖业。2015年以前，木良村被列为市级贫困村，面临着不少共性与个性问题：基础设施落后，全村通达骨干村道不足10公里，硬化不足1.5公里，整村人畜饮水未实施，电力容量不够，供电极为不稳定。产业发展困难，木良村90%以上均为坡地，加之交通不便，产业发展成本高、收益低，陷入了发展不了、不愿发展的"恶性循环"。贫困面大，贫困户内生动力不足，低保户、五保户、建卡贫困人数多，农户思想素质较为落后，"等靠要"思想较为突出。2014

年底，木良村建卡贫困人口94户308人，贫困发生率13.5%。

自2015年脱贫攻坚号角吹响以来，经过长期结对帮扶、科学指导、精准施策，木良村在基础设施、产业发展、群众增收等方面发生了巨大变化，群众满意率、幸福感直线提升。2017年顺利通过国家第三方评估验收，实现整村脱贫。

驻村工作队扶持返乡创业青年李小洪发展蚕桑产业

## 帮扶与指导

始终坚持把选好驻村工作队，充分发挥帮扶、带动作用作为决战决胜脱贫攻坚的关键性举措来抓，牢固树立"组织派干部、干部带干事"的用人导向，坚持"扶真贫、真扶贫"的工作取向，激励广大驻村干部、帮扶队员立足本色、转换角色，真心下沉、真情帮扶。

结合木良村实际，坚持"缺什么人就派什么人"的原则，选派党群"能手"，帮助抓班子带队伍；选派涉农"专家"，帮助兴产业提质效；选派政法"高手"，帮助调解矛盾纠纷，确保应派尽派、精准选派。五年来，共选拔了3名政治素质好、道德品行好、公道正派作风好，组织协调能力强、带富能力强，热心服务群众的"三好两强一热心"党员干部，全面对接45户贫困户的帮扶指导，全力改变基础设施建设落后、产业发展基础薄弱的面貌。

中信集团、区委直属机关工委等帮扶单位具体联系指导木良村，并实行驻村干部与派出单位项目、资金、责任"三捆绑"，坚持"干部当先锋、单位作后盾"的驻村工作机制，实现一个干部"派下去、到一线"，整个单位"动起来、帮到底"。2015年以来，中信集团共投入资金150万元，设立了"木良村医疗帮扶基金""木良村教育帮扶基金""木良村安全饮水入户项目"，建成投用木良互助养老中心，带动周边村（社区）28名困难老人实现"老有所养、病有所医、困有所扶"；建成渝东南片区首座村级"光伏扶贫电站"，惠及木良村贫困户382人，为木良村25～30年的集体经济提供了稳定来源；建成标准蚕房700平方米，以租赁的形式缓解农户发展蚕桑产业前期投入资金较大与农业产业见效较慢的矛盾，涌现出了"仁义忠信，乐善不倦"的驻村第一书记肖鸣。区委直属机关工委在木良村开展"党员下基层，担当做表率"活动，木良村党组织、贫困户或脱贫巩固户结成"对子"，广泛开展互联互通、共建共促活动，不断提升党组织战斗力，搭建与贫困群众的"连心桥"。

## 成效与变化

按照政府统筹主导、单位帮扶引导、群众自我发展的方式，木良村经过五年多的"革命"，实现了基础建设逐渐强起来、产业发展逐步旺起来、村容村貌全面好起来的转变，走出了一条符合新时代总体要求、具有自身特点亮点的脱贫攻坚典型之路，为其他贫困村高质量脱贫提供了宝贵的成功经验。

**基础设施明显改变**。2015年以来，通过驻村干部调研、对接单位帮扶、群众自我完善等方式，对基础设施建设完善进行了"大手术"，一举改变路不通、电不通、水不通的落后面貌。目前，累计投入资金1000余万元，新建、维修农村"四好"公路13公里，建设人畜饮水池113口，投资700万元完成农网升级改造。**人居环境明显改善**。2015年以来，完成卫生改厕158户，易地扶贫搬迁42户741人，C、D级危房改造13户，组织群众1500人开展人居环境整治150次，解决了贫困群众居住环境差、住房安全得不到保障等难题。**特色产业加快发展**。把发展产业作为决战决胜脱贫攻坚战的关键性举措来抓。2015年以来，共发展蔬菜、特色水果、蚕桑培育种植700余亩，合计流转土地900余亩，涉及200余户农户，其中贫困户52户；打造了木莲山花果园乡村旅游示范点，实现以花卉种植观赏、特色餐饮带动土地流转、群众致富，形成了"一村一品"的产业格局；中信集团投入60万元，成立了种子扶贫发展基金，解决21户贫困户发展产业资金周转难问题。**社保体系不断完善**。城乡居民医疗保险参加1495人，参保率达95%，贫困人口参保率达100%；全村941人参加养老保险，参保率占应参保人数80%以上；建卡贫困户中共有9户35人纳入民政低保；实现贫困户家庭应保尽保。

木良村驻村工作队因户施策扶持低保贫困户发展中蜂养殖

# "两金一链" 摆脱贫困的 "定心丸"

根据自然资源条件，结合传统农业习俗，涪陵区紧紧依托榨菜集团、太极集团两大国有上市龙头企业为主导的 "2+X" 扶贫产业体系，大力发展农业专业股份合作社。涪陵榨菜是重庆市农村经济中产销规模大、品牌知名度高、辐射带动能力强的优势特色产业，"涪陵榨菜""涪陵青菜头"品牌价值分别达147.32亿元和24.38亿元，青菜头种植涉及23个乡镇街道60万农民。其中建卡贫困户种植青菜头12200余户，实现销售收入3000余万元，户均纯收入达2160元，较上年增收15%，实现了在疫情影响下稳定带贫增收。

## 倾力倾心支持　精准精细帮扶

脱贫攻坚以来，涪陵区狠抓产业扶贫这个根本，出台《深化落实"2+X"现代山地特色高效产业惠贫带贫利益联结机制的实施方案》，按照每发展一个符合条件股份合作社财政补助资金25万元的标准，因地制宜支持发展股份合作社，其中5万元作为村集体经济组织股份，用于贫困户慰问、救助、帮助发展生产等，7万元用于合作社基础设施建设、发展生产；8万元作为村集体经济组织扶贫基金，用于入社贫困户点对点股份分红，实现了贫困户到入社会员、"股民"的转化；另外5万元用于与合作社签订协议的龙头企业股金。2019年，全区以村为单位新组建发展农业专业合作社255个，其中榨菜股份专业合作社197个。

## 创新推广"两金一链"　利益联结多方受益

全面推广"龙头企业+合作社+贫困户"带贫惠贫模式，榨菜集团等龙头企业与全区197个榨菜股份专业合作社全面签订粗加工订单生产协议，合作社按照每吨30元标准缴纳履约保证金，同时合作社又与入社农户签订保护价收购合作协议，每户按30元标准缴纳履约保证金，建立起了两份保证金，专业合作社上联龙头企业、下联贫困户的产业带贫惠贫利益链。通过"两金一链"机制，粗加工前移到合作社，解决了企业用工难、收储有限的难题；合作社成为榨菜企业第二生产车间，保证了粗加工利润，促进了合作社发展，增强了联企联农的实力；合作社保护价订单收购，价格得到了有效保证，增强了建卡贫困户种植积极性，增强了内生动力，从而实现了建卡贫困户、合作社、龙头企业三方受益。让企业、合作社、建卡贫困户都吃上"定心丸"，增加了抵御市场风险能力，实现了贫困户到大市场的紧密"链"接。

## "包销＋分红＋务工" 摆脱贫困增收多渠道

合作社与入社农户及建卡贫困户协约约定，雨水节前砍收的青菜头，合作社以每吨760元的保护价收购，并对建卡贫困户等贫困对象实行优先收购。2020年收购旺季正值疫情暴发，为有效应对疫情对榨菜产业和贫困户增收影响，全区组建专项督查指导组开展全覆盖巡回指导督导，37家榨菜企业和197户榨菜股份合作社主动作为、各司其职，采取"价格承诺、分散设点、同价同步"等措施，先后设立收购网点2000余个，分散售菜人群，各机关、企事业单位组织志愿砍收队，在做好疫情防护的前提下，积极帮助缺劳贫困户、大户砍收，全区青菜头比往年提前5天完成收购，实现了应收尽收。来自百胜镇中心村的建卡贫困户袁亮，2019年在村里揽了近30亩地种植青菜头，由于加入了合作社，签订了订单，种植面积增加了20余亩，2020年砍收青菜头近80吨，扣除肥料和雇工成本，能挣4万余元，脱贫不是问题，这还仅仅是一季的收入。经测算，全区建卡贫困户增种面积近1/4。同时，像袁亮这样加入该村合作

涪陵区建立"两金一链"实现贫困户"链"接大市场，青菜头上架风脱水

社的贫困户共有28户，2020年享受村集体经济组织扶贫基金8万元5%的保底分红和合作社加工盈利10%的二次分红，并优先到合作社粗加工务工就业，每户净收入1000余元。

疫情期间，由于以村为单位合作社的建立，方便了交售，全区青菜头得到了及时收砍，未造成建卡贫困户经济损失，同时利益联结机制的诚信契约效应带动了贫困户明显增收，真正做到了"战疫""战贫"两不误。

石沱镇长益村郑礼容给技术员讲解培训新技能

## 大顺乡新兴村

# "'三变'＋村资管会"盘活资源
# 持续巩固脱贫惠贫成果

涪陵区大顺乡新兴村建立村集体资产管理委员会平台，盘活农村闲置土地资源，闲置房屋资产、资金，激活农民土地承包经营权、宅基地使用权、集体收益分配权，不断壮大村级集体经济，推进农村"三变"改革，持续巩固脱贫惠贫成效。

## 畅通资本进入渠道，创新集体经济运作新机制

**成立组织机构，落实村资"领导层"**。建立以村集体为载体、村民为主体的新型集体经济运管组织——村集体资产管理委员会（以下简称"资管会"）。资管会设主任、副主

任各1名，委员21名，下设理事会、监事会，分别负责集体经济日常经营管理和财务监督。

**明确运管原则，规划运作"路线图"**。资管会按照市场化运作原则，对村集体所有的土地、森林、荒地、水域等自然资源，村民小组委托代管的村组集体资源，以及农户闲置资产进行收储、回购，建立闲置资源资产"预收储"台账，同时科学拟定产业发展规划。通过招商引入城市和外来资本，开发特色产业项目，实现集体与个人利益共享、农村与城市合作共赢。

**制订分配方案，建立利益"共同体"**。资管会采取村民代表审议、党员评议、资管会成员决议的"三议"决策机制，拟定招商项目年收益分配比例方案：村集体分红40%，主要用于村基础设施建设、人居环境整治、村民福利、贫困对象慰问等公益性支出；村民小组集体分红35%，按各村民小组集体资产资源的额度比例进行分配；项目所涉农户分红10%；村辖区扶持对象占5%；资管会分红10%，用于日常工作、服务和公益性支出经费。

## 盘活闲置资产资源，探索扶贫产业经营新模式

**"资管会+企业+宅基地置换"**。资管会依据农户提交的自愿退出宅基地书面申请，与其签订补偿协议，同时将农户的房屋产权过户到集体，委托给资管会，纳入闲置资源资产"预收储"台账，实行统一经营运作。资管会对宅基地按照集体统一测算、商议的补偿标准，进行分类收储补偿。农户另有住房的，资管会按补偿标准，一次性足额兑付农户补偿款。农户无其他住房且愿意接受安置的，由资管会统一安置于居民点。原房屋补偿款有结余的，一次性足额支付给农户；补偿款不足以用于安置，且农户为贫困户等特殊人群时，由资管会托底安置80～120平方米住房。农户一直在外生活，本村无其他住房，且自愿将房屋出租给集体统一经营的，由资管会支付租金，对农户房屋进行托管经营。资管会根据收益分配方案给予农户二次分红。如重庆半亩塘旅游有限公司在该村3组打造"半亩塘"乡村民宿项目，租用闲置宅基地16户2870平方米。按照项目合同约定，由资管会将公司支付的61.87万元收储补偿款一次性兑付给农户，并按15%向公司收取资源

共享农庄全景

租赁服务费9.28万元，一年后按每月1元/平方米标准，向公司收取环境卫生服务费。资管会根据收益分配比例，每年对获得的综合收益进行二次分红。

共享农庄农耕体验区

**"资管会+企业+农户土地入股"**。资管会对农户和贫困户土地经营权进行代管，按照每亩一股标准，对土地进行丈量清算、量化确权，并与农户和贫困户签订股权托管经营协议。三方构成经济共享体，农户及建卡贫困户专注生产、资管会专心服务、企业专做市场开发。如重庆正亿和农业开发有限公司在该村3组开发天宝都市农庄项目，租用450亩土地发展体验式农业。资管会每年按照100元/亩收取资源租赁服务费，抽取公司盈利2%作为管理服务费，构成资管会综合收益。农户和建卡贫困户每年除从企业获得800元/股的土地入股保底分红、务工收入外，还可获得资管会综合收益二次分红。

2018年以来，大顺乡新兴村成功引进城市资本建设农业"三产"融合发展项目9个，盘活闲置宅基地4230平方米、土地1656亩，村集体和农户共获得各种收益244.3万元，农户另获得项目劳务报酬40余万元，受益农户108户423人，带动贫困户42户。

## 脱贫攻坚乡村振兴，实现同步发展新业态

**注重与收入分配利益相结合。**大顺乡新兴村在引进项目时明确提出，新发展产业必须优先吸纳建卡贫困户就地就业，增加贫困户稳定收入。目前，引进的项目共提供贫困人员就业岗位57个，2018年以来支付务工报酬34.8万元，年人均增收3000元。将集体分红收益的2%作为专项扶贫基金，用于扶贫慰问和临时救助。2018年以来，该村拿出4.06万元，对全村76户建卡贫困户进行全覆盖慰问，对遭遇突发事件、重大疾病的9户家庭给予救助。

**注重与文旅扶贫发展相结合。**依托地域特色优势，引进和发展特色、有机、可持续产业项目。如天河寨共享农庄项目，以发展全程可监控、可体验有机农业为主题，打造城乡共享田园新模式，推出"有机米种植+乡村民宿"旅游套餐，发展会员65个，每年收取入会费用20余万元，为每名会员提供300斤有机大米和4天免费游玩福利。该项目在扩大订单农业市场的同时，吸引一大批城市游客到村"过夜游"，拉动农特产品及住宿餐饮业等乡村旅游综合消费。

　　**注重与人居环境整治相结合。**通过出租宅基地使用权提高农户经营性收入的同时，同步解决农户，特别是贫困户住房问题，让危房变新房，改善人居环境。通过项目企业出资对农户和建卡贫困户宅基地旧房及周边环境进行打造，变"脏乱破败"的普通农房为环境怡人的乡村民宿。目前，通过此类模式，该村已消除危房21户，规范化整治农村院落7处。

　　**注重与村集体经济发展相结合。**大顺乡新兴村因地制宜，探寻破解村集体经济"空壳化"问题之路，通过整合优势资产资源，参与项目承包租赁、合股联营，实现集体资产、资源保值增值，增强集体经济组织的"造血"功能。2018年8月以来，加上脱贫攻坚结对共建上级拨付扶持资金20万元，该村集体经济已由2017年负债20余万元扭亏为盈74万元，实现集体增收与农民致富"双推进"，基础建设与乡村风貌"双提升"。

<br>

大木乡宣王村

# 因地制宜发展乡村旅游<br>书写脱贫新篇章

<br>

　　大木乡宣王村距涪陵城区60公里，属喀斯特地貌，平均海拔1200米，辖区面积10.1平方公里，有林地1.2万亩，耕地3753.4亩。近年来，大木乡宣王村以产业扶贫为根本之策，推动集休闲、观光、农产品采摘等为一体的乡村旅游业蓬勃发展，变"输血"为"造血"，有力促进了贫困群众增收致富，成为涪陵区内促进农业产业结构调整、带动贫困户就业、繁荣农村经济的典范村。

## 成立合作社铺就"致富路"

　　2012年，宣王村成立乡村旅游专业合作社，在村内流转620亩土地，发展起集休闲、观光、农产品采摘等为一体的新型农业示范园（即红河谷采摘园）。

　　合作社把农户种植传统的、分散型农业，进行有效的资源整合，形成有规模、生态、立体新型农业示范园。同时，合作社采取流转农民土地，再聘请农民为专业合作社种植果树，使农民两头受益，旱涝保收，降低了农民从事农业的风险。合作社共吸纳15户贫困户入股，定期为他们分红。示范园不仅在吸纳村民就业、为村民提供收益上发挥积极作用，同时示范园还成为村里乡村旅游的重头戏。这几年，村里顺应时节，围绕示范园内种植的李子、桃子等果树开展观花、水果采摘等活动，不断吸引游客前往游玩。

坐落在宣王村的富邑山庄一年100余万元的纯收益靠的就是宣王村红火的乡村旅游。据该山庄老板李娅介绍，村里有10余家成规模的农家乐，她们家的规模最大。从2013年开门迎客起，仅她家就吸纳当地10余名村民在此就业，其中含有5人贫困户，如今他们都通过务工顺利脱贫。此外，富邑山庄每年还拿出30万～40万元向当地贫困户定向收购山羊、土鸡、蜂蜜、天麻、蔬菜等农产品，供游客购买消费，助力贫困户脱贫致富。

成功脱贫的贫困户洪仕海就是一个典型例子。2015年前，洪仕海一家因病致贫，为了帮助洪仕海一家脱贫，富邑山庄开门营业后，李娅坚持每年向其购买80～110头山羊，2000余斤糯玉米。洪仕海一家也因此在一年内就顺利脱贫。近两年，洪仕海又扩大了山羊养殖规模和糯玉米种植面积，长期给大木乡内20余家农家乐提供山羊、糯玉米等食材。如今，洪仕海一跃成为村里致富能手，年收入超过20余万元的他也开始帮助当地的贫困户发展产业奔向致富路。

## 多方合力促发展 转型升级成典范

在乡村旅游一片兴旺的背后，宣王村也意识到防范同质化竞争的重要性。近两年来，宣王村围绕榜样带动、产业支撑、创新提质出击，积极谋求乡村旅游转型升级、提升档次。

在榜样带动上，宣王村推荐廖明祥、余登合、夏树山3名致富带头人，先富带动后富，对10户贫困户进行帮扶。通过解决贫困户农产品回购、销售及劳务就业问题，实现帮扶贫困户年户均增收7000元以上，切实解决贫困户自身"造血"功能不足和长效增收机制缺失的问题。

在产业支撑上，宣王村对有意愿、有能力独立发展产业的建卡贫困户，进行分类指导，积极支持独立发展产业。有条件发展乡村旅游的，支持发展农家乐；有条件发展休闲观光产业的，支持发展配套产业；不具备独立发展产业的，支持就近务工等。如该村47岁的贫困户孙成碧就是通过务工成功脱贫。根据时节分别在示范园和富邑山庄务工的她，按照目前的上工量，一年仅在家门口务工收入就超过2万元。此外，加上其丈夫在外务工的收入、家中土地流转收入4200元、村内乡村旅游专业合作社年底分红等各项收入，全家全年总收入超过6万元。

在创新提质上，围绕乡村旅游，宣王村2020年与长江师范学院进行"产学研"合作，挖掘宣王村文化并与乡村旅游深度融合。如开展的"中国民间剪纸技艺传授与宣王村文创活动"，积极探索文化富民。同时，宣王村在2018年积极与农业院校合作，谋划发展"万亩火棘"旅游观光项目和食品加工产业。2019年3月，宣王村正式启动火棘旅游观光项目，护养本地野生火棘，种植火棘10万余株。

如今，宣王村可春看桃花红、夏吃糯玉米、秋看红枫叶、冬赏火棘林。宣王村通过不断丰富乡村旅游元素，打造独属于宣王村的山水游、文化游、节庆游、体验游，使乡村旅游一年四季不断。

同乐乡实胜村

# 以"四项工程"为引领
# 真抓实干促脱贫

同乐乡实胜村地处涪陵区坪上地区，与武隆区临界，地势两山夹一沟，居民多居住在沟谷狭长地带。全村辖区面积7.5平方公里，辖328户1150人。昔日，实胜村劳动力大量外出，在村里居住的以老人、儿童为主，过着"种田、守家、带孙娃"的庸常日子，全村基础设施较为落后、产业发展薄弱。2015年以来，在上级帮扶部门和社会各界的支持帮扶下，村支"两委"团结带领全村干部群众，强力实施"四项工程"，着力推动基层组织、特色产业、集体经济、乡风文明建设，取得突破性发展。多次在全区大会作扶贫工作先进发言，被评为2019年涪陵区红旗村。

## "党建引领"，让基层组织"强"起来

坚持把村支部党的建设作为推动脱贫攻坚的核心引力和关键推力，充分调动党员干部真抓实干积极性，组织和发动群众自力更生建设美好家园。

组织党员干部及群众代表外出考察学习，强化外训提能，与新城区集团党支部结对共建，积极争取支持，帮助村里解决生产生活实际问题，切实把脱贫攻坚工作做实做细、做出成效。组织党员干部以及贫困户代表外出参观考察林下养鸡项目，鼓励党员干部和广大群众发展林下养鸡产业。

## "产业振兴"，让贫困户钱袋"鼓"起来

实胜村地处山谷，过去以传统粮油种植为主，经济效益不高，群众增收困难。村支"两委"坚持把特色农业产业发展作为乡村振兴的根本之策，确立了以中药材种植为主导、其他产业为辅的脱贫攻坚"造血"模式，有力奠定了群众持续稳定增收的产业基础。

推行适度规模经营，壮大主导产业。邀请农科院专家对村里的土样、水样进行监测，结合气候、海拔等自然条件和市场需求确定特色产业布局。建立"专合社+基地+农户（贫困户）"模式，动员群众流转土地32亩，交由专合社托管，发展绿色水稻订单种植，实现了物资采购、管护标准、销售渠道"三统一"。农户和贫困户在基地务工，也可选择"反租倒包"、单位和个人保底回收等方式，户均增收1000元以上。争取资金20万元，成立重庆市涪陵区石子溪中药材种植股份合作社，全村种植中药材（苦荞头、前胡）250亩，贫困户种植面积达50亩，全村贫困户均入股合作社；利用农业综合整治项目，争取到区果品办20万元果树种植项目，发展晚熟李种植250余亩。

充分发挥驻村工作队作用，帮助全村35户贫困户因户制宜制定产业规划，积极鼓励贫困户发展果树种植、中药材种植、优质稻种植、养殖生猪等产业，助推贫困户增收致富。

积极联系对口帮扶单位，争取到资金103.6万元，硬化"四好"农村公路8.2公里；争取资金18万余元对多处道路塌方进行抢险重建。联系涪陵区城市管理局新城区管理中心和重庆天华照明有限公司来实胜村实施亮化扶贫工程，在主公路沿线安装太阳能路灯35盏，为乡村旅游搭建一个好的平台。

## "三治融合"，让乡村风气"好"起来

坚持自治、法治、德治"三治融合"，建立"基层党组织引导+社会各方参与"的"一核多元"乡村治理体系，实现了民主管村、依法治村、以德兴村的有机结合。

**以理服人，实现民主管村**。坚持问题导向，制定村规民约，及时更新公示各项惠民政策，主动接受村民监督。通过村规民约，积极引导村民参与人居环境整治。**以法管人，实现依法治村**。落实专人负责法治宣传工作和矛盾纠纷调解，常年开展法治文化进村、法治宣传进户、法治知识进脑、法律服务进社等普法教育活动，引导干部群众知法守法、懂法用法、依法维权。近五年全村无一例刑事案件发生，民事纠纷调解率达到100%。**以情感人，实现以德兴村**。积极听取和采纳群众对村支"两委"提出的意见和要求，积极帮助有困难的群众解决问题40余件。尤其是在走访中了解到4社建卡贫困户李静（女，64岁，原名李昌美）在实胜村生活了33年，至今都没有户口，给她的生活带来诸多不便（尤其是看病就医、买保险和外出等）。在核实了相关信息和情况后，把她的户口落实了，得到了贫困户的高度评价。

# 江东街道太阳村

# "五强"工作法　决胜脱贫攻坚

江东街道太阳村有建档立卡贫困户34户139人。近年来太阳村不忘初心，坚定信心，尽锐出战，攻坚克难，坚持目标标准，聚焦"五个加强"，不断巩固脱贫成果、提升脱贫质量，2019年贫困户实现全部脱贫。

## 强党建引领

脱贫致富，关键靠支部。村党支部不断增强扶贫工作的核心领导和引领作用，把责任和使命扛在肩上，把脱贫任务抓在手上，用心用情用力打好打赢脱贫攻坚战，建立了以党支部为核心的"龙头企业+股份合作社+农户（贫困户）"的新型农村经济发展模式，真抓实干，迎难而上，精准施策，围绕"**一个主题**（脱贫攻坚），突出**两条主线**（精准产业扶贫、'志智双扶'），狠抓**三个主业**（花椒、中药材、蔬菜）"，带动和惠及全村40%的村民和90%的贫困户在股份合作社获得收益。

脱贫致富，贵在立志弃惰。坚持常态化遍访贫困户，增进了解和感情交流，教育引导贫困群众树立脱贫志气和信心，摒弃"等靠要"思想。通过组织工作队队员、党员、致富能人的带动引领，"院坝会"、培训会、摆"龙门阵"式的宣讲政策、鼓士气、扶志智，激发他们摆脱贫困的内在愿望和内生动力，变"要我脱贫"为"我要脱贫"，全村形成了人人不当贫困户、户户争创致富人的良好氛围。贫困户肖光碧过去比较懒惰，成天喊困难不愿脱贫，在村支"两委"和驻村工作队重点资助帮扶下，她不仅种植了2亩花椒，还养了猪和鸡，现在逢人就喜笑颜开地说"我已经脱贫了"。

## 强产业"造血"

产业扶贫是支撑脱贫致富的长效保障。针对太阳村山高坡陡的资源优势和地理特征，积极引导走"一村一品"的特色产业化发展路子，改变传统种养业的低效方式，引导农民和贫困户以土地（流转）入股，在合作社里打工，依靠股份合作社收益的扶贫产业发展模式。2018年千方百计引进专业化龙头企业发展花椒产业基地600亩，次年产销鲜花椒18万斤，实现产值60余万元。2019年建立了"太阳村扶贫产业试验示范园"，流转土地120亩，种植了优质西瓜、蜜橘、柠檬、小黄姜等，同时依托太阳村乡村旅游资源发展集采摘体验、休闲观光于一体的多元化产业模式。在村党支部主导下，成立了"太阳村奥王花椒种植股份合作社"和"太阳村邻晗中药材股份合作社"，带动全村80余户农户和建卡贫困户实现持续稳定增收。2020年伊始，全村34户贫困户在花椒合作社领取了"分红证"，家家户户都得到了100余元的"红利"。

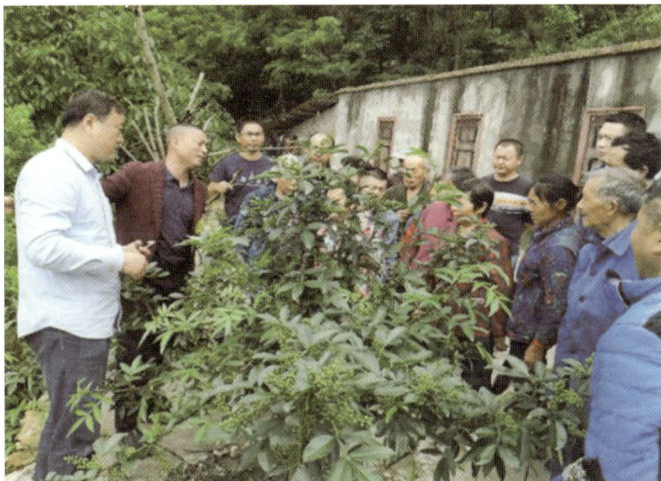

开展花椒种植培训

在大力发展扶贫产业中，针对贫困户缺资金、缺技术、缺销路、缺信心的实际情况，工作队组织动员区文旅委的帮扶干部为贫困户购买优质花椒苗8500棵，并冒雨帮助缺少劳力的贫困户种栽树苗，全村有29户贫困户种植了40亩花椒，贫困户冯国明、刘国华都种植了5亩多；在生长管理期间，还组织召开花椒生产流动现场会，邀请专业技术人员现场为贫困户讲解种植、管理和采摘的技能要求；对产品收获后的销路问题，则主导农户与合作社签订销售收益合同，解决产业发展的后顾之忧。

## 强精准"滴灌"

脱贫攻坚贵在精准、成败在于精准。太阳村摸准"穷根"，精准施策，重点针对"两不愁三保障一达标"存在的突出问题，对症下药，靶向治疗，着力推动扶贫资源配置与贫困对象需求的无缝对接，制定差异化的精准帮扶措施。

2018年，对因孩子突患重大疾病而导致家庭贫困的村民刘华国，已辍学失管、母亲又患有精神分裂症的少年景怀志及时跟进帮扶，并按规定启动评议程序，两个家庭被纳入建卡贫困户帮扶，并争取政策为他们提供了公益岗位。2019年，对在大走访、大排查中发现有危房隐患的4户贫困户实施了C、D级危房改造。为全村34户贫困户一对一、面对面地规划了产业政策到户落地；对有创业意愿和能力的16户贫困户争取小额贷款45万元，帮助发展致富产业；对7户年老体弱的贫困户实施了土地流转；对有一定劳动能力的11户贫困户规划了产业项目，分户施策，真正把扶贫扶到点上、扶到根上。

为农户及建卡贫困户开展健康体检

同时，太阳村变"一厢情愿"的供给扶贫为以贫困户需求扶贫为导向，真心实意为贫困户排忧解难。争取扶贫项目资金为贫困户冯国万等17户免费安装自来水到家；帮助贫困户李光亮儿媳住院做胆结石手术；帮助贫困户袁庭兰乳腺癌复发入院化疗，帮助袁庭兰儿子走入大学校门，享受教育扶贫政策。特别是2020年春节以来的新冠肺炎疫情肆虐，封村封市，贫困群众的农产品遭遇销售难、增收难，在组织疫情防控的同时，积极开展消费扶贫，为贫困户销售鸡鸭、鸡蛋、红薯、青菜头等农产品，让10余户贫困户足不出户就增收8000余元。

## 强"文化"脱贫

针对农村主要群体是老人、妇女和儿童的特点，因村施策开展"文化"扶贫工作。对老年人开展老有所爱、老有所依的"暖心"活动，每年组织老年人免费体检；在九九重阳节，组织"脱贫攻坚我们一起努力"主题活动，邀请区红色轻骑文艺宣传队进村慰问演出，宣传党的扶贫政策，老人们欢聚一堂，共享新时代、新生活；经常在入户走访中教育、规劝年轻人要尊敬、孝敬和关爱老人；举办村民坝坝舞培训班，把家庭主妇组织起来，通过积极健康的文化活动引领，激发她们勤劳、勤奋、勤勉的生活态度。在每年的六一儿童节，组织全村的少年儿童开展健康有益的主题活动，开展为儿童送图书（包）、送知识、送爱心趣味活动，引导他们爱祖国、爱家乡、爱学习，从小立志勤奋努力。出资建立和更新脱贫攻坚宣传栏、扶贫科普画廊、村务财务服务公示栏和精准脱贫户展示牌等宣传平台，宣传脱贫攻坚政策，提高村民的文化生活品质，改变思想上、精神上的"贫困"。

## 强必胜信念

务实从严的作风是做好扶贫工作的重要保证。太阳村时刻牢记使命职责，严格执行工作纪律，持之以恒正风肃纪，不断传导压力，认真做好扶贫工作。严格逗硬工作考勤、考核制度；督促和健全"三会一课"学习制度，坚持每月10日开展村党支部主题党日活动，每周召开驻村工作队与村支"两委"的工作联席会；每个月向上级汇报情况，全体干部始终以饱满的政治热情和信心、决心投入脱贫攻坚。

# 以"五抓"强化作风建设

2019年以来，南川区纪委监委聚焦主责主业，以抓细日常监督、抓深政治巡察、抓好问责倒逼、抓实专项治理、抓严案件查处，扎实推进脱贫攻坚工作。我区中巡整改工作得到了市委常委、市纪委书记、市监委主任穆红玉同志的高度肯定。

## 抓细日常监督，坚持"一月一督"促整改

区纪委监委班子坚持把中巡反馈意见整改工作放在首位、抓在手上，将脱贫攻坚各类问题整改工作列入区纪委常委会固定议题，每月听取当月推进情况、研究下月工作。

坚持领导带头与示范带动相结合，区纪委领导班子成员下沉一线分赴各乡镇（街道）村、社、户开展"蹲点"督导检查，向22个单位发放"'蹲点'调研发现疑似问题反馈意见单"，点对点反馈问题66个。

坚持监督力量向脱贫攻坚聚焦，把日常监督贯穿于中巡反馈意见整改，聚焦"两不愁三保障"，坚持"一月一督查、一次一侧重"，每月采取"一查一访一谈一核一建""五个一"方式开展一轮脱贫攻坚各类问题整改推进情况日常监督。"一查"即查看整改方案、会议记录等相关过程资料是否具体、是否结合实际、是否有成效；"一访"即走访老党员、乡贤、扶贫项目业主、村干部、贫困户、脱贫户及一般农户，深入了解党员干部的作风问题；"一谈"即与党政主要领导、纪委书记或派驻纪检组组长、扶贫专干进行谈话，了解其履行脱贫攻坚"六个责任"情况；"一核"即核查扶贫项目及扶贫资金财务凭证、项目资料，核实扶贫工程项目决策程序是否科学，招投标程序是否规范，到户资金和帮扶政策是否到位，是否存在虚报冒领、套取挪用等违规违纪违法行为，核查乡镇（街道）纪委办理的扶贫领域案件线索，看是否存在有案不办、压案不查等行为；"一建"即督查结束后，建立问题台账，对发现的问题进行跟踪督促，对单销号。2019年开始，对2015年以来实施的446个道路水

利工程和产业项目，412户C、D级危房改造，市委第八督导组专项检查反馈问题，南川区脱贫攻坚"六个责任"落实等开展6轮日常监督，督促推动各类问题整改。

## 抓深政治巡察，坚持"村村过关"交硬账

成立10个脱贫攻坚专项巡察组，直抵基层一线，聚焦贫困村履行脱贫攻坚责任、扶贫政策落实、扶贫项目及扶贫资金使用管理，落实"两不愁三保障"、扶贫工作作风等6类23项突出问题，用两个月的时间对全区40个贫困村党组织进行全覆盖巡察。巡察发现问题639个，梳理发现问题清单，点对点反馈到贫困村所在乡镇（街道）党委（党工委），及时下发整改通知书，立行立改各类问题51个，移交问题线索8条，推进问题全面整改落实到位。《重庆日报》《中国纪检监察报》等媒体均对该项工作进行正面报道，《南川：全覆盖专项巡察贫困村脱贫攻坚工作推动中央巡视反馈意见整改落实》专报被市纪委采用。

## 抓实专项治理，聚焦"民生领域"解痛点

深入开展扶贫领域腐败和作风问题专项治理"回头看"，聚焦"三个落实"，组织5个督查组做到"七看"，发现问题线索3个，清退违规资金1220元。开展社会经济组织骗取扶贫财政补贴问题专项治理，自查自纠2017年以来涉及的项目384个，涉及资金2.3亿元；委托第三方机构对40个项目开展专项审计。开展漠视侵害群众利益问题专项整治，以持续开展"最难办事科室群众评"为抓手，纠正民生服务中"冷懒推乱贪"等漠视侵害群众利益问题。深化党员干部亲属涉权事项公开工作，比对发现涉权2846人次，对涉权问题逐一核对，发现疑似问题线索6条，经重点核查，未发现违纪违法问题。扎实开展领导干部利用名贵特产类特殊资源牟取私利问题专项治理，印发工作通知和答复，督促各级各部门逐项对照自查清理，组织5个组对32个单位开展抽查。开展"一卡通"专项治理，清查出违规资金59.51万元，已全部整改。创新开展教育扶贫领域专项治理，整合扶贫系统、低保系统、学籍管理系统进行大数据全面比对分析"漏享""虚报"问题，并组织5个督查组对15所学校进行重点督查。

## 抓好问责倒逼，运用"三个区分开来"强动力

区纪委切实加大问责力度，以严肃的问责推动和倒逼脱贫攻坚政治责任落实。2019年以来，对南川区鸣玉镇四中村党支部书记李在发监督把关不严，致使四中村干部李某某亲属违规享受建卡贫困户相关政策等责任落实不到位、工作措施不精准、工作作风不扎实的8起典型案件进行查处问责，给予党纪政务处分8人。同时，建立健全容错纠错机制，正确把握好和运用好"三个区分开来"，对因客观原因造成工作失误，或及时纠正、未造成严重后果的扶贫

干部予以宽容，运用监督执纪"四种形态"进行分类处置，开展约谈提醒、诫勉谈话等组织处理问责9人次，绝不以简单问责代替问题整改，让扶贫干部真正想干事、敢干事。

## 抓严案件查处，做好"后半篇文章"强震慑

印制脱贫攻坚信访举报宣传折页，发放到各乡镇（街道）明确举报途径、受理范围和职责权限等，多渠道收集扶贫领域案件线索。对扶贫领域案件线索实行"直查直办、快查快办"，扶贫领域问题线索由机关部室直查直办，原则上30日内办结。2019年以来，严肃查处了石莲镇农服中心主任周正元挪用扶贫资金等扶贫领域作风和腐败问题共计53件55人，党纪政务处分20件21人（其中司法机关追究刑事责任1人）。开展"以案说纪、以案说法、以案说德、以案说责"警示教育，指导兴隆镇等案发单位召开"以案四说"警示教育会；精选24起扶贫领域典型案，编发《警醒——扶贫领域"以案四说"典型案例汇编》350册，发放全区各乡镇（街道）及相关区级部门；下发《关于两起扶贫领域腐败和作风问题典型案例的通报》《关于部分乡镇在脱贫攻坚工作中推进不力问责情况的通报》等4期通报，对35名党员干部和7个乡镇点名道姓通报曝光，全区各级各部门开展"以案四说"警示教育会400余场次，达到"查处一案、警示一批、教育一片、整改一方"的效果。

# "四轮驱动"走出精准脱贫新路子

南川区南城街道半溪河村是离南川城区最近的市级贫困村，自开展脱贫攻坚以来，该村因地制宜、精准施策，打造基层组织带动、基础设施推动、产业发展拉动、"志智双扶"促动"四轮驱动"模式，走出一条精准扶贫好路子。2016年整村脱贫出列。

## 基层组织带动，建强脱贫火车头

坚持把加强基层组织建设作为脱贫攻坚的关键，充分发挥基层党组织的战斗堡垒作用和党员的先锋模范作用，为打赢脱贫攻坚战提供坚强有力的保证。

**抓班子建设**。选出一批事业心强、有经济头脑、懂经营管理的"当家人"，吸纳市级选派第一书记充实强化、优化班子结构。班子成员荣获"重庆市脱贫攻坚工作先进个人"2人、"重庆市优秀共产党员"1人、"重庆五一劳动奖章"1人。

**抓思想武装**。驻村工作队、村支"两委"班子成员认真学习《习近平扶贫论述摘编》，要求全文通读、常翻常学；每周定期学习习近平总书记关于扶贫工作重要论述、党中央关于扶贫的决策部署，提高扶贫干部的思想认识和政策水平。

**抓阵地建设**。投入资金45万元改造640平方米村便民服务中心，集便民服务大厅、党员教育培训中心、"流动党员之家"等为一体，提高工作效率和服务水平，增强村级党组织凝聚力、战斗力和号召力。

## 基础设施推动，打牢脱贫硬底子

坚持把加强基础设施建设作为脱贫攻坚的根基，集中人力、物力、财力，整合涉农资金，加快补齐基础设施发展短板，全面解决"两不愁三保障"突出问题，全力打通"最后一公里"，围绕交通、水利、住房、村容村貌等已规划实施项目34个。

**着力解决出行难**。实施包括村道、社道、便民路在内的道路建设共55公里，安装路灯50盏、道路指示牌20块，群众出行更加便捷，为发展近郊旅游奠定坚实基础。

**着力解决住房难**。全覆盖排查C、D级危房户，严格执行危房改造建筑标准和要求推进危房改造工作，对C级危房维修加固，实施D级危房改造40户。

**着力解决饮水难。** 深入实施农村饮水安全巩固提升工程，新修人饮工程21口；及时更换人饮工程管道3800米，解决100余户群众饮水难问题，巩固饮水安全保障成果。

**着力整治人居环境。** 开展"五清五改"行动，新建休闲广场1000平方米，改厕470个，新建垃圾站1个，安装天然气1000户，免费发放户户通机顶盒和卫星锅100套，打造美丽宜居乡村。

## 产业发展拉动，激活脱贫新引擎

坚持把产业发展作为脱贫攻坚的根本出路，围绕地域特色，坚持走新型农业产业化发展道路。

**盘活闲置集体资源。** 争取资金100万元，通过"借鸡生蛋""借壳生财"，利用集体闲置场地新建物流仓库1000平方米，通过租赁等方式，每年增加集体经济收益4万元，解决"空壳村"问题。

**培育特色农业产业。** 集中力量发展茶叶、南川米等扶贫特色产业，发挥龙头企业、合作社、就业扶贫车间等新型经营主体的带动作用，建成茶叶基地2000亩、枣子基地100亩、优质水稻基地500亩，每年提供劳务用工1.8万个、发放劳务费176万元，100余户村民（其中贫困户38户）通过土地流转、就近务工实现家庭增收。推动涉农资金股权化改革和资产收益扶贫，业主每年向村集体交纳分红收益3万元，其中70%发放给贫困户，要求贫困户承诺资金用途，提高资金使用效益。

**推进农文旅融合发展。** 发挥离城区近、海拔落差较大的优势，建设"茶山花海"工程，在壮大茶叶基地基础上，建成175亩避暑村，栽植桃树、李树等行道景观植物，设立观景亭、地名景点，组织开展骑行环游比赛活动，全力打造城郊休闲运动和乡村旅游目的地。

## "志智双扶"促动，提振脱贫精气神

坚持把"志智双扶"作为增强贫困群众内生动力的难题之解，对群众开展精神扶贫，破解群众思想难题，营造齐心协力精准脱贫良好氛围。

**加强宣传教育。** 通过贫困户大会、宣传标语、广播等多种形式，大力宣传党中央关于脱贫攻坚的战略部署和方针政策，脱贫攻坚中的先进经验、典型事例；组织志愿者宣讲队入户对贫困户进行全覆盖宣讲；通过电话、微信等向在外务工的贫困户进行点对点宣讲。

**丰富文化生活。** 实施"洁净家园"行动，组织志愿者和结对帮扶人入户帮助整洁庭院，发动群众打扫卫生8300人次；实施"文明家风"行动，开展精神文明宣讲4600次，引导贫困户改变陈规陋习；成立村舞蹈队，开展七一、国庆、春节等集中汇演，形成积极向上的健康文化。

**强化典型示范**。选树农村道德模范、感动人物、身边好人、脱贫光荣户等先进典型，对自力更生、懂得感恩的脱贫户，给予物质奖励和精神激励，用身边人身边事教育引导身边人，形成见贤思齐、自力更生、脱贫光荣的鲜明导向和良好风尚。

## 西城街道会峰村
# 老盐菜产业扶贫发展历程

◆◆

西城街道会峰村位于南川城区以北，距城区15公里，辖区面积11.5平方公里，下辖7个农业社，802户2794人。2015年该村有建卡贫困户71户191人，全村群众收入低，村级集体经济薄弱，是典型的"空壳村"，被列入重庆市级贫困村。该村认真贯彻落实中央、市、区脱贫攻坚工作安排部署，在西城街道和相关部门的关心支持下，依托"接二连三"产业扶贫新模式，依托老盐菜产业传统优势，成立大丘湾农业股份合作社，全力推进老盐菜产业提档升级。2019年，全村71户建卡贫困户全部实现脱贫，年销售老盐菜60吨，实现销售收入36万元，村集体收入近5万元，全村人均增收2000元，贫困村于2016年顺利出列。

### 用足用活政策支持，创新发展产业带动新模式

自2015年以来，全村累计投入1060万元，硬化通村公路8公里、通社路11公里、人行便道17公里，实施安全饮水项目17个，改建村便民服务中心，易地扶贫搬迁4户，C、D级危房改建21户，解决百年来全村户户通水、户户通水泥路、户户安全住房、村级服务中心设施不齐等问题。依托大丘湾专业合作社，在第一书记和村支"两委"带领下，实施百万元集体经济组织发展壮大项目，对老盐菜产业设施、晾晒基地进行集中打造，发展规模种植老盐菜500亩，带动全村群众种植老盐菜800亩。

**创新组建模式，在"谁来带"上下功夫。** 建立"村级集体组织+致富带头人+群众（贫困户）"利益联结机制，村集体作为大丘湾专业合作社的发起人之一，联合致富带头人

廖联强，共同与老盐菜种植户签订收购、销售利益分成协议，老盐菜种植贫困户全覆盖，一般群众普遍参与，把群众（贫困户）拧成一股绳，形成合力，共同参与老盐菜产业发展。

**完善运营模式，在"带什么"上下功夫。**坚持村集体经济组织主导，第一书记、村支"两委"、致富带头人协同配合推进运营模式，通过致富带头人带技术，第一书记和村支"两委"协调销路，加快推进老盐菜产业地理标识认证和品牌建设，把成熟的技术运用到种植加工中，把市场品牌、销售渠道打通，促进老盐菜产业结构持续优化，发展规模持续扩大。

**明晰利益联结，在"怎么带"上下功夫。**村级集体组织将改建的老盐菜基地租用给致富带头人，每年收取租金，村集体、农户按老盐菜销售入股分红，既保证农户（贫困户）稳定增收，又带动贫困户投身产业发展积极性，推动村级集体经济组织自身发展。

## 提档升级发展壮大，拓宽脱贫致富新路子

2019年，会峰村老盐菜产业发展持续纵深推进，从"粗放"转向"精细"，投入12万元，实施农村致富带头人项目，对老盐菜小作坊实施标准化改造、贫困村乡村振兴示范点建设项目，将脱贫攻坚与乡村振兴有机结合，走出一条乡村美、乡风淳、百姓富的新路子。

**纵深推进提档升级。**主动与重庆工商大学、区市场监督局对接指导，组建会峰村老盐菜协会，建成老盐菜小作坊，老盐菜系列开袋即食产品已通过实验认证。主动与超市、电商对接，持续拓宽老盐菜系列产品销售链。开发的老盐菜系列产品在2019年8月底区第三届美食节展销会闪亮登场，已成功打入重庆双福农产品批发市场、南川丰绿批发市场，同时，成功登录土巴货电商平台销售。投入5万元对老盐菜深加工基地墙面、办公室、厂房升级改造，制作标志标牌、管理制度牌，对小作坊生产工具进行了统一更换，在外墙面绘制乡土特色绘画，把老盐菜加工基地打造成为集加工、参观、旅游为一体的现代化小作坊，成为带动周边群众增收致富主阵地。

**多方联动共促发展。**会峰村第一书记聂洪忠到村工作后，积极带领驻村工作队、村支"两委"成员主动与相关部门单位对接联系，重庆指南针餐饮管理有限公司、重庆市食品安全促进会负责人多次到基地考察，年销售老盐菜12吨。西城街道、驻村工作队、村支"两委"依托集体经济组织，主动与相关部门、企事业单位对接，渝都监狱、风之彩商贸、戴斯酒店、轩瑞食品等10余家企业先后与会峰村达成合作协议，区商务委主动为会峰村老盐菜搭建"基地+农户+电商+餐饮"扶贫购销平台，全村仅2019年便实现批发销售老盐菜60吨以上，全年老盐菜无滞销，群众和贫困户收入持续增加。

**示范带动融合推进。**以老盐菜产业为基础，实施会峰村扶贫开发示范村项目，整合扶贫开发、人居环境整治、"四好"农村公路建设等项目资金。组织扶贫募捐50余万元，实施

4.5公里升级改造路建设，建成2.3公里"四好"农村公路；常态推进农村生活垃圾治理，建成卫生厕所100个，有序推进生活垃圾示范村建设；实施整村人居环境整治，着力把贫困村建成山好、水好、产业兴、乡风文明示范村，以老盐菜产业带发展，以产业发展促乡村振兴。

## 建章立制重在长效，管好用好产业利益联结机制

规范推进老盐菜产业利益联结机制，实行群众种植老盐菜收储最低3.2元/斤保底，市场价收购制度，切实维护种植户经济利益。充分调动村级集体经济组织、致富带头人共同推动老盐菜加工销售积极性，按0.2元/斤抽取老盐菜销售分成，所得利润按照村级集体经济组织40%、种植农户40%、种植贫困户奖补20%分配，实现老盐菜产业互利共荣。规范公司财务制度和老盐菜协会账务核算，严格执行民主理财、民主管理、民主监督，让受益各方投入到老盐菜产业发展管理中，充分发挥民主决策作用，实现老盐菜产业良性健康发展。

会峰村老盐菜产业在各级党委、政府的关心指导下，在相关企事业单位的大力支持下，自身创新带动模式综合发展，实现会峰村级集体经济组织收入持续增加，贫困村出列，带动贫困村31户贫困户、55户一般农户实现稳定增收，为西城街道脱贫攻坚事业做出重要贡献。

# 城市资本进乡村　精准扶贫来出新

◆◆

　　潼南是首批国家现代农业示范区、国家现代农业产业园、国家农业科技园区、国家农村产业融合示范园，享有中国"柠檬之都"、西部"绿色菜都"美誉。近年来，潼南区坚持走现代农业发展之路，积极稳妥推进城市资本下乡，充分唤醒各类生产要素，有效激活农村资金、资产、资源"三资"潜能，有力推动产业扶贫工作向纵深发展，持续带动贫困群众增收致富。

## 资本引进来

　　聚焦城市资本"有实力投身农业，无机会投资农业"问题，潼南区因地制宜、因势利导出台相关配套政策，着力撬动城市资本服务现代农业。**激活闲散资源**。借力乡村振兴、农业

潼南区桂林街道双坝村春的旋律

潼南区桂林街道梨树村贫困户在入股分红大会上清点拿到手的钞票

产业发展和人居环境整治等政策利好，全面整合农业、国土、水利、交通等项目资金，充分结合地形地貌、土壤土质等特点，集中流转、整治、出租土地，变贫困村"闲散资源"为"优质资产"。**实行模块招商**。积极对接城市资本投资需求，打造"3+X"产业模块基地，形成粮油、蔬菜、柠檬、生猪、渔业、特色经果和中药材七大特色产业集群，集中引进特色种养殖和农产品加工项目，实现村村有规模产业覆盖，90%的村社有稳定集体经济收入。**培育新型经营主体**。鼓励城市回乡创业资本投身农业，持续放宽经营范围、经营方式等条件，重点培育发展种养结合、生态农业、休闲观光为主的新型农业经营主体。目前，累计培育各类新型农业经营主体5941家。其中，区级以上产业化龙头企业148家，专业合作社1053个，种养大户4233户，带动全区6万余户农户就业增收。

## 特色做起来

聚焦深化农业供给侧结构性改革，潼南区因地制宜发挥比较优势，引导鼓励城市资本积极发展柠檬、小龙虾、中药材等特色产业。**坚持绿色化发展**。出台《关于加快推进潼南农业绿色发展的实施意见》，大力发展粮油、蔬菜、柠檬、生猪、渔业、特色经果和中药材七大特色产业，组建蔬菜、柠檬、中药材等10个产业协会，引导城市资本适度规模经营。特别是把柠檬"小果子"发展成为产值30多亿的"大产业"，使重庆潼南成为与美国加州、意大利西西里岛齐名的世界三大顶级柠檬产地。目前，柠檬种植面积32万亩，柠檬产量28万吨，产值32.6亿元，带动全区11个镇街93村5万余户农户增收致富。**坚持融合化发展**。立足特色产业优势，大力发展农副产品精深加工产业，农产品加工企业达到120余家，年销售收入超1亿元的企业10家以上。汇达柠檬已开发饮料、食品、美容、生物医药系列产品300余个，远销俄罗斯、德国、韩国、东南亚等31个国家和地区。建成香水百荷、泰安庄园等休闲农业与乡村旅游观光基地40余个，带动农民就业1.8万余人。**坚持品牌化发展**。出台《关于加强农产品品牌建设工作的实施意见》，鼓励城市资本申请农产品商标注册，积极申报使用"潼南绿"中国驰名商标。累计认证"三品一标"351个，成功创建"潼南柠檬"地理标志商标，汇达柠檬成为柠檬行业领军品牌，潼南获评中国特色农产品优势区。

# 产业强起来

聚焦提升城市资本价值，突出人才、技术、信息等重点，全面推动产业发展提质增效。**注重人才引进培育**。大力实施"三百三千"人才培育集聚计划，已引进1000余名新型农民返乡、本土人才回乡、技术人员下乡，助力产业振兴。积极开展农村青年致富带头人培养"领头雁"计划，联合高校举办"4+X"专题培训等，累计培育农村各类实用人才1.2万余名、乡村专业技术骨干人才1100名、新型职业农民5000名。**推动农业科技运用**。依托西南大学、市农科院打造科光蔬菜种苗基地、柠檬脱毒育苗中心，着力培育优良品种。与中国农科院柑研所、华中农大等科研机构和高校合作，联合搭建科研平台，成立柠檬产业研究院，研发柠檬精深加工技术300余项，拥有国家发明专利20项。潼南农业机械化水平达到58%，设施农业比重达60%。**大力发展智慧农业**。狠抓大数据智能化为现代农业赋能，成功发布世界首个"柠檬指数"，入选国家行政学院数字研究院经典案例。成立渝西智慧农业研发中心，建立完善测土配方施肥智能查询系统、畜牧云平台、农药监管追溯平台、农产品质量追溯系统。打造潼南农业大数据平台，推进数据信息共享开放，实现七大特色产业和规模化基地智能管理全覆盖。

潼南区桂林蔬菜基地你追我赶奔小康

# 群众富起来

聚焦发挥城市资本社会效益，积极探索产业发展与脱贫攻坚衔接途径，引导城市资本与农户建立利益联结机制，实现互利共赢、合作共享。**推动产业联结**。实施"特色产业+扶贫"，每个贫困村形成1～2个主导产业，实现村村有增收产业、户户有增收项目。实施"电商+扶贫"，成立20个镇级电商综合服务中心，全覆盖建立村级电商网点，推动"小农货"连接"大市场"，潼南农产品网络年销售额达13亿元。实施"旅游+扶贫"，举办菜花节、国际柠檬节、桑葚采摘节等节会，带动景区贫困群众户均增收2500余元。**创新模式联结**。建立资产收益、土地流转、资金入股、务工就业、产品代销、生产托管等联结模式，实现城市资本全面带动、贫困群众充分联结。制定《农村经济股份制经营协议》，允许城市资本积极参与农村集体经济发展，推动形成集体"控股"、城市资本"参股"、贫困户"配股"利益联结格局。**促进稳定联结**。大力推行土地承包经营权入股"保底+分红"模式，让土地入股或土地流转价格作为固定保底收益，确保贫困户有稳定收益。成立产业发展资金，企业获得财政补助资金的30%，用于股权化改革，切实做到股权扶贫路上"一户不能少"。

# 能人留下来

聚焦返乡能人"干不久""留不住"等问题，潼南区坚持打好"乡情牌""乡愁牌"，力争能人"留得住"、资本"能长久"。**积极营造"回故乡、建家乡"浓厚氛围**。常态化走访潼南驻全国各地商会，定期召开返乡能人座谈会、茶话会，全方位宣传潼南产业政策、最新发展变化。同时，给予突出贡献的返乡就业创业者表彰奖励，让他们"回故乡"有尊严，"建家乡"有动力。**扎实开展"心连心"联系服务活动**。大力实施干部下访、教师家访、医生寻访、农技随访、企业回访、人大代表和政协委员督访"六访"行动，广大党员干部主动和返乡能人结对子、交朋友，实现走访全覆盖，切实把事情办到返乡能人"心坎上"，把问题解到"急难中"。**着力提升返乡能人创业环境**。

潼南区双坝村村民依靠科技脱贫致富

推动完善返乡创业体制机制，不断夯实政策扶持、创业项目、服务平台等发展基础。组织举办青年创新创业大赛等赛事活动，积极培育返乡创业人才，孵化返乡创业项目，确保村村有能人、资本有效益。

蜜蜂飞舞

# 大力发展稻虾养殖产业
# 不断增强贫困户"造血"功能

潼南区寿桥镇位于潼南区南部，距城区47.5公里，东、南邻铜梁区，西连卧佛，北接小渡，东西长7.9公里，南北宽6.65公里，辖区面积20.94平方公里，现有总耕地面积21385亩，其中水田面积12613亩。现辖2个社区、2个村，共有3324户11478人。辖区内有平滩河、观音河等5条溪流贯穿镇域全境，形成谷宽坡缓、河田交错的自然资源，许多小坝沿河星罗棋布。自脱贫攻坚以来，寿桥镇创新工作方法，不断总结论证，因地制宜、乘势而为，把小龙虾产业发展成全镇特色产业，努力打造成西南地区有影响力的小龙虾产业基地，不断增强困难群众"造血"功能，为如期打赢脱贫攻坚战提供强有力保障。

## 因势利导"找路子"，"小龙虾"拉动"大发展"

**产值高**。全镇小龙虾养殖坚持生态淡水养殖，以青虾、麻虾为主，成虾品种较好，品质优良，由龙头企业统购统销，直接进入重庆中高档餐厅。基地成虾平均价格为30～35元/斤，

驻村干部检查小龙虾生长情况

平均亩产约300斤，每亩产值1万余元，净利润在4000～5000元。2017年花铺村贫困户刘平承包土地65亩创办潼南宇强生态农业发展有限公司，2019年养殖收入达每亩3000余元，销售收入近20万元。

**投入少**。养殖小龙虾对技术要求不高，劳动强度不大，资金投入不多。投入的成本主要用于虾苗，深水精养每亩投放虾苗约1000元，稻虾综合种养的虾苗成本仅需600元。

**见效快**。在现有的水田或稻田即可投虾养殖，小龙虾当年投放，当年出虾，从虾苗到成虾只要三个月时间，并且能够一年四季经常出虾，产生快速持续的收益。

**带动强**。由于"稻虾养殖"对资金、技术、劳动力等要求不高，其带动性、复制性很强，可以较快地推广带动普通农户发展，形成"协会+公司+农户"的发展模式，实现产业兴旺、百姓富裕。花铺村6社尹金友发展稻虾20亩，年收入20万元。目前，该社累计发动39户农户在自家田里养虾，已经获得较为可观的收益。

**市场俏**。寿桥镇山清水秀，生态良好，坚持小龙虾生态养殖，品质好、运输快捷，已经很快进入重庆高端小龙虾餐馆，如渝派小龙虾、南滨路"去吃小龙虾"、老甘家小龙虾等，餐馆生意火爆，小龙虾供不应求。该镇比湖北、江苏等地气候暖和，春季较早，冬季较短，因此小龙虾上市要早半个月左右，且冬季春节等都有产量，能够较早较长地占领市场，在西南地区有独特的地理和市场优势。

**模式新**。因湖北、江苏等地小龙虾产业的制约，该镇开启新思路，创新"稻虾共养"新模式，一田两用、一田双收。利用水稻和龙虾生长的时空差异，虾食微生物，虾粪育禾苗，在同一水田中进行绿色循环作业，全程不施化肥、不打农药。这不仅让小龙虾价格略高于规模养殖，同时水稻因无公害养殖模式单价比普通水稻高出30%，真正让农民的"钱袋子"和"米袋子"两者兼丰。

## 脱贫致富"结果子"，"小龙虾"做成"大产业"

寿桥镇结合实际，一体化贯彻新发展理念，在小龙虾产业发展上，按照**"强基础、塑品牌、扩规模、成体系"**四步走的发展思路，科学规划小龙虾养殖发展战略，破解发展难题，培植后发优势，出实招求实效，真正把小龙虾做成了大产业。

**强基础**。经过区委调研指导和分析研判，镇党委政府确定了建设生态小龙虾养殖特色小镇的近期目标。编制了《寿桥镇小龙虾产业发展2018—2020规划》，成立了由党委书记任组长、镇长任副组长的小龙虾产业发展领导小组。镇党委政府累计投入150万元，为群众致富增收"搭好窝"，相继出台了养虾防逃网补助政策、虾田改造补助政策和养殖保险补助政策，并积极为贫困养殖户做好小额贷款、养殖合作社注册、工商登记等服务工作。

**塑品牌**。积极注册"寿桥"小龙虾地理商标、二维码标识,依托区传媒集团、中国网、猪八戒网、重庆日报农业农村版、学习强国等媒体和互联网平台,对小龙虾产业进行品牌营销,全力打造"寿虾""寿米"两个品牌,提升产品美誉度和影响力。

**扩规模**。成立了寿桥镇稻虾养殖专业合作社,大力发展以稻虾养殖为主导的集体经济,吸引贫困户投资入股,发展规模、科学养殖基地。如碉楼社区发展小龙虾集体经济80亩,共吸纳贫困户入股33户77股,每股500元,入股资金共计3.85万元。每季小龙虾销售后,参与入股贫困户可全部按股直接分红、实现增收,不断巩固脱贫成效。

**成体系**。采用"4+1"服务体系,即一个镇领导联系、一个镇干部负责、一个水产专家指导、一个村干部协调,确保群众利益不受损害。建立了一支以区、镇、村三级水产技术人员为核心的小龙虾专业科技服务队伍,强化农业科技服务和技术支撑。组织镇村干部进村入户开院坝会宣传动员贫困户参与,加大投入,营造宣传氛围;积极对接区农业农村委,请水产专家到镇上开展专题培训,提升养殖技能和抗风险能力。

寿桥镇以小龙虾产业为重点和抓手狠抓乡村产业振兴,助力脱贫攻坚,取得了明显成效。目前,以百亩鲜、众福来、君彤霞养殖专业合作社等龙头农业企业为引领,有200亩以上的规模养殖企业11家,8个专业合作社,50亩以上养殖大户25户,发展贫困户养虾60余户;全镇养殖面积超过5500亩,年产虾900余吨,产值近6000万元,农民年均纯收入较2019年同期增长15%,为助推乡村振兴、深化脱贫攻坚注入了强大动力。

# 双江镇

# "三变"促进花椒产业融合高速发展
# 夯实集体经济推动脱贫攻坚

◆◆◆

潼南区双江镇地处成渝经济腹心，距重庆100公里、成都175公里，有着便利的区位交通优势，是共和国第四任国家主席杨尚昆、革命先驱杨闇公的故乡，是全国首批历史文化名镇、全国首批特色小镇。全镇辖区面积119.4平方公里，其中城镇规划面积2.5平方公里。总耕地面积53275.7亩，其中田25634.8亩、土27640.9亩。辖17个行政村、4个社区居委会（3个贫困村），总人口5.4万人，其中农村人口14887户45232人。有建卡贫困户837户2528人，现已全部脱贫。

## 扶贫必先扶志

人穷志不能短，扶贫要先扶志。因此在产业、技术、资金的帮扶之外，引导群众转变思想，激发他们的脱贫志向，也是一个不可忽视的因素。

立足主导产业发展，大力推进集体经济建设。从2019年10月开始，双江镇在发展集体经济的模式上展开了新的探索，制定了一、二、三产业融合发展的集体经济发展思路。结合双江地理条件，开发第一产业核心作物规模化种植。针对第二产业展开布局，例如双江范围内的工程项目，以及较高利润的制造业等。结合双江古镇旅游优势，与成熟商业合作，布局第三产业旅游业态。

改革创新管理模式，坚持以市场为导向。双江镇党委政府持续推进农村"三变"改革，整合21个村居的资金、资源，以花椒产业和集体资金入股的方式，成立以21个村居集体经济全资控股的集体经济公司——重庆联耕农业发展有限公司，其中集体资金入股1250万元、花椒产业入股1.2万亩。

## 扶贫产业融合发展是关键

坚持三产融合发展，成立全镇所有村社区的联合集体经济公司，引入专业化运行团队，充分参与市场竞争。各村居严格按照"四议两公开"程序进行民主决策，充分体现群众意愿。开好"支部会、两委会、党员会、村居民代表会"，突出集体决策和群众参与决策，注

双江镇干部考察学习

重决策的公开性、公平性、公正性，进一步规范土地复垦资金的使用。创新利益分配模式，原则上集体经济公司的分红只针对各村居集体经济合作社。各村居在制定利益分配方案时，必须统筹考虑土地入股或土地流转的不同情况，确保流转土地的群众利益分配的公平性，两者要在收益上基本一致，确保不损害群众利益。

在第一产业的发展上，各村根据实际情况采用不同的集体经济参与模式，全镇第一批共发展花椒产业1万余亩，同时花椒记入集体经济公司股份，参与到二、三产业利润分红，充分给各村居树立信心，调动花椒产业发展积极性。

在第二产业的发展上，第二产业是集体经济公司发展的重中之重，集体经济公司在办理了相关资质后，广泛承接工程项目，如正在施工建设的G246沿线综合环境整治项目等。众所周知，工程项目领域一直是高利润的行业，与其让私人老板赚钱，不如让双江镇全体百姓赚钱。同时，伴随着工程项目施工建设，集体经济公司将参与工程原材料供应，参与到更多高利润的第二产业中去，充分提升集体经济"造血"功能，为花椒产业和古镇业态提振信心。

在第三产业的发展上，第三产业既是为百姓增收的另一个突破口，也是为进一步打造古镇旅游提供的业态解决方案。古镇现有业态重复严重，多为低技术含量业态。针对这种情况，双江镇充分发挥集体经济组织带头作用，按照"引进一批，带动一批，改造一批"的模式，逐渐对古镇业态进行更新，并全部落地。与此同时，双江特色文创纪念品、双江商会茶馆等项目也在迅速落地。

## 守业更比创业难

发展壮大农村集体经济，对于巩固农村基层组织政权建设、发展农村各项事业、实现农民共同富裕意义重大。应充分发挥政策项目效应，向科学管理要效益，因地制宜、科学谋划、创新理念、错位发展，才能使集体经济的发展迈上新台阶。

针对农业项目，经与区林业局、农业农村委相关科室沟通可享受退耕还林4000余亩，长防林工程6000余亩，同时争取宜机化互联互通1700亩，充分利用退耕还林政策，在退耕还林政策图版之内1600元/亩，分5年享受政策；利用长防林工程政策，不占林，一次性补助500元/亩，宜机化互联互通1000元/亩，所有政策项目资金均作为村居集体经济资本计算。针对第二产业，充分与各区级国有公司合作，进一步提升工程项目业务量。针对古镇业态领域，充分对接区旅投集团、区文旅委、区农委，寻求相关政策支持，从房租减免、装修补贴等方面，为第三产业的布局提供帮助。

聘请专业团队，组建专业队伍对集体经济公司进行民主决策和科学运营管理。针对花椒产业聘请专业技术人员常驻双江镇，进行技术培训和现场指导。针对工程项目板块，聘请专业的建造师进行工程项目的管理，有针对性地对古镇业态与专业的艺术家团队进行合作。针对公司员工和各股东建立工作监督考核制度，同时，广泛动员群众参与到集体经济中来，对集体经济的各个环节进行监督，确保集体经济在阳光下运行。

## 柏梓镇哑河村

# 抓产业　拔穷根　促振兴

潼南区柏梓镇哑河村地处丘陵，自然环境较差，村民们以前全靠种植水稻、小麦、红薯、玉米等传统农作物养家糊口。全村867户2967人，其中贫困户80户299人，是个名副其实的贫困村和"空壳村"。

近年来，哑河村紧紧围绕解决贫困人口"两不愁三保障"目标，按照"核心是精准、关键在落实、确保可持续"的要求，把产业扶贫作为实现长期稳定脱贫的根本途径，牢牢抓住产业扶贫这个"牛鼻子"，走出了"党员引领+企业带动+土地流转+就近务工+固定分红"的产业扶贫之路，流转土地1695亩，发展柠檬、莲藕、红果参、花椒、龙虾、泥鳅等特色产业，促进村民们可持续增收致富。如今，哑河村已实现整村脱贫，建卡贫困户均已脱贫摘帽，该村集体经济也逐渐壮大，实现了哑河村产业发展的美丽"蝶变"。

## 聚焦产业扶贫，夯实产业发展基础

充分发挥党员带头作用，广泛宣传动员，积极指导帮助村里致富能人、养殖大户等发展特色产业；培养入党积极分子3名、发展对象1名，壮大了党员队伍，增强了基层党组织的战斗力。

要致富，先修路。协调修建泥结石路和硬化公路25公里，整治土地350亩，实施全村电网改造、600亩退耕还林、改厨改厕、功能提升等项目，启动4.5公里村主公路升级改造、200户天然气入户工程，群众生产生活条件不断改善，为产业扶贫打下了更加坚实的基础。

强化培训，坚持"输血"和"造血"同步进行，组织全村贫困人员参加产业扶贫技术培训3次，提高贫困群众生产技能。开展"感恩教育""孝善教育""励志教育""志智双扶"等行动。通过反复走访不断鼓劲，引导贫困群众改变被动、依赖、观望心理，补齐贫困群众"精神短板"，在"要我脱贫"向"我要脱贫"的转变中凝聚共识。大力宣传致富先进典型，用身边人身边事激发贫困群众的致富愿望，让脱贫成为一种自觉行动。

## 突出示范引领，培育特色主导产业

近两年来，哑河村培育致富带头人4户，把贫困户吸收到产业发展中来，带动贫困户脱贫致富。积极动员贫困户倪纯兵参加区里组织的莲藕种植技术培训班，并助其获得1.2万元产业补助金，种植"鄂莲"良种藕13.5亩，使其由贫困户变成了年收入近20万元的致富带头人。引导刘学友等10户致富无门路的困难群众学先进、赶先进，向倪纯兵看齐，都来发展莲藕产业。目前，哑河村的莲藕种植已经扩大到了250余亩，每亩产值高达1.5万余元。组建哑河村挖藕队，由倪纯兵带队外出种藕、挖藕，每年都能为当地村民带来100余万元的收入，走出了一条发展莲藕产业的致富路。倪纯兵通过种藕脱贫致富，成为脱贫致富不忘众乡亲的好榜

驻村干部向贫困户介绍柠檬管理技术

驻村干部指导贫困户在柠檬地里间种红果参

样，大家称他为"藕大哥"，他也被誉为"最美贫困户"。

大力招商引资发展柠檬特色产业。破解哑河村产业空心化，通过土地流转、就近务工等形式，把贫困户吸收到现代农业发展中来，带动贫困户脱贫致富。积极招引四川安岳尹明云来哑河村成立重庆市誉鑫柠檬旅游有限公司（以下简称"誉鑫柠檬公司"），集约流转土地1500亩，发展柠檬产业。誉鑫柠檬公司带动就业，吸纳有劳动能力的留守老年人100余人在家门口就近务工，2019年柠檬基地村民务工收入77万元，其中建卡贫困户收入29万元。全力帮扶誉鑫柠檬公司拓展增收渠道，协助购买旋耕机、果园运输机等现代农机设备，邀请农技专家深入柠檬基地考察，利用前三年柠檬树育苗阶段实施间种套种，提升单位产出效益。2020年，驻村工作队又协助誉鑫柠檬公司进行市场考察，种植红果参200亩，销售收入120余万元，其中村民务工收入达60万元。

## 创新发展模式，筑牢持续增收机制

积极推进股权化改革试点工作，制定《潼南区柏梓镇哑河村股权化改革试点实施方案》，成立村集体经济组织，与誉鑫柠檬公司签订了股权协议，建立产业发展与土地流转农户、建卡贫困户和村集体利益联结机制，实现产业发展与脱贫致富、乡村振兴的深度融合。大胆探索创新入股模式，驻村工作队和村支"两委"多次与誉鑫柠檬公司协商，达成村集体以现有道路设施、村支"两委"为公司经营管理提供服务等形式入股的协议，村集体每年可固定分红3万元，增强自我"造血"功能，消灭"空壳村"。

如今，哑河村已经实现"八有"，村民们的生产生活面貌发生了翻天覆地的变化。在驻村工作队和村支"两委"的共同努力下，哑河村农业强起来了！农村美起来了！农民富起来了！一幅乡村振兴的秀美画卷正在徐徐展开……

# 龙形镇水口社区

# "志智双扶"拔"穷根"

潼南区龙形镇水口社区有户籍人口3180人，其中建卡贫困户117户473人。由于基础设施差，居民收入低，是该区出了名的贫困村。为激发贫困群众内生动力，早日摘掉贫困帽子，社区"两委"、驻村工作队扎实开展思想脱贫、文化引领、技能提升、活动激励、民生推动等"志智双扶"活动，充分调动了贫困群众的积极性、主动性和创造性，提升了贫困群众的精气神，脱贫攻坚取得了令人鼓舞的成效。

## 育人为本，激发贫困群众脱贫志气

贫困户周春艳，家里只有姐弟俩，她11岁、弟弟5岁时父亲患肝癌病亡，母亲一年后改嫁，靠三亲六戚和社会救济维持生活，2013年被评为贫困户。由于特别贫困，姐弟俩失学在家做活路。驻村工作队和社区"两委"了解到这一情况后，立即商量要让姐弟俩读书，并量身定制帮扶措施，即由其母亲和姑妈负责生活，社区"两委"帮助联系学校，落实"两免一补"政策，提供学习、生活用品等，姐弟俩很快重返学校。在驻村工作队、社区"两委"和帮扶人帮助下，2015年周春艳如愿考上大学，2016年弟弟也考入中职学校。2018年周春艳大学顺利毕业，毕业后有三四个单位、企业都愿意录用她，但她都放弃了优越的条件和稳定的工作，毅然决定回到老家水口社区做了一名村干部，从此，社区里有了第一位大学生村官。有人说她傻，村干部收入低，前途也不是很远大，可她却这样说："是党的政策、社区干部、驻村工作队、帮扶人帮助我成为一名大学生，我要用我所学的知识建设家乡、发展家乡，把

驻村干部组织召开院坝会

家乡早日建成小康村，以报答父老乡亲。"现在，她已经成了一名入党积极分子。2019年她的弟弟也顺利毕业，找到了自己满意的工作。

"一看房，二看粮，三看读书郎。"水口社区像周春艳这种教育脱贫的贫困户有44户，适龄儿童全部就学，贫困户学生均落实了教育扶贫政策。特别困难学生享受到2000元的助学金。村里还动员社会有识之士参与帮扶。尊师重教、让子女多多读书已成为居民们的广泛共识。如今，水口村贫困户中培育出博士1名、研究生5名，40余名大中专毕业生进入了工作岗位，有效阻断了贫困代际传递。正所谓"一人读书，全家脱贫，大家光荣"。

## "一技在手，天下我有"

加强农业生产技术培训，增强贫困群众脱贫底气。驻村工作队、社区"两委"了解群众的所思所盼、所需所求，量体裁衣，按照"需要什么、培训什么，缺什么、补什么"的原则，开展农业生产技术培训，真正发挥培训功效。通过开放农家书屋、脱贫攻坚讲习所，聘请市、区农业技术专家实地讲解等方式，让贫困群众掌握1～2门技术。先后组织群众参加了生态鱼养殖，柠檬、花椒种植，电商物流，建筑工匠，月嫂，家政，家畜养殖，大棚种植等20余场次农业产业、劳动技能培训，受训贫困群众200余人。

贫困户付先伟，一家四口人，本人和妻子没有任何技术，加上身材矮小，劳动力也不强，两个孩子一个读高中、一个读初中，靠种地养家，日子过得很艰难。付先伟情绪一度消极低沉，几次要求吃低保。在走访调查后，村里迅速为他家落实了教育扶贫等相关政策，同时鼓励他利用承包地靠近河边的优势，做活水产养殖这篇文章。在经过对市场、餐馆、群众消费等因素考察调研分析后，付先伟决定搞规模养殖，甩开膀子大干一场。但没有启动资金、不懂养殖技术、担心亏本等一连串的现实问题，将付先伟原本火热的激情浇了个冰凉。

得知这一情况后，工作队、社区干部和结对帮扶干部一同商量，分析了生态养鱼的市场前景，为他申请了5万元小额扶贫贷款，帮他挖了一口鱼塘，联系了鱼苗，还请来技术专家上门指导，付先伟当年便饲养了10亩草鱼，成了全镇闻名的养鱼专业户。随着生态鱼市场销量、价格利好，付先伟不断扩大品种和养殖规模，流转本社群众田块20亩孵化鱼苗，同时带动当地群众搞养殖。2019年，付先伟的年收入达到10余万元，过去的贫困户率先走上了小康之路。

贫困群众有了一技之长，务工路子宽了，工资也高了，发展产业收益也多了。目前，水口社区117户建卡贫困户中务工人员就达150余人，创收400余万元；发展养鱼大户10余户，养牛、养羊大户3户，年生猪出栏50余头，日出售禽蛋500余枚，年出售肉禽2000余只，果蔬发展势头强劲。2019年全社区建卡贫困户人均收入达到10828元，远远超过了国家制定的脱贫标准线。

## 加油鼓劲，提振贫困群众脱贫勇气

过去，水口社区不少贫困户家庭柴垛乱堆乱放、畜禽粪便遍地、生活垃圾随地扔、不孝敬老人、大钱挣不到小钱不想挣、喜欢打麻将等不良现象随处可见。一些贫困户得过且过，存在大小事情找政府、找干部、等政策、靠人帮扶的依赖心理。针对这些问题，驻村工作队、社区"两委"创新宣传工作方式，改变群众的落后观念，努力营造主动脱贫的良好舆论氛围。上法制教育课。增强遵纪守法意识，弘扬尊老爱幼、睦邻友好的传统美德。利用党员会、群众代表会、院坝会向贫困群众宣传党和政府的好政策、本社区熟知的致富带头人等先进典型人物事迹，鼓励贫困群众对照标杆，学习榜样，主动作为。结合"三清一改"，运用宣传栏、户外宣传画、入户等形式，宣传改善人居环境、旧房整治提升、乡村振兴战略，切实增强群众环境意识，改变不良习惯。采取典型示范、榜样激励。通过"文明卫生示范户""最美庭院"评比，开展创"精神文明社区"活动，引导群众积极参与，激发群众动力。大力改善生产生活条件，增强群众获得感。争取社会扶贫资金30万元改善人居环境、旧房整治提升资金100万元，宜机化土地整治120万元，新修人行便道、硬化公路、修漫水桥等90余万元。全面动员、号召有识之士、成功人士参与脱贫攻坚。"致水口社区流动党员"和"致您是家乡的骄傲"两封信的寄出，得到了很好的回应。现在，原来晚上喜欢打麻将的改为跳坝坝舞了；柴草堆放整齐了，畜禽圈养了；污水乱排、垃圾乱扔现象不见了；到附近产业基地打工的多了，铺张浪费、攀比风好转了；遵纪守法，尊老爱幼，友好互助的风气已逐渐形成。如今，水口社区已经成为一个令人向往的"精神文明社区"。

# 古溪镇龙滩村

# 用"一体三元"模式决战脱贫攻坚

　　古溪镇龙滩村地处潼南区北部，辖区面积6.8平方公里，有6个村民小组，总人口810户2810人，其中建卡贫困户85户337人。近年来，驻村工作队和村支"两委"始终坚持"产业助脱贫，消费促脱贫，乡风固脱贫"的工作理念，走出了一条"一体三元"模式的创新道路，受到党委政府的高度评价和当地群众的热烈欢迎。目前，该村已经实现整村脱贫，建卡贫困户均已全部脱贫。

　　龙滩村基层党支部充分发挥党组织的核心领导和桥梁纽带作用，注重引进发展实力强劲、能够提供充足务工岗位的农业企业，助力村级产业发展。市级产业化龙头企业重庆市双亿农业综合开发有限公司、区级产业化龙头企业重庆潼南区龙旺农业综合开发有限公司、本土创业明星企业敬庭庄生态公司等12家农业经营主体陆续入驻扎根龙滩村，形成了柠檬、水晶蜜桃、苕尖、油牡丹4个主导产业，黄柏、水稻、油菜、高粱4个辅助发展产业，土地流转8000余亩，流转率达80%以上的特色产业。举办农旅融合文化节、倡导现代化农业管理、创建"公司+基地+农户"模式，延伸的产业链条，丰富的务工岗位，保障的务工收入，吸引了外出返乡务工农户和贫困劳动力100余户，直接实现务工增收360万元。

## 我助你脱贫，你助我发展

　　2020年疫情期间，村里的产业在2月中旬开始就陆续复工复产，人均每天收入70余元的务工保障，贫困劳动力和返乡农民工"足不出户"，就实现了在家门口产业基地务工的梦想。双赢合作的局面，既保障了农户的收入稳定，又保障了企业的发展稳定。驻村工作队和村支"两委"将短期见效和长期发展产业相结合，把技能培训和公益性岗位的统筹管理、分配实现一体化台账信息管理，围绕12家产业的科学稳健发展，充分发挥产业助脱贫的杠杆功效，即以产业带动就业、撬动创业，实现"三业"合一的"1+1+1＞3"的化学反应，并着力发展壮大村集体经济，为阻断贫根迎战乡村振兴兜底铺路。

## 我直播销售，你脱贫增收

　　在龙滩村现有的扶贫产业中，种植业和养殖业作为主体，如何让扶贫产品长得好出得去，扶贫物资用得活进得来，是检验促进脱贫成色的关键。

龙滩村以党建引领、第一书记代言、帮扶干部带头、普通党员助力的方式，通过京东直播商场、社会电商商城、举办农副产品展销会、日常走访消费、年终集中供销等方式，探索"直播+线下+电商"融合发展新模式，为贫困户提供产销保障，实现从贫困户到消费者的农副产品的直线对接，降低销售成本，帮助农户"足不出户"就可解决农产品滞销问题。

驻村工作队和村支"两委"主导村集体经济与企业签订了《助销水晶蜜桃惠龙滩村集体经济合作协议》，企业将助销水晶蜜桃销售总额中的3%～5%纳入村集体经济，以此增强村集体经济的自身"造血"功能和实力。同时拓宽产品销售渠道，借发展电商的东风，发展"产品+学校/超市"的团购订单；运用京东直播平台和微信自媒体，推广农特产品，通过京东App和微信手机客户端销售水晶蜜桃、柠檬2万斤，销售金额近10万元。

通过举办农副产品展销会着力发展订单农业，提高农产品供给的规模化、组织化水平，广泛动员帮扶单位、国有企事业单位和民营企业等各方力量，积极购买农副产品，参与消费扶贫金额达5万余元，惠及贫困户达60%以上。

为了保障农产品的品质，该村还将党员融入质检、品控和发货的流程，用口碑回馈"让爱扶贫"的消费者。

## 我努力前面带，你奋力紧紧跟

为了将"输血式"扶贫转变为"造血式"扶贫，除了外部经济助力，更要有精神支撑托底。产业就是生态，生态就是产业。龙滩村因淳朴敦厚的民风人文生态和地坦水沛的自然环境生态，筑巢引凤发展出了覆盖全村80%以上土地流转率的产业。喝水不忘掘井人，富了口袋不能穷了脑袋。因此，驻村工作队和村支"两委"既让贫困户口袋鼓起来，更让贫困户脑袋富起来，做活了培育生态文化这篇大文章。

他们首先组织工作队背靠的三个区级帮扶单位，设计"龙滩村结对帮扶联

高校师生现场规划龙滩村发展蓝图

系卡"，率先提出"贫困户"就是"奋斗者"、"扶贫在精准，脱贫靠奋斗"的扶贫扶志工作理念。由帮扶人亲自携带"奋斗者"的"联系卡"入户上门，强化帮扶措施，宣传扶贫政策，树立脱贫信心。"唠起嗑来有板有眼，聊起天来有笑有泪"，这支扶贫队伍在驻村工作队的带领下，发挥了1+1＞2的效应。工作队把全村分为19个卫生网格管理区域，创建三级管理员制度，搭建"光荣榜"宣传阵地，建立生活环境评比

帮扶干部走访贫困户

奖励机制。同时主动联系西南政法大学、重庆师范大学、重庆工商职业学院三所高校就人居环境整治、"三清一改"进行交流沟通，围绕乡村与高校建立协同创新互动、乡村生态振兴与高校的学科优势、发展研究嵌入对接等方面，达成合作服务意向。帮"脏乱差"农户做清洁，分社树立卫生户的先进标杆。在工作队的努力下，龙滩村开展人居环境整治形成了一个独特的工作思路：抓住一个"改"字，即改不良习惯；推进三个"清"字，即清垃圾、清塘沟、清畜禽养殖粪污等农业生产废弃物；落实七个"好"字，即家具摆好、衣被叠好、农具放好、柴草码好、畜禽管好、卫生搞好、环境搞好。

同时，驻村第一书记成功申报市级百村引领工程，积极对接西南大学，充分发挥社会智囊团的功能，将文明乡风建设、社会主义核心价值观引领、大力挖掘和倡导优良的家规、家训、家风等融入墙体宣传美化、庭院农味提升、产业和乡村IP形象设计等方面，耳濡目染循序渐进，着力打造龙滩村的"七和"：父母祥和、夫妻温和、家庭顺和、邻里融和、产业丰和、环境雅和、乡村泰和。昔日的贫困村已经被打造成了一个令人向往、充满时代气息的新农村。

# 米心镇苦竹村

# "四个强化"新举措实现"两不愁三保障"

＊＊

潼南区人力社保局驻米心镇苦竹村扶贫工作队认真贯彻落实习近平总书记在重庆解决"两不愁三保障"突出问题座谈会上的重要讲话精神，创新开展"拓渠道、稳增长、强建设、保基本"脱贫攻坚工作法，大力实施"四个强化"新举措，致力推动"两不愁三保障"落地落实。

## 举措一：强化增收渠道，助推经济增长

匡三，男，50岁，潼南区米心镇苦竹村居家脱贫人员。驻村扶贫工作队通过常态化走访了解到，早年匡三曾在外从事建筑工作，具有一定的行业基础，并拥有培训意愿。为此，驻村扶贫工作队主动联系区就业和人才中心，针对匡三等一批有培训意愿的贫困人员，组织开展了专业技能培训，并推荐提供工作岗位和自主创业市场信息。匡三便是切实享受自主创业市场信息中的一员。培训后，驻村扶贫工作队协同村支"两委"积极为其组建了一支含在家4户贫困户在内的稳定的施工队伍，并将村级建设项目全面委托匡三及其施工队。2019年，匡三依靠扎实的建筑知识和市场信息资源，全年增收突破10万元，带动施工队贫困户成员每人增收近2万元。

除强化技能培训增收外，驻村工作队还积极组建鸵鸟养殖、花椒种植专业合作社，着力打造沃柑种植、砂石厂股份投资等集体经济项目，帮助全村贫困户实现入股分红"全覆盖"，多渠道多方位助推贫困户家庭经济增长。

## 举措二：强化增收项目，共战新冠疫情

匡成，男，52岁，潼南区米心镇苦竹村外出脱贫人员。2020年新年伊始，新冠病毒突然来袭并大面积暴发。针对突如其来的疫情，驻村工作队对全村贫困户开展了疫情防控知识，宣传和落实了外出务工贫困户信息采集。2020年2月中旬，复产复工信息一经发布，匡成等贫困户拟返城务工，但又苦于无公共车辆接送，返岗困难，经济收入无法稳定。针对这一情况，驻村工作队立即启动"贫困人员返城务工专车计划"，切实运用前期信息采集成果，分批次开展健康证明指导、用工信息推荐、免费专车接送服务等，保障了全村13名有外出务工意愿的贫困人员第一时间顺利返岗复工，实现了外出务工贫困户收入持续稳定增长。

此外，驻村工作队还积极联系农业农村等相关部门，为在家务农贫困户提供农业技术指导、农耕器具供应及春耕种苗免费发放等。2020年2月底，120包玉米种、黄瓜种等已全部免费配送到该村55户贫困户手中，保障了"春耕无忧"。

## 举措三：强化基础建设，致力全村发展

匡世洪，男，51岁，潼南区米心镇苦竹村居家脱贫人员。驻村工作队入驻苦竹村前，匡世洪等部分村民入户道路没有硬化，匡世洪及家属虽长期在家务农，家庭承包土地达10亩，并发展了土鸡、鸵鸟养殖项目，但苦于出行困难，多数情况下，匡世洪等的农业成果都只能就近低价销售。为打破村民出行瓶颈，驻村工作队制定了全村基础建设项目发展规划，先后争取区交通局建设项目、村级"一事一议"建设投资项目等数百万资金落户苦竹村，全面启动全村道路硬化及便道入户工程。目前，匡世洪的种养殖产品经过道路硬化及驻村工作队联系市场推广渠道，已销往潼南及周边区县，经济效益大幅提升。

2019年底，全村共计硬化村级道路16公里、山坪塘整治2口、无害化厕所升级改造150户、村级"五保家园"全面提档升级等，村级农村电网升级改造工程也即将竣工。

## 举措四：强化政策帮扶，确保基本保障

蒲建平，男，49岁，潼南区米心镇苦竹村居家脱贫人员。蒲建平身患听力残疾，无子女，孤身一人，外出务工及居家务农能力较弱，常年闲散在家。考虑到其特殊情况，驻村工作队协同村支"两委"为其启动低保人员申请审核程序，帮助其享受了每月340元的最低生活保障。同时，为增强其脱贫信心，驻村工作队多次上门开展政策宣传，激发内生动力，并将其纳入村级公益性岗位推荐名单提交村支"两委"。现在的蒲建平，不再是以前无所事事的闲散人员，转身变为了村级卫生的"美化师"，村级道路上经常可以看到他打扫卫生的身影。

充分发挥政策帮扶效益，巩固脱贫攻坚成果。蒲建平的故事不是个例，而是全村积极落实政策扶贫的一个缩影。仅2019年，潼南区米心镇苦竹村完成C、D级危房功能性设施建设12个，落实D级危房改造5户、C级危房改造3户，住房安全整治5户，新钻安全饮用水井6口。目前，全村法定人群实现了社会保险参保率100%和贫困户家庭医生签约率100%的"双百指标"。

驻村干部在苦竹村召开院坝会

# 建立健全"六强六扶"帮扶机制
# 提升贫困群众自我发展能力巩固脱贫成果

城口聚力夯实扶贫、带贫、益贫平台，建立完善长效帮扶机制，加强各环节监督引导，多途径强化贫困群众自我"造血"功能，让贫困群众手中有技能、增收有渠道、致富有门路。截至2019年底，全县已实现90个贫困村、11847户45717名贫困人口稳定脱贫。

## 强台账扶精准

建立未脱贫户、监测户、边缘户和特殊困难群体台账，制定一户一策，动态监测未脱贫户脱贫、监测户巩固脱贫、边缘户稳定发展、特殊困难群体兜底保障等具体情况，第一时间处理漏评错退、分类预警等个性化问题。清单化、事项化建立中央巡视"回头看"、成效考核、扶贫审计、市级各类检查督查反馈问题台账，定人、定责、定时间推动问题整改销号，以问题整改推动工作查漏补缺。建立涉农涉贫项目实施台账，严格落实重点项目县领导联系负责制，定期会商、研判项目推进过程中存在的问题，推动217个涉农涉贫项目如期投用。

城口县沿河乡联坪村"有话给党说"

城口县沿河乡脱贫攻坚幸福路

## 强基地扶产业

引导村集体经济组织、专业合作社、家庭农场、种养大户等发挥产业发展引领集聚作用，在品种品牌品质建设、市场信息研判等方面抓示范创建，通过利益联结机制把小弱散的农户组织起来，降低区域内农业产业市场风险。加大扶贫产业产供销、农工商政策扶持，通过贴息、奖励和风险补偿等措施，撬动2.5亿元社会资本投入到脱贫攻坚产业。抓住对口帮扶、东西扶贫协作和中央定点扶贫契机深化消费扶贫，建立稳定的购销合作关系，推动农产品进市场、进商超、进食堂，实现订单生产、精准采购，累计带动1.1万户贫困户户均年增收0.8万元。

## 强中心扶技能

成立农民工工作领导小组，建立县、乡、村劳务服务中心，准确掌握6.7万劳动力基本情况、技能培训需求、务工意向等基本情况。建立劳务中介、大型企业用工需求数据库，动态分析劳务市场需求，采用企业对接、订单培养的劳务输出模式，帮助2.8万贫困劳动力实现转移就业、就近就业、居家就业。建立培训质量评价体系，通过测评"就业稳定率""用工单位满意率""就业人员工资受益率"，用实打实、硬逗硬的评分牵住培训效果的"牛鼻子"。落实农民工外出务工城际间交通补贴、一次性求职补贴和意外伤害保险补贴，探索建立外出务工劳务奖补政策，累计发放劳务奖补金1500万元。

## 强平台扶志气

建好红黑榜、乡贤讲堂、文明积分超市等平台，引导群众知党恩、感党恩，推进移风易俗，培育良好家风，激发群众自我发展的意愿，促进贫困群众自我规划、自我管理。开展党恩教育进农家、村规民约进农家、典型示范进农家、文明新风进农家、实践养成进农家、文化滋养进农家活动，组织发动群众21万余人次参与到人居环境"八乱"整治和"五干净六整齐"美丽家园行动。深入挖掘身边好人好事道德典型，用身边事教育身边人，引导崇德向善的社会风尚。狠抓反面典型警示教育，通报和曝光不赡养老人、"等靠要"思想严重等影响脱贫攻坚工作成效案例65起76人。

## 强网络扶长远

建立集农产品生产、销售和需求于一体的信息平台，采取企业联结、单位捆绑、群团"清零"的方式，多元化畅通农特产品销售渠道，确保生产和销售无缝对接，提高农产品商品化率。建好用好电商平台，扎实推进电商扶贫专项行动，整合网上村庄、村村旺等电商网点，着力解决农产品"上行难"，推动农产品卖得远、卖得好，实现线上销售7.35亿元。发挥脱贫攻坚网格和基层治理网格管理作用，建立以村为平台、网格为基础、户为单元的网格化管理工作机制，将5155名驻村工作干部、帮扶责任人等分布到网格治理中，构建起了"脱贫工作靠网格、基层治理在网格、服务管理到网格"的"一张网"工作格局。

## 强堡垒扶队伍

坚持脱贫攻坚与乡村治理一起推，机关党建与农村党建一起抓，开展巩固战斗堡垒、配强带头队伍、党员示范引领"三大提质工程"，建立ABC类党组织抓脱贫考核评比机制，整顿软弱涣散党组织35个。党员干部全员持续开展"理论政策学习大考试、基层调研大走访、解决问题大比武"活动，持续把攻坚责任传递到每一个基层组织、每一名党员。采取本村选、邻村调、上级派等方式，选优配强村支（社区）"两委"班子，管好用好第一书记和驻村工作队，培养后备干部272人、本土人才196人，聚力打造不走的扶贫队伍。

# 周溪乡凉风村脱贫攻坚典型案例

城口县周溪乡凉风村距离县城97公里，位于九重山国家森林公园腹地，辖区面积20平方公里，平均海拔1700米，山大沟深、坡陡弯急，是典型的高寒深石山区，"用电靠油、交通靠走、通讯靠吼"是昔日凉风村的真实写照。脱贫攻坚战打响以来，凉风村干部群众把脱贫攻坚作为第一政治任务、第一民生工程，深学笃用习近平总书记关于扶贫工作重要论述，认真贯彻落实上级各项决策部署，团结一心，坚定信心，苦干实干，如今的凉风村发生了翻天覆地的变化，贫困人口全部脱贫。错退率和漏评率为零，群众满意度达100%，全村"两不愁三保障"问题全部解决，通村通组公路全面贯通，安全饮水、电力、通讯实现全覆盖，2019年底实现全村脱贫出列。

## 在压实责任上见实招，确保工作落实到位

深学笃用习近平总书记扶贫工作重要论述、6次脱贫攻坚座谈会重要讲话精神、视察重庆重要讲话精神，把全村干部群众思想状态调整到克难攻坚模式上来。**健全指挥体系**。成立了村脱贫攻坚指挥所，由联系县领导任指挥长，形成"县领导挂帅+乡党委书记+乡联系村领导+帮扶单位主要负责人+村支'两委'（驻村工作队）"的攻坚体系，全面整合各方帮扶力量，切实发挥攻坚堡垒作用。建立村脱贫攻坚指挥部例会制度，实行"周研判、月调度"，定期研究解决重大问题和急难问题。**实行网格化管理**。建立1个村级网格长、8名网格管理员、包干全村487户的网格体系，对排查出的全部问题实施"动态管理、清单办理、限时办结"，分ABC三类、红黄蓝三色分类限时解决，对全部贫困户和临界户实现帮扶、网格"两张网"覆盖。**健全考核导向**。在驻村干部、村支"两委"干部年度考核中，全面推行"两看制度"，一看党建好不好、党性强不强，二看脱贫攻坚实绩优不优，用考核倒逼责任落实。

## 在解决难题上过筛子，确保扶贫措施扎实

根据贫困户的致贫原因，采取有针对性的办法解决"两不愁三保障"问题，实现"一把钥匙开一把锁"。

**住房保障户户安居**。聘请专业机构对住房情况进行鉴定，分类建立台账，对存在安全

隐患的房屋明确具体责任人和改造时限，做到"一房一档一责任人"。完成C、D级危房改造加固10户，实施易地扶贫搬迁36户，一户一策做好搬迁贫困户产业、就业等后续发展工作，让贫困群众既能住上新房子，又能实现可持续发展。同时，结合农村人居环境整治行动，推进村容户貌整治工作，完成改厨54户、改厕61户、改房屋阴阳二沟50户、改牲畜圈21户，着力让农村人居环境靓起来。

**基本医疗全面保障。**全面落实城乡居民医疗保险、大病医疗保险、民政医疗救助、扶贫济困医疗救助、大病补充保险、补充医疗救助"六位一体"政策保障体系，建成村卫生室1个，配备村医1名，实现"有人看病、有地方看病、有制度保障看病"，基本做到"小病不出村"，有效防止因病返贫风险。注重从源头防病，每月组织开展一次卫生健康知识教育和村容保洁行动，推动家庭签约医生服务实现全覆盖。

**义务教育一个不落。**全村现有学前儿童9名，小学阶段学生37名，初高中学生24名，专科以上学生7名，均正常在校就读。扎实推进村小学硬件、软件建设，新增图书室、篮球场等设施，建成"互联网+教育"远程视频系统，切实解决村里学龄前儿童和低年级学生就近就地上学问题，让山里的孩子也能享受到城里优质教育资源。针对村里4户因学返贫对象，积极协助落实贫困家庭大学生学费资助、助学贷款财政贴息等政策，开发暑期社会实践公益性岗位，确保贫困家庭大学生不因贫失学。

## 在产业增收上动脑子，确保扶贫效益殷实

凉风村紧邻九重山国家森林公园，生态资源较好、农林产品丰富，过去受交通制约，生产生活主要靠自给自足。通畅通达工程实施后，村里交通条件得到根本改善，优势开始凸显，发展路子越来越宽。

**特色产业增产。**凉风村竹笋、野生药材资源十分丰富，适宜发展高山特色效益农业。为此，按照当期有收益、未来可持续的发展思路，大力调整产业结构，将竹笋、中药材、生态旅游作为发展主攻方向，将高山蔬菜、中蜂、天麻、高山岩豆、牛羊养殖作为主打产业，构建长短结合的产业体系，实现"春采竹笋、夏挖天麻、秋收药材、冬摘岩豆"，贫困户家家有产业、户户能增收。目前发展竹笋1.3万亩、野生天麻800余亩、中药材510亩、高山四季豆100亩、生态牛羊600余只，总产值达到150万元。

**农特产品增值。**过去由于产品缺少整体包装打造，优质农产品难以卖出好价钱，也影响了村民发展产业的积极性。为了让产品价值最大化，村里按照"资源一体整合、品牌一体打造、价值一体提升"思路，通过村集体经济组织，统一对全村农产品进行收购、分拣、包装和销售，对产品溢价部分，再根据村民销售数量按比例分红返还，提升产品价值链。目前

已建成竹笋、中药材、高山岩豆加工基地和特色农产品加工分拣中心，特色农产品价值平均提升45%左右。

**利益联结增效**。推动特色农业组织化发展，变单家独户生产为集体抱团发展，建立周溪乡凉风村农民专业合作社，入社农户达到117户，培育村集体经济组织1个，配置股份475股，2019年每股实现分红215元，带动47户贫困户增收。引进天宝药业、渝川农业两家龙头企业发展中药材、竹笋产业，通过流转土地、订单收购、劳务合作等方式，建立"风险共担、利益共享"机制，减小产业发展市场风险。注重长远发展机制培育，推行"党组织+村集体经济+市场主体+农户"的组织模式，党组织负责政策落实、协调服务等工作，村集体经济组织和市场主体负责提供种苗、技术指导、产品收购、加工销售等工作，农户负责土地提供、从事生产等工作，达到了既整体联动，又分工负责的目的。2019年凉风村主导产业销售额达到100万元，户均增收7600余元，贫困户户均增收9000余元。

## 在凝聚合力上下功夫，确保扶贫过程严实

凉风村党支部一班人充分发挥生活在群众中间，生产在群众中间，整天同群众打交道的优势，扎实把党的扶贫政策、支持农村发展的政策、支持农民增收的政策宣传好、落实好。

**宣传宣讲鼓劲**。通过院坝会等及时向全村群众传达习近平总书记的重要讲话精神，传递总书记对偏远山区群众的牵挂和期盼，注重脱贫政策宣传，定期开展产业发展、医疗教育、住房保障等政策宣讲，让群众知晓政策、用好政策，激发群众一起努力向前奔跑，用自己的双手创造幸福生活。

**建强支部蓄力**。着力优化党员队伍结构，解决"人"的问题，村支"两委"班子成员达到5名，本土人才1人，全村党员达到10人，平均年龄30岁，培养入党积极分子3人。建立互帮、互学、互管"三互"活动小组，定期开展"三会一课"、组织生活、支部主题党日等，不断提升组织力、号召力。着力增强服务群众功能，认真做好精准识别、宣传政策、落实政策、发展产业、项目实施、基础信息收集等工作，及时为群众解难事、办实事。

**先锋模范发力**。坚持党员带头、群众紧跟，建立"1+N"的带动机制，引导党员当好政策宣传员、矛盾调解员、乡风倡导员、产业带头员，组建党员志愿服务队1支，开展政策宣传、环境整治、矛盾调解、村庄保洁等志愿服务活动16场次。老党员伍先富带头发展中药材60亩，带动贫困户5户，户均增收3000元。

**文明乡风强基**。注重自治、德治、法治融合，制定完善村规民约和村民议事会、道德评议会、红白理事会、禁赌禁毒会，推行"村党组织+村民委员会+村集体经济组织+社会组织"治理模式，完善村级治理架构。突出常态长效，每月开展亮积分比德行、亮家训比传

承、亮规约比正气"三亮三比"活动，引导村民移风易俗。注重发挥榜样作用，评选新乡贤2人，选塑县级"身边好人""致富能手"等32人，6户贫困户被评为县级"脱贫光荣户"。

## 东安镇兴田村

# 大巴山深处的"网红村"

◆◆

"巴山背二哥，苦处比谁多；七十二道脚不干，狗儿坪、磨人坡，一步一步慢慢梭，饿了啃个冷馍馍。头顶一线天，脚踏鬼门关，夜晚歇岩洞，泪水流成河。"这首广泛流传于大巴山脉的民谣，正是地处10万大山深处的城口县东安镇兴田村人昔日艰难生活的真实写照。

2011年，城口县委县政府全面实施"旅游扶贫"战略部署，兴田村开始了异常艰辛又卓有成效的"旅游扶贫"探索之路。在党员干部的引领带动下，一户户颇具特色的"森林人家"民俗休闲屋破茧而出，远远近近的游客纷至沓来，世世代代积弱积贫的"特困村"一跃而成声名远播的"网红村"。由此，鞭辟入里地解剖兴田村，也许对我国贫困乡村如何"垂直提升"发展水平有着重要的观照作用。

### 兴田之困：地理阻隔与心理阻隔叠加

兴田村地处重庆渝东北边陲大巴山腹地，位于重庆市城口县东南端，与巫溪县土城乡接壤，海拔在1200～2300米，森林覆盖率为91.8%，4个村民小组205户839人，散落于78平方公里的崇山峻岭，是重庆市及秦巴山连片特困地区最落后的特困村之一。与许多革命老区一样，战争年代，大山是红色力量的屏障和堡垒；在新时代建设发展的进程中，连绵挺拔的大山，不但成为经济发展的"拦路虎"，更催生出山里人自我封闭、害怕挑战、得过且过、不思进取的不良心理。

地理隔绝与心理隔绝的相互叠加，成为兴田村发展振兴的难解困局。

2010年，兴田村有贫困人口79户239人，贫困发生率高达31%，直到2014年建档立卡时，仍有贫困户19户72人，贫困发生率为8.7%。

过去的兴田村，"交通基本靠走、通讯基本靠吼、交流基本靠酒、安全基本靠狗"，贫穷原始而落后的状态令人触目惊心。全村没有一条通村公路，村子距县城70公里，距场镇直线距离虽然只有10公里，当中却有四座大山横亘，村民出行必须翻山越岭，徒步4小时才能到达镇政府。村里快通公路的时候，原本居住的近700人，东走西跑，只剩下近200个老弱妇孺，留守在山间摇摇欲坠的土坯房里，他们孤独而绝望。

村子里没有通讯信号，人们隔山相望，只能大声吼着才能传个话。即使到了2014年，游客来到这里也如同与世隔绝。因为长期贫困，公共服务严重缺失，农村垃圾、畜禽污染、乱搭乱建等现象十分突出。村里没有卫生室、没有集中供水，村民吃水全部靠自己打井或者到远处挑水。村里唯一的一所小学校舍是20世纪60年代修建的土坯房，年久失修，跑风漏雨。

山外的人们都在齐心协力奔小康，山里的村民却在风雨飘摇中闹饥荒！2011年，兴田村村民人均收入仅为2500元，属于扶贫领域的"困中之困"。

## 兴田之难：恶劣条件与代际贫困的交织

山大沟深，自古是"九山半水半分田"，可利用的土地资源十分有限，平均每户用于生产的土地只有4分，加之平均海拔近2000米，冬季时间长达5个月，恶劣的气候条件严重影响了作物生长，导致村民食不果腹。该村山地贫瘠，引水灌溉不易，群众以种植传统的"三大坨"为主，即土豆、玉米和红薯，全部都是自给自足。一到收获时节，大雪封山，里面的山货出不去，外面的物品进不来，仿佛度日如年。全村839人中，仅有高中文化10人，初中文化100人，大部分青壮年只有小学文化或者是文盲半文盲。教育的落后，造成一代代后生不断重复着先辈的贫困，即使外出就业，也只能依靠下苦力维持生计。

由于大山阻隔，群众山地意识、小农意识突出，思想封闭保守，苦熬苦等，甘于落后的思想浓厚。比如脱贫攻坚伊始，县镇村三级号召旧屋改造做乡村旅游，许多村民不愿投入、不敢投入，造成好事难办好。由于贫穷造成的"惯性"和"等靠要"思想突出，2014年左右，还有不少贫困户乐于"吃低保"，习惯向政府伸手，缺乏"穷则思变"的胆魄。往往是脱贫"探路者"在前面"披荆斩棘"，众乡亲在后面"嘲笑非议"。

## 破冰之旅：资源优势与旅游扶贫的碰撞

2011年，在县镇两级党委政府的支持鼓励下，兴田村开始对自身的"长处""短板"进行审视、比对和分析，认定该村自然禀赋"虽大恶，但亦大美"，不仅拥有巨量的森林覆盖率，而且沿途山泉美景，夏天平均气温不超过23摄氏度，完全可以"化腐朽为神奇"，打造为避暑胜地！最终，确定了立足良好的生态气候资源优势，以发展乡村旅游为突破口，"农文旅"三头并进，整村推进乡村旅游，大力实施旅游扶贫，走出一条大山深处贫困村脱贫致富奔小康的新路子。

从2011年始，全村整体强力推进乡村旅游与扶贫开发深度融合，持续改善农村基础条件。很快，村容户貌明显变化，农民生活水平明显提高，到2014年底，全村贫困人口减少到19户72人，农民人均纯收入增长到1.1万元，贫困发生率下降到8.7%。兴田村扶贫开发取得的显著成绩和经验做法，在2015年11月中央扶贫开发工作会议上得到了习近平总书记的肯定，这给全村莫大的光荣和鼓励！

目前，兴田村已建成大巴山森林人家121户床位3515张，巴渝民宿6户床位72张，年接待游客近48万人次，实现旅游综合收入4393万余元。全村逾90%农户直接或间接从业乡村旅游，农民人均纯收入从2010年的1980元增长到现在的1.7万元。

2014年6月27日，重庆市第三届乡村旅游扶贫避暑休闲开村仪式在兴田村隆重举办，在市、县、镇的热情推介下，在各大媒体的报道中，"兴田经验"不胫而走，大山深处的"特困村"竟乾坤翻转，一夜之间成为"网红村"！

## 破茧之蝶：共建共享与绿色开放的合奏

激发自生动力、创新发展方式，是兴田村旅游扶贫模式的一个新亮点。

**以房联营，盘活资源。**兴田村巴渝民宿是重庆市"以房联营"的首个旅游扶贫示范项目，旨在以巴渝民宿为载体打造高标准、高品质且富有人文内涵、经营特色的体验式民宿平台，重点探索农村土地房屋产权管理、受益分配及农村资产股权化投入等新机制和新模式，逐步形成"共建共享、以房联营、以地入股、文旅融合、网络营销"发展模式，以此唤醒乡村资源、要素和主体，促进农房增值、农业增效、农民增收。项目总建筑面积2486.17平方米，居住用户10户，房间数量111间，可接待人数207人。项目分两期实施，其中一期为扶贫民宿，建设用地面积7023.93平方米，总建筑面积1595.59平方米，退出农村建设用地2795.68平方米，房间数量67间，可接待127人。巴渝民宿公司将农户易地搬迁或原址重建的多余建房土地指标通过复垦、流转，转成"巴渝民宿"的建房用地，然后与农户一起利用其自建住房土地指标合建住房。"巴渝民宿"是农村宅基地所有权、资格权、使用权"三权"分置的有效探索，彰显出土地产权政策创新的巨大活力。在建设过程中，巴渝民宿公司统筹规划生产、生活、生态空间，农房改造建设费用由巴渝民宿公司和农户共同承担，其中贫困户以扶贫搬迁、农房整宗地收储等财政性补助款和自筹资金量化投入入股。同时民宿公司以货币出资的形式将村集体"四荒地"、溪沟等农村集体资产产权有序流转，作价入股民宿产业，让村集体获得集体收益，使以往闲置低效的乡村资源得到进一步整合，也促进了自然资源增值。按照约定，随着贫困农户在民宿旅游产业中获得收入，逐渐产生自我"造血"能力，可以在共建经营3年后以经营性收入逐步回购巴渝民宿公司所占的产权和股份。在此过程中，房产和土地也在不断增值，增值所形成的预期价值由农户享有，农户只需按照当初双方股份核算所形成的借贷款额进行支付回购。

**改善环境，强化功能**。推进农户环境整治"十二改"，即改院坝、改边沟、改室内地板、改室内墙体、改厨房、改卧室、改厕所、改剁木圈、改鸡舍、改垃圾池、改入户人行便道、改庭院花台，新建卫生厕所150个，建设公共厕所5个，化粪池62口，增设垃圾桶108个，建设垃圾中转站1个，完成人居环境综合整治49户，村容村貌焕然一新。深入开展环境执法整治，采取联合执法与集中整治相结合的方式，深入开展城乡环境综合整治，拆除公路沿线违章建筑及临时构建筑物48处，实施污水处理和美丽新村项目建设，扩容污水处理厂规模，实现污水管网入地，以荒山造林、水体绿化等为重点，不断提高森林覆盖率，优化全村生态环境。

采取"一改六结合"的方法，改造危房和新建房屋193户，并配套实施了农村管网管线规范及庭院美化"亮化工程"，探索出了"一改四盘活"（盘活思想、资产、环境、社会投资）的发展模式，实现了旧房改造政府投资"四两拨千斤"的效果，支持88户易地扶贫搬迁建设新房，达到开办"大巴山森林人家"的房屋条件。

加快外畅内联公路建设，新建硬化公路6公里，新建自行车绿道3公里，建成了兴田村到城口县城和巫溪县的出境公路干道。整合各类项目资金7000余万元，全力推进整村脱贫和易地扶贫搬迁工作，集中建设2个易地扶贫搬迁集中安置点新建集中供水系统、垃圾清运系统和污水管网入地及处理系统。

**孵化微企，扶志扶智**。东安镇制定出台了扶持"大巴山森林人家""1+4"政策，建成一个市级微企孵化园和两个微企示范村，44户"大巴山森林人家"成功申报微企，注入资本金153.8万元。"电商达人"范中福将农业、文化和旅游结合在一起，通过微店、淘宝、"网上村庄"销售特色蜂蜜、腊肉等当地特色农产品，积极利用县里组织的"板栗节""刨猪节"等文旅活动，把自己从农户手中收到的"原生态土货"向外地游客展示，请他们免费品尝，让"山货"走出深山，在收购"土货"的过程中，他还培植了一批专门供货的贫困户；"85后"黄毅，毕业于重庆工程学院，如今返乡做着阿里巴巴旗下"农村淘宝"物流配送。

培育巩固胜家坪有机土豆、金黄安蜂蜜、东安板栗、亢谷土瓜子、新建高山土猪腊肉等旅游商品及产品品牌，成立了城口县亢谷农业开发公司，并在解放碑设立了东安旅游商品销售展示大厅，扩大销售渠道，城乡居民人均收入增加5000元以上。

县、镇、村三级全面投入脱贫攻坚这场艰苦卓绝的战斗，村民们也众志成城，立志"摘穷帽""脱穷根"。

赵永兰是东安镇兴田村2组村民，2013年因车祸左腿骨折，丈夫刘确友属三级残疾，母亲蒋礼美右腿残疾，家中又有一儿一女嗷嗷待哺，被评为新一轮建卡贫困户。2014年，在乡村旅游发展浪潮的牵引下，赵永兰一家不甘落后，主动联系镇村工作人员请求支持修建住房，开办大巴山森林人家，政府通过整合高山生态扶贫搬迁政策予以支持。2015年10月，"四合院大巴山森林人家"以客房8间、床位16张、40人就餐的规模正式营业。目前，在共产党员示范户龚世洪的对口帮扶指导下，"四合院"的生意已经步入正轨，预计年旅游接待收入可达5万元。她经常动情地向前来旅游参观的人们说："如今党的政策好，我一个瘸子也要努力向前跑啊！"赵永兰一家也因此被评为2015年脱贫先进户。

建卡贫困户姜为银，总是缠着帮扶责任人讨教致富门路，借旅游开发大好形势，在2015年开办大巴山森林人家，从菜品的选择、服务人员的配备以及管理制度，都细心安排。他的大巴山森林人家获得可观的效益，现已成为村中种植蔬菜能手、大巴山森林人家脱贫致富的典型。

破茧之蝶，精彩绽放。到2018年，兴田村接待游客达48万人次，大巴山森林人家户均增收6万余元，农民人均可支配收入1.7万元，其中受乡村旅游扶贫带动的增收在收入构成中占比达82.7%。

咸宜镇明月村

# 雪宝山下的脱贫攻坚之路

◆◆

城口县咸宜镇明月村是咸宜镇面积最大、人口最多、距离镇场镇最远的一个村，位于咸宜镇东方，与开州区的雪宝山镇接壤。全村辖区面积22平方公里，辖8个村民小组，全村耕地2880亩，林地31204亩，农业人口548户1984人，其中建卡贫困户111户342人（现已全部脱贫），低保户66户138人，特困供养户18户18人，残疾人口64人。自脱贫攻坚战打响以来，该村干群齐心，努力奋进，通过近几年脱贫攻坚政策扶持和老百姓自力更生，基础设施不断完善，产业发展如火如荼，人民生活水平不断提高，奏响了一曲脱贫攻坚胜利的凯歌，明月村的"新颜"已展现在雪宝山下。

## 党建引领强干群"脑子"

明月村党支部坚持党的理论信念不动摇、牢固树立"四个意识"，坚定"四个自信"，坚决维护以习近平同志为核心的党中央权威和集中统一领导，要求党员在思想、行动上与以习近平同志为核心的党中央保持高度一致。支部认真贯彻执行市县的决策、指示，全面落实镇党委、政府安排的各项工作。

加强党员学习的自觉性和主动性，提高党员整体综合素质。集中组织党员反复学习党的十九大报告，认真学习党章、党规和习近平总书记考察重庆重要讲话精神，学习党的路线、方针、政策，深入学习习近平新时代中国特色社会主义思想和扶贫工作重要论述。不断强化党员的理论学习，要求党员不但要有为人民服务的思想，而且还要有为人民服务的本领。

加强党员的教育管理。按照开展组织活动的相关要求，认真落实"三会一课"制度，按时开展党日主题活动，扎实开展"两学一做"活动。做好党费收缴工作，要求每一名党员自觉按时上交党费。不定期召开民主生活会，认真开展批评与自我批评，坚持把组织教育活动搞活、抓实，充分发挥支部党员的先锋模范作用。

深入开展"不忘初心、牢记使命"主题教育活动。村支部以主题教育活动为载体，联系党员的思想实际，切实加强支部党员的政治思想教育、作风纪律教育、宗旨意识教育。

明月村村支部与帮扶单位——县财政局机关支部组建了临时联合党支部，开展了支部连线活动，财政局党组书记亲自为明月村党员上党课，亲自策划、参与和开展了一系列创新性的组织活动，组织调动在家党员、退休干部、乡贤人员，调集各方力量，组织乡贤、党员进农家察民情、进农家宣讲政策、进农家督查卫生等活动，将优秀党员、乡贤编入网格单元，

咸宜镇明月村移民安置点一角

协助网格员做好每一个网格单元矛盾纠纷调解、问题发现反馈等工作。

村党支部严格要求每一名党员，自觉遵守政治、组织、廉洁、群众、工作、生活六大纪律，严格执行中央八项规定和重庆市党员干部生活作风"十二不准"的廉洁准则，认真践行"三严三实"，抵制和杜绝"四风"问题。在工作中坚持政策原则，秉公办事、不谋私利、不优亲厚友、不吃拿卡要，干净做事、清白做人、以身作则，树立良好的形象。积极发展入党积极分子，培养后备干部，为支部补充了新鲜血液，壮大了组织力量，为支部建设、教育培养后备人才做了大量工作。

## 产业带动鼓群众"袋子"

产业事关一个地方的长远发展，事关脱贫攻坚成效巩固。明月村村支"两委"认真研究全村产业发展规划，结合本村自然环境和地域优势，因地制宜，实施以中药材、林果业、茶叶、生猪、山地鸡、中蜂、生态旅游为主的产业发展项目，各项产业按照规划稳步推进。全村种植中药材57亩、茶叶800亩、发展生猪328头、山地鸡510只、中蜂300箱；2019年，全村产业发展增收120余万元，人均增收600余元。5户大巴山森林人家陆续启动筹建，为农旅融合发展创造了条件，为全域旅游发展夯实了基础。明月村集体经济组织顺利成立，集体经济组织理事长带领村集体经济组织理事会认真研究规划明月村集体经济项目，将启动资金50万元注入咸宜镇李坪村集体经济组织沙场，来年即可分得效益。明月村易地扶贫搬迁超面积整改工作采取"公司+集体+农户"的模式发展室内食用菌种植，不仅使超面积整改工作达到要求，而且为易地扶贫搬迁户提供了增收途径。明月村8社返水坪建立了冬桃种植基地216余亩，为贫困户增加了就业途径和务工收入。

## 真情引领走群众"路子"

脱贫攻坚战打响以来，明月村村支部和驻村工作队以高度的政治责任感，统一思想行动，按照"五加二""白加黑"的工作要求，紧紧围绕"两不愁三保障"，村建"八有"、户解"八难"的脱贫标准进行查漏补缺，扎实开展春季攻势、夏季比武、秋季决胜、冬季备战相关工作，指挥长、驻村工作队和村干部全部下沉一线，反复进村入户，宣传政策，急群众之所急，想群众之所想，用心、用情为民服务，不断提升群众的幸福感和获得感。

开好会议，宣传党的各项政策。明月村按照镇党委政府工作的要求，开好社员会、院坝会、党员会、村民大会、"田坎会"、"围炉会"，宣传党的各项惠民政策，并创新开会形式，用PPT宣讲脱贫致富先进事迹，激发群众内生动力，摒弃部分群众"等靠要"思想，"扶志扶智"工作已见成效。

走村入户，了解群众实际困难。通过驻村工作队和村干部入户走访，围绕"两不愁三保障"，建立群众需求和困难台账。2019年，全村饮水保障率达到100%，完全解决了群众吃水难的问题；通过鼓励贫困家庭中有劳动力人员外出务工、发展农业产业，培育了致富带头人3名，带动了贫困户就业和增收。对整户无劳力户按照低保评审程序纳入了低保对象，将符合条件人员纳入公益性岗位或生态护林员；明月村集体经济组织成立，进一步解决了贫困户稳定增收难问题；全村新建生产生活便道和人行便道7.5公里，农户自行实施入户路改造，方便了群众的生产生活及出行，保障了群众的安全出行；深入推进易地扶贫搬迁，加快改善贫困群众生存发展条件，对有条件、有意愿搬迁的贫困户实现应搬尽搬，2016—2019年明月村已经完成易地扶贫搬迁39户，不仅改善了部分群众的居住条件，而且方便了就医、就学和就业；村内建有标准卫生室1个，并配备了乡村医生1名，方便群众就医；为群众办理慢病、大病和特病卡，贫困群众住院治疗可享受"一站式"诊疗服务、"先诊疗后付费"，购买农村合作医疗保险，减少患大病户的自付费用；严格落实精准脱贫"教育资助一批"政策，通过"普惠+特惠"的资助体系，已全面落实农村义务教育免费政策和农村贫困家庭学生资助政策，贫困家庭适龄子女义务教育阶段不因贫困辍学，考上高等学校的子女能顺利完成学业；全村做到户户通生活用电，社社通生产用电，全村的移动和电信4G信号覆盖率达到95%以上。

全力争取，不断完善基础设施。驻村工作队和村支"两委"充分调研，积极谋划，倾听群众呼声，近些年，明月村的基础设施已发生了翻天覆地的变化。维修了雪宝山公路9公里；硬化了杨家园至刘坪堡公路5公里；复修了二磴坪人行便道4公里；实施村庄整治6处；实施了村卫生室的改造；安装了钟家河坝至罗家湾路灯72盏；新建河堤3公里；解决了全村所有散户41户饮水问题；实施危旧房改造、旧房提升、人居环境整治。所有项目2019年已经全部建设完毕并验收通过，解决了全村绝大部分群众的实际困难，大大地改善了全村居民的生产生活条件。

# 力破"四难"引领产业扶贫大丰收

近年来，丰都县深学笃用习近平总书记关于扶贫工作重要论述，突出问题导向，聚焦精准发力，坚定不移把产业发展作为实现脱贫攻坚的根本之策，全力破解制约扶贫产业发展的四大难题，引领扶贫产业实现健康发展，有效促进贫困户通过产业增收脱贫。截至2019年底，肉牛存栏达15万头，生猪存栏达28万头；新认证"三品一标"2个，新增市级名牌农产品22个，"巴味渝珍"授权10家，楠竹锦橙、丰都红心柚成功入选2019年第一批全国名特优新农产品名录（全市共3个）。2019年农业增加值40.6亿元、增速4.2%，农村常住居民人均可支配收入14518元、增速11.3%，居全市第2名。

## 优化整体设计，力破扶贫产业量小质弱难题

**谋定而动，科学优化产业布局。** 围绕"一心两极三带"生产力空间布局，大力发展山地特色高效农业，构建"1+6+X"扶贫产业体系。在沿长江、龙河、渠（碧）溪河三个经济带，重点布局肉牛、鸡、花椒、红心柚、榨菜、乡村旅游等拳头产业，推动扶贫产业由分散布局、单一发展逐步向区域化布局、集群化发展转变。

**顺势而为，引进培育龙头企业。** 按照"大龙头带动大产业推动大扶贫"思路，着力培育壮大拳头脱贫产业，打造畜禽养殖基地和食品加工中心。引进国家级龙头企业恒都农业集团，加速打造"中国肉牛之都"；引进行业标杆企业华裕农科，发展年出栏5000万羽雏鸡项目，打造西南地区最大的智能化蛋鸡良种繁育中心；引进中国禽蛋行业第一品牌德青源公司，加速建设240万只蛋鸡及蛋品加工中心；引进重庆农投集团，发展年出栏60万头生猪的智慧生态养殖产业；引进温氏集团，建设年出栏3000万只的肉鸡高效生态养殖及加工项目。

**依托龙头，强化全产业链扶贫。** 在国家级龙头企业的带动下，全县构建起54家县级以上农业企业、1900余家农民合作社、近1000个家庭农场的脱贫产业发展生力军，实施全产业链

扶贫，实现小农户与大产业的有机融合，带动土地流转45.5万亩，实现1.5万户贫困群众稳定脱贫。

## 强化统筹整合，力破扶贫资金"撒胡椒面"难题

**财政资金"应统尽统"。**脱贫摘帽后，丰都县坚持一手抓短板补齐，一手抓稳定脱贫。把产业扶贫作为长期稳定脱贫的重要抓手，坚持"多个口子进、一个漏斗出"，集中资金办大产业助力脱贫攻坚。近年来，县财政每年统筹整合资金上亿元用于扶贫产业发展，2019年达到2.5亿元。

**精准投向"落地有声"。**出台《丰都县产业扶贫扶持奖补办法》等系列政策文件，将财政资金精准投放到肉牛、红心柚、花椒等十大扶贫主导产业，重点投向种植养殖、后期管护、基础配套等产业发展急需环节。截至2019年底，县财政已累计投入10.5亿元发展扶贫主导产业，切实增强扶贫资金绩效。

**引好金融"源头活水"。**紧紧围绕产业链金融服务需求，同步推进普惠与小额信贷特惠金融，既为新型经营主体提供普惠性贷款、带贫贷款贴息、财政奖励，又为参与产业发展的贫困户提供扶贫小额信贷特惠性贷款。截至2019年，累计为11552户贫困户发放扶贫小额信贷5.25亿元，获贷率超过57%。

## 注重模式创新，力破扶贫产业带贫效果不好难题

**推行资产收益扶贫机制。**在德青源金鸡扶贫、华裕蛋种鸡项目中，由政府投资3.76亿元，修建养殖场作为固定资产投资，每年按10%向企业收取租金，去除还本付息、土地租金后余额1700万元，安排公益性岗位助推贫困群众就业增收，对象重点为易地扶贫搬迁贫困户。

**推行代养收益扶贫机制。**在温氏肉鸡、农投生猪扶贫项目中，政府分别安排各村20万元的村集体经济发展资金，成立专业合作社，统筹涉农扶贫资金安排给国有企业入股，联合投资建设代养场，并按持股比例分别获得代养收益，用于为贫困户购买临时性服务岗位等扶贫事业，两个项目达产后，代养收益可实现2.5亿元。

**推行股权量化分红扶贫机制。**投入财政资金3267万元到农业企业补助项目，作为农户和企业项目所在地集体经济组织持股，其中，农村集体经济组织10%，农户持股不低于40%，农户持股部分对建卡贫困户上浮15%进行量化，保障贫困户长期稳定受益。

**探索试行"三变"改革扶贫机制。**投入财政资金5260万元，在全县4个村开展"三变"改革试点的基础上，在市级深度贫困乡三建乡实施全域"三变"改革，构建"433"利益联结机制，即企业占40%、土地入股的农户占30%，其余30%按村集体10%、建卡贫困户

丰都县三建乡"三变"改革引进花卉公司

10%、所有户籍人口10%分配，初步探索出一条政府主导、企业主体、农民主角的改革路子。

**推行易地搬迁后续发展扶持机制**。为全县50个易地扶贫搬迁集中安置点安排资金1.74亿元用于基础设施建设，安排资金1.26亿元用于产业发展。盘活搬迁户土地资源，流转托管土地1283亩，为搬迁户带来资产收益。按3人以下每户0.1亩、3人以上0.2亩标准为搬迁贫困户落实菜园地，确保搬迁户有地可种。通过扶贫车间、劳务输出、产业园区就业等方式，解决就业2619人，确保搬迁户有稳定收入来源。

## 立足市场导向，力破扶贫产品销售难题

**围绕"卖得出"提质量**。实施科技扶贫提升行动，构建"首席专家+科技特派员+产业指导员+乡村土专家"的科技服务体系，对产业管护、品种培育等关键环节实行"保姆式"服务，扶贫产业良种覆盖率、成活率达80%以上，新技术入户率和到位率达95%以上。

**围绕"卖得好"树品牌**。实施农业品牌提升行动，累计认证"三品一标"129个，11个商标获国家地理标志证明商标，10个农产品获得重庆名牌农产品称号，"丰都肉牛""恒都"被认定为中国驰名商标，丰都牛肉、丰都红心柚纳入全国农产品区域公用品牌目录，丰都锦橙、丰都红心柚被评为全国名特优新农产品。

**围绕"卖得久"拓销路**。实施扶贫产品"进食堂、进学校、进医院、进超市、进家庭"行动，凡财政供给单位食堂优先采购本土扶贫产品，鼓励单位职工、超市、民营企业优先采购本土扶贫产品，2019年累计采购额达1961万元，带动2300户脱贫。探索"农村电商经纪人+贫困户"的电商扶贫新模式，成功创建"全国电子商务进农村综合示范县"，2019年以来通过电商平台销售本地产品达3.26亿元。恒都康美电商平台2018年销售额达7.5亿元，成为全国示范教学点。精心组织赶年节、农民丰收节等大型展销活动，实现本地产品销售额1.5亿元。整合东西扶贫协作、定点扶贫、市内帮扶等资源，深入推进"渝货进山东"等行动，2019年累计外销农产品1568万余元。

# 江池镇

# 江池镇打好"三四五"组合拳

江池镇为贯彻落实中、市、县关于打赢脱贫攻坚战三年行动安排部署，深入推进产业精准扶贫工程，不断夯实贫困群众稳定脱贫基础，本着保障贫困群众增收，巩固脱贫成果，提高群众经济收入，从而提高群众生活水平和满意度，共同奔赴小康社会的出发点，结合各村（社区）实际条件及市场需求，培育了一批特色产业，确保贫困群众稳定增收。

## 业态融合聚"三产"

传统农业抗市场风险能力不强，与二、三产业融合度不高，而现代农业多功能发展的要求和特色产业发展链长、关联度广的特点深度契合，为推进产业扶贫提供充分可能。近年来，江池镇各村（社区）在镇党委政府的指导下，充分利用，结合本村自身区位优势，走科学、稳固长久且符合村情村况的特色发展道路，用好、用活、用全各项扶贫优惠政策，变革发展模式，努力促进全镇各村（社区）一、二、三产业融合发展，着力延伸产业发展"微笑曲线"，取得明显成效，迎来前所未有的发展机遇。

**推动农旅融合发展**。江池镇横梁村、关塘村立足特色村情，改变从前传统的经济发展模式，由村专业合作社牵头，打造乡村旅游特色产业，极大带动了广大群众特别是贫困群众增收致富。全村群众出行、饮水、住房、医疗等条件大幅改善，并通过务工就业、物业管理、土地流转、房屋出租、农产品销售、开办农家乐等方式全方位参与乡村旅游发展达125户，占全村农户26%；其中贫困户17户，占全村贫困户48.57%，户均增收7500元以上。仅2019年就接待游客约20万人次，实现旅游创收逾2000万元。鼓励引进社会资本，投资1.3亿元建成旅游景点10余个，包括风景独特的"小长城"1.3公里、健身步道11公里、观景平台3个，并于2017年成功创建AA级景区。与此同时，立足自身土壤和气候条件，大力发展桃、李、梨、柿等适宜果木和花卉产业，目前已建成猕猴桃基地200亩、贵妃枣350亩，正在打造1000亩花果采摘体验园、1000平方米农耕文化展示体验区，让游客在农耕园内尽情观光、摄影、采摘、体验。

关塘村充分利用财政扶持资金30万元、自筹资金50万元，改造升级莲蓬观赏基地，年底有望创建AA级景区，预计年吸纳观光旅客5万人，门票收入100万元。根据特色村情，种植桃园、李园，聘请专业景观设计师打造园林景观；同时配套篮球场、小型游乐场、旅游人行便道、鱼塘、公共卫生间等基础设施，大力发展亲子体验游乐基地。开发包装土鸡蛋、渣海椒、野山菌、竹笋、蜂蜜等特色农产品5个，乡村旅游"后备厢工程"顺利破题，广大农户特别是贫困群众农产品日益成为外形美观、携带便捷、附加值更高的旅游产品。

**推动畜禽种养产业融合。**镇党委政府将按照"从全局谋划一域，以一域服务全局"的要求，更加扎实有效推进以畜禽养殖为代表的扶贫产业发展，为丰都县打造"全市畜禽养殖示范基地"添砖加瓦。抢抓广东云浮温氏集团入驻发展机遇，全力推动镇域农业结构性改革重组，着力改变传统养殖业"小、弱、散、乱"局面。在2019年建成投产7个肉鸡代养场的基础上，进一步优化布局，新建4个肉鸡代养场并全面投苗达产；积极主动服务占地72亩的温氏肉鸡养殖小区建设，半年内全面建成投产。与此同时，鼓励群众在符合规划和环境允许的前提下，积极参与肉鸡、蛋鸡、土鸡等养殖，与温氏肉鸡一起构成全镇鸡产业发展的科学"雁阵"，力争全年出栏肉鸡100万羽，实现产值3500万元。积极承接占地30亩、投资830万元的农投集团智慧生猪代养场建设，半年内建成投产，全年出栏生猪5000头以上，实现产值1800万元。与此同时，规范现有7家规模化生猪养殖场和200家分散猪场建设，指导督促业主完成环保、防疫等改造，促进全镇生猪产能全面恢复，有效防范非洲猪瘟等疫情发生。稳步推进"三变"改革，充分利用镇域缓坡、浅丘等地形条件，流转土地1000余亩发展构树产业，大力推广种养结合模式，因地制宜发展适度规模肉牛养殖。全年种植秸秆500亩，改造提升5个规模化养殖场粪污处理设施，全镇肉牛规模养殖场粪污综合利用率提高到80%以上。力争全镇肉牛存栏2000头、出栏1500头，实现产值3000万元以上。

**推动"小微"产业消费融合。**农户的"菜园"无论多大，村民都习惯称之为"一亩三分地"，在村民传统思维中，家里的主要收入并没有和这块"自留地"挂钩。随着消费扶贫的开展，"私人订制"或集中采购，纷纷瞄准小菜园。江池镇各村（社区）的"小微"产业从最初的25户参加，发展到100余户参加，辐射带动贫困户200余户，户均增收2000元。大力开展电商、消费扶贫，构建帮扶部门重庆市三峡医药高等专科学校、平都中学对接帮扶模式，举全校之力开展消费扶贫，积极帮助农民销售农产品，特别是疫情期间，农民"小微"产业农产品销售额达200万元；积极探索"把贫困户培养成网商、把贫困村培育成货仓"的电商扶贫新路子，建成投用农产品产地集配中心，恢复镇级供销社运行，贫困群众产品全面上线销售，消费扶贫取得显著成效。

目前，江池镇发展到户微菜园179个、微果园102个、微圈舍224个，建设村级电子商务服务站10个，覆盖全部贫困村，培训建档立卡贫困人口515人次，带动建档立卡贫困人口就业60余人。

# 增收保障有"四金"

**突出"租金"抓土地流转。**大力推动农村土地规模化、集约化发展，稳步推进农村土地经营权流转，保障产业发展用地需要。从镇级层面制定出台土地流转指导意见，流转租金原则上按旱地每亩每年400元、水田每亩每年600元标准执行，租期不少于5年、不超出承包期，切实保障广大农户合法权益。

**突出"薪金"抓务工就业。**推动乡村旅游产业发展的同时动员当地群众在保持"农民"身份的同时，积极就近务工就业。2019年，全镇在各酒店、农家乐等务工群众达131人，其中长期（3个月以上）务工的30人，短期务工的101人，人均年增收6000元以上；积极加强与龙头企业、种养大户沟通协调，鼓励企业通过"长期就业+短期务工+临时劳动"等形式，每年吸纳200个以上群众特别是贫困群众就近就地务工就业。

**突出"定金"抓产销合作。**依托线上线下消费平台，积极动员群众发展生产并销售农产品，成为亦农亦商的"民商"。通过销售黄豆、玉米、红薯、蔬菜、土鸡（蛋）、蜂蜜、豆腐等农特产品的农户达35户（其中贫困户17户），户均增收3000元以上；深化"企业+专业合作社+农户"产销合作模式：一方面，动员企业在种养殖基础环节与农户合作，农户缴纳一定"定金"后领养未成年畜禽，成年后由企业保底价收购；另一方面，企业预付一定"定金"预定农民参与运输、销售等产业链后端环节，让广大群众在与企业产销合作中不断增强获得感、幸福感。

**突出"股金"抓绩效管理。**稳步推进"三变"改革，积极动员涉地农户通过土地入股成为新时代股民。强化财政投入部分资金管理，将投入产业发展的部分全部量化确权给涉地村集体，按8%每年固定分红，壮大村集体收入，并将收益的50%作为村集体收入、20%用于建卡贫困户等"四类人群"、30%用于全村人口，确保财政资金效益最大化。

# 管理体系强"五化"

**组织领导规范化。**建立一个产业项目、一套工作班子、一名牵头领导、一位具体人员、一抓到底问效"五个一"工作机制，镇党委政府每月召开一次产业扶贫研判会，研究解决产业发展过程中的各种困难和问题。建立扶贫产业"一把手"负责制，镇、村两级书记亲自安排、亲自协调、亲自督战，确保工作高位推进。

**资金支持专项化。**在用好用活中组部扶持壮大集体经济资金的基础上，积极争取东西扶贫协作、帮扶单位、社会捐赠等资金注入乡村旅游、畜禽种养植、"小微"产业项目发展，不断做大扶贫产业资金盘子。用好用活上级扶持壮大民营经济发展的政策，积极协调金融机构提供信贷支持，专款专用，确保相关产业不因资金问题断链歇业。

**管理服务精细化。** 积极转变政府职能，组建扶贫产业发展服务专班，专人代办项目审批手续、土地协调、纠纷处理等事务，充分保障产业发展中道路、电力、用水、污水处理等设施配套，为项目落地和开工投产营造法治、便捷、优良的政务环境。

**督查考核制度化。** 将特色产业项目建立工作台账，每月对责任办所、涉事村（社区）进行督查，按季考核通报，结果纳入全年综合目标考核的重要内容。加大过程督导和结果运用力度，倒逼全镇机关事业单位和村（社区）干部清单明责、认真负责、高效督责。

**作风建设常态化。** 扎实开展"四整治四提升"专项行动，坚决查处产业发展推进中吃拿卡要、"门难进脸难看事难办"等行为，坚决整治产业发展推进中敷衍塞责，以及表态快落实差等形式主义、官僚主义现象。

## 太平坝乡中坝村

# 大力发展乡村旅游助力脱贫攻坚

太平坝乡中坝村距县城90公里，距太平坝乡场镇3公里，海拔1500米，背靠七跃山林场，地势平坦，气候宜人，夏季平均气温在23摄氏度以下，辖区面积9.6平方公里，常住人口327户1188人，有贫困户79户313人现已全部脱贫。

### 深挖优势资源，优化产业结构

由于地处高山，以前群众长期以烟叶种植作为主要农业生产收入。近年来，烟叶种植计划开始逐渐减少，太平坝乡党委政府因地制宜，利用地形气候优势，积极践行"绿水青山就是金山银山"的理念，以市场为导向，大力推动脱贫攻坚和乡村旅游有机结合，打造"一村一品"的乡村旅游路线，实现从以烟叶种植为支撑到以乡村旅游为支撑的产业结构转变。2015年以来，累计带动17户38人脱贫，全村2019年农村人均可支配收入达到12150元，农业增加值1000万元，为打赢脱贫攻坚战奠定坚实基础。

## 抓好"四改"行动，夯实产业基础

**改善村道交通。**脱贫攻坚以来，全村累计改造主要村道6公里，新建"四好"农村公路2公里，新修入户便民路4公里，实现入户路全部硬化。新修人行桥梁19座，新建加油站1个，方便游客出行。

**改善村容村貌。**全村新安装路灯40盏，实现了村主干道亮化，方便村民和游客的出行。全村设置垃圾转运箱5个，垃圾桶150个，垃圾由乡政府统一转运。全村设公益性岗位5个，定期对村公路、河道开展日常保洁工作，有效提升太平坝乡旅游环境。

**改善水、电、气、通讯网络设施。**修建容量达50万立方米的太平水库，保证全乡供水。改善交通设施。规划与高速公路连接的二级路即将开工。该公路将横穿中坝村，公路通车后将进一步缩短重庆各区县到太平坝乡的时间，有效增加避暑游客数量。

## 搭好发展平台，提升服务水平

**做好培训，提高服务能力。**乡政府对部分修建乡村旅游农家乐的农户给予资金补贴或实物补贴，鼓励群众修建、改建、扩建农家乐，开展扶贫就业技能培训10余场次，培训农家乐厨师30余名，有效提高接待能力。

**做好规划，扩展接待规模。**中坝村"旅游+民宿"产业模式已初具规模，全村可接待6～8户家庭食宿的小型农家乐40余户，可同时接待近30户家庭的中型农家乐1户，可以同时接待12～17户家庭的农家乐2户。

**做好监管，推动产业升级。**乡党委政府进一步完善旅游发展规划，建立政府、企业、村民上下联动的全域旅游格局。制订乡村旅游民宿标准，鼓励条件较差的农家乐进行升级改造，改造符合标准后，将给予资金补贴。动员贫困户积极改造自家庭院开办农家乐，2020年上半年，李庆文、郎广贤等6户贫困户的农家乐已改造完成。2020年，全村共有乡村旅游农家乐71户，实现夏季旅游收入260余万元，其中贫困户26户，贫困户可实现收入超100万元。

## 建好基层堡垒，打造"太平"品牌

太平坝乡积极探索实践"党支部+合作社+农户"旅游产业发展模式，走出了一条属于自己的乡村振兴特色之路。

**注重党建引领，建好"产业阵地"。**为破解全乡旅游产业链不完善，产业规模零散难题，成立了太平仙境乡村旅游合作社，建立了党支部，充分发挥党员在脱贫攻坚中的先锋模范作用，充分发挥"书记当好'领头雁'，党员当好'主力军'"的作用，优化提升产业带头人队伍，培育产业骨干力量。

**创新发展模式，把外来企业"引进来"**。探索合作社与企业结对共建模式，引入2家企业在中坝村投资旅游产业，既给农村带来新技术、新模式、新理念，也能有效改善乡村旅游产业质量，更为企业做大做强、树立形象搭建了舞台。

**打造特色品牌，鼓励本土企业"走出去"**。大力支持本地微小企业发展，因地制宜打造出一批"太平蓝莓""太平土菜"等特色品牌。鼓励农家乐经营者在自家小院种植旅游季节的时鲜蔬菜瓜果，丰富娱乐设施，激发游客参与热情，提高乡村旅游乐趣性。

仙家别院农家乐房内设施

中坝村一角

# 探索建立促增收稳脱贫长效机制
# 持续巩固脱贫成果

❖

2017年11月，武隆区退出国家扶贫开发工作重点县后，全区以产业发展股权化、电商扶贫网络化、旅游扶贫全域化为主要抓手，不断建立完善脱贫成果巩固长效机制，持续推动贫困区域和贫困群众实现稳定脱贫和持续发展。

## 深耕"自留地"，以土地为"媒"搭建农户增收平台

**"公司+土地+农户"的土地入股模式**。农户以土地入股市场主体、专业合作社或村级集体经济，成为"全托管"小股东并发放股权证，由经营主体负责统一经营运作，每年经营主体按持股额向村级集体经济和贫困户分取比例红利。如黄莺乡复兴村整合80余户村民500余亩闲置土地，入股村级集体经济公司种植发展"龙洞贡米"，实现综合年产值500万元以上。复兴村股份分配按照村集体占49%，专业合作社占26%，土地入股村民占15%，贫困户占10%，有效带动入股村民实现户均增收2000元以上，带动贫困户123户，户均增收1000元以上。

**土地承租经营模式**。农户将土地承租给市场主体、专业合作社或村级集体经济，经营主体一次性兑付农户剩余年限的土地承包租金，农民外出务工或就近转型为农业基地的"产业工人"，实现"土地不荒废、就近能就业"。如火炉镇筏子村52户202名贫困村民流转或租赁土地3800亩给武隆忠容水果种植股份合作社，种植发展"仙女脆桃"，实现年产值2000余万元，并按100~300元/天的务工收入在该合作社就业，实现每户年增加收入近2万元。

**订单自耕经营模式**。农户与市场主体、专业合作社或村级集体经济签订订单种植协议，由农户出土地、劳动力并负责日常管护，经营主体提供种苗、化肥、农药等生产要素，并免

费开展农业技术培训，产出后按合同价全部收购，让农户"零"风险发展生产促进增收。如桐梓镇繁荣村200余户农户及临村100余户农户与重庆金尊食品有限公司签订辣椒种植订单收购协议，稳定发展辣椒2000余亩，公司一年2次邀请专家开展农业技术集中培训和田间指导，并投资200余万元新建辣椒加工厂，形成"产""供""销"一体化发展模式，带动种植农户实现户均增收2000元以上。

## 编织"互联网"，以电商为"线"织就农户增收捷径

**电商网点覆盖贫困村。** 出台《关于加快推进农村电子商务产业发展的实施意见》《促进农村电子商务发展扶持办法（试行）》等政策文件，出台14项扶持政策及申报程序和办法。优化"一馆、一园、两中心、186个网点"电商布局，建成"寻味武隆"仙女山O2O体验馆、电商产业孵化园、区级电商运营中心、过渡性物流分拨中心和123个村级电商服务网点，75个贫困村电商服务网点实现全覆盖。如芙蓉街道堰塘村是75个市级贫困村之一，该村打造"大巷口"电商平台，发动300余户农户参与线上线下农产品供应，累计上线农副产品90余种。2020年上半年，大巷口电商平台累计实现营业额150万元，完成订单1.1万余单，带动堰塘村50余户贫困户农产品销售。

**服务网店联络贫困户。** 整合快递、物流、邮政、供销等各类资源要素，招引和培育较大型电商企业13家，打造电商示范点20个，培育电商服务网店7721家，建成农产品产地配送中心10个，定点联系农产品供应农户超过3000户。巧用微信群、QQ群、短信群发等交流平台发布农产品供需信息，畅通农户参与电子商务的途径，形成"网店辐射农户""线上带动线下"的供销模式，帮助5000余名贫困人口实现增收脱贫目标。如和顺镇海螺村贫困户张永洪注册武隆区小张土特产电商网店，经营隆咚销农品、寺院坪农品、茅草坪香辣椒等跨区域多类别农特产品，实现年销售收入10万元以上，个人实现稳定脱贫，带动周边20余户贫困户实现脱贫增收，被评为重庆市2018年度扶贫开发先进个人。

**消费扶贫带动贫困户。** 建立以"寻味武隆"为平台的电商消费扶贫产品品牌，上线"寻味武隆"豆干、苕粉、大米等8个系列42款单品，发挥水利部定点帮扶、济南东西部扶贫协作、市委政法委扶贫集团帮扶、涪陵区对口帮扶等各大帮扶单位的帮扶优势，开展多元化电商消费扶贫。2020年上半年，先后举办或参与"中国（重庆）贫困地区特色农产品品牌推介洽谈会暨第二届重庆电商扶贫爱心购""重庆'6·18'电商日""武隆双节爱心购，促农过新年""寻味武隆'4·26'电商日暨消费扶贫活动""2019重庆·武隆乌江美食文化节""济南五进对接承销"等10余场消费活动，实现电商交易额23.94亿元，同比增长25.56%，网络零售额16.5亿元，同比增长28%。

# 巧打"生态牌"，以旅游为"引"带动农户共享红利

**推动农旅融合，打造乡旅示范线路。** 按照深耕仙女山、错位拓展白马山、以点带面发展乡村旅游发展思路，探索"廊道带动、集镇带动、景区带动、专业合作社带动"等4种"旅游+精准扶贫"增收模式，打造避暑纳凉、休闲度假、采摘农趣等7条乡村旅游特色线路，农户通过旅游接待、配套服务、休闲农业、旅游商品等业态，实现稳定增收脱贫。2020年上半年，仙女山镇、双河镇、土坎镇、火炉镇等组成的"避暑纳凉"乡村旅游线路接待游客100余万人次，综合收入近1亿元；在凤山街道、石桥乡、赵家乡、黄莺乡等组成的"亲水休闲"乡村旅游线路开发黄柏渡漂流、水上摩托艇、水上亲子挑战、休闲垂钓等项目，带动周边1000余户农户实现增收。

**发展特色农家，推进乡旅蓬勃发展。** 落实用地支持、投资融资、资源整合等各类保障性政策举措，优先支持贫困农户参与农家乐、林家乐、乡村民宿等乡村旅游配套服务产业发展，培育特色农家接待户达4000余户，接待床位达4.6万张，全年乡村旅游接待游客890万人次，综合收入17亿元，带动就业达3万余人，其中近1万名涉旅贫困群众的人均年收入达到1万元以上。如江口镇以芙蓉洞景区、大唐芙蓉城为中心度假地，以黄草村美食产业园、银厂村露营基地和三河村亲水乐园3个组团为重点，发展乡村旅游农家乐80余家，年实现乡村旅游接待6万人次，综合收入500万元。

**完善扶持机制，助力农户脱贫致富。** 建立完善贫困人口参与乡村旅游发展的后续扶持与利益联结机制，制定贫困户发展乡村旅游到户到人的产业扶持政策。对发展乡村旅游并取得经营资格的农户，经验收满足新增床位补助标准的，给予每张床位500元补助（最高按30张补助）；对当年新评的乡村旅游星级示范户给予一次性补助，三星级每户补助1万元、四星级每户补助2万元、五星级每户补助3万元；对乡村旅游星级示范户星级提升实行差额补助政策和"五万额度、三年期限、免抵押、免担保、政府贴息"小额信贷政策。同时，结合城乡联建开办农家乐和民宿产业，开展贫困人口与旅游企业劳务对接等多种扶持方式，帮助贫困人口参与乡村旅游发展，有效帮助农户实现脱贫致富。2018年底，对新申请验收的16个乡村旅游示范（村）点、78户星级示范户、5436张新增床位、22场次乡村旅游节庆活动以及27个乡村旅游规划等共计兑现补助资金1097万元。

武隆区土坎镇清水村生态扶贫搬迁示范新村全貌

# "一章一约三会"建构乡村治理新模式

武隆区后坪乡坚持既深度改变基础设施，又深入推进乡村治理的总体思路，牢牢抓住限期脱贫与乡村振兴的有机结合，积极探索"一章一约三会"乡村治理新模式，强化村民自治，重在持续执行，切实解决乡村治理"头痛医头、脚痛医脚"的难题。

## 构建"一章一约三会"乡村治理新模式

**深度调研，广泛征求意见建议。** 根据上级相关要求，通过多层次、多角度、多渠道前期深入调研，形成《关于加强村民自治创新乡村治理的指导意见（初稿）》，并广泛征求全乡各级党员代表、人大代表、村民代表等400余人的建议和意见，先后经村社干部会议、乡级部门联席会及办公会议、领导小组会议、党委会议审议通过，并报区级相关部门备案后施行。

**建立组织，推选落实"三会"组织人员。** 在全乡6个村分别建立健全"一章一约三会"组织，即按法定程序修订完善《村民自治章程》《村规民约》，在村支"两委"的领导下建立红白理事会、群众和事会、环境治理会等3个群众性自治组织，推选群众威望高、热心公益、懂政策法律、甘于奉献的村民担任理事会主任及成员，各理事会分别设会长、副会长各1人，成员4～8人不等。

**强化考核，注重结果运用。** 乡党委推行村民自治周督导、月考核（月通报）、季表彰，并将此项工作纳入各村政绩考核。同时，特别注重违规群众的处理及结果运用，凡对违反村民自治规定的村民，按照《村规民约》严格执行"黑名单"制度，一律不能参加村里的评先树优活动；对家庭及周边环境卫生最清洁、不清洁的农户，每月在"红黑榜"张榜公开；对连续3个月均获得最清洁的家庭，乡政府每季度集中给予物质奖励，并全乡通报表扬。强化"三会"组织成员管理，对工作开展不力、讲形式主义的成员加强批评教育，对考核不称职的"三会"人员予以改选。

**完善制度，确保"三会"组织规范长效运行。** 在乡级层面，成立以党委书记任组长的专项工作领导小组，组建村民自治专门办公室，落实工作人员6名（专职1名、兼职5名）。在村级层面，落实第一书记牵头抓、支部书记、村主任具体抓的工作格局，确保有人抓有人管，长抓常管。出台修订完善《村民自治章程》《村规民约》的程序及要求，制定"三会"

组织建立和人员推选程序及要求，明确3个理事会的工作职责及管理考核办法，细化婚事丧事操办规程，乡财政从自有资金中每年挤出10万元，补助"三会"自治组织工作经费。

## 抓住关键，注重细节，实现乡村治理三个转变

**将生硬执行上级政策规定转变为深入调研，广泛征求意见，群众全程参与，法定程序产生，全方位宣传动员。** 该乡在启动此项工作时，精心谋划，充分调研，坚持问题导向，找准症结所在，摸清群众所思所想，精准发力，经多方征求意见，组织群众全程参与政策的制定，并按法定程序制定和推选"三会"组织人员，政策出台后组织自上而下再次统一干部思想，横向到边、纵向到底宣传动员群众，提升政策知晓度，增强执行政策的底气及力度。

**将停留在纸上、执行流于形式或一阵风转变为政策家喻户晓，职责任务明确，考核简单管用，实现常态长效。** 该乡为将此项工作抓常抓长，把乡村治理工作列入脱贫攻坚战的清单项目来抓，乡村分别落实专人抓专人管，细化实化工作职责，出台有效管用、简便易行考核办法，确保真抓实做并切实发挥作用。

**将被动管理转变为群众中推选"非正式领导"建立自治组织，主动自我服务、自我管理、自我约束。** 理事会主任及成员在群众中一般都是德高望重、群众威望高，有资历有知识，懂政策懂法律的，所以群众都是内底佩服，言行服从，理事会成员在开展工作时得心应手。加强乡村治理，从方式上来说，正式组织的干部被动去管理，群众被动接受，存在抵触大、效果差、应付了事的情况，推行"一章一约三会"，强化村民自治，通过能人自我服务，章程自我约束，群众自我管理，达到事半功倍的效果；从人手上来说，以前存在"乡村干部上面热，广大群众下面冷"的问题，且基层面广事杂，乡村干部人少事多、应接不暇，现在通过群众自我推选，增加了新的最接地气的工作力量；从融洽干群关系上来说，形成了缓冲机制，将矛盾对立主体分割开来，理事会在与乡村协商时，代表村民意志，在与村民协调时，表达的是乡村的意志，在处理内部纠纷时，充当调解中间人的角色。

## 抓住重点，重在执行，实现乡村治理取得三大成效

通过构建"一章一约三会"乡村治理体系，探索出一条利用群众自治组织参与村民自治、乡村治理、协同共治的新路子，在解决村民自治延伸不够、农村生活环境脏乱差、村民内行动力不足、陈规陋习改变较难等方面起到了实质性进展。

**促进乡风文明。** 坚持在村级党组织领导下，强化村级自治组织作用发挥，提升乡风文明建设。在红白理事操办规程中明确要求，倡导婚事新办，丧事简办，寿事及其他喜事不办，全力遏制婚丧嫁娶中大操大办、铺张浪费、厚葬薄养、人情攀比等陈规陋习，红白理事会提前介入，加强沟通协调，严格执行婚事"四倡导一禁止"、丧事"五倡导一禁止"的规

定。环境治理会坚持每月入户指导环境卫生打扫并督促检查的制度，并逗硬结果运用。通过自治，全乡群众除婚事、丧事再也没有其他名目的宴席，群众在操办经批准和备案的宴席时自觉遵守相关规定，文明节俭、健康科学的生活方式全面形成，乡风文明建设迈上新台阶。

**促进公益建设。** 该乡脱贫攻坚95个项目中，多数为群众公益性建设，在工作推进中存在无理阻工、工程质量瑕疵、占地协调不到位、用工不合理等问题，该乡环境治理会主动协调，积极沟通业主、施工单位及涉及农户之间关系，融洽施工环境，主动深入施工一线义务监督工程质量，促进全乡公益建设有力有序推进。如文凤村在推进天池苗寨乡村旅游示范点建设中，按照乡村两级安排，环境治理会主动作为，带头执行，包户到人，10天将天池坝组108座坟100%搬迁（平坟）完成。

**促进社会和谐。** 该乡为促进全乡社会和谐，在各村成立群众和事会，深化以法治村、以德治村，强化政策宣讲、法律宣传、教育及道德引领，创新"讲习所"讲习方式，拓展"让一让"调委会职责，提升党员干部群众的思想素质、文明习惯、政策知晓度和群众认可度，化解村内各类矛盾纠纷，切实提升群众法治德治水平和村风民风。如白石村创新"讲习所"到组宣讲脱贫政策，拓展"让一让"调委会在组及院坝建立法治大院并开展工作。2018年，白石村群众和事会化解矛盾22起，无一例上访，被表彰为"全市优秀人民调解组织"。

## 羊角镇艳山红村

# 激发内生动力　"旧貌"改"新颜"

◆◆

羊角镇艳山红村是武隆区16个区级重点贫困村之一。近年来，该村通过深化理论学习宣讲、加大孝贤洁序管理、充分发挥村民自治、合力发展致富产业、共享脱贫攻坚成果等形式，不断提升贫困群众的"主人翁意识"，实现了人心由"散"变"齐"，容颜由"旧"变"新"，荷包由"瘪"变"鼓"的华丽转变。

## 深化理论学习宣讲，发出"好声音"

2018年初，艳山红村成立了新时代文明实践所，通过院坝会、户长会等形式，深入学习宣传习近平总书记关于扶贫工作重要论述、习近平总书记视察重庆并召开解决"两不愁三保障"突出问题座谈会上的重要讲话精神等，并邀请"地方名嘴"用通俗易懂的语言，义务为广大村民剖析解读党的方针政策，让群众听得进、听得懂、听入心，从而发自内心感恩党的坚强领导、感恩党的扶持政策。目前，艳山红村文明实践站已聘请"地方名嘴"讲师67人，已开展讲习培训59场次，累计培训村民4830人次。

## 深化党建工作引领，选好"领路人"

自艳山红村被识别为区级重点贫困村以来，区委选派区总工会服务发展部部长游四海到艳山红村担任第一书记。近两年来，他和驻村工作队成员坚持吃住在村、工作在村，经常深入走访农户、调研产业发展、推进基础建设、加强党建引领，用心、用情、用爱扎实开展驻村帮扶，切实帮助贫困群众解决实际困难和问题，充分发挥了党员先锋模范作用和基层战斗堡垒作用，用自己的实际行动，凝聚了群众的向心力，凝聚了全体村民奋力脱贫、同步小康的希望，得到了广大干部群众的支持和拥护。

## 持续巩固脱贫成果，提升"满意度"

紧紧围绕"建八有、解八难"和"两不愁三保障"脱贫攻坚底线任务不变，着力解决贫困群众稳定增收难、便捷出行难、安全饮水难、住房改造难、素质提升难、看病就医难、子女上学难、公共服务难等突出问题。同时，该村还积极争取扶贫项目资金的倾斜和支持力度，发展了特色主导产业5个，新建（改建）村社道路33公里，新建人饮水池3口1300立方米，新建人行便道34公里，改扩建村级便民服务中心等，群众得到了实实在在的实惠，村民的获得感和幸福感逐年提升，群众对脱贫攻坚工作、对驻村工作队的满意度均超过了99%。

## 加强公序良俗教育，凝聚"正能量"

艳山红村以"纤夫文化、劳模文化、百年家训"三大文化为载体，大力实施以"孝贤洁序"为重点的公序良俗建设，坚持每季度开展一次"好媳妇""好公婆""好乡贤"和"美德少年"等评选，由村干部和村民组成考评组每月对农户打分，定期公布，每半年对排名靠前的农户进行表彰。常态化开展"立家训、晒家风、挂家匾"活动等，加强乡村精神文明建设，提升群众精气神。2020年，艳山红村已开展评选6次，共评选了"好媳妇""好公婆""好乡贤""美德少年"等24人，表彰一般农户30户。

## 充分发挥村民自治，当好"主人翁"

艳山红村成立了村民理事会和道德评议小组，讨论制定了《艳山红村村规民约》和《艳山红村红九条》，主要对邻里纠纷、家庭矛盾、大操大办红白喜事等问题进行约束、调解、评议、监督、举报，引导群众破除陈规陋习，自觉弘扬勤劳节俭、诚信谦和、尊老爱幼的传统美德，努力形成良好的社会秩序和健康的生活方式。目前，艳山红村通过村规民约约定全村取消"婚丧嫁娶"之外的任何酒席，并对酒席规模和送礼标准进行严格规定，赢得了群众的拥护和大力支持。

## 合力发展致富产业，实现"乡村美"

充分利用闲置土地，加强对外衔接，引进市场主体和培育种养殖大户相结合，以点带面辐射带动更多的贫困群众实现增收脱贫。2018年，该村363户村民入股集体经济，其中贫困户入股率100%，村级集体经济将10%的红利分给股民，2018年底，已实现分红9.6万元。目前，艳山红村已建成3000只种鸽基地、500亩水果基地、万斤泉水鱼基地以及有机芽苗菜车间、菜籽油车间、苕粉车间、土酒作坊等村级集体经济产业。同时，艳山红村还引进了花卉苗木公司，集中培育打造花卉苗木基地200余亩，主要供应城区市政美化，同时也实现了村容村貌的美化靓化。

## 脱贫攻坚成果共享，自办"丰收节"

2018年9月，艳山红村村支"两委"和全体村民自筹资金10万余元，隆重举办了以"艳山红、红映山、感恩共产党"为主题的"农民丰收节"，成为该村有史以来最隆重的盛典，彰显了艳山红村村民通过近年来的脱贫攻坚，思想发生了明显转变、素质得到了显著提升。自"丰收节"举办以来，艳山红村又成立了党员先锋队、红十字会服务队和巾帼服务队等志愿服务队伍，成立了艳山红村联合工会，900余名外出务工人员成为工会会员，19名村民获得了"救护员"证书，3名村民取得"救护师"证书，还有18位村民签订了遗体器官的捐赠协议。

# 改善群众生活质量　提高群众幸福指数

◆◆

忠县围绕"民政跟着扶贫走，兜底围绕脱贫做"的工作总基调，紧盯"两不愁三保障"总目标，按照"兜底保障、不落一人"的要求，切实履行民政部门脱贫攻坚兜底保障职责，编密织牢社会救助托底网，助力决战决胜脱贫攻坚。

## 点线面多维度筑牢兜底

按照"兜底线、织密网、建机制"的工作思路，结合工作实际，出台了《民政领域打赢脱贫攻坚战三年行动实施方案》《关于农村低保标准与扶贫标准"两线合一"发挥低保兜底作用的通知》《忠县特殊群体资助救助办法》《2019年脱贫攻坚工作计划》，修订出台了《忠县最低生活保障条件认定细则（修订）》《忠县临时救助办法》等一系列制度文件，突出工作重点，采取有效措施，完善救助制度，建立工作机制，健全保障体系，强化兜底实效。深入推进低保制度与扶贫开发政策有效衔接、精准衔接，实现了兜底保障对象社会救助政策全覆盖，确保了所有兜底保障对象同步实现稳定脱贫。意外死亡保险救助全国首创。制定《忠县城乡居民意外死亡保险救助暂行办法》。县财政安排200余万元，县民政局以竞争性磋商方式确定保险公司，对在忠县境内遭受外来的、突发的、非疾病的事件造成的人员死亡（自杀除外）进行保险救助。该项目实施以来，有效缓解了忠县城乡居民家庭因意外死亡导致的家庭致贫返贫现象发生，在一定程度上解决了社会难题，更好地维护了社会和谐与稳定，广获社会及意外死亡人员亲属好评。

家住忠县白石镇望岩村4组的贫困户叶自华，男，53岁，未婚，无子女，与母亲周显淑生活在一起。2019年1月11日16时许，叶自华及母亲在其老宅基地干活时，墙体突然垮塌，叶自华当场被压死，周显淑受重伤瘫痪在床。叶自华只有一个弟弟叶自国，叶自国为其料理后事，后又照顾母亲，无形中增加了叶自国一家的家庭负担。第二天，县民政局了解此情况后，立即联合意外死亡保险承保公司赶赴现场，开通绿色理赔通道，先赔付后完善申请材料，理赔款于当天打进叶自国账户，获得了死者家属的高度肯定。

## 情理法多角度集中治理

印发了《关于持续开展全县低保专项治理工作的通知》和《"不忘初心、牢记使命"主题教育中深化农村低保专项治理工作实施方案》，细化农村低保专项治理各项工作目标、任务和完成时限，突出治理重点，明确责任人，层层压实责任。针对低保经办中的形式主义、官僚主义，低保动态管理不及时，近亲属备案不到位，资金监管不力，回应群众关切诉求不及时等问题开展专项治理。重点解决贫困老年人、残疾人、儿童等特殊困难群体"漏保""脱保"问题。同时，创新宣传途径，坚持长期公示，在忠县人民政府网公开农村低保政策、标准和对象有关信息，公开投诉举报电话，畅通投诉举报渠道，充分发挥社会监督作用，对群众反映的突出问题和重点线索，由县民政局直接督办，加大问题线索查处力度，确保农村低保在阳光下运行，确保社会救助的公平公正。2019年全县共治理清退不符合条件的农村低保对象652户1071人，动态调整纳入农村低保对象1619户2933人，将农村低保中的老年人、残疾人、儿童等29人纳入特困人员救助供养。

## 大数据比对严格准入

强化"凡进必核"制度，充分利用市级经济状况核对软件系统，实现了市内核查和跨省核查，发挥大数据比对优势，对新申请救助对象100%开展家庭经济状况核对，重点核查房产、车辆、税务、社保、工商等22项信息。健全完善"批前走访"制度，严格落实对新申请对象按照不低于30%的比例入户抽查规定，将定期走访与开展救助对象排查、家境调查、经济状况核对结合起来，及时了解救助对象的家庭基本情况和家庭经济状况的变化。2019年共报送核查对象8845户30194人次，共查出疑点信息7266条，入户抽查562户。通过"核查+入户"，取消不符合救助条件65户。

## 应保尽保精准施策

**低保兜底"保"脱贫**。充分发挥农村低保制度在脱贫攻坚中的兜底保障作用，对无法依靠产业扶持和就业帮助脱贫的建档立卡贫困户实行政策性保障脱贫。对低保家庭中的70周岁以上老年人、儿童、重度残疾人、丧失劳动能力的重病患者、未成年人、非义务教育阶段学生，实施分类施保给予重点保障金，切实提高救助水平。加强与扶贫、残联等相关部门协作，定期将农村低保对象、特困人员和建档立卡贫困人口、重点残疾人、因病致贫人员信息比对，掌握动态变化情况。建立15类特殊群体信息系统，做到精准识别、精准救助。2019年全县建档立卡贫困户纳入农村低保2878户5652人，累计发放低保资金2611.2万元。实施渐退帮扶86户 243人，落实分类施保2111户4816人，重病、重残对象单人户纳入低保378人，实现了"应保尽保，不漏一人"。

**特困供养"扶"脱贫**。抓好特困人员供养工作，切实保障建档立卡特困人员脱贫。及时提高特困人员供养标准，从2019年9月开始，特困人员供养标准提高到每人每月754元，特困供养标准明显高于"扶贫线"，确保了全县建档立卡特困人员的基本生活。2019年全县建档立卡贫困户纳入特困供养428人，累计发放特困供养金389.7万元。

**临时救助"助"脱贫**。全面落实临时救助制度，突出临时救助"救急难，补短板"的功能，重点对突发重特大疾病或遭遇不测事件，造成基本生活出现困难的家庭或个人实施应急性、过渡性的"救急难"救助，有效解决了困难群众突发性、紧迫性、临时性生活困难，防止因病返贫、因祸返贫。依托县、乡镇、村（社区）、组四级纵向救助网络，建立困难群众主动发现救助机制，加大"先行救助""分级审批""转介服务"等规定的落实力度。2019年建卡贫困户享受临时救助511人次179.91万元。

**意外死亡救助"济"脱贫**。忠县建立"政府+保险"意外灾害救助长效扶贫机制，进一步完善县级救助体系，由政府出资，以无固定家庭、无固定个人，团体保险方式为全县城乡居民投保，因意外灾害死亡最高可获5万元赔付，有效破解因家庭成员和家庭主要劳动力遭受意外死亡存在的致贫返贫风险。2019年度"城乡居民意外死亡保"救助36个家庭，累计获得赔付145.57万元。

积极推行主动发现救助新机制，变被动求助为主动救助，通过来访、入户调查、申报材料，对需要救助的群众早发现、早救助、早干预。2019年通过主动发现救助，将68户100人纳入城乡低保保障，92人纳入民政特殊困难人员建档，161人纳入临时救助，同时，对因患重大疾病产生大额医疗费用，自付金额特别巨大且需要后续治疗，在享受县级临时救助后，家庭基本生活仍出现严重困难、难以维持的，积极主动争取重庆社会救助基金会资金救助73人125.3万元。

忠县拔山镇八德村村民正在晒辣椒和玉米，一片丰收的景象

## 马灌镇

# 问题导向解难题
# 立足实际解决脱贫攻坚重点难点

认真学习习近平总书记关于扶贫工作的重要论述和视察重庆重要讲话精神，深入贯彻中央、市、县扶贫工作部署，严格按照"六个精准"基本方略，摸清贫困人口底数，整合财政涉农资金，选派精干工作队伍，落实各项帮扶政策，瞄准脱贫目标任务，举全镇之力、聚万众之心、凝干群之智，全力开展脱贫攻坚工作，取得了明显阶段性成效。3个贫困村、1个相对贫困村整村脱贫，建档立卡贫困户1002户3263人全部脱贫。

## "扶持谁"

连续三年开展建档立卡"大排查大整改"、贫困对象动态调整、建档立卡"回头看"等工作，组织动员镇村干部、帮扶责任人和各驻村扶贫工作队，严格对照"两不愁三保障一达标"的标准，逐户调查户中情况，算收入、查支出、看保障，按照"八步、两评议、两公示、一比对、一公告"程序，精准识别贫困户，摸清了全镇的贫困人口底数。

## "谁来扶"

推进脱贫攻坚，关键是责任要落实到人。为压实责任、激发干劲，从各级干部抓起，建立"一对一"帮扶责任制。对识别确定的真贫村、真贫户，全面落实机关干部联村帮扶，县扶贫集团成员单位、镇政府机关和全镇各单位职工按照"五、四、三、二、一"的帮扶原则，和所有建卡贫困户建立"一对一"帮扶"亲戚"。并专门制作贫困户帮扶联系卡和脱贫工作责任牌，详细写明帮扶单位、帮扶责任人和联系方式，在贫困户家上墙公示，构建分工明确、责任清晰、任务到人、各司其职、协调联动的"一对一"帮扶体系，切实做到人人肩上扛责任，个个身上有担子，农户不脱贫，责任不脱钩。

坚持"治病找病根，脱贫找穷根"，由镇领导带队，分村组织各联村干部和帮扶责任人登门入户访贫问苦，详细了解贫困户致贫原因，并对这些贫困户挨个建立工作台账，制订具体帮扶计划和脱贫举措，切实做到对症下药，靶向治疗，为全面打好精准脱贫攻坚战绘出了作战图。

# "怎么扶"

扶贫工作中，我们按照"缺什么补什么、没什么给什么"的思路，充分利用现有产业、资源优势，因地制宜，因户施策，全面开展"精准扶贫、精准脱贫"。

**发展特色产业项目。**深入推进农业供给侧结构性改革，粮油、笋竹、肉兔三大主导产业和各类特色产业稳步发展。全年完成粮油高产创建1.5万余亩、油菜1.3万亩，谷物、油类农产品持续实现稳产增收。7000亩笋竹投产，出产鲜笋700余吨，产值380余万元。年出栏肉兔40余万只。德康集团50万头生猪合心祖代种猪场项目正有序推进。新发展花椒、红缨子高粱、莲藕等特色产业9000余亩，新养殖孔雀3000余只，胭脂脆桃、无花果、甘蔗、桑葚等特色产业百花齐放。实施整村脱贫，金桂、高桥、高渡3个贫困村及白高村利用贫困村扶持资金，发展果树、柠檬等产业增收，增加集体经济收入。发放普惠金融产融结合"诚信贷"447户1543.784万元，扶持贫困户发展生产，引导贫困户参与高粱、优质水稻、孔雀等特色产业生产增加收入。发挥农业产业化龙头企业带动作用，推动14个村（社区）进行股权化改革试点项目发展，带动农民务工增收，贫困户持股分红，村集体分红增收，有效助推了贫困农户增收脱贫。

**壮大村级集体经济。**以发展村级集体经济为抓手，积极探索壮大集体经济的新路径。高桥村新发展700亩莲藕种植、300亩龙虾养殖，高渡村新发展200亩红美人柑橘，金桂村新发展淡水鱼养殖70亩。深化"农光互补"合作模式，在光伏板下种植1200亩药材，实现企业与村集体双赢。20个村（社区）集体经济普遍收入在2万元以上。

**农村电子商务规模化。**创建3个网上村庄，金穗"e融"服务点18个，益农信息社16个，电子商务应用企业8家，镇级电商服务网点1个，淘宝网点26个，村级邮乐购站点16个。年线上线下交易额达800余万元。通过网络平台和农村电商服务站点，销售无花果、桑葚酒、泡菜、红香米、降压米、毛妈妈土特产、孔雀蛋、笋竹等特色农产品，同时将农户的干咸菜、甜大蒜、李子、红薯等常见农产品通过网络对外销售，为农户年增收370余万元。以企业发展为带动，每年举办菜花节、桑葚采摘节、笋竹采摘节、胭脂脆桃采摘节、无花果采摘节等一系列电商消费扶贫"网友e家亲"活动，贫困户和农户通过售卖特色农产品年累计增收近70万元。

**培训技术人才。**治贫先治愚，扶贫先扶智。着眼提高贫困群众就业创业能力，积极开展职业技能培训。一是利用社保所组织就业创业培训，开展就业适应性、SYB创业培训、实用技能培训，先后培训群众600余人，其中贫困人口200余人。二是发挥雨露送培作用，积极开展贫困劳动力实用技术培训。累计培训贫困群众230人次，70余人凭借学到的技术技能发展起畜禽养殖、蔬菜种植、厨师、月嫂、电商等转移就业，增加了贫困群众收入。三是认真落实"三免一助"贫困助学政策，确保不让一个孩子因贫辍学，不让一个家庭因教育问题返贫。"三免一助"政策落实率达到100%。

**落实兜底政策。**落实贫困户易地扶贫搬迁分散安置33户121人，开工建设倒灌和黄钦两个集中安置点市级示范工程，规划安置贫困户40户147人，随迁户62户242人。广泛宣传"先诊疗、后付费"等医疗、养老保险政策，进村入户动员贫困群众参加医疗、养老保险，为1002户建档立卡贫困人口全部购买了精准脱贫保，从根本上防止了贫困户因病再致贫、再返贫。实施低保兜底202户574人。加大排查力度，针对排查出的危房，落实责任，集中时间进行改造。

## 解决"后劲弱"的问题

**完善农村基础设施。**完成投资600余万元的倒灌、大桥进行国土整治项目；农业产业基础设施进一步提升。全年完成通畅公路16条，共21.5公里；通达公路5条，共4.1公里；拓宽4条，共8.2公里；新修便民道5.1公里；先后投入40余万元整治公路水毁10余处，完善标识标牌，投资100余万元新建桥梁1座，修复桥梁4座，镇域交通条件进一步改善。先后投资200余万元实施农村自来水管网改造。全年共实施危房改造140余户，新建民房200余间。可看见，村组水泥路四通八达，乡间小别墅林立各处，乡村振兴战略成效初显。

**改善农村人居环境。**投资600余万元对马灌、双石、倒灌、果园4个村（社区）实施美丽乡村建设，改善人居环境；投资2400万元完成面源污染治理项目；新增农村小型湿地污水处理4处，大型化粪池21口，新建卫生厕所479个；配备保洁员142名，强化卫生管理。严格执行"三区管理"，依法关闭禁养区畜禽养殖场8家，完成54家养殖场粪污处理设施改造，实现畜禽粪肥还田、制取沼气、制造有机肥等统合利用。做好非洲猪瘟疫情防控。新建2个标准化农业废弃物回收站，国有土地排危改造6家，整改完成中央环保督察件1件。建立健全河长工作制，及时调整镇、村级河长，39名两级河长全年共巡河2900余次，完成率120%。分别在回龙河段、白石河设置拦渣网，组织人员对拦渣网定期进行清理。实施3.5公里中小河流综合治理。实现农村人居环境"减量化、无害化、资源化"治理。深入开展"三边"垃圾治理和村庄清洁行动，有效处置固废垃圾3起，发放垃圾分类宣传画1.4万余张、垃圾袋2.8万余个，新增设623个垃圾桶和垃圾回收点。可听见，群众口中庄稼少打药、垃圾投进桶的声音越来越多，绿色发展理念越来越深入人心。

**特色场镇实现新进展。**五人制足球场、石河堰湿地公园、特困人员养老中心等项目即将建成。2020年全年新增路灯300余盏，厕所3个，停车场2个。新建改建4个场镇污水管8.7公里，投资400万元完成4个场镇污水处理厂技改，场镇综合污水处置率进一步提升。马灌场道路二期油化顺利完成。2个市级易地扶贫搬迁集中安置点的建设和投入使用，将有效扩大倒灌、黄钦2个场镇规模，增加场镇人口数量，有利于撤并场镇兴旺和乡村旅游发展。规范高洞农贸市场的管理使用，进一步提升片区商贸水平。可预见，4个场镇将越来越繁荣，场镇居民生活条件将越来越好。

## 解决好"认可低"的问题

社会认可、群众买账是检验脱贫工作的最高标准。我们以群众满意为目标，饱含深情做工作，尽心尽力解民难。2019年以来，要求所有帮扶责任人每月至少入户1次，访贫问苦，宣传扶贫政策，帮助解决生产生活难题。每逢节日，在全镇集中开展"送温暖"走访慰问活动，深入贫困户家中送米送油、捐衣赠物，帮助贫困户打扫庭院、整理内务，用真情真心拉近帮扶关系。同时，面向贫困群众开展"两不愁三保障"走访调查，由村干部、驻村工作队、帮扶责任人对贫困户及在家农户进行"两不愁三保障"问题排查和住房安全鉴定。对存在问题的贫困户和一般户，要求立即整改，直至解决问题为止。群众对脱贫工作的认可度达到90%以上。

## 解决好"走了样"的问题

马灌镇坚持问题导向，精细统筹安排，对标对表落实整改责任，抓紧抓实整改销号工作。深入开展脱贫攻坚"回头看"大排查，建立问题台账，实行问题交办责任制，限时整改，彻底整改。严格落实易地扶贫搬迁政策，领导班子成员一对一落实超面积、大额负债等问题整改，进一步完善后续产业扶持规划，不打折扣100%全面整改销号。开展项目清理，全面深入自查自纠，对扶贫领域腐败和作风问题强监督、零容忍、严处理，确保整治取得实效。

脱贫攻坚工作已进入决胜的关键阶段。深入学习贯彻习近平总书记视察重庆重要讲话精神，全力以赴打赢脱贫攻坚战，是当前的首要政治任务。让我们更加紧密地团结在以习近平同志为核心的党中央周围，高举中国特色社会主义伟大旗帜，以习近平新时代中国特色社会主义思想为指导，在县委县政府的坚强领导下，以更加强烈的担当、更加有力的举措、更加务实的作风，认真抓好脱贫攻坚工作，以实际成效回报习近平总书记的关心厚爱，为决胜全面建成小康社会不懈奋斗。

## 黄金镇桃花村

# 建绿水青山美丽乡村 促产业扶贫助民增收

桃花村位于黄金镇镇政府东北角，属市级贫困村，已于2016年整村脱贫。距忠县县城27公里，距黄金镇镇政府13.5公里，海拔600～960米，辖区面积6.5平方公里，全村辖8个村民小组，农业人口812户2512人。2019年农民纯收入14943元，从贫困村一跃成为远近闻名的旅游乡村——花果山。近年来，桃花村按照美丽乡村示范村建设标准和要求，重点围绕农业产业发展、基础设施完善、人居环境改善、公共文化服务等方面，科学编制美丽乡村示范村建设方案，结合桃花村先天旅游资源和独特的地理环境，通过内强基础、外树形象，进一步明晰产业发展方向，充分挖掘村内水果产业优势，大力推进乡村旅游业，取得了一定的效果。

## 健全公共服务体系

**一是环境综合整治**。桃花村以环境综合整治和垃圾处理为突破口，大力开展"三清四化七改"工作，设置垃圾桶32个，清运车1辆，旅游厕所3座，同时安排10名公益性岗位人员对村卫生保洁、污水处理、道路养护等进行定期维护，有效保障了村庄干净整洁。**二是完善基础设施**。硬化公路7.7公里，人行便道11.4公里，新修200立方米水厂一座，整修山坪塘14口，停车场3处，甘大路会车道26个，有效保障了群众生产生活。**三是实行绿化、亮化、美化工程**。在村内公路沿线新栽植三角梅6000株、李子树4000株、桂花树5000株，使村庄整体面貌焕然一新。**四是提升群众文明素养**。开展"破除旧观念、致富奔小康"学习教育活动和"五村五户"评选活动，让健康文明的生活方式逐渐融入群众生活中，同时组织文化进村演出5次，放映惠民电影10余场，丰富了群众业余生活。

## 特色产业融合发展

在产业发展上，桃花村将美丽乡村建设与农民增收结合起来，以产业发展、增加村集体财富积累和提升农民生活水平，作为本村美丽乡村建设的落脚点。

**依托优势，壮大产业**。桃花村在原有2000亩梨子产业的基础上，大力招商引资和鼓励返乡创业，先后引进13家企业落户桃花村，其中12家发展李子、桃子、核桃、蓝莓、桑葚等水果1800亩，1家企业发展肉羊养殖，年出栏350头。带动全村427户1366人土地流转（其中贫困户17户62人），解决农村剩余劳动力150人（其中贫困人口13人），季节性临时用工200人次，增加贫困家庭年收入6000元。目前全镇主导产业柑橘3万亩，特色水果种植1.2万亩，养殖业共计26家，基本形成了"一村一品"的产业格局。利用本村天然的旅游资源和农业产业基地，打造春赏花、夏乘凉、秋品果、冬观雪的休闲旅游胜地。同时连续3年成功举办了"黄金之恋·相约花果山"赏花节，吸收县内外游客15万余人。带动当地商贸、餐饮等第三产业健康发展，常年解决120余人就业，人均年增收1万元。

**创新模式，助民增收。**产业发展起来了，为实现农民增收，特别是贫困户增收致富的目的，桃花村大胆创新，依托龙头企业、合作社、种植大户、家庭农场等新型经营主体，缔结农户及农村集体经济组织利益链条，创新"企业+贫困户+村集体经济组织"多赢发展新模式，实现企业有收益、农民有收入、村集体经济组织有收效之目的。

**"企业+扶贫"模式。**一是企业流转土地发展种养殖业，农户以出让土地获得租金，每亩245元，每3年按20%的价格递增，直到租金达到800元后不再增加；二是农民就近就地在园区务工增加收入，平均每天60元；三是企业与贫困户签订"带贫"协议，一个企业帮助2~3户贫困户脱贫致富，企业为贫困户提供种子、种苗、技术，签订收购服务协议等。

**"股民+企业+扶贫"模式。**通过股权化改革试点项目，使用财政扶贫资金让村集体和贫困户入股分红增加收入。桃花村已有4个企业成功试点，申请资金156万元，按补助资金4：4：2的比例入股，保底5~8年分红。2018年村集体经济分红1.36万元，贫困户每人每年分红100元。

**"村集体+扶贫"模式。**通过村集体经济试点项目，将产业财政扶贫资金折股量化分给村集体和农户，集中资金建设产业发展，收益按持股数量进行分红，获得稳定收入。桃花村已享受项目资金64.55万元，发展李子产业100亩，投产后按收益6：4的比例分配村集体和农户。

**"金融+扶贫"模式。**一是贫困户利用小额信贷政策，发展产业自主置业，全村共发放贷款14户70万元；二是鼓励贫困户将贷款作为本金入股企业，每年企业按收益为贫困户分红。

**"政策+扶贫"模式。**一是技术培训，每年邀请镇技术人员到桃花村为农民进行种养殖技术培训，政府还派遣3名指导员对本村贫困户进行产业指导；二是政策补助，为提升企业和农户产业发展的积极性，政府出台了《贫困户产业扶贫项目财政扶持补贴办法》和《特色产业考核办法》等奖励机制。对产业发展管护经营较好，带动群众致富较好的"双好"企业进行资金鼓励。桃花村和村内的淇杭农业、果盈农业连续两年被评为先进村集体和优秀企业，有产业的贫困户获得补助资金16户39700元。桃花村在今后将继续发挥产业扶贫在美丽乡村建设中的主导作用，以创新的观念、开拓进取的精神，实现农业增效、农民增收、农村增绿，助力美丽乡村建设。

# 花桥镇显周村

# "集中托管"发展肉兔产业

脱贫攻坚重点在产业，难在产业。花桥镇显周村抓住市场契机，着力培育发展肉兔产业，并创新利益联结模式，进行"集中托管"，解决了贫困户在场地、技术、资金、人员、销售、粪污处理、链条延伸等方面的制约，破解了扶贫"一兜了之"的难题，对贫困人口增收，确保如期全面打赢脱贫攻坚战，起到了明显的促进和典型示范作用。

显周村位于花桥镇西南部，浅丘地貌，海拔450～530米。区位优势不明显，"三不沿"〔不沿江（长江）、不沿路（高速路）、不沿园（工业园、农业园）〕。全村辖区面积6平方公里，村民975户2998人。2015年显周村实现整村脱贫摘帽，贫困户97户226人，监测户6户，易地扶贫搬迁户2户。贫困户中外出务工约90人，整户常年在县外26户。显周村产业以粮猪二元结构为主，土地流转率仅10%，特色效益农业略有雏形。

2019年7月，新一轮驻村工作队入驻，在充分调研的基础上，与村支"两委"共同研究，决定重点发展肉兔产业，采取"六个统一、一个结合"进行"集中托管"。

**统一场地——集中低价租赁集体兔笼**。发展产业，首先要落实场地。村级集体经济发展试点项目投入上级资金52.9万元，村集体已建成标准兔舍2栋，建筑面积600平方米，年可出栏肉兔1.5万只，2019年11月7日已投用；利用债券资金48万元再建设标准兔舍1栋，建筑面积400平方米，年可出栏肉兔1万只，项目已于2020年6月建成投用。3栋标准兔舍共可出栏肉兔2.5万只，规划：集体1.5万只、贫困户1万只。对有愿望发展肉兔产业而没有场地的贫困户、易地扶贫搬迁户、低保户、特困

驻村书记彭善锋在兔场义务打工

户，可低价租用集体标准兔舍，象征性支付租金，集中喂养肉兔。

**统一技术——邀请或聘请有经验的技术员指导**。养殖能否成功，技术是关键。技术来源于两个方面：一是村支书已喂养肉兔6年多，在配种、防疫等方面积累了丰富的饲养经验，邀请其免费为贫困户进行技术培训；二是村集体统一出资聘请有经验的技术员定期到兔场进行技术指导。

**统一资金——小额信贷作周转资金**。部分贫困户想发展肉兔产业，苦于没有资金，而小额信贷正好解决资金难题。驻村工作队、扶贫专干、帮扶责任人几方面形成合力，"保姆式"服务推进小额信贷工作。

村支书余重九挑选种兔

上篇　扶贫开发重点区县　忠县

新冠肺炎疫情期间，返乡贫困户暂时滞留在家，显周村抓住时机，通过电话、微信、QQ、入户等方式宣讲小额信贷政策，帮助贫困户规划肉兔产业发展项目。目前，全村累计完成小额信贷54户，贫困户获贷率55.7%，占符合贷款年龄条件的90%，其中27户小额信贷共8.7万元用于集中发展肉兔1万只，头胎于2020年4月初下崽。

**统一人员——请有相应能力的贫困户集中托管饲养**。选择有能力、负责任、信得过的贫困户当专职饲养员，现已有2个贫困户经过培训后在兔场上岗，月工资约2000元。对于在外务工或没有饲养能力的贫困户就委托专职饲养员管理，支付相应的托管费用。目前，25户进行了"集中托管"。

**统一饲料和销售——与集体兔场同渠道同价格**。遵循量大从优原则，贫困户的饲料与集体兔场饲料同时采购，增强了价格竞争优势。贫困户的肉兔与集体的肉兔同渠道同价格销售，如果市场阶段性饱和，将优先销售贫困户的肉兔。

**统一粪污处理——集中处理污水和干粪**。新建污水处理池200立方米、沼气池30立方米、干粪堆码池30立方米，对养殖场粪污进行集中统一处理，确保环保达标。

**种养结合——流转100亩土地发展经济林**。为消纳兔场粪污，发展生态农业增加集体收入，由村集体在兔场旁边统一流转土地100亩，种植优质柑橘、梨子等水果。使用上级资金50万元，整形土地，完善生产道路、灌溉管网、水池等基础设施。

显周村肉兔产业具有良好的经济效益、社会效益和生态效益。保守估计，肉兔产业每年

117

可增加集体利润20余万元，增加贫困户收入13万元，贫困户同时可获得到户产业发展补助资金10万元；果园每年可增加集体利润约30万元；兔场和果园增加贫困户务工收入近8万元。兔场及经济林提供常年务工岗位10个。通过集中饲养减少了面源污染，通过种养结合发展了生态循环农业，实现了可持续发展。2019年11月20日，忠县县委书记赖蛟到显周村扶贫调研，对显周村创新推进的肉兔产业"集中托管"模式给予了充分肯定。"今日头条"对该模式进行了专题报道。

## 新生街道钟坝村

# 钟坝村既"富口袋"又"富脑袋"

"摆脱贫困首要并不是摆脱物质的贫困，而是摆脱意识和思路的贫困。脱贫致富不仅要注意'富口袋'，更要注意'富脑袋'。"忠县新生街道钟坝村村支"两委"和驻村工作队，深入调查研究，"对症下药"，不断创新工作思路，紧紧围绕既"富口袋"又"富脑袋"的工作思路，走出了一条"以真情换信心，'输血+造血'，'志智双扶'"的帮困脱贫之路。钟坝村位于新生街道的北部，距离忠县县城23公里，辖8个居民小组，有646户1949人，辖区面积9平方公里，有耕地3126亩（水田1230亩），森林覆盖率达65%，域内海拔410～1127米，山地居多，平地少，土壤质地差，保水保肥能力弱。村民主要收入来源是外出务工和传统种养业。驻村工作队刚入驻时就发现这样一种现象："帮扶干部干，贫困群众看"，村民"等靠要""懒散慢"思想严重。很多村民认为政府所做的一切都是"理所当然的"，有的贫困户甚至在帮扶责任人送钱送物方面进行攀比，少得了一点点东西就怨声载道。很多贫困户没有追求美好生活的"精气神"。

驻村工作队通过不断探索、大胆创新，开出了"以真情换信心，'输血+造血'，'志智双扶'"的药方。在扶贫工作中创新性地开展了"感恩励志教育""跨境电商消费扶贫""贫困户子女奖学金""露天电影下社""自来水入户全覆盖"等特色活动，开启脱贫攻坚的"钟坝村模式"。

## 主要做法

**特色产业打头阵，内生"造血"促发展**。创新思路，引进农业企业开展"多元化合作"。钟坝村在抓党建促脱贫攻坚的基础上，村支"两委"班子、驻村工作队经过深入调研和反复沟通，确立了新的发展思路，即依托"企业+农户"模式，通过土地流转、吸纳贫困户务工等形式增加贫困户收入。依托引进的豪果农业开发公司建成了猕猴桃种植园450亩、存栏400余头梅花鹿养殖场1个、150余只孔雀养殖场1个，开发出豪果梅花鹿鹿茸、鹿血酒、孔雀蛋等系列特色产品。此项目土地流转费每年12万元以上，吸纳贫困户务工98人次，务工费用20余万元。同时，与豪果农业开发公司二次合作，实施钟坝村乡村旅游扶贫（茶园）股权化改革试点项目，村集体经济及贫困户当年分红共3万元，实现"资源变资产、资金变股金、农民变股东"的"三变"。

**大胆探索，立足传统种养业形成"订单式生产"**。对于没有土地流转的村民，如何让其受益呢？驻村工作队和村支"两委"反复调研得出结论：发展小型种养业，打造统一技术标准、企业集中种养与农户分散种养相结合、委托加工生产、合作经营销售的产业闭环链条。钟坝村延伸拓展"村委会+企业+农户"模式，和相关企业签订协议，把农副产品每一个环节进行整合，实行统一种养、回收、销售，实现了农副产品提质增价。钟坝村和忠县"忠味堂"、钟坝村玉勇畜禽养殖场等企业签订50亩"忠薯一号"红薯种植销售协议、3500余只高山土鸡养殖购销协议，两个项目分别为贫困户增收13万元和30万元，为钟坝村集体经济分别增收1.3万元和3万元。驻村工作队和村支"两委"努力当好村民的"管家"和"媒人"，为企业和村民提供力所能及的服务。为了保证生产技术，驻村工作队和村支"两委"请县级相关部门对农民进行免费技术培训100余人次。

钟坝村组织在家贫困户开展猕猴桃电商消费扶贫活动

**积极争取，借助帮扶单位实现"跨越式发展"**。经过几年的休养生息，钟坝村的元气逐渐恢复，进一步做大产业的时机到了。然而，缺少资金成了驻村工作队避不开的一个困扰。怎么办？第一书记张扬想到了自己的派出单位——重庆保税港区集团公司。他利用周末跑回重庆，不厌其烦给单位领导汇报钟坝村的村情民意，终于"守得云开见日出"，得到单位上下的大力支持，设立基建和奖励等7大帮扶项目，累计资金投入超过45万元，全方位助力钟坝村脱贫攻坚战。特别是保税港区旗下的跨境电商网站"爱购保税"创新尝试"内外贸一体化运作"，帮助钟坝村建成钟坝村特色农产品电商平台，先后发动1000余人次购买钟坝村红心猕猴桃，首年即实现销售额突破10万元。钟坝村的特色农产品首次走出谭家寨大山，甚至远销北上广等全国一线城市，广受客户好评。同时，钟坝村按照每消费1盒猕猴桃捐助10元的标准，为贫困户募集到爱心扶贫资金1万余元。

**真情实意做先锋，齐心协力破难题**。钟坝村由原望水村和钟坝村合并而成，经驻村工作队调研排查，在"两不愁三保障"方面存在的突出问题主要是饮水问题，这让驻村工作队进一步理解了"望水"的深刻内涵：一是位置高可以看到长江水；二是看得到水但喝不到水——所以也可以理解为"望穿秋水"！怎样解决这个千年难题？压力山大！村民说："驻村工作队把钟坝村吃水的问题解决了，那就是功臣！"

很多群众持怀疑和观望的态度，不料这激发了驻村工作队所有人员的斗志，驻村第一书记张扬带头说："不解决好钟坝村吃水的问题，我们驻村工作队就不回去！"

话这么说，可问题却一大堆：水源污染（承包商养鱼）、主管网设计不合理及老化损坏（很多村民无法用水）、浪费现象严重（私自灌溉农田）、少数村民有意破坏管网泄愤等。

针对上述问题，驻村工作队和村支"两委"反复讨论后一致决定：以民治民，村民自治。积极协调新生街道解决村民承包水库养鱼的问题，终止其养鱼合同；组织召开村民大会，共同制定《钟坝村自来水管理办法》；坚持属地管理原则，与各社长签订自来水管理责任书，加强自来水管网的管理，坚持"谁吃水谁管理，谁损坏谁赔偿"的原则。

库容10万立方米的水库，为什么老是有人喝不上水？驻村工作队真较上劲了：从抽水泵到水厂，从各个减压池到入户管网，进行地毯式排查，逐一修复堵点漏点，最终彻底解决了钟坝村饮水难题，实现自来水入户全覆盖。

8社贫困户冉启贵说："为我们村解决了这么多问题，再不认真搞就对不起政府、对不起驻村工作队的同志们了，我一定不拖政府和村里的后腿，争取早日致富奔小康！"

**提升全村"精气神"，斩断"穷根"奔小康**。为村民打开"两扇窗"。脱贫攻坚中物质上的帮扶固然重要，精神上的帮扶更不能落后。怎样解决"富脑袋"的问题？驻村工作队和村支"两委"想了很多办法，最后确定：第一扇窗——利用移动投影设备，不定期到村社播放"露天电影"，内容涉及国家发展、脱贫攻坚、乡村振兴等相关内容，一年来共播放10余场次。第二扇窗——利用山头喇叭高频率宣传党和国家的相关政策，并定期播放相关新闻，营造脱贫致富奔小康的浓厚氛围。

开展"智心工程"。"扶贫必扶智，致富先智心。"

钟坝村组织贫困户在校子女开展感恩励志教育扶贫活动

驻村工作队从扶贫实践中获得启发，要想真正斩断穷根，还必须从贫困户的下一代着手。2020年1月寒假期间，钟坝村驻村工作队举办了一次别开生面的以"知党恩、听党话、报党恩"为主题的感恩励志教育扶贫活动，要求所有贫困户陪同在校子女参加，内容涵盖精准扶贫、人居环境、精神文明等各个方面，同时，还给贫困户在校子女每人赠送一套五本励志教育丛书，让所有参与者赞不绝口。为激励贫困户子女成才，利用重庆保税港集团公司捐助钟坝村的扶贫资金，设立了专门的高等教育奖学金，凡是考上大学的贫困户子女，一次性奖励2000元，全力阻击贫困在代际之间传递。

建设"亮心工程"。驻村工作队积极争取帮扶单位的支持，2019年12月，钟坝村利用重庆保税港集团公司的捐助资金，建成新生街道首个照明入户的"亮心工程"，为全村50余个院落统一安装了庭院式太阳能路灯，点亮了村庄也点亮了人心。"队长，太安逸了，路灯装好后一家人坐在亮堂堂的院子里喝茶聊天，干活又方便，甚至还可以打牌娱乐，还不用花电费，幸福感增加了几倍！"7社社长余春福高兴地述说着邻居给他打的电话。驻村第一书记张扬说："路灯不仅照亮了村民的路，更是照亮了老百姓的心。"

## 经验与启示

钟坝村立足实际、创新思路，积极为脱贫致富想点子、找办法，开创性地实施了"感恩励志教育""跨境电商消费扶贫""贫困户子女奖学金""露天电影下社""自来水入户全覆盖"等扶贫活动，走出了一条"输血+造血""志智双扶"的"钟坝村模式"。

激发村民的活力与干劲是根本。"钟坝村模式"不是仅仅停留在给钱、给物等物质帮扶上，而是立足精准、注重调研、敢于创新。"企业+农户"的模式，使原先不敢吃螃蟹的群众胆大了，不仅改变了传统的生产方式，还提高了农产品的附加值，鼓起贫困群众的腰包，更培育起贫困群众脱贫致富的主体意识。实践证明，只有充分尊重贫困群众的主体地位，想群众之所想，急群众之所急，切实了解贫困群众的致贫原因后，才能有发展的"好点子"。

**整合多方力量开创扶贫新模式。**在钟坝村扶贫工作中，除了借助重庆保税港区集团公司的经济技术支持，还借助了多家本地企业的带动能力、两所学校的教育扶贫资源及有关单位的扶贫政策等，多点支撑，因此扶贫还得靠合力。

**扶贫应找准着力点、扶在关键处。**精神扶贫要因地制宜、因人施策，不搞一刀切，问计于民、问需于民，真正做到不仅让上级满意，更让群众受益！

### 新立镇官坪村

# 以"四有"为依托　助力高质量脱贫

❖❖

2020年是全面建成小康社会目标实现之年，也是全面打赢脱贫攻坚战收官之年，脱贫攻坚任务重、时间紧。为推动全村各项事业有序健康发展，实现贫困户可持续增收，巩固脱贫攻坚成果，高质量完成脱贫攻坚任务，官坪村驻村工作队与村委干部在充分结合官坪村实际的基础上，利用"三变"改革这一"助推器"，创新实施"四有"战略，推动村产业经济发展，走出一条适合自身发展的路子。

## 产业有"后劲"

习近平总书记指出，产业扶贫是最直接、最有效的办法，也是增强贫困地区"造血"功能、帮助群众就地就业的长远之计。产业发展是盘大棋，如何把握好产业发展与脱贫攻坚之间的关系，推动打赢打好脱贫攻坚战是一个系统工程。官坪村借"三变"改革项目之"东风"，坚持规划先行、市场思维、品牌为魂的产业发展思路，通过打好"组合拳"，选择适合本村发展、有竞争力的特色产业，打造品牌优势，提升产业质量，发挥产业在脱贫攻坚中的最大作用。

**因地制宜发展水果产业——忠州蜜李。** 官坪村通过与忠县静源农业发展有限公司合作，大力发展市场销路好、效益好且属于西南地区名优水果的蜂糖李，发展规模150亩，并注册商标"忠州蜜李"，预计通过2～3年时间的打造，做成国内名优农产品品牌。2020年底开始初产，产值50万元。2021年进入盛产期，产量预计达到15万公斤，产值150万元。2022—2030年间，每年产值预计增加30万元。受益群众700余户，2200余人，其中贫困户41户138人。

**与时俱进发展现代农业——智能温室大棚。** 如何改变官坪村以传统种养业为主的农业发展模式朝现代智慧农业转型，寻求新的经济增长点是官坪村亟待解决的难题。驻村工作队与新立镇党委政府、村支"两委"通过调查研究，结合市场需求，认为搭建一个智能温室大棚可行且必要。通过智能温室大棚调解室内温、光、水、肥、气等诸多因素，进而实现全年种植蔬菜、水果、花卉等农作物，同时加入风情观光、采摘体验、餐饮休闲等元素让农旅充分结合，为官坪村发展改革注入新的活力、带来新的动力，进一步增加农户、村集体经济收入，巩固脱贫成果，实现乡村振兴目标。

**齐心协力发展集体经济——忠县龙强农业股份合作社。** 为壮大村集体经济，带动村民实现可持续增收，官坪村成立了集体经济合作社（忠县龙强农业股份合作社）。2019年村集体经济合作社通过种植50亩晒烟，实现产值10余万元。2020年，村合作社继续发展集体经济，通过种植油葵实现集体经济增收，产值8万余元。受益贫困户41户138人。

## 分红有"模式"

发展集体经济和产业，目的是让农民得到实惠，增加收入。因此，官坪村在如何更有效、更直接增加农民收入方面积极探索新的分红模式，下足了"绣花"功夫。

官坪村积极探索分红模式，以多种分红方式促使贫困户增收。**土地入股分红**。村农户用土地入股忠县龙强农业股份合作社，合作社与"三变"改革项目经营企业签订协议，由经营企业按田每股585元、地每股350元实行固定分红，并且贫困户优先入股分红，从丈量之日起到下一年同期为一个周期。**资金入股分红**。把村"三变"改革项目财政补助资金作为集体股金入股给"三变"改革项目经营企业，"三变"改革项目经营企业在前三年按入股资金的3%进行固定分红，且贫困户优先分红。三年后再增加效益分红，原则上效益分红加上固定分红不低于6%。**集体经济效益**。将官坪村集体经济合作社的经济收益提取10%的公益金和公积金后，40%用于壮大集体经济，剩下的60%再次分成70%和30%，其中的70%用于集体经济成员分红，另外30%单独用于41户贫困户分红，贫困户总共分红两次，充分保障贫困户持续增收。

## 农旅有活力

忠县新立镇的田园综合体是全国首批18个田园综合体之一，也是重庆唯一一个。官坪村刚好处于田园综合体的核心位置，青龙湖畔马拉松赛道横穿而过，地理优势明显。借田园综合体这一"东风"优势，新立镇官坪村将大力发展乡村旅游，打造传统的吃、住、行、游、购、娱一体式乡村体验式旅游。为此，官坪村与重庆市忠州腐乳酿造有限公司合作，建设"传统特色农产品加工及休闲观光体验项目"，把农家传统特色农产品的加工（即田园工厂）、乡村博物馆、游客体验馆、农特产品展销大厅这一系列休闲娱乐观光体验项目纳入项目建设中。该项目将利用农户闲置房屋和农田产生经济效益，让村集体和农民群众参与入股享受分红收益，解决了农村剩余劳动力就业问题，且进一步增加农民经济收入，切切实实让农民富起来。届时旅游业将是官坪村支柱产业之一，日游客接待量预计超过3000人次，旅游收入前景可观，并将直接或间接带动41户贫困户持续增收。

## 成果有共享

党的十九大报告指出，必须坚持以人民为中心的发展思想，不断促进人的全面发展、全体人民共同富裕。人人共建、人人共享是经济社会发展的理想状态，官坪村秉持共享发展理念，做到发展为了人民，发展成果由人民共享。

**大力推进村公共基础设施建设**。新建村文化广场，满足群众休闲健身等场地的需要。不断推进整村道路硬化全覆盖，打通道路硬化最后一公里，为村民尤其是贫困户出行及生产提供方便。

**不断丰富村文化活动**。定期组织村文化娱乐活动，鼓励贫困户积极参与活动，通过活动形式增强贫困户脱贫致富信心，激发贫困户内生动力，以实现自我脱贫。

**修建田园康养院**。官坪村目前还没有一处像样的民宿可供游客休息、住宿，也没有可供村里老年人娱乐、锻炼的活动场所。田园康养院建成后，将切实解决上述问题，并将为困难群众提供养老服务，增强群众的幸福感。同时也能带动贫困户就业，增加村集体经济收入，巩固脱贫成果，实现乡村振兴目标。

"小康不小康，关键看老乡。"打赢脱贫攻坚战，是以习近平同志为核心的党中央做出的重大决策部署，是全面建成小康社会必须打赢打好的硬仗。历史只会眷顾坚定者、奋进者、搏击者，而不会等待犹豫者、懈怠者、畏难者。官坪村将以实干的精神，以"四有"为依托，高质量打赢脱贫攻坚战。

# 下好"五字棋" 助力教育脱贫攻坚

近年来，开州区坚持"扶贫先扶智""治贫先治愚"，切实发挥好教育在促进脱贫、防止返贫工作中的重要作用。

## 落实政策，实现"广"覆盖

**线上线下立体宣传。**利用村村响、电视台、报刊、教育城域网、微信公众号等平台，广泛宣传教育扶贫政策。在各镇乡街道主干道、村社区便民服务中心、学校广场设置政策宣传窗970个，向贫困学生家庭发放资助宣传单、明白卡10万余份，定向集中推送教育扶贫信息30余次。利用教师职工会、家长会、入户家访等契机，有针对性地宣讲资助政策，确保教育扶贫政策家喻户晓。

**一人一档精准识别。**建立贫困学生资助平台，动态更新全区建卡贫困户子女、低保户子女、失依困境儿童、残疾学生等特困对象信息。利用大数据平台，比对国家扶贫系统、重庆市建卡贫困系统与资助平台学生信息，精准识别资助对象。通过入户摸排、上门家访等方式，全面掌握困难学生资助情况，确保不漏一户、不掉一人。

**关心关怀倾力帮扶。**完善学前教育至高等教育学生资助体系，简化资助申请程序，落实各类教育资助1.6亿元，惠及学生12.8万人次；落实营改资金1.16亿元，惠及学生14.3万人。重点关注2816名区外就读贫困学生资助情况，主动对接当地教育部门按政策给予资助，实现教育资助无"盲区"。动员社会力量捐资助学，募集教育慈善资金300余万元，扎实开展"精准助学""梦想齐飞""圆梦一助一"等关爱行动，惠及贫困家庭学生3000余人。

## 改善条件，打造"硬"环境

**科学优化校点布局。**常态跟踪全区产业发展、城镇开发、人口分布等情况，掌握变量，适扩增量，制定《开州区城镇新建学校规划建设方案》，先后启动21所中小学、幼儿园建设，有效缓解城镇学校"大校额""大班额"问题。按照"科学评估、慎重稳妥、应留必留、平稳过渡"原则，从严把握小规模学校撤并，全区现有村校教学点（含完小）153个、教学班640个、在校学生11495人，有效保障了农村适龄儿童少年就近就地入学。

**共建共享优质资源**。制定《开州区中小学"智慧校园"建设与应用指南》，建设"网络空间人人通"试点校2所。实施信息技术应用能力提升工程，促进教育信息技术与教育教学融合创新，组织开展中小学教师信息技术全员培训、信息技术教师优质课竞赛等活动，打通城乡教育资源壁垒。投入资金700万元，升级改造区级网络中心机房，实现城区小学、镇乡中心小学"光纤到校"全覆盖。全区建成国家村校教学点数字资源项目137个，建有中小学中心机房185个，让城乡孩子同享优质教育资源。

**提档升位"两类"学校**。贯彻落实《国务院办公厅关于全面加强乡村小规模学校和乡镇寄宿制学校建设的指导意见》，整合中央、市级和区级专项资金1718万元，改造维修农村寄宿制学校和乡村小规模学校59所，新建校舍10.5万平方米、运动场3.5万平方米，改扩建校舍1.2万平方米、运动场2.5万平方米，边远农村学校办学条件得到改善。

## 建强队伍，提升"软"实力

**多渠引才补充师资**。实行"商请区外评委、阳光透明组考、依照名次选岗"招聘模式，严格执行教师准入制度，把好教师入口关。采取考核招聘、订单培养、特岗转接、区外商调等方式，引进专业技术人才415人，80%引进人才安排到农村学校和薄弱学校任教，全面强化基层师资力量。调剂使用270名教师，加大对薄弱、边远学校支教力度，有效化解部分学校学科教师力量薄弱问题。

**多式教育端正师德**。深化"不忘初心、牢记使命"主题教育，开展"好老师"演讲比赛，组织思政课教师研讨会，加强"师德标兵""育人楷模"宣传报道，凝聚教育正能量，1名教师被表彰为"全国优秀教师"，4名教师被表彰为全市优秀教育工作者、优秀教师和先进个人。扎实开展教师公租房建设、教师免费体检和健康疗养等工作，落实农村教师岗位生活补助和乡镇补贴近5000万元，各级校工会、教育基金会投入近200万元，帮扶慰问困难教职工600余人次，引导教师扎根基层、倾情教育。

**多样培训强化师能**。优化"国培辐射引领、市培重点保障、区培全员推进、片区协同发展、校本实践转化"五级协同乡村教师队伍发展服务体系，依托国、市、区、片、校"五级"培训平台，开展师能培训1.2万余人次。300余名教师在各级优质课竞赛、教育论文竞赛等活动中荣获等级奖，一批优秀学生参加全国、全市、全区手工作品展评、校园足球联赛、自然笔记大赛、诗词大赛、优质课竞赛等活动斩获大奖。

## 提升质量，建造"新"血库

**落实立德树人任务。**开展"国旗下的讲话""学雷锋""十八而立"等主题活动，把社会主义核心价值观转化为学生的情感认同和行为习惯，汉丰三校少先队大队被全国少工委表彰为"优秀少先队集体"。推进"一校一品"办学策略，创建国家级体艺特色（示范）学校11所，大慈小学"乡拾乡韵"工作坊在全国第六届中小学生艺术展演活动中荣获一等奖。

**坚持扶智扶志并重。**在实验中学、临江中学、陈家中学开办"宏志班"，为328名品学兼优的贫困初中毕业生提供优质高中教育。广泛宣传贫困地区定向招生专项计划、精准扶贫专项招生计划、农村小学全科教师培养计划和学前教育公费师范生培养计划相关政策，积极动员鼓励贫困学生报考，帮助更多贫困家庭子女接受高等教育。2019年，贫困专项本科批次（国家专项）录取419人，农村学生专项本科批次（地方专项）录取46人，定向培养农村小学全科教师128人，协议培养学前教育公费师范生40人。

**优化创业就业服务。**进一步做强创业就业培训基地，"开街创谷"吸引30余家企业入驻，"蚁众工坊"众创空间吸纳40个初创企业和创业团队加入，建成电商运营实训基地2个。整合区人社局、区扶贫办、区移民局、区农委、区旅游局等单位培训资源，针对性开展转移就业、雨露技工、扶贫创业、致富带头人等培训。2019年，完成乡镇"农村淘宝"电商培训3000余人次、建档立卡贫困人口培训8000余人次，推荐企业就业2000余人。

## 关爱特困，体现"温"情怀

**关心爱护留守儿童。**建设亲情电话室和视频聊天室300个、乡村少年宫学校21所、"留守儿童之家"42所，精心开展留守儿童集体过生日、免费艺体培训、心理健康问题咨询等关怀活动。发挥群团组织关爱优势，借助"爱心妈妈""代理家长""知心哥姐"等平台，开展"冬日阳光、温暖你我""爱心助成长 留守不孤单"等主题活动，让留守儿童在学习中有趣、生活中有爱。

**用心温暖残疾学生。**用好特殊教育学校培智部、特殊教育资源中心和13个片

开州区赵家镇和平村发展特色种植项目（晚熟李子），实现整村脱贫致富

区资源教室，为残疾学生创造更优学习条件，倾注更多温馨关怀。聚焦549名重残学生群体，制订针对性、个性化帮教方案，落实责任教师每周送教上门1次，做到"一人一生一案"。为30名随亲外出残疾学生赠送学习大礼包，保障每名学生都能接受义务教育。

**严管厚爱复学学生。**加强对复学学生的日常关注，强化对厌学、倦学、怠学学生监督管理，安排教师一对一开展心理辅导，严防负面效应。梳理重点问题，分类制订方案，扎实开展帮扶转化、职业生涯规划引领等工作，依托"家校共育行动"，建成"村社+学校+家庭"德育网络体系，严防复学学生再度辍学、弃学。

大进镇

# 强化党建引领攻克深贫堡垒

近年来，开州区大进镇坚持以党建为引领，做深做实抓党建促脱贫攻坚工作，全镇基础设施迅速完善、主导产业迅猛发展、公共服务水平稳步提升，深度贫困面貌得到根本改善，实现1672户6464人稳定脱贫，脱贫攻坚工作取得显著成效。

## 统筹各方资源，组建合力攻坚"集团军"

坚持尽锐出战，构建指挥、战斗、督战"三套体系"，形成合力攻坚的良好态势。

**构建攻坚指挥体系。**大进镇党委组建脱贫攻坚工作作战团，实行"划片作战"，推行"三包到村"，对大进镇4个片区19个村、社区分别明确包片领导、包村领导、包村干部，分别明确各自职责，并对民生项目推进、主导产业发展实行"任务清单"制度。

**构建一线战斗体系。**整合市区部门选派精干力量，结合各村实际情况"因村派人组队"，把最适合、最能干、最能打的优秀干部派下去、用起来。采取"固定派餐+干部点餐""课堂教学+挂职学习+考察观摩"等方式，全覆盖开展扶贫干部集中轮训，全面提升干部能力素养。

**构建督战责任体系**。会同市级驻镇工作队成立督查工作组，加强项目督导、工作检查、作风监督，切实压实工作责任，推动任务落实。建立扶贫干部个人信息、工作实绩、考核结果三本台账，健全落实下村签到、工作纪实、在岗抽查等多项管理制度，坚持问题导向、结果导向，从严管理、从实考核。

## 夯实基层基础，筑牢攻坚克难"桥头堡"

坚持重心下移、力量下沉、固本强基，实施"三大行动"，全面夯实村级党组织建设，筑牢脱贫攻坚一线战斗堡垒。

**实施支部提升行动，彰显脱贫攻坚"主心骨"**。整合资金新建和改造19个村级便民服务中心，推进便民服务中心规范化建设，统一标识标牌、档案管理、公示设置，为群众搭建更好的服务平台。借助市区部门党支部资源，全覆盖推进支部结对共建，推动党的组织生活制度化、经常化、规范化，形成"共抓支部建设、共商发展之策、共帮困难群众、共促乡村治理"良好局面。建立村党支部"日常考核、年终述职、末位约谈、挂单整顿"机制，将综合排名后三位的党支部列为后进村党组织挂单整顿。

**实施头雁培育行动，打造脱贫攻坚"火车头"**。注重把有知识、懂经营、会管理的"能人"充实到村支"两委"班子，回引1名企业负责人回村担任党支部书记、16名大中专毕业生到村任职，储备村级后备干部55名，有效破解"人难选、无人选"问题。健全村级组织经费保障和村干部待遇动态增长机制，激励村干部尽责履职。实施村干部能力素质提升行动，培训村专职干部、挂职本土人才1256人次。

**实施党员先锋行动，锻造脱贫攻坚"排头兵"**。开展党员"十在先"活动，引导全镇党员在"忠、学、讲、律、干、创、诚、孝、礼、美"10个方面走在前，激励广大党员在脱贫攻坚中当先锋作示范。推行无职党员"设岗定责、评星定级"工作，407名农村无职党员在扶贫帮困、民意收集、产业发展等方面领岗尽责、服务群众。实施"扶贫先锋"工程和"三育两带"活动，从项目、资金、技术、信息等方面扶持贫困党员创办领办致富项目45个，培养党员致富带头人42名。

## 聚焦产业发展，铸造长效增收"强引擎"

坚持产业扶贫是扶根本、扶长远理念，以党建引领推动产业发展，为贫困群众当期脱贫、长远致富提供不竭动力。

**抓实产业规划，绘制产业发展"路线图"**。发动基层党组织和党员干部深入调研走访、全面摸清基础设施配套、产业发展现状、群众种植意愿等信息，组织专家团队实地研究论证，开展综合效益分析，划片分村提出产业发展规划，编制形成1个总体规划、17个村级产业发展方案，明确茶叶、中药材、粮油果蔬和乡村旅游"3+1"主导产业。

**建实产业组织，配强产业发展"施工队"**。按照"双向进入、交叉任职"原则，引导各村党支部书记兼任集体经济股份联合社董事长或农民专业合作社理事长，将村集体经济组织的党员能人吸纳进入村支部任职，牵头推进产业规划落地实施。红旗、年华、群和3个村的茶叶合作社，把分散农民组织起来、分散土地连片起来，建成生态有机茶园6000亩。新元、关坪、杨柳等村的中药材合作社带动农户发展厚朴、前胡、党参、菊花等中药材4000余亩。

**做实产业惠民，浇灌群众致富"幸福树"**。以"三变"改革为抓手，深度推进农村集体产权制度改革，发展壮大村级集体经济组织，探索"支部+集体经济+专业合作社+农户"发展模式，让群众共享产业发展红利，全面解决"空壳村"问题。17个村分别成立茶叶、中药材、高山果蔬等专业合作社，2018年通过承办"赶年节"活动、加工销售中药材、牵头兴办碎石厂等方式，村集体经济平均收益10余万元，实现贫困群众户均分红约2000元。杉园、新元等村部分贫困群众在合作社的带动下，发展魔芋、中药材等产业，实现户均增收近万元。

## 强化思想引领，激活全面发展"原动力"

坚持群众在发展中的主体地位，实施基层党组织引领基层社会治理创新行动。

**宣传宣讲引导群众立下脱贫志**。利用农民大讲坛、文化大下乡、村社院坝会、干群面对面等方式，广泛宣传扶贫政策，推动干部群众学政策、懂政策、自觉执行政策。17个村分别制定完善村规民约，成立红白理事会，积极培育文明乡风。选树表彰脱贫示范户，开展身边脱贫故事微访谈，拍摄《人勤春来早》等专题片，用"身边人、身边事"教育引导贫困群众克服"等靠要"思想，点燃求富、求荣、求变的致富激情。

**精准服务教育群众时刻感党恩**。深化"作风提升"行动，推动党员干部带着感情扶贫、带着责任帮扶，聚焦"两不愁三保障"突出问题整改，量身定制24种脱贫增收模式，精准落实帮扶措施2631条，以干部的务实作风、温情服务感化群众。

**扶贫扶智帮助群众创业拔穷根**。创新"党建+技能培训""党建+服务提升"培训模式，通过鲁渝农业实用技能培训、技工院校技能培训、职业教育实践培训、巾帼脱贫技能培训等途径，组织2000余名贫困群众参加种养殖、农村电商、家政服务等实用技术培训，让每个有劳动力的贫困家庭都能掌握一门实用技能，增强"造血"本领，600余名贫困群众在"家门口"就业创业，稳定增收致富。

# 关面乡

# 坚持"两山"论  走好脱贫发展路

近年来，开州区关面乡坚持"产业上山、人口下山，产品出山、游客进山，生态富山、文化育山"发展思路，勠力同心战贫困、砥砺攻坚谋发展，实现了从穷乡僻壤到药材之乡、宜居小镇的华丽蜕变。2018年，关面乡党委政府荣获重庆市扶贫开发工作先进集体，扶贫开发工作案例入围国务院扶贫领导小组全国60名组织创新奖名单。

## 从"三大坨"到"三大宝"

关面乡地理条件较差，多年来群众以种植玉米、土豆、红薯为主，俗称"三大坨"。"三大坨"经济价值不高，收益不多，群众增收较为困难。为帮助群众找到致富路子，关面乡围绕市场导向，结合乡情特点，打造以木香、黄连、厚朴为主的中药材产业作为群众增收主导产业。

**因村制宜选择产业。**按照差异化、规模化发展理念，安排干部联系指导各村选好产业方向、制定发展规划；深入田间地头与村民谈心，化解思想疑惑、凝聚发展共识。全乡共种植厚朴、杜仲等中药材2万余亩，在姚程村、青蒿村、火焰村建起万亩连片黄连种植示范园，在泉秀村、水溪村、小园村打造8000亩木香种植示范园，建成"中国木香之乡"。

**培育主体经营产业。**采取"走出去"和"请进来"的方式，精心培育新型经营主体，新建专业合作社5个，家庭农场3个，大户11个，农业公司2个。

**吸引人才投身产业。**实施"归雁工程"，吸纳壮大产业发展生力军，引进16名成功人士返乡创业、3名大学生回乡创业，培训新型职业农民110名。全乡已建成中药材5.8万亩（其中木香2.8万亩，年出产木香达1500吨，产值近2000万元），户均种植药材8.1亩，木香、黄连、厚朴成为村民捧在掌心的"三大宝贝"，为推动关面乡高质量发展、创造高品质生活打下了坚实基础。

## 从"边上看"到"一起干"

坚持把"三变"改革作为总抓手，以打造"股份农民"为核心，通过"三变"促进农民增收、产业增效、生态增值。近3年，全乡贫困户年人均纯收入增长3983元。

**股份合作**。全乡以土地入股、资金入股、身份入股加入专业合作社的贫困户共237户。入股贫困户收入来源有三种，即土地流转增收，贫困户户均年收入土地流转费用3000元；固定分红保收，通过财政资金配股，全乡64个深度贫困户按持股金额每年不低于6%的标准实行固定分红；就业务工创收，每名贫困劳动力年务工收入超过5000元。2019年，泉秀木香专业合作社销售木香600余吨，产值900余万元。农户种植1亩木香，纯利润4000余元，合作社农户年均收入超过10万元，最高户接近30万元。

**龙头带动**。主要指龙头企业、家庭农场和产业大户带动。利用扶贫帮扶资金为水溪村八面山力维木瓜种植家庭农场配股到户5万元，带动八面山5户贫困户脱贫。贫困户按持股金额每年不低于6%的标准实行固定分红，同时在农场务工年均收入超过5000元。

**产业托管**。采取入户走访、电话随访方式，动员举家外出贫困户把家中原有种植产业交由农业大户或专业合作社经营，分得一定产业托管利益。如水溪村枫竹坪木香种植大户杨云培，托管木香2000亩，收益按7∶3分成，保障贫困户每亩可分得2000余元。

**村级领办**。乡指导，村组织，领办产业发展。关面村开办网店聘用贫困户20余户，30余名留守妇女被聘为绣师，通过电商方式销售传统手工绣花鞋垫及土特产，年营业额近50万元。

## 从"空壳村"到"绿富美"

坚持把发展壮大村级集体经济作为一项重要政治任务，主动担当作为、锐意改革创新，全面整合人力、物力、财力，以"歼灭战"的方式消除"空壳村"。如泉秀村将43万产业发展资金作为村集体资金入股木香股份合作社；关面村将20万产业发展资金作为村集体资金入股美香桃专业合作社购买种苗；姚程村将40万产业发展资金作为村集体资金入股吴茱萸专业合作社购买种苗和整治土地；青蒿村、泉秀村、火焰村、水溪村将各自50万乡村旅游发展集体资金整合融资，在小园村、姚程村改建"城里人的第二居所"。小园村利用村级多余办公用房，建成"小园洞天"接待中心，社会招租经营，村集体出租收入每年超3万元。青蒿村、泉秀村，用河流、森林等资源入股漂流项目，实现集体增收。

# 长沙镇齐圣村

# 支部引领产业带动脱贫致富奔小康

开州区长沙镇齐圣村属典型山地村，山地面积占全村面积的90%。长期以来，全村社会经济发展状况主要呈现"一低、三差"的特点。"一低"指齐圣村是全镇人均纯收入最低的村之一，"三差"指产业发展差、基础设施差、人居环境差。近年来，齐圣村坚持以党建引领脱贫攻坚工作，坚持把抓党建促脱贫作为经济社会发展的根本抓手，作为贫困群众脱贫致富的重要保障，实现了从贫困村到富裕村的转变、从落后村到先进村的跨越。

## 强化组织引领，打造坚强战斗堡垒

**注重抓两头带中间。**"抓两头"，一要发挥党员群众积极分子带动作用，统计联络村在外大学生、在外从政从商人员，召开乡情联络会，群智群策，群策群力，推动发展；二要解决贫困群众困难诉求。

**支部建在产业上。**按照"产业发展到哪里，党组织的服务就跟踪到哪里"的思路，依托"猕猴桃、柑橘、乡村旅游"三大产业分别建立党支部，根据党员特长爱好分配在不同党支部，充分发挥党组织对产业发展的组织引导作用。

**发挥党员带富作用。**实施"双培双带"工程，努力提高党员带富能力，努力把带富能力强的人发展为党员。累计将19名党员培养成为专业合作社带头人、农村产业经纪人，将14名专业合作社带头人、产业经纪人发展成为党员。开展结对帮扶活动。每名党员联系1~5名困难群众，为打赢脱贫攻坚战提供坚强的队伍保障。

## 整合资源，发展山地特色农业和乡村旅游

依靠自身优势，量身定做以村集体为核心的"山地特色农业+乡村旅游"于一体的发展模式。

**突出山地优势，大力发展特色农业。**根据特色水果产业对海拔和土质的要求，在海拔400米以下的地方，发展优质柑橘2300余亩、杂水果1000亩；在海拔600米以上的地方，发展红心猕猴桃1000亩、蓝莓100亩。红心猕猴桃、蓝莓、柑橘等几大园区从山底到山上成为一道亮丽的风景线。

村支"两委"、社长和驻村工作队一起研讨扶贫工作

村民在基地种植菊花

**发挥比较优势，大力发展乡村旅游。** 筹资3000余万元，完成公路、水利、农业发展配套设施建设，在美丽乡村居民点和红心猕猴桃产业园区分别建设乡村旅游接待中心。投资3700余万元建成总面积1.5万平方米，可一次性接待500人就餐和300人住宿、可容纳300人会议培训的奇圣庄园。2015年被评为"全国休闲农业与乡村旅游示范点"，2017年底，实现旅游经济收入300余万元。2018年接待游客3万余人次，实现旅游收入300余万元。2018年全村农民人均纯收入达13456元，贫困户主导产业全覆盖，实现户均年增收6000元。项目受益农户1085户3589人，以按股分红方式带动覆盖建卡贫困户26户102人。

## 培育品牌产业，壮大集体经济

**集中优势打造"奇圣"品牌。** 着力开发培育本土"奇圣"红心猕猴桃产业，注册为"有机绿色食品"商标，经销北京、上海、广州等全国各地。奇圣红心猕猴桃品牌在2016年初中央电视台新闻联播头条报道。奇圣红心猕猴桃专业合作社被评为全国专业合作社示范社。

**提升技术，品牌营销。** 通过集中培训、外出学习、专家指导等方式，提升生产及管理人员生产技术水平。为了解决产品的销路问题，与重庆楷林公司、永业集团合作，签订技术指导和包销合同，形成产、购、销"一条龙"产业链。依托种植基地，打造占地50亩的高山生态避暑休闲养生庄园，发展乡村旅游，促进农产品销售，实现果品销售"走出去卖"到"走进来买"的转变。

**配股分红，建立利益联结机制。** 建成1000余亩奇圣红心猕猴桃园区，采取土地入股分红、现金入股分红、返聘务工增收等方式多渠道带动增加贫困户收入。已有512户1530人成为社员或股东。带动贫困户年均增收8000元。

# 抓住"上行"和"卖好"
# 大力推进农村电商扶贫

近年来，云阳县围绕"上行下行上下都行，关键在上行；买好卖好买卖均好，重点要卖好"的发展思路，培育壮大"三平台、三体系、二品牌、一节日"的"3321"农村电商发展体系，重点实施"四个优先、四项政策、五大行动"的"445"农村电商扶贫措施，深入推进电子商务进农村综合示范县创建（升级版），实现千家万户小生产者与千变万化大市场有效对接，有力促进电子商务与脱贫攻坚深度融合，走出了一条独具特色的农村电商扶贫之路。

2019年，全县农特产品出件824.59万票，同比增长32.1%；销售额6.13亿元，同比增长42.5%。其中贫困村出件93.32万票，同比增长10.1%；销售额7581.45万元，同比增长22.8%。贫困户销售的农产品主要有大米、柑橘、蜂蜜、红薯粉，销售地方主要有重庆、山东、江苏、广东等地。通过电商扶贫，帮助贫困户人均增收500元。

## 坚持上行，打造农村电商扶贫生态链

**夯实三大平台**。完善服务平台，建成集技术中心、数据中心、孵化中心、培训中心、网货打造中心、产品发布中心、O2O体验中心七大服务功能的县电商公共服务中心和互联网产业创业孵化园，优先服务贫困村。培育销售平台，在巩固京东星光扶贫云阳馆、公益中国、金融扶贫商城等公益平台基础上，推动云阳农产品上架村村旺、邮乐小店等消费扶贫商城，扩大云阳县农产品公益消费渠道，12家天生云阳品牌企业在"公益中国"平台开店，首批42款单品上线平台进行宣传促销；天生云阳热销产品在建行善融商城、工行融e购商城上架推广；引导全县各类网商主体在唯品会、拼多多、苏宁易购等新型电商平台增加开店量基础上，支持农产品加工企业到各类大型电商平台开设企业形象店或旗舰店，拓展云阳县农产品网络零售渠道。建成梯城网市消费扶贫新平台，开设42个乡镇（街道）电商扶贫店铺。

拓展交流平台，持续举办天生云阳主城行、山东行、江苏行等线下推介活动，实现"展会看货、线上下单""线上了解、线下采购"。同时，推广领导代言、明星助农、网红带货、直播电商等方式开展网上立体营销，提升云阳农产品网络影响力，助推云阳县农产品远销全国各省市，全力助推脱贫攻坚。

**完善三大体系**。建立站点体系，建成乡镇电商综合服务站41个，农特产品集配站38个，村级电商综合服务点298个。完善物流体系，升级智慧仓储，发展智慧物流，进一步优化"三定四统、共同配送"模式。充分发挥马家梁物流园聚集功能，推进快递物流实质性整合。重点发展快递物流共同配送，大力发展仓配一体化智能管理系统。启动渝东北物流分拨中心搬迁升级，实现快递、物流企业"进园工程"。在马家梁物流园优先提供快递仓储区域支持邮政区域公共仓配中心建设，出台鼓励扶持政策。加快邮政快递村级、社区服务网点、自提柜建设，充分发挥乡镇电商集配站功能，让工业品下乡和农产品进城最后一公里不再难。拓展培训体系，实施"万人培训"计划，培训农村电商带头人和电商实操人员1.5万人次；持续开展电商新农人"送培下乡"活动。

## 努力卖好，培育农村电商扶贫主动力

**打造两个品牌**。成功打造全市首个农产品区域公用品牌"天生云阳"，建立农产品质量溯源系统，提高产品信誉度和品牌溢价，农产品销售价格整体提高50%以上。推出全市首个农村电商公用品牌"云洋阳"，推动柑橘、蜂蜜、青杠黑木耳、乌天麻等系列特色农产品上网销售，实现量价双提。

**持续举办电商节**。突出重点打造热销单品，持续对6款县级主导产品和42款乡镇主导产品进行统一策划和全网营销，重点支持电商企业营销主导产品，真正实现做靓产品、做大影响、做响品牌，全力助推农产品卖得好。2015年以来，连续举办电商节庆活动，大力培育电商聚焦点、引爆点。2019年云阳县消费扶贫系列活动，开展电商争霸赛、直播带货、扶贫爱心购等系列活动，农特产品出件25.36万票，销售额2295.13万元，同比分别增长31.7%、40.8%，其中销售贫困户农特产品5.09万票，销售额324.5万元。

## 强化保障，构建"445"农村电商扶贫大格局

**突出四个优先**。突出布局优先，实现162个贫困村电商综合服务点全覆盖。突出培训优先，累计培训贫困户3181户，培养贫困村电商带头人371个。突出服务优先，实现20家电商企业与36个贫困村对接帮扶，形成"一店带多村"的电商扶贫格局。突出销售优先，50余个农产品网络营销主体建立"电商扶贫·爱心购"销售专区，贫困户农特产品远销浙江、江苏、新疆等地。

出台四项政策。出台奖励政策，由村（社区）初审、乡镇（街道）审核后报县扶贫办认定，对经营贫困村、贫困户农产品年销售额超过50万元、100万元、200万元、500万元、1000万元的农产品经销企业，分别给予1万元、3万元、5万元、10万元、15万元的一次性奖励。出台扶持政策，对网络销售贫困村、贫困户农产品年销售额达到10万元以上的电商从业人员，按其营业额的5%给予扶持，最高不超过10万元。出台补贴政策，对代销贫困户农产品月销售量达100单、200单、300单的贫困村电商综合服务点，分别给予每单3元、4元、5元的物流补贴。出台购买服务政策，对完成每月销售贫困户农特产品100单的贫困村电商服务点实操人员，每人每年补助1万元。

深化五大行动。深化电子商务企业对口帮扶行动，引导支持20家县内外知名电子商务企业与"1+19"深度贫困镇村建立长期对口帮扶关系。深化电子商务人才培训行动，利用西部志愿者和公益性岗位两大途径，解决162个贫困村缺乏电商实操人员的问题；开展送培训下乡活动，让更多的贫困户足不出户学到最新的电商知识。2019年，培训贫困户615人次，带动贫困户创业就业522人。深化电子商务创业就业行动，组织举办农村电子商务创新创业大赛，实施贫困村青年电子商务创业工程，鼓励农村电子商务运营网点吸收贫困户就业，面向贫困村适龄青年定向开展电商人才招聘活动。2019年全县电商主体达到1482个，新增就业17369人。深化网店带动增收行动，采取贫困农户创业型、能人大户引领型、龙头企业带动型、乡村干部服务型等多种建设模式，完善电子商务扶贫示范网店、电子商务带头人与建档立卡贫困户利益联结机制。深化网络促销扶贫行动，开展"聚划算"、"扶贫爱心购"、美食节、年货节等促销活动，加大网络营销力度。

云阳县为脱贫户颁发"同奔小康荣誉证"

# 聚焦"三特" 阻断代际传递

2015年以来，云阳县聚焦特困地区、特困学生和特殊群体"三特"对象，因地因人因材精准施策，9000余名建卡贫困家庭学生圆梦大学，1600余名建卡贫困家庭学生通过中职教育直接就业或升入高职院校，让更多贫困家庭实现了脱贫致富的梦想。

## 特困地区特别用力

针对高寒边远贫困山区，全面实施"暖冬计划"，为海拔800米以上52所高寒边远学校安装取暖设备，为4.7万名寄宿生每人购置一床棕垫，让他们学得温暖、住得温暖。针对贫困山区学生家庭生活营养差的问题，在全面实施农村义务教育营养改善计划的基础上，免费为海拔1000米以上的3000余名学生每生每天再增加1盒牛奶，确保贫困山区每一名学生营养充足、健康成长。针对贫困地区教学水平良莠不齐的问题，建成22个城乡"远程互动课堂"录播教室，让城乡师生同步上课、同步作业、在线互动学习，实现教育优质资源互通共享。组建城乡学校教育联盟17个，抱团发展，捆绑考核，有力推动贫困山区学校教育教学水平全面提升。

## 特困学生特别用心

贫困学生资助全覆盖。建立部门、乡镇、学校三位一体联动机制，创新实施"学生申请—学校初审与公示—部门联合识别与认定—学校资助—乡镇核对查漏—学校补资助"的"精准资助六步工作法"，健全学前教育到大学阶段贫困学生资助体系，确保全县贫困学生不因贫失学。特困学生实行"差异化"资助。对享受国家普惠资助政策后仍不能顺利完成学业的3000余名特困生实施差异化资助。开展"贫困学生帮扶月"活动。成立贫困学生帮扶中心，从2015年起将每年8月定为"贫困学生帮扶月"，整合部门及社会团体资金近2670万元，资助贫困大学生新生6354人。开展"贫困学生家访日"活动。将每月第一个周末定为"贫困学生家访日"，教育系统6377名干部教师结对帮扶有学生的贫困家庭10769户，对贫困户子女开展扶志、扶智教育，同时采取"广宣传、勤走访、赠物资、帮就业、助销农产品"等措施，帮助贫困户脱贫增收。

## 特殊群体特别用情

针对全县1000余名特殊适龄儿童，成立县特殊教育资源中心，采取特教学校入学、随班就读和送教上门相结合的方式，做到师资、教学、管理、保障"四落实"。尤其对不能随班就读的351名残疾学生实行每周1次送教上门，同时还给予定额救助1000元/年，发放临时救助资金74.9万元，确保每一名适龄残疾学生公平接受教育机会。

泥溪镇

# "三送""三归""三改"营造人居好环境

近年来，云阳县泥溪镇以深度贫困镇建设为契机，突出"三送""三归""三改"，创新人居环境整治工作机制，全面改善人居环境，以干净、整洁、有序的人居环境引导乡风文明，激发贫困群众内生动力。

## "三送"送出文明卫生好理念

坚持把文明卫生理念树立作为人居环境整治的前提，采取文明卫生理念宣传送上门、送进村、送到人"三送"活动，全方位营造人人爱护环境卫生的浓厚氛围。

**宣讲送进村。** 驻村领导带头讲，驻村工作队、村四职干部"跟进讲"等方式，利用山头喇叭每月开展一次文明卫生知识大宣讲。制作农村人居环境整治宣传录音，通过覆盖率达100%的山头喇叭持续宣传，让文明卫生宣讲在村头天天响。

**宣传送上门。** 借助新冠肺炎疫情防控网格化全覆盖排查契机，为全镇4000余户群众全覆盖上门发放《致全镇人民一封信》和"建设美丽泥溪·乡风文明"倡议书，并分户张贴上墙。

**知识送到人**。编印饮水、饮食、环境等文明卫生知识小册子，全镇在家群众人手一份。由镇村干部、驻村工作队、医护人员组成文明卫生知识宣讲队、医疗服务队，上门开展点对点的文明卫生知识宣讲和免费体检，推动文明卫生理念家喻户晓。

## "三归"归出文明卫生好风尚

坚持以"垃圾归桶、畜禽归圈、柴火归位"为载体，全方位培养群众爱护环境卫生的好习惯。

**宣传落实**。在镇村组公路要道、集镇、农村院落设置垃圾桶，张贴宣传告示，强力开展"垃圾归桶、畜禽归圈、柴火归位"行动，规范群众文明卫生习惯。要求村（社区）干部、组长、党员、贫困户、低保户等群体带头执行。因地制宜设置贫困户公益岗位职责，生态护林员除履行护林防火职责外，相应增加清扫、维护公共区域人居环境卫生职责，划定村组道路等责任区域包干负责，规定生态护林员每周至少对责任区域清扫一次，有效破解农村公共区域清洁卫生长期无人清洁的难题。镇主要领导牵头，每半月不定期开展一次明察暗访，对各村（社区）环境卫生情况打分排名、全镇通报。

**精准管理**。农村办酒席习惯使用一次性餐具，是批量垃圾产生的重要源头。采取镇制订方案、村民制定村规民约，大力整治大操大办和"无事酒"，引导群众树立"红白喜事简办、无事酒不办"的理念，彻底遏制"无事酒"，在减少垃圾产生的同时，全年户均节约礼金支出5000元以上。按照"谁产生垃圾谁负责"的原则，对办理红白喜事酒席的村民每次收取300元垃圾处置保证金，垃圾按要求处理后退还，从源头上减少垃圾量。

**示范引领**。每季度开展一次"卫生整洁、孝老爱亲、诚信守法、邻里和谐、兴业致富"五星评比活动，将评比情况户户挂牌上墙。对连续评为五星的农户发放生活日用品进行表彰激励，活动开展以来，全镇累计表彰"五星家庭"180户，有力发挥了榜样引领作用，有效激发了群众参与人居环境整治的内生动力。

## "三改"改出人居环境好面貌

坚持以实施最美泥溪、大美乡村市级示范片和美丽宜居村庄项目为契机，统筹市级和部门资金，在石缸、联坪、胜利等村开展污水垃圾处理、庭院硬化绿化、文化打造等为主要内容的人居环境整治。

**农户"改厕"**。坚持把"厕所革命"作为人居环境整治的一项重点任务，采取"政府补一点、群众自筹一点"的方式，高质量完成农村厕所改造500余座。采取铺设管网、建设化粪池等措施，在全镇5个人口集中的农村院落建设和运营生活污水处理设施，有效改变了农村粪便、污水横流等脏乱差现象。

**农村"改院"**。坚持以人口聚集的农村院落为重点，深化农村人居环境项目建设，实现以点带面，推动农村人居环境整体改善。采取"请进来、走出去"的方式策划农村人居环境项目，邀请专家、设计人员实地调研，因地制宜反复优化设计方案，确保人居环境整治项目与本土自然风貌做到协调统一。组织镇村干部、施工队、村民代表前往南川、梁平等地考察学习，借鉴先进经验，做到对标一流、学有示范。坚持"少硬化、多绿化"美化环境，注重就地取材，将闲置的磨子、水缸等物件摆放成景点，将废弃的砖瓦、条石整理成图案，在绿化地块用南竹、木条做成栅栏，力求做出乡村味。

**集镇"改貌"**。结合泥溪、桐林两个集镇面貌较差的现状，统筹乡村振兴示范镇、示范村等规划建设，因地制宜规划两个集镇的污水管网、公共厕所、休闲广场、管线整治等公共服务项目，促进集镇功能完善。同时，深入实施集镇老旧危房排危、临街立面整治工作，改善集镇面貌。

## 人和街道千峰村

# 小村庄看大变化

◆◆

云阳县人和街道千峰村地处大巴山的四十八槽，距云阳新县城30公里。海拔175～1100米，辖区面积15.8平方公里，耕地面积800亩，森林面积22147亩。

千峰村曾经是一个贫困村。十几年前，村民吃水还是肩挑手提，道路破烂不堪，一下雨便泥泞难行，村民居住的地方更是垃圾散落、臭气熏天……而现在，千峰村"变"了——村民的小洋楼宽敞阔气，水电路讯等基础设施完善，产业链条明晰，人居环境优美，贫困户一户接一户摘掉"贫穷帽"，千峰村更是先后荣获"全国整村推进先进集体"、"全国文明村镇"、"市级先进基层党组织"、"市级安全文明小区"、"市级文明村"、"市人口和计划生育基层群众自治示范村"、"枫桥经验"县级示范点等诸多荣誉称号。

在千峰村工作了18年的村支书熊孟回忆起千峰村的变化时无不感叹："那可真是天翻地覆的变化！"

## 基础设施提档升级　乡村"颜值"步步提升

基础设施薄弱是制约千峰村发展的瓶颈之一，为弥补这一"短板"，该村近年来加快了推进基础设施建设的步伐。

"全村硬化公路8.13公里，整修公路2.1公里，修建人行耕作便道5公里，人饮灌溉渠600米。2019年新建人畜饮水池3口、整修了7口原建装不住水的过期饮水池。新建D级危房13户、改造C级危房7户、整修危房房屋2户、安装新饮水源和更换饮水管道7000米……"村里每天都发生着变化，村支书熊孟对这些变化如数家珍。

"群众有事，干部跑腿，大事小事，找便民服务中心就行！"千峰村还建立起"一站式"便民服务中心，设有卫生室，并配备具有执业资格的卫生服务人员，方便本村和邻村村民就近就医。同时还设有"农家书屋"，配置了图书2000余册，以丰富村民业余生活。如今，去便民服务中心办事成了村民们的生活习惯。

"比起以前的穷日子，现在的生活要好过得多。"村民宋伦云感慨地说。过去这几年，村里修建了漂亮的房屋，自己和一些贫困户有了新家，村里到组通了水泥路，饮水、用电问题也都解决了，这些变化让人兴奋不已。

此外，村委会还积极带动村民开展农村人居环境整治，通过加强村民思想道德教育，制定村规民约，激发村民的责任意识和建设热情，引导村民主动拆除散布在村庄中的简易窝棚、鸡棚和鸭舍等近百处违规搭建。"现在的千峰村已经形成家家户户自觉维护村容村貌的良好氛围。"千峰村村支书熊孟说。

## "千"字产业促变化　乡村旅游注"活力"

千峰村过去是出了名的经济"空壳村"，村民甚至还编了个顺口溜："千峰七匹梁，人鬼累服降。天干无水吃，落雨土梭光。冬啃土红苕，春喝麻豆汤。到处都是山，就是没钱赚。养娃不读书，单身起网网。"由于那个时候经济条件差，村里的男同志连个媳妇都找不到。

绵延的森林犹如道道屏障，贫困赶不走，小康进不来。"怎么脱贫"成了千峰村人的一块心病。

"穷则思变！要脱贫必须发展产业！"村里一方面争取优惠政策和项目，另一方面精准施策，发动全村群众打响贫困户脱贫的攻坚战。前些年，千峰村大力养殖牛羊蛋鸡，靠养殖业给村民增收，但是满山遍地都是鸡鸭牛粪，村子里搞得臭气熏天。更严重的是，粪便污水到处流，破坏了生态环境。近年来，千峰村践行习近平总书记提到的"绿水青山就是金山银山"这一生态文明新理念，选择关闭了曾经繁荣的鸡场，种上石榴等经济林木。此外，千峰村还抓住海拔高、森林覆盖面积大、气候宜人的优势，发展乡村旅游农家乐，建起了度假村。2018年成功举办了四十八槽露营节、元旦跨年音乐会。平常卖不成钱的土产土货，在村里举办的各种节日里，都成为游客们的抢手货，为乡亲们挣了不少钱。如今，有名的"光棍村"早已摘掉了穷帽子，村里的小伙子陆续娶回了山外的姑娘，曾因贫困而外迁的多数村民又回到了故土。

"只要不懒惰，人人都能告别贫困。"熊孟介绍，2020年还要充分利用千峰村得天独厚的先天条件，在没有种植的土地种上经济林木。村里山顶上现有1000亩老茶树，计划在山顶的12组种1000亩石榴，在中部的5、6、7组及一直到长江边上的1、2、3组种1000亩枳壳，在原中间部分的4、8、9、10组种黄桃和中药材，让产业刚好构成一个大大的"千"字。

从养殖到种植，从第一产业到第三产业，曾经低迷的千峰村，如今处处生机，这勃勃的生机，见证了千峰村人的勤劳，孕育着新的希望。

## 文明乡风浸润村庄　美丽千峰跃然而出

"熊支书，过几天屋头要办个事，我来登个记。"村民黄兴旺来村办公室为自己的生日宴提前备案。原来，要举办酒宴的村民必须经审核通过后在红白喜事登记台账上签字，才可以办席。

办酒宴审核登记正是千峰村推进文明乡风建设的真实写照。自2019年11月起，千峰村就以整治"无事酒"为抓手，通过召开议事会、村民代表大会、院坝会等，明确酒宴的范围、对象、规模、程序以及监督机制等内容，着重明确了千峰村辖区内的送礼不超过100元，由"三会"和群众互相监督，引导群众自觉履行抵制滥办酒席承诺，营造文明和谐社会新风尚。

此外，千峰村不断创新工作载体，学习实践新时代"枫桥经验"，加强以自治、法治、德治和创建平安乡村社区为内容的"三治一创"工作，不断提升乡村社会治理能力，让乡邻关系更加融洽。

近年来，千峰村还推行"十佳传统美德""千峰好人""八好之星"评比和"垃圾不落地""四大行动"主题活动，开展文明示范家庭评选活动，在模范的带头作用下，村里的风气变好了，日子也越过越好。

# 后叶镇吉庆村

# "空壳村"的破壳之路

后叶镇吉庆村辖区面积8.4平方公里，辖13个村民小组，总人口1077户3587人，建卡贫困户103户405人，属全县深度贫困村。近年来，该村积极探索集体经济"空壳村"的破壳之路，重点推动农村"三变"改革，因地制宜发展主导产业，拓宽收入渠道，增强村集体"造血"功能。

## 盘活资源资产，实现稳定收入

**探索山坪塘对外承包机制**。将全村的山坪塘按照公益、经营两种性质进行分类，通过村民小组会议将经营权委托给村委会。用到户产业资金进行整修后，将经营类山坪塘外包给村民养鱼，既解决了山坪塘管护问题，又确保了到户产业资金的作用发挥。2018年，该项目为村集体经济带来收入1.6万元。

**推动农村人饮市场化**。利用扶贫政策资金优化管网、整修人饮池，逐户安装水表、协商出台管理办法，将经营管理权移交后叶水务公司。商定用集体复垦资金为农户补贴前三年水费，三年后脱钩。有效解决了人饮项目重建轻管问题，培养了村民的节水意识，每年为集体经济带来收入0.3万元。

**出租闲散资产和投资入股**。用C、D级危房改造资金对原村校校舍进行改造，按规定先安置符合居住条件的对象，多余的房屋以每年10元/平方米的价格出租给其他农户。现已出租房屋面积近500平方米，年收入0.5万元，有效避免了重复投入和集体资产的非法侵占。充分利用光能资源，用深度贫困村产业资金建设30千瓦的光伏发电站，建成后全电上网，每年带来集体经济收入1万元以上。村集体向秋平渔业投资入股30万元，每年固定分红1.05万元。

**其他经济收入**。全村复垦资金利息年收益约1.05万元。

## 用好配套政策，支撑长效发展

**建好产业扶贫项目**。吉庆村用复垦资金流转撂荒土地，整合山坪塘整修和机耕道建设项目资金，修建水产养殖场30亩，按照每年1000元/亩成功招商；实施土地"三权"分置，用产业扶贫项目资金建设稻虾养殖园85亩，以每年2000元/亩对外承包，收入17万元（约定与农民按4∶6的比例分红）；用复垦资金流转撂荒土地，再用整村脱贫项目新建标准大棚2300平方米，以每年10元/平方米的价格定向承包给本村火龙果种植大户刘某，每年收入2.3万元；新建一个肉牛养殖场，定向承包给养牛大户，每年收入1万元；用产业资金新建一个农产品初级加工园，农忙季节以1万元/年将厂房定向出租给虾禾农业公司，农闲季节再出租给当地驾校，每年再收益0.5万元。

**试点"三权"分置。** 村集体股权投资建设干坚果、油橄榄间种中药材和生姜基地1600亩。当年中药材和生姜分红5万元，村集体长期持股10%。业主每亩投入2200元（建园1200元，未丰产前管护每亩250元，管护四年计算）、农户每亩投入1800元（每亩土地200元，按照15年计算，减去退耕还林管护资金三次打卡到农户共1200元）、村集体每亩投入800元（复垦资金400元，退耕还林栽植费400元）。本着让利农民和业主的原则，业主、农户、村集体持股比例为5∶4∶1。在投产后村集体和农户从"现金分配、实物分配和园地（连带附着物）分配"中三选一。

## 组建村劳务公司，拓宽收入来源

该村于2017年底注册成立劳务公司，村干部按职务（章程规定离职必须退股）现金入股，暂不接纳社会入股，村集体用复垦资金入股。公司主要通过承揽劳务项目获取收益。持股情况为集体60%、村干部40%。其中村干部持股部分中支书、主任各占25%，综治委员、综服专干各占20%，本土人才占10%。2018年，劳务公司纯收入超过15万元，其中村集体增收9万元以上。

# 聚焦脱贫摘帽　做到"八到户八到人"

❖❖

地处三峡库区腹心的奉节县是国家扶贫开发工作重点县，全县有建档贫困村135个，建卡贫困户3.4万余户，是全市贫困人口最多、贫困程度最深、脱贫攻坚任务最艰巨的地区之一。近年来，针对脱贫攻坚工作中存在的对象不准、政策不清、作风不实、群众不认、效果不好等问题，重庆市奉节县深入践行"八到户八到人"工作法，确保小康路上不落一户、不少一人，坚决打赢脱贫摘帽这场硬仗。

## 干部到户，见面到人

按照"共赴一线攻坚、机关只留一人"的要求，全面推行干部进村入户、户户必见干部。

**"四访"全覆盖。**开展干部大走访，全县8000余名干部走访群众74.05万人次；开展教师家访，228所中小学幼儿园教师家访学生近14万人次；医生巡访，2399名医务人员巡访群众7.14万人次；农技随访，农技专家进田间、科技特派员进院坝，解决各类农业产业技术难题210件。

**管理"网格化"。**由各乡镇党政主要领导任总网格长，联系村领导任村级网格长，乡镇驻村联系干部、驻村工作队、村五职干部任网格管理员，对辖区内户籍人口划片包干，开展精准识别、精准帮扶、动态管理等工作，精准解决"扶持谁、怎么扶"的问题。

**实施"硬十条"。**出台《脱贫摘帽纪律十条》，明确扶贫工作团长每月蹲点调研4天、帮扶责任人每月走访4次8天，乡镇干部一律禁止"走读"，乡镇党委书记免职不免责等措施，2020年以来全县已处理脱贫攻坚工作落实不力、扶贫资金监管不规范等问题干部共90人，确保"人人肩上有担子，个个身上有责任"。

# 宣传到户，引导到人

全面加强脱贫攻坚宣传引导，做到村村宣传、社社响应、户户知晓、人人明白。

**开办"脱贫攻坚讲习所"**。坚持全域讲习、全时研习、全面学习，既培训干部又培训群众，推行一次村情介绍、一个全县宣传片、一打政策PPT讲解、一部脱贫电影，开展讲习所810场次，参与干部群众达2.5万人次。

**开展"两回两讲两解"**。以"一张亲情照、一份意见表、一次村党课、一场院坝会、一个遗留问题、一件民生实事"为抓手，重庆市奉节县组织700余名县管领导回乡回访、讲政策讲变化、解民怨解难题，召开院坝会1215场次、讲党课1100场次、走访群众2.3万人，化解疑难问题2574件。

**推行公示公开"六个一"**。规范村支"两委"会议、村民自治组织商议、群众代表评议、监督委员会审议，推行一封公开信、一个公开栏、一份便民服务挂历、一张监督举报卡、一套自办广播和一个村级微信群，对扶贫政策、村级事务等全面公示公开，村级事务公开率达100%。

奉节县甲高镇龙山村油菜产业园

## 政策到户，落实到人

按照"一户一策、一人一法"要求，重庆市奉节县推行贫困户"点菜"，政府"买单"，确保把每一项扶贫政策都落实到户到人。

**建立户情数据库。** 在全覆盖走访中，逐户收集涵盖人口、健康、劳动力、生产资料、收入、资源环境等基础信息，精准建立标准化户情档案20.92万份，全面客观准确地反映群众家庭情况，对照户情甄别贫困户，量身定制帮扶措施。

**推行"一卡一册一袋"。** 对3.97万户贫困户实施分色挂牌、分级管理、分类帮扶，深度贫困户挂红牌卡、未脱贫户挂黄牌卡、已脱贫户挂蓝牌卡，逐户上墙脱贫攻坚明白卡，发放标准化扶贫手册和资料袋，让贫困户和帮扶责任人基本信息上卡、帮扶成效入册、扶贫资料入袋。

**推出32个"政策包"。** 全县32个行业扶贫部门整理梳理惠民政策，分行业、分条块兑现扶贫政策，全面推行"一讲两帮三看四问"，教育资助12.1万人次，健康扶贫3.04万人次，实施住房改造5415户，高山生态扶贫搬迁2.1万人，安全饮水户户通新增3.78万户，"四合一"政策兜底13575人。

## 问题到户，解决到人

**探索集中供养。** 针对失能贫困家庭信心不足、脱贫致富难等问题，探索建立贫困家庭和农村五保失能人员集中供养模式，建成3个集中供养中心，集中供养贫困家庭失能人员453人，释放劳动力680余人。

**织密医疗五张网。** 着力解决"因病支出型贫困家庭"，构建"城乡居民合作医疗保险、城乡居民大病补充保险、民政大病医疗救助、精准脱贫保险、贫困户医疗救助"五张网，在全市率先实行报账"一站式"结算，全县建档立卡贫困患者平均自付比例仅8%。

**创新金融扶贫。** 创新3万～5万元金融扶贫小额贷款产品，为10737户贫困户发放贷款5.13亿元，占重庆市放贷总额的40%，稳居重庆区县第一。

**实施网络扶贫。** 深入推进实施"网络扶贫"工程，引进阿里巴巴等大平台，打通农村物流线路4800公里，农特产品上行累计15亿元；建立网上村庄站点30个，将300家农家乐链接上线运营。

## 产业到户，收入到人

围绕"一人一亩高效田、一户一个标准园"，推动家家有产业、户户能增收。

**主导产业100%覆盖贫困村。** 布局发展"4+3+X"特色产业，低山种植脐橙32.04万亩，中山种植油橄榄10万亩、养殖山羊20万只，高山种植蔬菜15.43万亩、烟叶2.88万亩、中药材

10.4万亩，实现贫困村全覆盖。

**技术服务100%覆盖贫困户**。探索"龙头企业+技术培训""能人+技术分享"等模式，建立每名专家定点联系10名乡镇产业技术人员，每名技术人员联系10户产业技术推广示范户，每户示范户带动100户贫困户的"1+10+10+100"网格化服务体系。

**利益联结100%覆盖贫困户**。每年开展3500万元以上的农业项目财政补助资金股权化改革，推广"公司+基地+贫困户""集体经济+贫困户""订单农业+贫困户"等模式，推动新型农业经营主体与贫困村、贫困户的利益联结全覆盖，实现稳定持续增收。

**集体经济100%覆盖村集体**。对示范村每年投入不少于100万元、其他村每年投入不少于20万元的补助，在376个村发展集体经济，80%以上集体收入用于贫困户分红。

## 帮扶到户，志智到人

扶贫先扶志、扶贫必扶智，落实32个帮扶团长、165个帮扶单位、376个驻村工作队、8834名帮扶责任人到村到户开展帮扶，全面激发群众内生动力。

**"创业就业"扶志**。坚持培训一人、就业一人，以创新带动创业、以创业带动就业，实施技能培训10157人次，转移就业8687人，落实公益性岗位2918个，孵化小微企业370个，让老百姓懂得"既要苦干，更要巧干"。

**"教育教化"扶智**。提炼出"奉公守节、自强不息"的奉节精神，继承勤爬苦做的优良文化传统，通过一系列活动、标语、讲解等群众喜闻乐见的方式，改善贫困群众的认识偏差和消极心态，引导贫困群众从思想上、精神上增强战胜贫困的内生动力。

**"两抓两树"扶心**。推行"抓示范、抓典型，树榜样、树模范"工作方法，典型引路，以点带面。挖掘知恩感恩、自力更生、勤劳致富先进典型46人，通过村民讲台、专访报道等方式，发出好声音、弘扬正能量，引领社会风尚。

## 环境到户，文明到人

全面开展农村人居环境"革命"，美丽乡村，净化人心。

**实施农村人居环境"五改"**。对有人居住且为唯一住房的贫困户，完成改厕13400户、改厨20605户、改水9913户、改院坝24万平方米、改立面6453户，农村环境极大改善、生活质量较大提升。

**开展"清洁家园·和谐邻里"活动**。以农村家庭为重点，组织和引导农户搞好庭院绿化、家禽家畜归圈，改善农村环境卫生。广泛开展"清洁家园·和谐邻里"活动，评比出清洁家园示范户、孝敬老人光荣户、团结友爱先进户，让群众生活环境更加优美、和谐氛围更加浓厚。

推进"文明奉节、礼仪诗城"行动。以创建全国文明城市为契机，开展"奉节道德讲堂""好人在身边"讲座100余场，评选群众身边的文明家庭900余户，实现诗承千年、德润万家；建立结对联创机制，宣讲"十不"公约200余场；推行群众自治，有效整治熏腊肉、乱丢乱扔等群众反映强烈的事项，城乡面貌明显改观。

## 效果到户，满意到人

坚决打好打赢脱贫攻坚战，力争2018年户脱贫、村销号、县摘帽。

**实现"两不愁三保障一达标"。** 全县累计建档立卡贫困户35024户134882人，年均收入全部达标，保障义务教育阶段适龄儿童入学5672人，新增1290人纳入新农村合作医疗保险，实施危房改造7934户、易地扶贫搬迁5463户。

**解决"八难八有"。** 全县135个贫困村每村投入150万元解八难、建八有，实现128个村整村脱贫；市级深度贫困乡镇平安乡，在市里投入基础上每年再配套1000万元，11个县级深度贫困乡镇每年安排500万元、20个深度贫困村每年安排300万元，用于夯基础、育产业、促增收。241个非贫困村，按照"缺啥补啥"的原则，每村安排100万元用于基础设施建设，实现贫困村与非贫困村均衡发展、贫困户与非贫困户均衡受益。

**提升"三率一度"。** 严格监控扶贫资金、项目，确保用好每一笔资金。努力将全县及贫困村贫困发生率控制在3%以下，错退率2%以下，漏评率2%以下，满意度达到90%以上，确保如期顺利通过国家级验收。

平安乡

# 平安乡脱贫攻坚典型经验

平安乡是全市18个深度贫困乡镇之一。2014年建卡贫困人口731户2726人，其中2015—2018年减贫647户2488人，2019年减贫51户138人，2020年减贫33户100人。全市启动深度贫困乡镇攻坚以来，该乡采取六项举措攻坚克难并取得显著成效。

## 巩固脱贫成果，一体推进"促脱贫"

**坚持精准识别，网格管理一户不漏。**建立"一网覆盖、责任到人、任务明确、一包到底"网格化管理体系，全覆盖走访收集群众户情信息，累计走访排查6195户次，电话核实821户次，召开院坝会200余场次、大型群众会36场次。研究解决问题238个，实现了走访全覆盖、排查无死角、问题零遗漏。

**坚持政策落实，全面实现"两不愁三保障"。**帮助461户建卡贫困户申请扶贫小额贷款1882.5万元用于产业发展。累计开展教师家访2200余人次，落实春季教育资助133.47万元，全乡无一学生因贫辍学。落实医疗救助政策，2020年贫困户住院199人次，产生总费用47.48万元，患者自付4.6万元，自付比例9.7%。完成2018年1287户分类落实住房改造任务，2019年继续通过易地扶贫搬迁、D级危房改造两类政策，解决2户贫困户安居难问题，确保应改尽改，应搬尽搬，一户不漏。

**坚持问题导向，问题台账清零销号。**切实做好巡视整改"后半篇文章"，对"未按期开工的水利项目"等74个"关于中央第四巡视组脱贫攻坚专项巡视反馈意见"整改、"平安小学塑胶运动场建设项目超计划工期130天"等11个"关于重庆市脱贫攻坚专项巡视"整改工作完成了信息整改平台佐证资料上传工作，全面销号。

## 完善基础设施，提档升级"全覆盖"

采取集中式供水与分散式供水结合的方式，新建、修缮人畜饮水、产业灌溉等水利项目139处，并对所有人饮池挂牌管护。完成通组公路140公里，油化公里46.39公里，祖祖辈辈期盼的关门山大桥已竣工通车。升级改造竹平线，新改建通讯基站24个。12个村（社区）便民服务中心完成规范化建设。创新建设"1+19"流动养老服务站

平安乡公路建设

（点），平均每周到流动幸福院参加活动和休闲娱乐的老人达1400人次，留守老人的幸福感和归属感不断增强。基础设施全面提档升级，实现了供水覆盖100%、道路通达100%、电力覆盖100%、通讯网络覆盖100%。

## 改善人居环境，提升文明"换新颜"

全面实施"清洁家园·和谐邻里"美丽乡村创建活动，引导群众提高环保意识，着力改善人居环境。集中"五改"完成680户；申请分散"五改"的3377户有序推进。集镇"白改黑"全面完成，拆除违法建筑161处14572平方米，建立村干部包户、公益性岗位包段路长制，与农户签订"门前六包"责任书3376户。市环卫集团支持配备的垃圾桶、保洁推车、垃圾箱体、压缩车、晒水车等设备全部配备到12个村（社区）。村容整洁、环境优美、乡风文明的美丽乡村正逐步显现。

## 布局特色产业，规模带动"促增收"

着力农旅融合、文旅融合，完成彭咏梧纪念馆、游客接待中心和文旅综合服务中心建设，川东游击队奉节特色小镇有序推进。发展脆李11924亩、豆腐柴10010亩、中药材10720亩、蔬菜10073亩，实现"四个1万亩"目标，户均增收3000元以上。全年投资1665.7万元发展产业项目28个，培育新型农业经营主体56个，12个村集体经济组织与41家企业实现利益联结，农业总产值约为4.5亿元。实现主导产业100%覆盖贫困村，产业项目100%覆盖贫困户、利益联结100%覆盖贫困户、集体经济100%覆盖村集体的"四个100%"。

## 开展四访四议，"志智双扶""激动力"

全面落实"3344"基层治理党建强村专项行动，三抓三治强基础，四访四议提民意，四个示范出形象，引导群众实现自我管理、自我服务。成立平安讲习所，挖掘脱贫励志故事，培养一支宣讲队伍，用典型传经验，以模范树志向，用真情感党恩，激发贫困群众内生动力。

## 携手帮扶集团，上下同心"显真情"

市政府办公厅扶贫集团以高度的政治责任感和强烈的历史使命感，充分发挥资源优势、平台优势、技术优势、人才优势，为奉节县落实帮扶项目20余个，安排项目资金9.93亿元。驻乡工作队和第一书记坚持吃、住、干在乡在村，争取资金1214万元。贡献智慧汗水，奉献真情大爱，给平安乡脱贫工作提供了大力支持和无私援助，给平安人民带来了巨大温暖和强大动力。

# 安坪镇

# 走好乡村振兴"最先一公里"

安坪镇濒临长江，辖12个村（社区）3.8万人，辖区面积154平方公里，30公里库岸沿线生产了1/10的奉节脐橙，享有"爵爷故里、橙乡水镇"美称。近年来，该镇在打赢打好脱贫攻坚战的同时，围绕"产业兴旺、生态宜居、乡风文明、治理有效、生活富裕"，干在实处、走在前列，因地制宜推进"五个振兴"，进行了一系列极具特色的乡村振兴实践。

## 智慧农业破致富之"困"，让产业找得到效益

脐橙是安坪镇的支柱产业，但简单粗放的发展路子让群众有收入难致富。近年来，安坪镇利用互联网思维、产业链模式，坚持"精准发展、精心管护、精深加工、精品营销"理念，不断促进农业发展、农村增收、农民致富。

**管理智能化。**引进智慧脐橙管理系统作用于种植环节，具备数据采集、农事管理、病虫害预警等功能，能够实时进行农事记录和分析，全角度呈现奉节脐橙的生长和管理过程。同时在三沱村建立起一座智能药肥微工厂，利用测土配方施肥技术，实现精准管控，初步建立了以标准体系、评价体系、预警体系和科学指导体系为基础的现代农业生产体系，极大地提高了普通农户的生产效率。

**经营网络化。**建立乡村电商体系，实施"电商服务站点覆盖""网店+""夯基固本"三大工程，按照"统一管理、统一标识、统一制度"，12个村（社区）设立农村淘宝村级服务店，打造一家京东村级服务店、

安坪镇三沱村电商直播销售脐橙

一家天猫村级服务店，实现网货下乡和农产品进城双向流通，定期组织企业、脐橙大户、微商参加电商培训50余期，培训人次2000余人，全镇电商从业人员达3000余人，2018年网销脐橙超过6000吨，网销收入达到4000余万元。

**服务在线化。**引进脐橙"经纪人"，实施电商延伸服务，打造产品、质量、溯源、销售、物流、信用"六位一体"的电商生态体系，发展壮大电商龙头合作社，依托绿色果园，布局摄像头、传感器，培训直播人员70余人，打造1个网红脐橙直播间，建设1个脐橙直播基地，形成从田间到餐桌的全程追溯体系，为消费者提供溯源查询，为监管部门提供监管依据。

## 集体经济补发展之"弱"，让村社找得到出路

发展集体经济是实现共同富裕的重要保证，是振兴贫困地区农业发展的必由之路。安坪镇借助脱贫攻坚重大机遇，积极探索"村级有组织、集体有产业、村民有收益"的集体经济组织，全镇集体经济实现全覆盖，产业覆盖贫困户100%，利益联结贫困户100%。

**解决"壳要怎么破"，让组织有身份、村民有股份。**为村股份经济合作社登记注册，给集体经济组织一张合法"身份证"，赋予市场主体地位。开展农村集体资产量化确权改革，量化全镇12个村（社区）集体经营性资产9600万元，发放股权证书1.26万份，让农村集体资产人人有份。集体收益分配按照2∶4∶4的比例分配给管理费、再生产资本金、村民分红。

**解决"钱从哪里来"，让投入有来源、收入有渠道。**试点补助获得"第一桶金"，采取"纯信用、无抵押"的方式，向农担公司获得30万～100万元贷款，部分村还利用村（社区）资源性资产进行担保贷款，利用宅基地复垦形成地票，各村获得集体经济启动资金超200万元。产业政策撬动"第二桶金"，将投入新型农业经营主体用于产业发展类的财政补助资金实行股权化改革，村集体经济组织按10%所持股金的6%享受年固定分红。2018年，12个集体经济组织获得产业政策扶持550万元。

**解决"业应怎样兴"，让集体有产业、群众有就业。**紧紧围绕脐橙产业链，把群众不能做的、不好做的产业前端和后端交由村集体经济来做，组建专业化农技服务队伍，添置植保无人机、挖土机等高新设施设备，采取"技术统标、农资统供、水肥统灌、病虫统防、果实统摘"集约化有偿服务创收，服务区域扩大到云阳、巫山、湖北秭归等地，十分"走俏"。2018年三沱村在集体经济组织下开展农技服务、劳务承包、广告牌等创收360余万元，增加集体收入50余万元。

## 扶贫车间解就业之"难"，让人才找得到平台

乡村振兴，人才是关键。安坪镇大力探索扶贫车间，发挥小车间的大作用，从"输血"向"造血"转变，将贫困人口转移就业的"先天劣势"转化为人力资源的"后发优势"。

**抢抓机遇"培土"**。2016年，安坪藕塘滑坡整体搬迁后围绕"搬得出、稳得住、逐步能致富"，利用用工、场地、劳动力等优惠政策，号召原有小作坊、脐橙加工等企业开展二次创业。近年来沿海地区成本不断攀升，安坪镇积极对接在广东、浙江等地发展的返乡人才，鼓励其衣锦还乡、带头致富，目前已发展制伞、制鞋、制衣、手工品加工等企业6家，带动当地群众就业300余人。

**搭建平台"播种"**。2018年，安坪镇利用场镇搬迁节余土地60亩，争取东西协作扶贫投资450万元，一期建设3栋3900平方米标准厂房，二期建设3800平方米厂房，2020年底可形成扶贫车间示范园、返乡创业示范园。同时充分利用外出务工人员和返乡创业企业，建立"以企招商"平台，搭建外出务工企业微信群，发布家乡变化、优惠政策和工厂动态，引导更多企业回到家乡，让美丽乡村产生美丽经济。

**招引结合"育苗"**。坚持因时制宜，按照符合环保要求、技能要求不高、有稳定订单的标准选择劳动密集型企业，目前，制伞厂、制鞋厂、制衣厂、制花厂用工覆盖全镇12村，还延伸至周边乡镇。坚持"中心工厂+家庭工厂"模式，企业以扶贫车间作为中心工厂，把订单分给农户形成家庭工厂，统一回收、计件收费，将车间建到村头、将就业送到户头。"居家就业"平均每月工资2000～4000元，方便了群众就近就地就业，保障了持续稳定增收。

## 文化振兴净风气之"俗"，让精神找得到归宿

乡村振兴，既要塑形，也要铸魂。安坪镇认真学习贯彻习近平总书记指示要求，坚持文化先行，努力改善农民精神风貌，为乡村振兴提供强大精神支撑和文化条件。

**传承好人文**。深度挖掘地方风俗人文传统，12个村（社区）差异定位、各有特色，将三沱村定位为"三

安坪镇蔬菜大棚

安坪镇脐橙产业

峡橙庄·水驿三沱",下坝社区定位为"下坝上善·新治若水",推动文化见人见物见生活,留形留魂留乡愁。全镇先后涌现出"全国百名改革先锋"冉绍之、"全国五一劳动奖章"获得者石胜兰、"全国最美乡村医生"余国庆、"重庆市劳动模范"余胜、"重庆市见义勇为英雄"王忠明等一大批先进典型。

**弘扬主旋律。**丰富文化阵地内涵,充分发挥图书室、文化广场等文化阵地作用,落实"五个一"微电影,开通"美丽新安坪"微信公众号,建设"看·今日头条""学·学习纲要""听·惠民政策""讲·它山之石"等栏目,每周至少推送3期节目,让群众不出门尽知安坪事。办好用好"村村响"广播,"最美广播员"胡良兵的自办节目深受群众喜爱,让县上大情、镇上小事通过广播响在耳畔、暖在人心。

**培育新风尚。**坚持破立并举,不断深化乡村精神文明建设,全面修订村规民约,重点整治豪华墓、严禁无事酒、杜绝麻将风、打击不孝子"四大陋习",大力推动千家万户立家规、立家训,以家风正促村风淳、乡风美。统筹整合文化、科技、卫生"三下乡"资源,开展送戏下乡、文化进村、惠民电影等活动,积极开展"清洁家园·和谐邻里"行动,以群众"爱听爱看爱参与"为标准,做到集镇天天有文体活动、村社月月有志愿活动。

## 党建引领强治理之"基",让群众找得到组织

**坚持围绕发展抓党建,抓好党建促发展。**全面推动基层基础规范化建设,大力推进四基党建、四微党建、四治党建、四访党建、四公党建,实行"网格+清单+积分"管理办法,让村村都规范、个个有特色。

**人在网中走,事在格中办。**坚持干部靠作风吃饭,明确257名帮扶责任人、208名教师、43名医生、67名农技人员到户走访任务,利用"23188"系统、村级展示屏、户情二维码,推动"四访"全覆盖。按照"人在网中走、事在格中办,网格全覆盖、一网管全部"的思路,推行"群众吹哨、网格报到、村上报告、镇上销号",切实做到服务群众零距离、零延误。

**策由群众商，分由群众挣。**健全自治、法治、德治、智治相结合的乡村治理体系，大力推广"五要五不得""村民十二约"等自治制度，大力倡导群众的事情群众自己商量、大家的事情大家办理的良好风气。全面推行积分制管理模式，按月评比、按季度兑换、按年清零，并依托集体经济分红、积分银行兑现、惠民政策落实作为奖惩，开展"电视公开、广播曝光"，从正面激励引导，以负面限制惩罚。

**政策随时看，村务随地查。**全面落实一封公开信、一个公开栏、一份便民服务手册、一张监督举报卡、一套自办广播和一个微信群，在家村民还可通过有线电视直接收看公开事项，外出务工村民也可通过下载手机App查看村务公开事项，真正实现以公开促公正、以公正助公平、以公平树公信。

# 平安乡文昌村

# 平安乡文昌村"三变"改革

2018年3月奉节县平安乡文昌村被重庆市确定为"三变"改革试点村以来，县、乡、村三级行动迅速，有序推进，呈现喜人成果。

## "三变"促模式创新

全县成立由县委书记任组长的农村"三变"改革试点工作领导小组，印发了《奉节县农村"三变"改革试点工作方案》。由县农委牵头，组建了试点工作指导组，委派精兵强将蹲点指导，完善"三变"改革试点工作体系并有序开展试点工作。

**扎实做好基础工作。**按照"民议、民策"的方式，文昌村制定了"三变"改革试点工作方案；在广泛宣传培训的基础上，按照程序规范、核实精准的要求开展了村、社集体资产清产核资；在政策不突破、群众无意见的框架下开展了村、社集体经济组织成员身份

集体经济发展的万寿菊产业项目

确认等基础性工作。拟定了平安乡文昌村股份经济合作社章程，组建了平安乡文昌村股份经济合作社，搭建了文昌村"三变"改革的组织平台，同时健全了财务、分配、岗位责任等内控制度。

**坚持市场主体引领。**在文昌村1、2社，按照"确权不确地、农民变股东"的土地集中流转模式，村集体组建了以土地入股为主的奉节县麒狮生态观光农业专业合作社，将153个农户的600亩土地经营权入股到合作社，合作社选出8个代表具体负责土地经营权的集中管理。村集体同时引进了奉节县重庆珍西农业有限公司作为文昌村"三变"改革的承接主体，与奉节县麒狮生态观光农业专业合作社及其入股农户签订合股联营相关协议，建成了"文昌田园"综合联营模式。引导培育10家本土新型农业经营主体，通过土地承包经营权入股、租赁、转包等方式与农户合股联营，共计流转农户承包土地2015亩，占全村农村承包土地的32.95%。

**坚持集体经济参与。**文昌村股份经济合作社作为集体经济的组织平台，建成了占地1.61亩，投资72万元，年发电量7万余度，年收益6.5万余元的村级光伏产业园1个；完善财政对新型经营主体项目补助资金村级持股合同；正筹建工程服务队1个，重点对集体废弃资源如工程类沙、石、土的开发利用和承接投资在50万元以下的基础设施建设类工程，力争年收益达30万元以上；依托"文昌田园"拟建投资150万元的星级农家乐1个，投资300万元集吃、住、娱于一体的休闲木屋6个，投资80万元的农耕文化体验园1个并进行经营管理；拟通过招商的方式对官帽山、王家洞、大硝洞等10个自然景点进行组合式开发、利用与保护。

## "三变"促农户增收

**农民收入渠道明显增多。**"文昌田园"综合联营模式，流转土地的农户可实现流转土地固定收益、惠农直补、财政资金持股分红、合作社二次返利、5年后的项目红利、园区务工六大增收渠道，园区功能全部彰显时，153户入股农户户均年增收1万余元；各类经营主体—流转农户承包土地—农户的单一联营模式，农户至少可实现流转土地固定收益、惠农直补、财政资金持股分红、本土务工四大增收渠道，联营农户户均年增收3000余元；同时，全村740

户2285个村民作为文昌村股份经济合作社的"股东"，可共享文昌村股份经济合作社通过集体光伏产业、集体废弃资源（工程类沙、石、土）开发利用收益、财政资金持股分红、村级资产（农家乐、休闲木屋）经营等获得的集体收益红利，农民增收变成了现实。

**产业结构得到进一步调整**。通过"三变"改革引领，文昌村在第一产业上从农村传统粮猪型经济结构实现了向粮、畜、菜、果、药等多元型经济结构的转变，粮经比由原来的70：30调整为现在的30：70，亩产值从原来的800余元上升到1500余元，同时，推动了农村种养业、加工业、服务业三产融合发展，产业增效变成了现实。

**生态保护、利用与治理结合**。通过"三变"改革引领，文昌村在合理利用优势资源的同时，强化了对生态的保护与治理，力争山更绿、水更清、路更畅、园更美、游更舒的美丽乡村综合体，生态增值也必将变成现实。

文昌村农村风貌改造

巫
山
县

# 产业扶贫"三步走"托起小康梦
## 促增收　强保障

发展产业是实现脱贫的根本之策，要因地制宜，把培育产业作为推动脱贫攻坚的根本出路。

巫山是重庆市脱贫任务较重的区县之一，担负着120个贫困村出列、89655名贫困人口脱贫的重任。"没有产业脱贫，就无法打赢脱贫攻坚战。"近年来，为打赢脱贫攻坚战，巫山县按照全产业发展、全要素融合、全责任压实思路，积极构建"短期能增收、长期能致富"的产业扶贫新模式，大力发展"六大产业"拔穷根、推进"五种模式"促增收、健全"四项机制"强保障，形成了"县有支柱产业、乡（镇）有主导产业、村有特色产业、户有增收项目"的脱贫路径。

一项产业就是一条致富路子。巫山已建成现代山地特色高效农业77万亩，实现年出栏山羊32万只，乡村旅游惠及2400余户……带动2.3万户建卡贫困户稳定增收，为打好脱贫攻坚战奠定了坚实基础。

## 第一步："六大产业"拔穷根

两坪乡华家村位于巫山群山丛中——土地贫瘠，坡陡壑深，石漠化严重，全村2700余亩耕地中，75%以上是坡耕地。过去除了青山绿水没有其他资源可用，贫困是一块难以啃下的硬骨头。

精准扶贫工作开展以来，从自身禀赋的生态优势出发，探索出一条适宜该村发展的有效路径——引导村民改变传统耕种模式，种植脆李。短短数年内，就在青山绿水间"逆袭"，1200余亩脆李地带动群众平均每户增收近2万元。农业产业扶贫催生的"生态经济"，让村民幸福感十足。

而像华家村一样，巫山县找到脱贫路径的贫困村还有很多。贫困地区的生态优势如何转化为经济优势？自全县脱贫攻坚工作开展以来，巫山结合县情实际，谋划发展一批适合促进贫困户脱贫增收的特色农业产业，全面形成了"1+3+2"（即山羊+烤烟、脆李、中药材+柑橘、干果）现代山地特色高效农业产业格局。

如今在巫山，官阳镇的烤烟、曲尺乡的脆李、两坪乡的大头菜、竹贤乡的核桃、红椿土家族乡的中药材……一项项农业脱贫产业如雨后春笋般在各乡镇落地开花，已成为推动当地脱贫的支柱。

## 第二步："五种模式"促增收

行走在福田镇凉水村宁河果业基地，水、电、路等基础设施完善，田间地头，柑橘林枝繁叶茂。以前，凉水村没有支柱产业，村里常年在外务工人员达1000余人，近年来已有不少村民回乡发展柑橘或在村里就近务工。经过几年的发展这里已初具规模，生态、经济、社会效益逐步显现。

凉水村宁河果业基地以"合作社+基地+农户"扶贫模式的成功，是巫山推进"五种模式"促增收的一个缩影。在合作经营共同富裕基础上，巫山鼓励贫困户与县内农业企业、专业合作社、家庭农场等新型经营主体建立紧密的利益联结机制，参与合作经营，分享产业经营收益，有效带动贫困户增收。

对于"农业发展慢，群众增收难"的问题，巫山创新"合作社+贫困户"扶贫模式，借助合作社在农资购买、政策争取、技术、产品销售等方面的优势，鼓励贫困户就近加入合作社，接受合作社统一种植、管护、技术服务、供应农资、包装销售"五统一"生产服务，享受合作利益；"大户+贫困户"扶贫模式，依托大户从种养技术服务到产品销售提供全方位支持，带动贫困农户增收；股权扶贫模式，通过将国家扶贫补助资金作为股金，与享受补助资金的主体约定收益的分配方式，既壮大农村集体经济，又带动贫困户获得转移性收入。同时，增强社会化扶贫，引导社会力量自建共建各类社会化服务组织，带动周边贫困户增收。

巫山县曲尺乡权发村脆李园花开正旺，巫山脆李成为贫困户脱贫的金果果

### 第三步："四项机制"强保障

贫困村产业持续发展的同时，"让百姓怎么获益"和"让百姓怎样抵御风险"这两大问题在巫山正得到解决。

为确保产业扶贫取得扎实成效，巫山成立了现代山地特色高效农业工作领导小组，针对贫困户在产业发展中的"三缺"（缺资金、缺劳力、缺技术）现状，先后出台《关于发展特色效益农业实施产业扶贫的意见》等11个产业扶贫政策性文件，全力推进扶贫产业健康发展。

健全资金投入机制。整合农业、畜牧、林业、水务、扶贫、供销、商务、旅游等多部门资源，集中力量抓好产业扶贫工作，谋划特色种植、生态养殖、农产品加工等产业项目，全面推进扶贫产业发展，激发扶贫产业发展动能。

健全品牌培育机制。为确保产品有销路，巫山通过培育优质农产品品牌，提升品牌知名度来提高农产品商品化率，从而解决贫困农户丰产不丰收的难题。经过近几年的努力，已成功培育和打造了巫山脆李、巫山庙党、巫山恋橙、川东白山羊、巫山核桃等一大批巫山特色农产品品牌。

健全产业技术服务及培训机制。巫山进一步完善县、乡、村科技服务体系，形成统一的"1+3+2"特色产业技术标准，不断为贫困村培训有文化、懂技术的新型职业农民、本土技术带头人、农村致富能手……

各项保障机制的出台，将贫困户扶上马、送一程，让他们走得更稳更远，确保在全面建成小康社会征程中不落一人。

官阳镇

# 三"精"与三"乐"
# 官阳镇在"精准扶贫"上做足文章

◆◆

走进官阳，从路到桥，由水到电，从种植到养殖，由农业综合开发到生态文化旅游，每一项工程、每一个细节，都记录着脱贫攻坚以来幸福生活的开始。

走在大路上　重庆脱贫攻坚实践故事

自全力推动"精准扶贫、精准脱贫"工作开展4年来，经过艰苦奋战，6个贫困村脱贫销号。在脱贫攻坚进程中，官阳的贫困群众愈发感受到自身的小幸福正与全镇的大发展紧密相融，乐居、乐业、乐为的幸福生活美景也成为全镇上下的不懈追求。

## 精诚"补短板"，贫困群众"乐居"

贫困户的满意度来自民生温度，只有基础设施脱了"贫"，产业发展才能跟上。官阳镇坚持把基础设施建设作为改善群众生产生活条件的根本途径，以贫困村基础设施建设为突破口，狠抓工作落实。

全镇在安全饮水、道路出行、环境卫生、医疗救助等方面持续发力，破解难题。自脱贫攻坚以来，累计整修新修道路75公里，硬化26.2公里，通村通畅率100%，通组通达率92%，入户人行便道覆盖率88%，切实解决了群众便捷出行难的难题。同时，在基础设施建设方面，该镇还大力实施农网改造，并针对危房改造新建农房通电难的贫困户实施专项解决方案，实现安全用电覆盖率100%。加强通迅建设，实现辖区所有村级服务中心通互联网，信号覆盖率88%……

夯实基础建设后焕然一新的官阳镇，发展产业的路子也更宽了。

## 找准"金点子"，贫困群众"乐业"

找到"金点子"，方能拔掉"穷根子"。一直以来，官阳镇坚持"输血"与"造血"并重的扶贫模式，因地制宜，充分发挥本体资源优势，积极探索产业发展之道。

为此，官阳镇以县上"1+3+2"产业为主导，结合官阳镇实际，重点发展六大支柱产业。根据不同地区、不同家庭贫困的原因不尽相同的情况，充分开展走访入户调查，分析掌握致贫原因，做好建档工作，逐户落实帮扶责任人、帮扶项目和帮扶资金。全镇实现收购烤烟72.78万斤，发展生猪1.1万头，家禽13.39万只，发展独活、牛膝、淫羊藿等中药材1.15万亩，有效管护板栗、核桃3100亩，改良嫁接核桃500亩……基本形成高山片区以烤烟、中药材为主，中低山片区以脆李、山羊为主的骨干产业集群，并成立了20个经济合作组织，特色产业年产值达4268万元。

## 政策"接地气"，贫困群众"乐为"

精准施策，切实解决"怎么扶"的问题。"开对了'药方子'，才能拔掉'穷根子'。"为此官阳镇特别注重施策的针对性、聚焦性和有效性，防止重心失准、"拳脚落空"，从而真正实现对症下药、精准滴灌、靶向治病。

围绕贫困村实现"八有"、贫困户解决"八难"的要求，官阳镇按照缺什么补什么、规划到村到户的原则，通过群众会议讨论、村社申报、镇工作组核实的方式，精准安排基础设施、农业产业等扶贫项目。

同时严格管理和使用扶贫资金，坚持对照扶贫规划列出项目清单，实事求是做好项目资金测算，按照轻重缓急有序安排项目资金。成立了由纪委书记为组长的资金监管工作组，确保扶贫资金安全高效使用。

除此之外，持续在治本上下功夫，结合实际，狠抓贫困户产业发展、危房改造和农村"三改"工作，切实改善人居环境，确保稳固脱贫、高质量脱贫。

## 铜鼓镇

# 一条大路一管清水一幢新房
# 铜鼓镇补短板夯基础拔穷根

◆◆

只有基础设施脱了"贫"，产业发展才能跟上。巫山县铜鼓镇以"基础设施带动产业发展，产业发展提升群众收入"为思路，紧紧围绕精准脱贫，通过四家班子领导挂点、挂图作战，倒排工期等措施，强化推进道路、水电、住房保障、村级公共服务设施等基础建设，整合各类项目资金，加快补齐基础设施建设短板，努力消除发展制约瓶颈。

目前，先后对12个村（居）便民服务中心进行了提档升级，便民服务中心规范化建设达标率100%；修建山坪塘556口，水池120口，安装自来水管道40余万米，全镇4个贫困村，均已实现整村脱贫。

## 一条大路修到家门口

"以前我们这里晴天一身灰，雨天一身泥，卖东西的都不愿意到我们这里来，种的农产品往外拉也不方便。现在这里的公路硬化了，交通便利了，出行方便了，我以后卖脆李也方便了。" 说起铜鼓镇交通建设对村民的好处，铜鼓镇龙湾村7社村民梁洪斌的感受最大。

近年来，铜鼓镇牢固树立"脱贫攻坚，交通先行"理念，以交通助推产业发展为重点，把交通基础设施建设作为一项重要的民生工程来抓，着力解决群众出行难问题，全面提升农村道路交通承载能力，补齐道路建设短板。

全镇累计完成新修、整修、硬化道路共计390余公里，实现村组道路硬化，和梁洪斌一样有获得感的还有不少。全镇道路网络的不断完善，经济社会发展活力进一步增强，极大地改善了群众的生产生活条件，为加快脱贫致富步伐和"乡村振兴"战略实施奠定了坚实基础。

## 一管清水到农家

铜鼓镇以全面解决农村饮水安全作为脱贫攻坚的重要任务，为全镇农户饮水安全提供了有力支撑。该镇以组为单位，根据农村饮水安全四项指标，组织人员进驻各组进行摸底调查，对饮水困难进行拉网式排查，并分类建立台账，做到底数清、情况明。在实施精准扶贫农村饮水安全项目过程中，实行贫困户和非贫困户连片解决，秉持贫困人口与非贫困人口同步规划的原则，同步解决面上需要巩固提升人口的饮水安全保障。

同时，做到集中为主，分散为辅。对集中缺水的地区实行集中连片供水，对特别分散的地区，修建分散式供水管道，对没有水源的地区，采用新建集雨水池、山坪塘等方式解决饮水安全问题。

## 家家住上安全房

铜鼓镇始终以"一户一策、精准施策"为抓手，统筹规划，精心组织，整合资源。严格对照危房鉴定的相关标准，组织镇项目办专业技术人员全面入户对房屋进行等级鉴定，并合理确定改造方式、改造内容，一户一策、一户一档，制订个性化改造提升方案。严格按照工程招投标程序依法依规确定施工队伍，并加强用料检测、过程监管、安全宣传，严肃质量和工艺把控，确保将项目实施成为群众放心满意的民心工程。

由于需改造户点多、面广、分散，采取村、组、户和各施工工组相互配合参与，科学合理制订施工计划，分工区、多工组推进项目施工，力争快速按时推进项目施工。

......

如今以前身处"穷山恶水"的铜鼓镇贫困群众，都住在安全卫生的房子里，交通便捷，通电通水，发展产业的路子更宽了，学生上学路更好走了，生活更加幸福美好了。

# 下庄村

# 一条通天道让昔日
# "天坑村"吃上旅游饭

脱贫攻坚,交通先行。

"下庄像个坑,井有万丈深,来回走一趟,眼花头又昏。"地处秦巴山区腹地的巫山县竹贤乡下庄村,俨然是个"天坑村"。这里四面绝壁,从坑沿到坑底的距离达1100米。过去,天坑犹如一圈难以跨越的高墙,将下庄人紧紧困在里面。

交通闭塞,让贫穷落后无处突破。直到2003年,下庄村历时7年在绝壁上筑出了村里历史上第一条公路,其间有6条鲜活的生命牺牲在筑路工地上。一条7.3公里的公路,下庄与乡镇的距离由过去的一天,缩短为1小时车程。

"天坑村"通了路,村里的面貌很快变了。由基础设施带动产业发展,如今,下庄村产业发展已初具效果:全村已形成低山区柑橘650亩、桃园300亩,高山区烤烟200亩、核桃600亩的产业结构。通过产业带动乡村旅游,2019年全村人均收入9700余元,现已实现整村脱贫。

近年来,该村修建的21公里道路更加剧了这种变化。实现了社社通户户入后,宽敞的村道串起了一座座干净整洁的农家小院。游客越来越多,为下庄村带来真金白银的收入。为让当地人吃上旅游饭,该村投入120万元建了老下庄安置点,同时将村民的老土房改造成民宿院落。

下一步,借助便捷的交通,下庄村还将以下庄精神为核心,以乡村振兴为目标,围绕"三峡秘境,原乡下庄"的形象定位,打造重庆市党建教育基地(村社干部培训基地)、青少年励志教育基地以及三峡原乡旅居地。

据了解,下庄村整体空间布局规划按照"一轴一带五大组团",以下庄村、后溪河流域旅游带为主,规划建设原乡韵味体验、下庄印象展示、自在乡居度假、三峡秘境游乐及避暑接待集散等功能区,对下庄村进行整体包装、整体打造,从而构建以下庄精神体验与传承、高山避暑度假、生态休闲养生为特色的核心旅游产品体系……

一条路连通世界,改变了下庄村。这座曾被深锁天坑的村落正张开怀抱,热情迎接八方来客,生活在这里的人们,也正迈开大步致富奔小康。

# 茶园村

# 农旅兴村"钱"景好

◆◆

巫山县骡坪镇茶园村地处渝鄂交界处，过去因交通不便、相对闭塞，导致村民的主要经济来源是在外务工和传统农业"三大坨"，原有贫困户85户304人。

如何发展一度是该村最大的难题。直到渝宜高速公路开通后，贯穿G348国道全组茶园村才迎来了改变。意识到交通变化给茶园村带来的发展机遇后，茶园村围绕这一优势大力发展旅游产业，走上了脱贫致富之路。

通过因地制宜规划蓝图，茶园在第一时间立足原有的乡村特性，规划建造茶园村骆家屋场、农耕博物馆、缤纷果园、七彩茶园、百花蜜园、葡萄园、野炊区、蔷薇园、青云梯等，并配备垃圾收集房、垃圾桶、垃圾车，开展农村环境治理，为该村乡村旅游发展保驾护航。

同时，为促进全村乡村旅游顺利发展，该村党支部特下设"乡村旅游党小组"。村民们在党小组带领下，自觉性强，垃圾废水不乱倒，每家每户房前屋后整洁干净，杜鹃、菊花、三角梅等花儿在花坛里次第开放。2015年，茶园村被评为"重庆市美丽乡村"。

发展乡村旅游，产业是基础。茶园村结合本村实际，因地制宜，遵循"一村一品、一户一业"的发展思路，组织全村党员通过党员示范、党员帮扶和党员联系的方式，大力调整产业结构，发展脆李、草莓、葡萄、蜂蜜、山羊、乡村旅游等特色产业，产值达200余万元。成立了脆李、土鸡、生猪等5个经济合作组织，村集体经济产值达13万元。为了促进脆李产业更好发展，该村还成立了脆李党小组和脆李专业合作社，村民投工投劳，统一管护，按地按劳分配。

系列措施带来的改变立竿见影。茶园村金姐农家乐老板娘金家凤算起全年收入账：家里的2亩地葡萄卖了2万余元；西瓜卖了3000余元；农家乐收入4万元；附近建设土坯房丈夫打零工挣了2万余元；近4亩脆李卖了1万余元；自己参加红白喜事服务队出门煮饭，挣到1万余元。一年下来，收入约10万元，家里的日子越过越红火。

和金家凤一样变化巨大的还有已脱贫的73户266人，旅游带来的"钱"景正让脱贫攻坚与全面小康一同前行。

# 朝阳村

# "大户"带"小户" 脱贫又致富

◆◆

时下正值巫山脆李上市的时间，来自黔、川等周边省市的水果采购商纷纷派出汽车上门抢货。巫山县曲尺乡朝阳村3社村民王祖保站在自家挂满李子的果树前，算了一笔账，笑得很灿烂："今年至少能挣个十七八万。"

这在过去，作为村里贫困户的他完全无法想象。新一轮脱贫攻坚以来，在村党委和扶贫干部帮助下，王祖保发展起了脆李产业，不但自己脱了贫，更让他感到满足的是，由于种得早，现如今他是当地小有名气的脆李种植"专家"。

"我是从贫困户一步一步走过来的，知道贫困户的难处，也知道政府帮扶我们贫困户的不容易。现在我具备帮扶贫困户的能力，就有义务带动贫困户和种植小户共同致富。"精准扶贫、精准脱贫"不只是党和政府的事情，我们这些先富起来的人也责无旁贷。"因为曾经受过穷吃过苦，王祖保对"精准扶贫、精准脱贫"有着更深的理解。通过他的带动，周边100～200人也发展上了脆李产业，共同迈上脱贫致富之路。

充分发挥农村种植专业合作社及种植大户的辐射和带动作用，加大扶贫资金的注入，发展壮大合作社的产业项目，通过大户带小户，带领众多的农村贫困户走上了致富脱贫的路子，王祖保只是一个缩影。

除了发展脆李产业外，朝阳村还看准种植业的多元化和群众不同的产业发展意愿，因地制宜，按照海拔500米以上种植草莓、反季节蔬菜，海拔300～500米发展脆李，300米以下发展纽荷尔的思路，发展多种产业。

目前，在全村共计培育了年收入20万元以上专业合作社及种植大户60个，带动普通农户发展了脆李种植户313户2020亩，产值达1410万元；种植纽荷尔93户800亩，产值达640万元；种植蔬菜、草莓（其他）22户50亩，产值达50万元。有产必有销，为了能解决好销售问题，让种植户放心种植、安心种植，朝阳村村支"两委"主动搭桥引线。目前，朝阳村这种大户带小户的养殖规模还在扩大。

通过大户带小户、共同发展的模式，全村严格按照"两不愁三保障"标准，贫困户66户233人已全部脱贫。

# 大昌镇明阳村

# 民心工程暖人心　脱贫攻坚树信心

明阳村位于大昌镇北部，是大昌镇最偏远的村，2015年被确定为全县5个深度贫困村之一。2014年建卡贫困户39户119人，占全村总人口的17.32%。

以前的这里，是出了名的贫困：村里外出务工人员多，就剩下老人和孩子在家。村里路况差，遇到雨天，土路泥泞，村民们简直无法出行；村里没有像样的产业，村民们都靠传统种植土豆、红薯等农作物，自给自足……

如何改变这一现状，自新一轮脱贫攻坚开始就摆在了面前。经过村支"两委"召开村民代表大会讨论致贫原因，发放征求意见表，征求群众意见，大家一致认为落后的生产生活环境是制约明阳村脱贫的最大"瓶颈"。

为此，近年来这个常住人口只有200余人的小村落，正不断借助脱贫攻坚的契机，摆脱过去破败不堪的落后模样，不断通过完善全村基础设施，提升人居环境。

村基础设施不断完善。新修村级公路3.3公里，公路硬化8.1公里，实现全村公路户户通达、社社通畅；新修人行便道7公里；新修16口人畜饮水池2950立方米，全村实现安全饮水全覆盖；住房安全有保障。15户贫困户的D级危房得到改造，48户非贫困户房屋进行D级危房改造，加固62户C级危房。

与此同时，义务教育有保障。全村义务教育阶段适龄学生均在校读书，无贫困辍学现象。教育资助学前儿童、小学、初中、高中、大学就读学生151人次；公共服务设施方面，便民服务中心实现规范化建设，功能布局和设施设备全部到位；便民超市、"淘实惠"电商已建成并投入使用；村里还建立了1所标准化卫生室，并配备了专职医生，基本实现"小病不出村、大病有医保"。

修建水池、硬化道路、改善住房条件、铺设人行便道……一件件民心工程，汇聚了脱贫致富信心。前几年，全村外出务工人员约占全村总人数的一半，如今不少村民选择了返乡发展，产业变得越发丰富，目前全村已形成以劳务输出、核桃、脆李、山羊养殖为骨干产业，其中全村年均实现劳务收入600余万元；种植核桃350亩、脆李470亩；养殖山羊200余只，发展30只以上大户2户……村民逐渐在村门口就实现了就业。

# 扶贫"嫁"旅游　共"育"脱贫路

巫溪县坚持学好用好"两山论",走深走实"两化路",积极探索精准扶贫与乡村旅游有机融合的新途径、新方式,全力支持贫困村和贫困群众开展乡村旅游创业就业,延伸"乡村旅游+"产业链,形成"+集体经济""+扶贫农庄""+'三变'改革""+文化商品"四大乡村旅游扶贫模式,带动贫困户增收致富。自2018年以来,巫溪县累计建成乡村旅游扶贫点108个,直接吸纳贫困户务工1780名,间接带动4000余户贫困户从事乡村旅游配套服务。

## "乡村旅游＋集体经济"

古路镇观峰村推行"股权量化保底保利"模式,建立"村集体+企业+贫困户"利益联结机制,发展集体乡村旅游。村集体将公共设施、乡村酒店、山林土地折价成541万元,控股51%;80户贫困户以财政扶贫资金102万元入股,占股9.5%;企业投资420万元,占股39.5%。2018年接待游客30万人次,实现利润300万元,为村集体创收20万元。39户农户集约土地2500亩,发展农业观光、花果采摘、乡村度假等服务项目,户均增收1万元。50户贫困户通过土地出租户均分红2000元。46户贫困户通过电商平台销售农副产品25万元。组建扶贫工程队,20名农民工人均增收1.8万元。峰灵镇谭家村以"三变"改革为契机,成立股份经济合作社,试行"特色产业+休闲农业+乡村旅游"发展模式,建立"人头股""土地股""资金股"及"固定收益+股份分红"分配机制,发展冬桃1153亩,套种前胡等中药材300余亩。2018年冬桃挂果5万斤产值50万元,中药材300亩产值90万元,为村集体创收30万元,77户贫困户通过土地出租、就地务工、股份分红户均增收1万元。

## "乡村旅游＋扶贫农庄"

鼓励龙头企业发展扶贫农庄,对吸纳贫困劳动力10人以上给予一次性建设补助和用工奖励。建设补助形成固定资产，权属归所在村集体，每年按6%固定分红，用工奖励按每人每月500元补助。目前，已扶持渝来度假村、核桃坪大酒店等7家企业发展扶贫农庄，吸纳贫困劳动力260名，人均年增收2万元。启动第二批20余家审批工作，预计新吸纳贫困劳动力300余名就近务工。采取"龙头企业+专业合作社+贫困户"经营模式，在园隆国际农庄、宏禄农业投入扶贫资金115万元，作为所在村贫困户股本金，建设扶贫农庄，发展乡村旅游，木龙村贫困户通过订单种养、公司务工、保底分红（6%）等方式，户均增收3500元。

## "乡村旅游 +'三变'改革"

通城镇长红村探索"以地入股、以房联营"模式，由巴渝民宿公司出资902万元，贫困户通过财政补助、地票收益、扶贫贷款等方式出资334万元，建成休闲民宿18栋119间。公司负责品牌运作、客源导入、经营管理，贫困户负责具体经营，餐饮收益、农副产品收益均归农户所有，客房收益公司提成20%。自运营以来，累计接待游客6.5万人次，实现客房收入31万元，农户户均增收1.5万元，带动周边农户销售农副产品82万元。在红池坝镇九坪村，引进华侨城、巴渝民宿、宁之源等3家企业投资，九坪村以土地、财政投入折资入股，按50%、19%、

巫溪县白鹿镇美丽乡村

10%、21%比例持股，共同开发"天脉九坪"巴渝民宿。项目规划用地370亩，拟建精品酒店、特色民宿、商业配套、生态景观等旅游设施。项目区403户农户（贫困户152户）通过土地流转、就近就业、民宿经营等方式，与巴渝民宿旅游项目搭建利益联结机制。

### "乡村旅游＋文化商品"

围绕工艺品"宁河刺绣"，投资新建"宁河绣娘"扶贫车间，生产工艺刺绣、家居绣品等旅游产品，吸纳工人70人（贫困户42人），人均年增收3.6万元。公司已发展刺绣车间4个，吸纳工人210人（贫困户137人），人均年增收2万元。围绕工艺品"龙凤木梳"，支持公司吸纳残疾人、贫困户从事木梳生产，公司现有职工68人（残疾人21人、贫困户11人），人均年增收2.1万元。2018年产销旅游工艺木梳50万把、木雕工艺品5000余件，销售额达2800万元。围绕旅游商品"老鹰茶"，投资150万元建成精细加工厂和初加工点，通过新工艺精细加工零售价可达780元/斤，注册"巫溪老鹰茶"品牌，获得国家SC认证。2018年蒲莲镇栽种老鹰茶5000亩、盛产2000亩，产值4000万元，带动270户贫困户户均增收1万元。

# 红池坝镇

# "蝶变"：
# "交通、产业、理念"的"新三变"

◆◆

实施新一轮脱贫攻坚，尤其是2017年8月红池坝镇被确定为市级深度贫困乡镇以来，红池坝镇党委、政府深学笃用习近平总书记关于扶贫工作重要论述，在市委、市政府、市驻镇指挥部和县委、县政府的坚强领导下，在市农业农村委帮扶集团及市、县有关单位部门的倾力帮扶下，务实践行"农旅融合、旅为龙头、农为基础、交通先行、党建保障"20字发展要求，团结带领全镇干部群众，充分发扬愚公移山精神和战天斗地气概，全力攻克深贫堡垒！红池坝镇，这个一直被贫穷束缚的偏远山乡，正在破茧而出，实现千年蝶变……

## 区位之变：天堑变通途　最远变最近

从巫溪县城到红池坝镇，历经三十三道弯、九十九道拐，长途颠簸3小时。交通闭塞，严重制约着山乡发展，雨天塌方，晴天修路，成为当地的交通常态。"有女莫嫁中岗乡，山高路远难见娘"，这句顺口溜流传甚广。

红池坝镇的资源优势在生态，未来发展靠旅游。改变区位劣势，打破交通瓶颈，是红池坝镇实现稳定脱贫的根本支撑。在市县各方的大力支持下，一场深度改善巫溪、开州、云阳三地连片贫困带区位条件的交通大会战，在这里轰轰烈烈打响。"一横一纵"干线公路年底实现贯通，它将连接周边的车程足足缩短了1小时。即将开工建设的巫云开高速，更将促成1小时巫溪、云阳和开州，2小时万州、4小时重庆主城的方便快捷出行目标，有力助推巫溪红池坝—开州雪宝山—云阳龙缸景区联动发展。

交通畅，百业旺！大交通改善大区位，红池坝镇也将由原来离县城最远的乡镇，变为离主城最近的地方！

## 发展之变：农村变景区　青山变金山

为全面解决"两不愁三保障"突出问题，实现高质量脱贫。红池坝镇坚持走"小规模、多品种、高品质、好价钱"的山地特色效益农业发展之路。因地制宜落地"六万"产业，加快完成结构调整。引进市县龙头企业18家，培育农民专业合作组织66个，流转土地9000余亩。茶叶在地面积达到7000余亩，结合退耕还林栽植脆李、核桃等经果2.5万亩，在地中药材1.6万亩，套种土豆（蔬菜）1万亩，粮经作物比由70∶30调整为20∶80。

探索推行"送牛入托""借羊还羊""中蜂寄养"等产业扶贫路子，实现"村村有主导产业、户户产业全覆盖"目标。深化落地"小组团、微田园、生态化、有特色"的农旅融合发展路径。九坪村华侨城巴渝民宿、茶山村农旅融合示范片、渔沙村南岸坪果蔬基地，茶园、中岗、银洞等茶旅融合产业带等蓬勃发展，初见成效。

着力深化农业产业"接二连三"，举办茶文化节系列活动，培育"巫溪秀芽"公用品牌，2020年全年茶叶产值突破1000万元。着力唱响"红池坝上·云中之家"乡村旅游品牌。努力形成"春季品茶赏花、夏季避暑摘果、秋季收药采蜜、冬季民俗戏雪"的农旅融合发展新格局。

新建饮水池134口、铺设管道490公里；开建"四好"农村路108公里；完成农村电网改造工程6个，农村生产生活用电全面保障；建成投用通讯基站19座，消除通讯信号盲区；开建集中居住点4个、幸福家园13个；启动镇卫生院迁建工程；全面落实义务教育阶段在校学生教育资助政策，实施"一中四小"教学条件改造提升项目……一年多时间以来，红池坝镇统筹解决了群众"增收难""饮水难""住房难""出行难""看病难""读书难"等问题。

## 思想之变：苦熬变苦干　灰心变信心

一度时期，红池坝镇"想当贫困户、争当贫困户"的现象比较突出，群众内生动力普遍不足。因为脱贫攻坚任务重、时间紧、压力大，镇村干部不同程度表现出畏难情绪！

为此，镇党委、政府探索实施"一二三四"强党建、促脱贫举措。**严格"一赛一考"，有效传导工作压力**。各村登台亮相，通过看现场、听介绍、比成效，形成比学赶超的良好氛围。建立"4—532"脱贫攻坚等次考核机制，倒逼推进工作。**推行"两述两公"，促进干部作风转变**。对村级重大事务、惠民政策落实等，推行议事公开、透明决策；推行结果公开、成效上墙，不断融洽党群、干群关系。**实施"三帮三带"，强化支部联建引领**。抓住市县单位帮扶机遇，深入开展"帮思想、帮技术、帮发展"支部联建活动。一年多来，共建成党员干部产业示范基地13个。2020年全面消除集体经济"空壳村"。**深化"四比四看"，发挥党员模范作用**。各村（社区）党支部分批组织农村无职党员开展"比发展，看是否做到带头发展产业、带领群众脱贫致富；比家风，看是否做到文明和谐、移风易俗；比卫生，看是否做到房前屋后无垃圾污水、室内室外干净整洁；比党性，看是否做到带头宣传执行党的方针政策、充分发挥党员的先进性作用"……镇党委、政府一系列有力举措，转的是观念，聚的是人心。

观念一变天地新！茶山村一社人多地少，大家打破一家一户分散经营的传统观念，让农田变景区，开创了红池坝镇的历史先河，被确定为全市乡村振兴试点村；银洞村成立农民专业合作社发展茶叶药材产业，带领群众脱贫致富上了《重庆新闻联播》；铁岭村人均4亩药、户平2头牛，产业发展全镇领先……

广大干部群众积极投身这场火热战斗之中，充分发扬"早出工、晚收工，男女老少齐上工，天晴下雨不停工，节庆假日不歇工"的奋战精神，让镇村面貌发生了巨大变化！"如今党的政策好，我要努力向前跑！"成为全镇干部群众的共同心声。

"绿水青山好风光，柏油马路真宽敞。村村互联组通畅，处处白墙青瓦房。自来水流哗哗响，春茶夏果采药忙……"今天的红池坝镇，正徐徐展开一幅美丽乡村画卷，这颗藏在大山深处的生态明珠正悄然崛起，熠熠生辉！

# 高质量脱贫　百分百摘帽
# "四大会战"摆脱深度贫困

天元乡辖区面积213.29平方公里，辖9个行政村，29个社；户籍总人口8302人，耕地面积2.7万亩，林地面积24.9万亩。乡内最低海拔625米，最高海拔2650米，是典型的立体高寒山区。作为全市18个深度贫困乡镇之一。自新一轮脱贫攻坚实施特别是2017年7月以来，乡党委、政府团结带领全乡干部群众深入学习贯彻习近平总书记关于扶贫工作重要论述，坚持以脱贫攻坚统揽经济社会发展全局，坚持"精准扶贫、精准脱贫"基本方略不动摇，坚持把脱贫攻坚作为全乡的重大政治任务，作为全乡头等大事和第一民生工程，紧紧围绕"高质量脱贫、100分摘帽"总目标，以"四大会战"为抓手，聚焦聚力、精准发力、纵深推进，脱贫攻坚工作取得显著成效。连续4年被评为县级先进集体，2018年市驻乡工作队被评为感动巫溪十大人物，天元村驻村工作队被评为先进集体，4人次被评为脱贫攻坚先进个人或先进典型。人民日报、人民网、重庆日报、华龙网等主流媒体全方位120余次报道天元脱贫攻坚动态、经验和做法。

## 健全机制、压实责任，高位推动脱贫攻坚

乡党委政府始终坚持以脱贫攻坚统揽经济社会发展全局。按照县委、县政府脱贫攻坚系列会议安排部署，全面实施"全面排查、问题清零、跟踪督查、百日攻坚"四大行动，对工作任务再细化、再布置，对症下药解决问题，确保高质量打赢脱贫攻坚战。整合市县两级力量，建立协调指挥部决策部署、攻坚办统筹调度、业务工作组具体执行的运行机制，项目化、清单化、责任化推进目标，条块结合，分类管理，制定出台"1+5"规划体系和系列实施方案，做到各项工作有章可循。实行日报告、双周工作安排、月通报制度推进脱贫攻坚工作。全面落实"双组长"负责制，实行分管工作、驻村工作"双包干"，建立9大指挥所，层层签订责任书、立下军令状，强化驻村工作队及第一书记驻村帮扶责任、帮扶责任人结对帮扶责任，努力形成"党委政府齐抓共管、社会各界大力支持、干部群众合力攻坚"的工作格局。

## 聚焦关键、精准施策，稳步实现"两不愁三保障"

按照习近平总书记4月15日至17日考察重庆并主持召开解决"两不愁三保障"突出问题座谈会上的指示精神，对标考点，通过建立台账、集中研判、分村交办、压实责任、限时整改的方式完成销号。目前，全乡两不愁问题全面解决；户户用上自来水，家家吃上放心水；2020年完成C、D级危房改造60户，实施易地搬迁12户，已全部入住；教育资助全覆盖，适龄儿童义务教育全面保障；八重医疗政策全面落实，村卫生室及村医配备到位，签约服务全覆盖。深入抓好中央、国家、市县各级巡视检查反馈问题整改工作，实施"问题清零"行动，全面完成2018年中央脱贫攻坚专项巡视问题，国家、市县脱贫攻坚考核、评估、审计反馈问题整改，整改完成率达100%。目前，乡村两级整改方案、台账、佐证资料齐备，并归档成卷。

## 调整结构、壮大主产，推进落实"一带一路五园六谷"

按照产业发展规划，围绕"一带一路五园六谷"的思路，调整优化三大主导产业空间布局。按照"小规模、多品种，生态化，微田园"模式，因地制宜发展中药材种植1.2万亩，特色经果1.4万亩，栽种蜜源植物4000亩，养殖中蜂1.5万群、草食牲畜1.4万头。"四个万级基地"全面落地，"五个一万"的目标基本实现。全乡粮经比由2017年底的80：20调整为10：90。探索实践"股权化'三变'改革、'公司+基地+农户'、户企联营、托管代养"等七大扶贫模式，成功打造"新华珍果园""高楼桃李园""天元仙草园"等五大产业园区，建成新田中药材种植、金科·宝坪食用菌、象坪托管代养中心等9个产业扶贫基地，建成扶贫车间8个，发展专业合作社21个，通过车间和基地就业、订单销售、入股分红、资产出租等利益联结机制，带动贫困户710户，贫困户占比96.7%，46个致富能人带动263户，户均增收2500元以上。"小规模、多品种、高品质、好价钱"产业发展目标初步实现，"一村一品、一乡多业"产业格局基本形成。

## 创新思路、民生保障，不断提升脱贫质量

新开发生态护林、清扫保洁、社会护理、饮水管护、集镇管理等方面公益性岗位228个。特困供养112人，低保兜110户246人，资产收益性扶贫兜底50户。建立"失能弱能"群体社保兜底扶贫机制。探索建立"五统四分三结合"社保兜底扶贫模式，"天元乡失弱失能社保基金"已筹集资金105万元，为874人缴纳养老保险（其中18人已享受），有效解决"失能弱能"特殊困难群体"因弱返贫、因老返贫"问题。该模式作为全市社保扶贫先进典型案例，在国家人社部内参、市扶贫专报予以刊发。36所高校开设"农校对接精准扶贫窗口"，特色农产品进驻"巫溪小店"，"天谷元乡"品牌直销帮扶集团各单位；2020年以来，各帮扶单位通

过以购代扶等形式，共购买各类农特产品近662万元。区域联动协同发展开局良好。

充分发挥深度贫困乡在政策、资源上优势，同周边的土城镇、中梁乡实施"区域联动，连片开发"，在脱贫攻坚管理系统运用、旅游综合开发、生态保护、农特产品销售、人才技能培训等领域展开了深度合作。围绕全乡产业规划，积极探索"股权改革、反包倒租、要素量化、抱团共享、户企联营、托管代养、有借有还"等7种扶贫模式，布局完成9个产业扶贫基地建设，村集体经济实现全覆盖。9村共建"天谷元乡"商贸公司正式上线运行，推动农村淘宝进村入户，完善订单收购、股权分红、资金入股等利益联结机制，累计完成订单8000余单，有效解决产品变商品"最后一公里"问题。加强基层社会治理，充分激发干群内生动力。成立美丽乡村共建会，"1115"基层社会治理深入推进；"典型示范、清洁村庄、法德双治"三项评比活动持续开展，设立"脱贫光荣榜"，开展脱贫带头人、星级文明户评选。"四晒"活动走进高校、走进村社、深入农家、深入田间宣讲，答疑释惑200余条，晒出了党恩，晒出了奉献，晒出了干劲，晒出了民心。"百日行动"网片格扁平化管理成效明显。

紧扣"问题清零、人人满意、户户达标"目标，围绕"政策宣传、基础资料、产业发展、人居环境、内生动力"五大主题，实施底数清、问题清、对策清、责任清四大行动。"抓实一周调度、完成一周走访、记好一篇日志、开展一次宣讲、举办一次座谈、参加一次劳动、共进一顿便餐、打扫一次卫生、圆梦一个心愿、实现一个满意"的"十个一"结对帮扶活动持续用力，帮扶工作细化实化，成效明显，群众满意度认可度显著提升。

## 红池坝镇茶山村
# 农旅融合打造"乡村振兴"新样板

金秋时节的茶山村，群山环抱，五彩斑斓。

位于山腰的村子，宽阔的柏油马路，整齐清爽的民居，在五彩秋色的映衬下，呈现出一派迷人的田园风光。

2018年以来，茶山村深入实施"小组团、微田园、生态化、有特色"农旅融合模式，打造出深度地区农旅融合的新样板。

## 分散变集约　激活土地资源"造血"功能

茶山村背靠红池坝景区，海拔600～2300米，有限的土地分在各个山坳之间难得的平地上，人多地少的现象十分突出。其中，1社人均耕地仅有0.7亩。对于世代生活在大山里的村民来说，依靠仅有的土地发展传统种养殖业，完全不能支撑产业的需求。多年来，大多数村民一辈子困守青山受穷，日子过得紧巴巴的。

穷则思变。2018年，上市帮扶集团、东西协作对口帮扶单位、巫溪县级红池坝镇和茶山村支"两委"商量，决定改变传统思维模式，打破束缚发展的框框，引进龙头企业，把1社400亩土地整体流转，实施集约化经营。

当年，成功引进两家业主，在村里组建起老水坝种植专业合作社，260户农户以家庭承包土地入股，完成400亩李子、360亩茶叶、300亩前胡标准化种植，初步建成集农业生产、旅游观光、非物质文化传承于一体的生态休闲农业示范园。

"'返包倒租'这个形式好，家家都有钱挣。"77岁的唐成见在村里生活了多年，3个儿子都在务工。2020年，他把自家的2亩土地流转给了承包企业后，辛苦了一辈子的老人又从企业倒租了40亩李子园，承担李树、辣椒的管护责任，企业提供辣椒种子、肥料和技术支持，老唐负责种植、管护，辣椒生产出来后，企业以每斤1.3元的保底价回收。

"我卖了3.8万斤，刨去劳务费，纯收入2万余元。"老唐谈起倒租，难掩兴奋。前些年，他一直依靠种植大白菜、养猪赚钱养家，一年也能收入1万余元，但他说现在这个方式比自己以前单干强多了，一来自己没有投入，整个生产过程中不需要承担风险，二来土地租金确保每年都有固定收益，务工还有工资，年底还有分红，收入有保障。

市农业农村委驻茶山村第一书记妙晓东给记者算了一笔账，2020年全村在李子园种植辣椒300亩，涉及132户，亩产1500斤，群众采摘劳务费价格每斤0.6元，采摘劳务费总额27万元；土地租金每亩400元，总额12万元；刨去种植成本，入股农户还将分红利润的30%，保底1000元以上。仅此一项，三笔相加，户均增收4000余元。

"现在村民都爱跳舞了。"27岁的罗乐是土生土长的红池坝镇人，目前担任茶山村的文化专干。她说，以前村民们忙于生计，每到天黑时村里看不到人，现在新修了休闲广场后，慢慢地都热爱上了锻炼身体，好几位70多岁的老奶奶长期和大家一起跳坝坝舞。"物质变化直接带动了大家的热情。"罗乐说，她建的坝坝舞微信群现在已有了70余人，每天准时来广场锻炼身体，跟城市一样。

# 农村变景区 升级版乡村旅游农田"变现"

茶山村虽然一度十分贫困，但其地理位置十分优越，离红池坝AAAA级景区仅20余公里，是名副其实的景区西大门。

历史以来，虽然背靠大树，可没能好好乘凉。原因在交通，从长山村到红池坝之间的道路一直没有打通，切断了景区和村子的联系。

要致富，先修路。2017年底，红池坝镇脱贫攻坚规划的"一横一纵"区域互联互通道路"小河—茶山段"路基工程率先开工，2020年6月底，完成路面油化。

目前，从村子到红池坝景区的旅游快速道路正在加紧建设中，预计年底可以实现初通。此后，从万州、开州方向经茶山村到红池坝景区，比目前经奉溪高速到红池坝景区减少车程约80公里，节约近1小时的时间。届时，茶山村将彻底实现"天堑变通途"，由离巫溪县城最远的村变成离红池坝景区最近的村，成为红池坝景区迎接万州、开州、云阳、达州方向游客的"西大门"和"前客厅"。

交通瓶颈打破了，离农村变景区的要求还有不小的距离。为此，村里有自己的规划。"我们在人居环境改善和农田变景观及旅游接待能力建设上已经迈开探索的步伐。"妙晓东介绍，近一年多来，村里围绕康养休闲度假区定位，完成风貌改造180户，"四改两治"98户，实施庭院整治3处，建设完成了"鲁渝协作茶山农旅融合示范片"接待中心、旅游服务区、观景平台、休闲步道、旅游标示等基础设施建设。

45岁的彭兴章和妻子邬书美前些年一直在重庆解放牌、观音桥等地从事餐饮行业，年收入10余万元。2017年底，他回到家乡看到变化后，当即作出决定，回老家经营农家乐，依靠乡村旅游赚钱，并于2018年年初正式创办了自己的农家乐。2020年上半年，他向县里申报了"森林人家"项目后，扩大了规模，目前接待能力有了大提升，每天能保证10名游客住宿、60人就餐。9月，红池坝镇茶山村乡村旅游节开幕后，高峰时期，他的农家乐日均营业额在3000余元，着实让他兴奋，也看到了希望。

"我相信今后一定会越来越好。"彭兴章说，现在村里硬件条件和城市没有多大差别，空气质量更好，连接景区的快速道路打通后，茶山村的地理位置优势一定能为村民带来实实在在的利益。

"只要思路好，农田也能变现。"妙晓东介绍，初步统计，茶山村乡村旅游节开幕以来，村民开设的7家民俗户月均收入8000余元。

妙晓东说，茶山村可仰望高山草场之美，品味农耕之趣，探寻峡谷之幽，植被丰茂，空气清新，气候宜人，是不可多得的康养避暑胜地和农耕文化原乡，在市级乡村振兴试点村政策的支持下，一定会成为乡村振兴的样板村。

長桂乡金桂村

# 驻村工作队聚力"四大工程"
# 提升脱贫质量

◆◆

重庆建工集团深学笃用习近平总书记关于扶贫工作重要论述,积极响应市委市政府安排部署,抽调精干力量,集聚帮扶资源,深入巫溪等区县开展结对帮扶工作,把重庆建工'铁军'精神带到脱贫攻坚第一线。2018—2019年,重庆建工集团通过市慈善总会,累计向巫溪县提供精准扶贫资金1800万元,并派遣优秀年轻后备干部四川遂资高速公路有限公司董事、副总经理陈波担任巫溪县长桂乡金桂村第一书记、驻村工作队队长,进一步聚焦聚力教育扶贫、技能扶贫、消费扶贫、基建扶贫等四大重点,落实专项帮扶资金300万元,有力巩固金桂村脱贫成果。

**聚力教育扶贫工程,阻断贫困代际传递。**联系重庆建工集团所属重庆建筑高级技工学校,开辟招生绿色通道,成立"巫溪班",招收巫溪籍初、高中毕业生,优先安排就读在校企合作程度较深的定向培养班或企业冠名班,实行免学费、免代收费,对贫困生、非贫困生前两年分别补助生活费7000元、5000元,最后一年安排工地顶岗实行,每月获得工资2000元,完成学业的颁发毕业证书、技能证书。首批27名学生于8月25日全部报道并开始接受为期3年的专职技工培训。对患有重大疾病的5户贫困户、3户非贫困户子女,联系建工集团设立"爱心基金",对8名学生实行"一对一"结对跟踪帮扶,明确规定每年落实帮扶资金不少于2000元,承诺资助至学业完成为止。主动将聋哑儿童方自友调整为第一书记帮扶对象,多次到其家中慰问,积极协调县级相关部门,在2020年秋季顺利帮助其到县特殊教育学校入学。

**聚力技能扶贫工程,拓展就业增收门路。**坚持"输血"与"造血"并重,为贫困户提供培训、就业一站式服务。针对金桂村外出务工者主要从事挖桩、挖隧道等高危行业,在长桂乡挂牌成立"重庆建工集团、重庆市城乡建委岗培中心农村劳动力转移培训基地",首批学员于6月上旬进行免费岗前培训,33名村民通过学习取得劳动技能证书,并全部推荐到万州绿地翠城项目等工地从事建筑施工,预计每人年实现增收4万元。推荐脱贫户方余江之子方福隆到民企学习工程机械修理,学习期间每月工资3000元,承诺完成学习后工资提高到6000元每月。向建工集团四建公司输送两名返贫风险户子女学习塔机维修和安拆工作,6月正式上班。

**聚力消费扶贫工程，夯实稳定增收基础。**依托金桂村生态资源优势，规划发展蜂蜜、生态猪、猕猴桃、黑苦荞等农特产品，实现在家有劳动能力的59户贫困户产业全覆盖；争取易地搬迁后续产业扶持资金100万元，对搬迁贫困户后续扶持产业实现全覆盖。采取"村集体+公司+农户"模式，成功注册巫溪县荣禾农业专业合作社，整合全乡地票资金、"空壳村"资金、扶贫车间补助资金300万元，组建农产品加工扶贫车间，建成800平方米厂房，投产后将对全乡农产品，进行统一包装、统一标识、实名认证，采取冷链车配送方式输送到各大销售市场。同步启动黑苦荞、豇豆、萝卜等5个农产品绿色认证申报工作，进一步提升农产品附加值。联系建工集团及下属公司和重庆市建筑业协会，以市场价为参考，与金桂村签订农产品订单合同，采购农产品供应职工食堂。2020年签订订单70.3万元，已销售土豆81527斤、鲜豇豆1.1万斤、干豇豆900斤、白酒895斤、土鸡蛋2660个、土鸡261斤、猪肉1113斤、腊肉5050斤，完成销售额53.8万元。启动明年订单销售工作，预计订单销售突破100万元。开办夜间课堂，为村会议室配备笔记本电脑、投影机、音响等办公设备，定期邀请农技专家现场授课和播放农村种养实用技术。

**聚力基建扶贫工程，提升群众生活质量。**争取项目资金341万元，扩宽硬化村干道1.5米，开通客运车。对全村安全饮水进行全面普查，采取一户一池方式解决边远地区农户饮水难问题17户；落实专项帮扶资金29.9万元，对全村饮用水池进行统一清扫并持续做好保洁工作；对全村12座不易保洁山坪塘进行加盖处理。修建集中式生化池1座，解决集中居住点污水处理难问题；添置垃圾桶50个，计划购买垃圾清运车1台，定期收集处理全村垃圾。启动危房改造7户，争取"打补丁"资金、农村旧房提升工程资金修缮农房54户；对2户住危房无能力改造户，采取建工集团出资购买二手农房，产权归属村集体，免费供其居住解决1户，1户在落实搬迁资金基础上，协调建工集团爱心帮扶2万元，帮助其新建住房。

# 拨开愁云终见日　土家儿女喜洋洋

世界经典民歌《太阳出来喜洋洋》的故乡就是我们石柱。歌中唱道"只要我们多勤快，不愁吃来不愁穿"，表达了我们土家儿女对好日子的无限期盼。党的十八大以来，以习近平同志为核心的党中央带领全党全国向贫困发起总攻，我们尽锐出战、强力攻坚，2019年4月，以零漏评、零错退、群众认可度近98%、贫困发生率低于1%的良好成效，一举摘掉贫困帽子。

事非经过不知难！2016年的石柱，经济发展水平低，产业空心化严重，60%的贫困群众没有稳定产业和收入来源；基础设施薄弱，农村交通不便，自然村通畅率仅为60%、村民小组通达率仅为76%，80%的贫困户饮水安全没有保障；公共服务缺失，因病因学致贫分别为31.7%、32.5%，贫困发生率高达12.7%。问题这么多、基础这么弱、差距这么大，我们要如期完成"坚决如期打赢脱贫攻坚战"的任务，谈何容易？困难面前不低头，攻坚责任勇担当！我们积极践行总书记关于扶贫工作的重要论述，组织县乡村三级干部5800余人，利用一个月时间访遍230个村、8.3万户23.3万人，通过集中深入走访调研、反复研判，终于找到了破解之策，那就是：压实责任——构建强有力的攻坚责任体系，瞄准问题——解决好"两不愁三保障"突出问题的关键环节，夯实根基——把发展产业作为稳定脱贫的基础工程，以脱贫攻坚统揽经济社会发展全局。

## 压实责任——千钧重担众人挑

把干部组织起来、把责任落实下去，是打赢脱贫攻坚这场硬仗的关键。我们坚持从干部抓起，把政治素质好、工作能力强的干部放到重要位置，压重担、委重任，把不作为、不担当的干部调整下去，选精兵、派强将。全县扶贫领域，有145名干部因表现优秀得到提拔重用，521名干部因履职不力受到问责处理。调研中，我们发现全县85个贫困村，几乎所有支部都软弱涣散、缺乏战斗力，很多工作到村一级就无法落实。针对这个问题，县委下定决心把贫困村全部纳入组织整顿，通过选、引、换、派，调整不胜任支部书记77人，精准选派第一书记和驻村工作队员。目前，85个贫困村支部逐步发挥起战斗堡垒作用，绝大多数都是忠诚、干净、担当能打胜仗的队伍，在基层一支支"不走的扶贫工作队"初步形成。

为层层压实责任，我们构建起"组织领导、业务技术、监督问责"三大攻坚责任体系。建立33个县领导任组长的包帮攻坚小组、33个乡镇突击队、222个村支"两委"和驻村工作队组成的一线战斗队，形成上下联动的指挥作战体系；建立由县领导任指挥长、县级部门和乡镇业务技术骨干为成员的16个行业扶贫指挥部，形成纵横协作的业务技术保障体系；建立5个片区督导组与监督执纪、责任落实、业务工作3个专项督查组，形成贯穿全程的监督问责体系。三大体系高效运转、同步发力，县领导既挂帅又出征，行业部门善破难题敢扫障碍，乡镇干部用心用情用力，村组干部会做群众工作，帮扶干部结穷亲办实事，推动形成了攻坚拔寨的强大合力。

如今，石柱广大党员干部积极奋战在脱贫攻坚一线，用脚步丈量每一寸土地，用汗水浇灌每一处贫瘠，用热血和生命书写着一曲曲壮美的扶贫赞歌。王明香，原是六塘乡六塘村扶贫专干，2017年11月24日，在去六塘村扶贫的路上，因车祸不幸殉职，把年轻的生命永远定格在36岁。"当干部就是要为民着想，群众盼啥、想啥，我们就要努力干啥。"王明香是这样说的，也是这样做的。她是一位母亲，无暇陪伴年幼的孩子，却为了帮助患再生障碍性贫血症的黄飞，筹措治疗费而忙前忙后；她是一个女儿，无法照顾多病的双亲，却每周都去看望体弱多病的单身老人马培贵；她是一名妻子，却舍小家为大家，为了让乡亲们早日脱贫，日夜奔走在田间地头，反复辗转于家家户户。听闻王明香出事后，马培贵大哭了一场，"在我眼里她就是我的女儿，可现在再也看不到她了……"葬礼那天，村里的乡亲们自发赶来，抚棺而泣、泪水长流。作为一名基层干部，王明香用生命铸就了一座脱贫攻坚的不朽丰碑！2015年以来，全县有39名干部在脱贫攻坚中殉职或受伤。正是像王明香这样的一大批优秀干部，用无私的奉献、无悔的付出，兑现了"不获全胜，决不收兵"的庄严承诺！

## 瞄准问题——强化监测防返贫

脱贫难，巩固成果更难。为实现脱贫不返贫，我们及时建立"两不愁三保障"突出问题动态预警监测机制，每月由一线战斗队开展排查，对排查出来的问题，专线直报县领导小组，第一时间掌握情况、及时督促整改；另一条线同步反馈给乡镇，由乡镇3个工作日内核实解决，无法解决的次月5日前报县指挥部，指挥部3个工作日内形成整改方案限期整改销号，形成了扁平化信息报送及快速响应处置机制，构筑起防止返贫的制度防线。

2019年4月15日，习近平总书记视察石柱时，看到贫困群众吃穿不愁、住房安稳，高兴地说："你看你们现在穿得都不错，吃也不愁了，我觉得我心里还是有底的。"中益乡华溪村63岁的谭登周，本来已于2016年脱贫，不幸在干活时摔成重伤，治疗花费16万余元，加之老伴患慢性病，一下子又返了贫。好在监测机制及时响应，他继续享受扶贫政策，自己只承担了1万余元。他动情地对总书记说："如果不是党的政策好的话，我坟头上的草都长这么深啦哟！"如今他家门前还贴着这样一副对联，上联是"九死一生靠政策"，下联是"三病两苦有医保"，横批是"共产党好"。不仅谭登周，所有贫困群众都有实实在在的获得感，大家都在讲，"如今党的政策就是好，我要努力往前跑"。

## 夯实根基——做强产业扶长远

发展是解决一切问题的总钥匙。我们牢记总书记"绿水青山就是金山银山"的教导，坚持走深走实产业生态化、生态产业化绿色脱贫之路。大力培育引进龙头企业，根据市场需求和群众种植习惯，因地制宜发展调味品、中药材、果蔬等优势产业，带动12650户贫困户实现脱贫；鼓励贫困群众依托扶贫政策，发展农村电商，兴办农家乐、民宿酒店等康养旅游项目，带动985户贫困户实现稳定增收；持续加大招商引资力度，择优发展以绿特农产品精深加工为重点的生态工业，带动9866名贫困群众实现就近就业创业。石柱集大山区、大农村、大库区于一体，大部分地区山高坡陡、沟壑纵横，土地零散，产业难成规模。王场镇为解决贫困群众脱贫增收问题，决定发展柑橘产业，但缺乏企业带动，群众积极性不高。对此，王场镇发动党员干部一家一户反复做思想工作、算增收账，聘请专家培训指导，召开20场院坝会统一认识、消除顾虑，多次组织干部和村民代表外出考察，经过半年洽谈，终于引进一家企业，在石溪村发展柑橘产业3000余亩，采取"土地入股+项目经营+生产管理返包"模式，带动全村119户贫困户中的97户增收，每户年均增收1.5万元以上。

如今的石柱，经济社会发展正释放出巨大的潜能与活力。2014—2018年，经济总量年均增长8%，贫困群众人均可支配收入增加2.4倍。水泥路通到村村寨寨，人行道连接千家万户，村民小组通达率100%、通畅率80%，家家户户喝上安全水，村卫生室、文化活动场所实现全覆盖。乡乡有扶贫产业、村村有增收项目、户户有致富门路、人人有生活保障。一座座村居院落整洁靓丽，一所所乡村学校书声琅琅，一片片产业基地生机盎然，"家乡就是好地方，挣钱不用去远方"的观念深入人心。

脱贫攻坚的伟大实践，让我们深深地感受到，我们国家之所以能够创造世界减贫史的奇迹，最根本的是有中国共产党的坚强领导、有社会主义制度的巨大优势，是习近平总书记念兹在兹、亲自谋划部署、亲自领战督战、亲力亲为的结果。中益乡华溪村86岁的老党员马培清深情地说："翻身不忘共产党，脱贫不忘习主席！"她发自肺腑的言语，代表了广大人民群众的心声！

今天的土家山寨，《太阳出来喜洋洋》依然在传唱，但唱的不再是对"不愁吃、不愁穿"的渴望，而是对幸福美好生活的向往！让老百姓生活更幸福，就是共产党的事业。我们要把总书记的殷殷嘱托转化为磅礴力量，感恩奋进，一鼓作气，越战越勇，坚决高质量打赢打好脱贫攻坚战。贫困群众不脱贫，我们决不下火线！

# 中益乡
# "四个深度发力"攻克深度贫困堡垒

中益乡是全市18个深度贫困乡镇之一。2017年8月以来，按照市委、市政府统一部署，中益乡围绕深度改善生产生活生态条件、深度调整产业结构、深度推进农村集体产权制度改革、深度落实各项扶贫惠民政策持续发力，脱贫攻坚取得明显成效，贫困人口全部脱贫，基础设施、村容村貌、群众精神面貌等发生显著变化。2019年4月15日，习近平总书记亲临中益乡视察，对中益乡脱贫攻坚工作给予充分肯定。

## "一包、双联、三监管"，深度改善生产生活生态条件

**实行"项目包"制**。将规划重点项目整合成交通、改造、产业、水利、易地扶贫搬迁、民生及社会治理等6个项目包，每个项目包落实1名分管县领导牵头负责，相关县级主管部门担任业主单位并负责项目实施，乡政府负责用地保障、施工秩序维护等工作，提高项目建设效率。**实行"双联"制**。乡党委班子成员每人联系一个项目包和一个村，及时处理项目推进中的矛盾问题。**实行"三级监管"制**。成立县级项目督导组、乡级质量巡查组、村级义务监督组，对项目实行三级监管，重点督查安全责任、施工管理等，对发现的问题实行限期整改、挂账销号。

## "种养+""乡村旅游+""电商+"，深度调整打造产业链

**打造"花卉种植+中蜂养殖+精深加工"产业链**。因地制宜发展吴茱萸、盐肤木、脆红李等蜜源植物；新改建中蜂良种繁殖区（场）、养殖中蜂8000群，依托科研院所开展"院校一企业一农户"合作，推进蜂蜜精深加工，建设中蜂休闲体验园，培育"三峡蜜罐"品牌，创建"中华蜜蜂小镇"。**打造"观赏作物+乡村旅游+民宿"产业链**。按照"一村一园"思路，建设坪坝村瓜蒌观光体验园、龙河村花果观光体验园、光明村智慧农场采摘园等乡村旅游项目，促进农旅融合发展。**打造"农副产品+电商+物流配送"产业链**。实施"远山结亲"营销，引进企业发展"订制农场""智慧农场"等电商扶贫项目，通过电商平台，城市消费者与农户"在线结亲"，实现农产品"去中间环节"订制生产；实施"田间天猫"营销，依托农村电商服务站点，主动对接客户线上订单和消费习惯，发展农产品线下"天猫"基地，组织农户开展订单式生产，并与农户签订"一对一"购销协议，实现特色电商产品"为卖而产"。

## "入股、代管、联营"，创新推进集体产权制度改革

**推动土地和劳动力入股合作**。农户以土地承包经营权、劳动力等作价入股，农业企业、专业合作社以生产物资及技术指导等入股，村集体经济组织以生产过程协调服务、争取政策支持等入股，经营周期结束后农户、经营主体、村集体经济组织分别按50%、44%、6%的比例分红。**推动资金入股合作**。村集体以财政补助和社会捐赠资金、集体资产等作为公司启动资本金，成立具有独立法人资格的集体股份公司，由村干部和村民共同管理，公司化经营农业产业项目。**推动代种代管合作**。通过"互惠契约"锁定各方权责，公司利用产业补助资金购买种苗，为农户"代种代管"，丰产后按农户70%、业主25%、村集体经济组织5%分红。**推动以房联营合作**。引进县农旅公司以货币出资入股，农户利用宅基地和共享产权房屋入股，民宿公司统一经营，经营收入由农户与公司5：5分红。

## "四道关口、四个100%"，深度落实扶贫惠民政策

**把牢政策宣传关**。县乡干部深入农户家中，一对一宣传脱贫攻坚、乡村振兴的好机遇和好政策，确保在家群众政策知晓率100%。**把牢政策培训关**。邀请西南大学等院校专家每月进村开展1次技能培训，选送一批青壮年劳动力参加各类职业教育培训，确保有劳动能力的贫困群众政策掌握率100%。**把牢政策公示关**。对贫困户享受扶贫惠民政策进行公开公示，确保群众政策认可率100%。**把牢政策落实关**。对贫困户每月开展一次走访、一场宣讲、一件实事、一次大扫除"四个一"真情帮扶活动，对不符合贫困户条件但家庭困难的农户进行分类救助，确保群众满意率100%。

# 三益乡

# 开拓创新扬起振兴帆
# 奋力拼搏摘掉贫困帽

❖❖

2018年以来，石柱县三益乡中堆村深入贯彻落实党的十九大精神和习近平新时代特色社会主义思想，积极行动，创新思维，以激发群众内生动力为着力点，以建设美丽宜居乡村为抓手，深入实施农村人居环境综合整治和产业结构调整。目前，全村实现了组组通公路，户户通人行便道，家家通自来水，"两不愁三保障"均实现保障；采取"公司+专业合作社+农户"的经营模式，实行"415"的分红模式，引进业主和成立村专业合作社发展脆红李1200亩、中药材300亩、魔芋100亩。2018年，吸纳务工人员50人（务工收入20万元），土地入股189户760人（入股18.89万元），带动贫困户40户，完成改厨85户，改厕113户，改地坪1.4万平方米，改风貌0.31万平方米，安装健身器材2套、乡风文明公示牌4块，评选表彰先进典型人物16人，收集推广家风家训，打造文化长廊12公里。2019年中堆村被确定县级乡村振兴综合实验示范村，争资80万元发展村集体经济，种植中药材200余亩、新建农民田间学校1所、完成农耕器具的收集和农耕文化长廊的修建。全年，实现村集体经济收入17.8万元。如今的中堆村，1000亩脆红李绿意盎然，产业发展稳健，美丽宜居乡村面貌初现，正稳步向小康社会迈进。

## 抓党建，促脱贫，增强支部战斗堡垒作用

抓党员干部先锋模范带头作用。2018年以来，围绕脱贫攻坚的需要，结合班子的实际情况，调整综合治理专干1人，组长1人，回引综治专干1名。同时结合党员自身实际进行设岗定责，制定"一诺二亮三带四评比"举措，做细做实主题党日活动。积极探索发展村级集体经济。村支部创新思路、主动作为，通过开好"三个会"、抓住"三类人"，利用村土地复垦工作经费发展村集体经济，在脆红李基地套种中药材300亩、魔芋100亩，实现了深调土地资源再利用、群众收入再增加和村民在家有事干。2019年，争资80万元发展村集体经济，种植中药材200余亩、新建农民田间学校1所、完成农耕器具的收集和农耕文化长廊的修建。全年，村集体经济收入17.8万元；吸纳务工人员46户，务工收入20余万元。其中贫困户23户，总收入7.7451万元，户均收入3367元。

# 树典型，强带动，激发群众的内生动力

**强化制度约束**。根据本村实际，将农村环境综合整治纳入村规民约重要内容，并严格遵照执行，以此督促农户搞好农户环境卫生。同时提出"六做三改四勤一实现"工作方案。六做即党员干部带头做，贫困户、低保户率先做，一般农户跟随做，村组干部包片做，公益性岗位人员定期做，义务工作队义务做；三改即改变农户卫生脏不脏与别人无关的错误认识，改变农户做卫生要得好处的错误思想，改变农户随意乱扔垃圾，生产生活用品随地堆放的不良做法；四勤即勤扫地，勤规范，勤洗漱，勤教育；一实现即实现全村群众以讲卫生为荣，以脏乱差为耻，做到天天一个样，全村环境卫生独居一格，村容村貌美丽可观。

**建立激励机制**。根据乡党委出台农村人居环境改善月督查考核办法，实行每月"一督查一考核一奖惩"。以组为单位每月开展人居环境检查评选，对"优"等次家庭发给一定的物质奖励，对不合格户予以公开曝光；每季度组织一次抽奖活动，组织每月"好"以上等次家庭集中抽奖，形成激励机制。

**抓好带动示范**。**强化党员的带动力**。组建义务清扫队，由20余人的党员和热心群众组成，每月定期开展公共区域、举家外出农户周边的环境整治，强化党员在农村人居环境综合整治工作中的模范带头作用。**强化干部的执行力**。实行"村组干部+帮扶责任人"模式，各小组均落实1名村干部和1名组长总体负责人居环境综合整治工作，通过脱贫攻坚走访、帮扶等措施，共同协作做好人居环境整治工作。**强化公益岗位的服务力**。切实发挥全村4名公益性岗位人员"排头兵"作用，压实公益性岗位人员责任，实行定岗定责定考核，每月至少开展2次以上道路清扫和维护，常态化开展公共环境保洁，从而保障全村公共区域环境卫生。

**解决重点难点**。**点对点引导**。针对个别"不以脏为耻""等靠要"思想严重的户，村支部组织老党员、德高望重群众、村组干部和驻村队员组成志愿服务队，结合该户实际，有针对性，点对点进行教育帮助引导，重点突破。目前已组建志愿服务队2支，帮扶重点户3户，已取得初步成效。**个别司法惩戒**。针对屡教不改、不尽赡养义务、不照管老人等突出问题，三益乡联合派出所、法庭对其进行教育警告。目前，针对1起子女不尽赡养义务，导致老人生活困难的典型案例，三益乡在落实司法救助的基础上，已和县法院商定，以巡回法庭的形式，在村委会进行公开开庭审理，达到惩处一人，教育一片的目的。结合新时代文明实践工作，创新开展"幸福就是奋斗出来的"进农家宣讲活动。

# 抓机遇，抢时机，做好深度调整产业结构

结合全县深度调整农村产业结构，采取"公司+专业合作社+农户"的经营模式，实行"415"的分红模式，引进业主和成立村专业合作社发展脆红李1000亩、中药材300亩、魔芋

100亩。2018年，吸纳务工人员50人（务工收入20万元），土地入股189户760人（入股18.89万元），带动贫困户40户，实现户均增收3500元。同时以全县发展康养旅游产业为契机，依托中益乡发展，积极探索发展休闲生态旅游产业。

# 建设新时代和美新农村

❖❖

大林村位于石柱县三河镇西南方向，距县城4.8公里。辖区面积3.2平方公里，耕地2539亩，林地、荒地等517亩。辖3个村民小组，452户1702人。2014年有建卡贫困人口39户159人，贫困发生率18.32%。经过历次动态调整，按照"两不愁三保障"标准，贫困户已全部实现脱贫。脱贫攻坚以来，大林村共实施人居环境改造134户，C危房改造27户，D级危旧房整治8户。实施风貌改善94户，硬化院坝35户，村级公路7公里，已全部硬化完成，人行便道已建成17.4公里。沟带路建设6.5公里，山坪塘27口，基础设施得到较大改善。现村委建成面积约500平方米的便民服务中心，其中农家书屋约35平方米，藏书3000余册。卫生室一个共250余平方米，医护人员2人，安装太阳能路灯84台，大林村高旗组全组通天然气，每户农户基本实现了"五通"（通水、通路、通电、通网络电话、通电视），群众生产生活条件日益改善，村容村貌整洁有序。

## 狠抓长效产业发展，健全利益联结机制

巩固传统产业。实现水稻种植面积980亩，玉米种植面积435亩、土豆种植面积388亩，解决了全村人民的温饱问题。对宇城组流转的土地130亩建成百香果园，进行环境提升、打造建设成为城周大型的无公害农产品采摘基地。2015年引进兴华农业开发有限公司在柏林组流转土地160亩建设武陵山农业科技园，成为全县农业示范基地，武陵山科技园开园售票村集体可

享受分红；引进真益农业有限公司流转土地138亩，建成云水岛休闲旅游公司，一个集休闲娱乐、用餐为一体的黄水人家休闲山庄。2017年高旗组、柏林组发展城周绿化项目221.1亩，但集体经济薄弱，2018年计划集体经济以武陵山科技园商量开园售票分红为主。发展脆红李200亩，蔬菜200亩，油菜300亩，让农户以土地入股的形式发展集体经济；大力发展乡村旅游，争取财政资金打造西南卡普一条街，吸引全县上万人到此参观旅游，带动该村6家农家乐、1家洗车场、3家餐饮及个体户。

## 扎实开展精神扶贫，加强基层综合治理

三河镇大林村围绕"村民亲睦、和善向美"主题，创新基层社会治理方式，大力弘扬"和美理念"，构建"和美网络"，健全"和美机制"。构建"和美体系"，全面实行网格自治。建立"四长促四和"工作体系，即健全"家长""院长""网格长""和美工作室长""和美"工作责任体系，引导群众开展网格自治，促进"家庭和乐、院落和睦、邻里和谐、全村和美"。通过"家长促家和、院长促院和、网格长促四邻和、室长促乡村和"的治理机制，采取"和美三十六策"统筹化解重大矛盾纠纷，信访率和纠纷发生率明显下降。2020年以来，疫情期间开展知识宣传1000余次，开展禁种铲毒、邪教人员排查等15余人次，排查化解矛盾纠纷2件次。

**弘扬"和美理念"，引领群众向善向上。** 通过强化道德引领、狠抓法治宣传、传播康养文化等方式让"和美理念"成为群众心中向善向上的导航灯。结合农村环境整治、乡风文明建设等工作，每月组织群众评选"最美农家户"和"好婆婆""好媳妇""好学生""致富带头人"等榜样人物，开展"我们的乡贤我们评"活动，及时公示评选结果，树立道德榜样，已评选"最美农家户"9户、"大林榜样"人物8名以及德高望重、遵纪守法的乡贤3名。充分运用村级电子显示屏、农家书屋、农村大喇叭、法治宣传栏等宣传载体，开展《婚姻法》《治安管理处罚法》等法律法规宣传28期；开设名嘴课堂、田间课堂、夕阳红课堂、平安课堂、梦想课堂等"法德课堂"，摒弃"大操大办"和"厚葬薄养"等陋习14件次。

**健全"和美机制"，不断优化调解模式。** 坚持人民调解工作从体制机制入手，创新调解理念、再造调解流程、完善调解制度，不断优化调解模式。明确理念，把准调解工作"方向盘"，努力实现人际和善、家庭和美、邻里和睦、党群合心的调解工作目标。细化流程，绘好调解工作"路线图"。完善制度，织密调解工作"保障网"。制定"和美工作室"规范化管理办法、调解承诺、调解工作制度、调解室职责等一系列规章制度，落实调解人员工作责任，强化调解工作保障。坚持人民调解工作从体制机制入手，创新调解理念、完善调解制度，优化调解模式，2019年全村矛盾纠纷发生率同比下降95%。

# 大力开展农村环境整治，提升贫困户人居条件

为改善乡村面貌，营造整洁优美宜居的农村宜居环境，三河镇大林村精心部署、广泛动员，扎实开展农村人居环境提升工作，取得了显著成效，当地群积干事创业的极性空前高潮，满意度全面提升，每年吸引游客近20万人参观，是全县组织振兴和新时代文化实践中心试验示范点。

**注重与深化产业结构调整相结合。**大林村利用全县深化产业结构契机，发展城周绿化项目220亩、栽植脆红李200亩、种植蔬菜200亩、观光油菜300亩，2020年新发展婚纱摄影基地165亩，逐渐形成了集休闲观光、水果采摘为一体的城郊乡村旅游产业带。通过土地流转、土地入股、劳动务工、股金分红等方式，企业、农民、村级三方利益联结签订合同，先后建成武陵山现代农业科技园、百香果无公害水果采摘基地、大林村四季水果采摘基地、云水岛休闲旅游烧烤基地、婚纱摄影基地、大河古镇漂流、万寿古寨四星级农家乐。不仅绿化、美化了居住环境，而且吸引县城及周边区域游客现场参观、采摘、体验，提升了人气。大林村拟投资2亿打造城郊万亩花卉、摄影、游乐基地，促进人居环境的进一步改善。

**注重与基础公益设施建设相结合。**2018年以来，打造孝爱院、农耕院、书香院等3个和美院落。注重与土家民族文化发展相结合。大林村以"一生大林"为灵魂，以土家文化为核心，打造西兰卡普艺术村落；以土家迷域、土家儿女、"风物美集织锦花纹+故事图案"三大主题打造艺术墙体，展现土家民俗文化；以"康养"为主题，"树三养风，建三康村"，倡导文明乡风，建设全市宣传文化建设示范点。打造西兰卡普一条街150米，绘制民俗文化墙13幅，对周边农户进行风貌改造94户，修建花台400米。

**注重与"和美大林"工作法相结合。**依托"1+3+N"（1个院落3个网格N个院落）党组织机构，发挥"党员"先锋模范作用，依托乡贤、志愿者，探索形成以"村民亲睦、和善向美"为理念，以家长、院落长、网格长、和美工作室室长分级治理，促"人和善、家和乐、院和睦、村和谐"的"四长促四和"工作格局，全村呈现出人心向美、环境优美、风尚新美、生活富美的"和美"新面貌。

## 冷水镇八龙村

# 纳"凉"滑"雪" 品"莼"赏"花"
# 走出一条农旅四季融合新路

冷水镇八龙村地处重庆市石柱县与湖北省利川市交界处，辖区面积17.4平方公里，辖5个村民小组，户籍人口381户1367人，其中贫困户31户92人，已全部脱贫，境内生态优势明显、产业资源丰富、旅游资源优越。2015年以前，由于资源利用率低，农旅融合程度不深等原因，经济收入较为薄弱。针对该村产业融合不够、资源利用率低、农户增收困难等问题，县委、县政府从"因村派人精准"着手，从黄水旅管会等单位选派3名骨干人员驻村开展帮扶。驻村工作队立足自然资源本底，学好用好"两山论"，走深走实"两化路"，不断做强做优特色产业，实现生态优势与资源优势向发展优势转变，冷水镇八龙村从穷乡僻壤小山村变成"春可品莼赏花、夏可避暑纳凉、秋可采风摘果、冬可滑雪泡泉"旅游强村，引导群众走出一条"山上种花、水下种莼、家中迎客"农旅融合发展新路子，实现贫困户就近脱贫致富。2018年全村人均收入达到1.76万元，其中脱贫户人均收入1.1万元。冷水镇八龙村先后被评为中国美丽休闲乡村和全国文明村。冷水镇八龙村驻村工作队带领村支"两委"整合各类资源要素，协调引进外部力量，做优做强特色产业，持续带动群众增收。

**用好"凉"资源。**与村支"两委"牵头组建"黄水人家"冷水分社，吸纳入社会员97户（贫困户13户）。按照入社会员"统一标识、统一宣传、统一管理、统一服务"要求，强化接待礼仪、服务质量、餐饮技术等方面分类指导和技能培训，通过分社近年来不懈努力，会员的运营能力和服务水平得到全面提升，实现乡村旅游综合收入800万元，户均旅游收入8.2万元。

**念好"花"字经。**结合八龙村独特地理优势，引入冷水源生态农业有限公司将荒山荒坡成功打造3000亩西南第一高山花海——云中花都，该项目通过股权、基金、信贷三种资产收益扶贫模式带动全镇贫困户159户545人增收，其中八龙村17户52人，实现年户均分红2573元，同时带动八龙村176人实现常年就近就业，人均务工收入9000元，其中贫困户15户47人。

**创好"雪"品牌。**引进重庆康旅滑雪旅游开发有限公司大力开发冬季冰雪旅游项目，建成西南最大高山滑雪场——Let's go游乐世界，配套国际专业赛事滑道、七彩旱滑、水上乐园等游乐项目，成功举办"全国大众越野滑雪挑战赛"。2018年冬季接待游客17万人次，实现综合收入3400万元，带动八龙村就近务工87人，其中贫困户10户24人。

**做好"莼"文章。** 成立八龙村股份经济联合社，围绕莼菜和黄连主导产业，通过"公司+农户"模式，巩固发展莼菜2800亩，黄连2000亩，全村农户产业覆盖率达100%，年产值1400万元，其中贫困户31户92人，户均收入3.7万元。大力发展村集体经济，驻村工作队引导农户以莼田入股成立莼菜管护公司，对莼菜农田进行集中管护和销售；按照"一村引领，四村联动"方式，整合全镇五村资产1200余万元与石柱兴华农业开发有限公司开展合股联营，共同建设八龙莼菜科普中心，项目建成后可年接待游客3万人以上，预计村集体经济年收入50万元。

石柱县冷水镇八龙村莼菜生产基地

# 构建农村电商"五大体系"
# "沉睡资源"变"脱贫财富"

◆◆

曾经的秀山，受内陆空间限制、交通落后制约，几千款农特产品仅有600种变成了商品，大多数只能在大山中"沉睡"，成为县域发展滞后、贫困对象难以增收的重要因素。如今的秀山，通过构建"五大体系"发展农村电商，有效使大山中的"沉睡资源"逐渐突破了空间限制、交通制约，贫困对象也乘上农村电商的"翅膀"过上了越来越好的日子。目前，秀山农村电商被评为"全国农村电商十大模式"之一，农村电商产业链覆盖全县100%的贫困村、80%的贫困户。同时，近5年通过农村电商卖出38.4亿元的农特产品，其中武陵山区其他区县占比达22.7%，电商扶贫效益惠及武陵山区100万贫困群众。

## 布局"三个区域"，构建"线上线下融合"电商平台体系，
## 有效破解"谁来卖、怎么卖"难题

**县城建核**。依托功能完善的物流园区，按照"园中园"思路建设电商产业园，孵化园已入驻企业370家、孵化网企网店3628个、直接带动贫困群众就业150人，电商云仓日可处理20万单，大数据中心对农村电商海量数据实时抓取、多模式计算分析，子母穿梭智能仓库高效运行。**乡村布点**。建成农村电商乡镇服务中心11个、乡村服务站点200余个，优先在市级深度贫困镇隘口镇、24个县级扶贫重点村设点，实现所有村居全覆盖。在实际中，每个乡村服务站点集成了网络代购、快递收发、特产收购等"六大功能"，店主发挥着农产品经纪人、快递员、网络代购员、便民服务员等"八大员"作用，实现"小空间、大服务，百姓办事不出村"。用六句话形容服务站点："网上买，店里买，啥子东西都能买；网上卖，店里卖，啥子东西都能卖；水电费，电话费，帮你代缴各种费；寄包裹，取快递，代买车票真便利；能存款，能取款，还能帮你办贷款；供农资，收特产，搞活经济促发展。"**网络拓展**。自主研

发农村电商平台"村头"，已推广运用到全国27个省市306个区县，投用广西南宁、云南昆明等30个农产品原产地"村头云仓"，累计用户量249万人。

## 抓住"三个环节"，构建"一体化产业链"产品开发体系，有效破解"农产品接二连三"难题

**打造电商产业基地。**依托"一村一品"产业布局，着力打造网货供应基地，直接让贫困农户成为电商产品供应商，已建立241个扶贫产业基地、认证163个特色农产品基地、发展订单农业8.8万亩，带动7908户贫困户参与产业发展。以三类利益联结机制为例：建立了"政府引导+农户自愿+企业包销"机制，政府引导产业布局，电商企业结对帮扶贫困村，以销定产、实行包销；建立了"电商企业+服务站点+贫困农户"机制，服务站点"当中间人"，负责品质管控、选品销售等；建立了"订单保底+利润分成+务工补贴"机制，每亩保底分红、另加30%提成，同时通过务工方式获取劳动报酬。**建设电商加工中心。**建成网商产品研发中心和流通包装中心，投用自热火锅等31条电商加工线，农产品附加值平均提升30%，电商企业集采成本平均节约20%。比如，农户卖土鸡蛋每个1.2元，经包装后上网销售每个3元，增值1.8元，农户可再得增值收益0.6元，加上之前得到1.2元，即农户每个鸡蛋可得1.8元。**创建电商产品品牌。**打造"武陵遗风""边城故事"公共品牌，开发72个自有品牌，上线本土商品830余款。构建农产品质量安全二维码追溯体系，打造农产品质量"放心工程"。2019年"双11"，全县订单成交量81.7万单，本土产品占比达80%。

## 聚焦"三个节点"，构建"三级物流网络"快递配送体系，有效破解"两个一公里"难题

**打通"神经末梢"。**针对县域，组建云智速递、研发物流平台"村哥货的"，无缝对接社会快递和农村电商镇村网点，形成了"T+1"进村入户和"1+T"发往全国的"工业品下乡、农产品进城"双向流通体系。以云智速递为例，这是专注于农村配送而组建的县域物流企业，它将全县规划为4个片区7条乡村物流线路，在县与村、镇与村、村与村之间，构建了细密的服务路网，全国各地的快递包裹通过社会快递到达秀山县城，再经由云智速递进村入户只需1天；农村包裹及农产品通过云智速递进城只需1天，再通过社会快递公司发往全国，实现快递首重包邮从以前的17元降至现在的3元，被评为"中国电子商务物流优秀案例"。**发展"区域分拨"。**针对武陵山区，建成中通、申通、韵达等快递分拨中心，开通17条武陵物流专线，建成周边区县配送站230个，实现仓储管理、订单处理与快递分拨无缝对接，有效服务武陵山区周边区县。**实现"全国直达"。**针对全国其他地区，投用货运调度中心，运

行"武陵物流云"信息系统，整合物流快递企业83家，开通秀山—重庆、秀山—长沙快递专线，秀山快递单票全程时效达到51.4小时，居西部地区时效第一，年均节约物流成本上亿元。2019年快递发出量达2300万件，是2014年的38倍。

## 采取"三种方式"，构建"专业化全过程"人才培训体系，有效破解"输血""造血"难题

**学校培训方式**。与重庆电子工程学院、重庆财经职业学院等合作办学，设立电商产业学院，开展电商相关专业全日制专科教育，学制3年、颁发全日制专科毕业证。在县职教中心现代物流、农村电商等相关专业，针对性培育本土电商人才。**基地实训方式**。与中国电子商务协会合作，设立武陵山电商人才服务中心，随到随学"流水席"式开展普及、技能、创业递进式培训教学。累计开展电商普及培训4.7万余人次，其中惠及贫困群众5700余人次；培养营销、美工、客服等技能精英4500余名，其中341名贫困群众结业上岗，全县电商从业人员达到2.6万人，其中贫困群众创业就业3500余人。如隘口镇的青年创客杨秋，在人才服务中心实训后，从最开始的每天几十单到现在日均2000单，带动20余名青年创业，结对帮扶了2个贫困村。**动态普及方式**。组建"教师团"，深入乡镇（街道）、农村开展电商普及培训。将农村电商纳入干部培训重要内容，引导领导干部用互联网思维谋划实体产业发展，形成了"言必电商、言必扶贫"良好格局。

## 建立"三个机制"，构建"全方位无死角"电商服务体系，有效破解"电商企业发展壮大"难题

**资金扶持机制**。设立物流园区产业发展基金、电商加工引导基金，从主体培育、技术创新、品牌建设、业务拓展等方面予以扶持。创新电商产业贷，低门槛融资、简易程序审批，已为相关企业、贫困农户贷款9500余万元。**一站服务机制**。组织财政、市场监管、邮政等部门（单位）靠前办公，为电商企业提供办公、仓储、金融、快递、培训、行政代办等一站式服务，让企业全程无忧。通过龙头带动、抱团发展，电商企业逐步发展壮大，年网络销售额千万元企业达12家、上亿元企业达5家，成为西南地区食品、生鲜电商龙头企业。**融合发展机制**。发起成立武陵山网商协会、武陵山物流协会，引导企业抱团营销本土农特产品，推动全县100余家生产企业、物流园区1200余家批发零售商户"触网"经营。连续举办全国青年电商农产品销售大赛、重庆市首届青年电商创新创业大赛、武陵山商品交易博览会等，营造了全民参与农村电商良好氛围。

# 隘口镇
# 多措并举扶真贫、脱真贫

2014年隘口镇有5个贫困村，建卡贫困人口724户3254人，是全市18个深度贫困乡镇之一。近年来，该镇从五个方面入手，扎实深入攻坚克难并取得显著成效。

## 积极推动金融扶贫，创建金融扶贫示范镇

在全县率先成立扶贫济困慈善信托基金，募集资金182万元，用于黑斑蛙养殖基地建设，为各村集体、未脱贫户共配210股，2019年11月，实现首次分红52.28万元。加大小额信贷扶贫资金投放力度，共计发放扶贫小额信贷562户576笔2268.3万元，获贷率77.84%。协调"度小满金融科技公司"发放47笔公益扶贫贷款317万元无息贷款。发放惠农e贷45笔437万低息贷款。农户贷款均用于发展特色效益农业和其他生产经营，有力促进农户稳定增收。

## 聚焦产业发展，探索完善利益联结机制

始终围绕一万亩中药材、一万亩茶叶、一万亩核桃的"3+X"产业发展规划，做好产业发展和利益联结机制完善。

**持续培育主导产业。**现已建成以金银花、黄精为主的中药材基地11718亩，茶叶基地7338亩，核桃基地11076亩，其他特色产业4273亩。全镇产业规模达到了34405亩，户均达到4.66亩，产业覆盖农户率达100%。

**充分完善产业链条。**目前，已建成茶叶加工厂2个，2019年加工鲜茶叶25万公斤；金银花加工厂7个，2019年加工鲜花86万公斤；秧青米加工厂2个，加工秧青米60吨；太空莲加工厂1个，加工干莲子7吨；玄参加工厂2个，即将开始加工；核桃加工厂、绞股蓝加工厂及屯堡村茶叶加工厂正在建设中。

**探索完善利益联结机制。**全镇通过土地经营权入股到专业合作社的农户有3795户，入股面积11016亩，其中建卡户390户1562亩。农户通过自己种植、入股专业合作社和利润分红等形式覆盖全镇所有农户，覆盖率达到100%；贫困户自主发展和土地入股专业合作社特色产业共447户，覆盖率62%；村集体产业收益覆盖建卡贫困户722户3234人，覆盖率达到100%。

## 聚焦农村电商，助推消费扶贫社会扶贫

2019年全镇电商销售金额达3200余万元，日均发单800余单，最高日发单2485单，临聘打包人员20余人。**搭建平台建体系**。武陵生活馆村村全覆盖、集配中心和"县镇村"双向物流专线常态营运。**培训人才建企业**。建成网店82家，个转企7户。**提升价值创品牌**。创建"山水隘口"微信公众号，成立电子商务公司，加快SC认证丰富品牌。**注重实效促脱贫**。向建卡贫困户发放电商红包和实施订单农业补助，每年培养20名以上贫困家庭青年并扶持创业，电商扶贫工作成效显著。**打造乡村扶贫产业园**。隘口乡村扶贫产业园总投资6300万元，主要由市商务委及帮扶成员单位、山东帮扶和财政涉农整合资金组成。总建筑面积22500平方米，功能包括产品加工、人才培训、冷链仓储、物流配送。目前，加工中心一期已正式投产，并与1000余户农户（其中建卡户223户）签订了红薯、辣椒、生姜等订单农业7048亩，保底收购、保险托底，群众将实现销售收入1336.5万元；学年用工达到100人，其中建卡贫困人口23人，人均年工资可实现3万元以上；带动村集体经济收入180万元，同时按企业捐赠利润的5%成立爱心基金帮扶贫困群众。

## 聚焦民生保障，积极落实各项惠民政策

**精准落实易地扶贫搬迁政策**。2019年已完成易地扶贫搬迁户14户73人，落实补助资金128.6万元；完成农房收储16户，土地复垦测绘入库359户（其中建卡贫困户56户）。**精准落实扶贫小额信贷政策**。目前，该镇共计发放扶贫小额信贷559户572笔2250.3万元，获贷率77.42%。**精准落实就业扶贫政策**。实现351名贫困劳动力就近就地就业，其中扶贫车间33人、乡村扶贫产业园33人、公益性岗位85名、生态护林员200名。**精准落实社会扶贫网相关政策**。大力宣传推广，引导社会各界爱心人士、企业关注隘口，目前累计注册中国社会扶贫网2364人（其中爱心人士1535人、贫困户771人、管理员58人），贫困户累计发布需求491项，对接成功率达97.76%。**精准落实义务教育保障政策**。成立控辍保学工作组，全力做好控辍保学工作，为因智力残疾无法到校就读的儿童开展送教上门服务；全面完成义务教育阶段适龄儿童少年失学辍学动态

秀山县建立"线上村头、线下武陵生活馆"电商扶贫模式，通过扶贫路把电商拉进村庄

清零工作；全面落实义务教育资助政策，贫困户义务教育阶段适龄子女享受教育资助政策实现100%。**精准落实基本医疗保障政策**。为建卡贫困户购买精准脱贫保，全面落实先诊疗后付费政策，贫困对象住院治疗个人负担比例降至10%以内；大力宣传医疗扶贫政策，引导群众积极参加城乡居民基本医疗保险，2019年，全镇城乡居民医疗保险参保率达95%以上，困难群众参保率达100%。**精准落实饮水安全保障政策**。对所有农户开展农村饮水安全普查工作，共计排查24604人，均已全面解决安全饮水问题，同时为全镇所有建卡贫困户家庭张贴了饮水安全标志牌。**精准落实民政兜底政策**。低保兜底665户1505人（其中建卡低保户174户661人），特困供养人员135人，贫困对象实现应保尽保，切实解决深度贫困家庭"两不愁"问题。

## 清溪场镇葛麻村

# "四抓"促"四变"　持续巩固脱贫成果

葛麻村位于秀山县清溪场镇北部，辖区面积3.34平方公里。全村有4个村民小组，296户1550人，建卡贫困户68户330人全部脱贫。2017年9月，确定为县级扶贫重点村以来，坚持以产业发展为重点，充分发挥资源优势，不断创新体制机制，积极发展茶叶产业，推进群众持续增收，有效巩固脱贫成果。

### 抓资源优势促产业发展，实现"荒山"变"茶山"

认真贯彻落实"绿水青山就是金山银山"理念，因村制宜发展茶叶产业，实现生态与产业发展双赢。

**坚持科学论证**。葛麻村地貌以山地为主，整村位于太阳山一面，空气优良、土壤肥沃且为酸性土壤。海拔600～980米，森林覆盖率达70%，适宜茶叶生长且品质高。茶叶作为全县五大主导产业，县级政策支持大。村级曾种植过茶叶，群众接受程度高。

**突出群众主体**。以开展榜样面对面、农民技术培训、产业政策宣讲为抓手，全面开展脱贫攻坚政策宣传引导，不断增强群众参与产业发展的主体意识。采取党员会、小组会、院坝会等形式，广泛动员全村群众。干部逐户上门答疑解惑，最终得到群众支持。

**突出规划落实**。将茶叶纳入村级产业发展重点。在充分调研论证和征求群众意见基础上，组织村支"两委"及村民代表外出考察茶叶产业发展情况，增强发展信心和动力，实现了群众疑惑"为什么要种茶叶，茶叶种来猪都不吃"到"我要种茶叶，把我家的荒地都种上"的转变。目前，全村利用缓坡丘陵地带荒山草坡，因地制宜发展生态茶叶1600亩，实现建卡贫困户全覆盖。采取以短养长发展土地间种大豆1100亩，帮助村级集体经济增收2万元。

## 抓利益联结促产业发展，实现"农民"变"股民"

以农村集体产权制度改革和"三变"改革为抓手，引领茶叶产业发展，创新利益联结机制，有效激活了村级资源。

**完善"公司＋专业合作社＋农户"发展机制**。引入茶叶企业1家，负责技术指导、茶叶收购、产品加工、品牌建设、市场销售等工作。村级成立云芽茶叶专业合作社，对茶园进行统一栽培、管护。县级财政每年落实200万专项资金，用于产业发展。群众前三年免租金提供土地，三年后茶园建成优先按照土地原有权属交还群众。基地盛产期预计可采鲜茶叶32万公斤、产值320万元，全村人均可增收2100元。

**完善"务工＋采收＋流转"收入保障机制**。茶园统一栽培、管护过程中，通过长期聘用贫困人员务工的方式，就近解决贫困群众就业，带动了23名贫困户增收。以贫困户刘廷明（本人72岁，儿子长期外务工，孙子读初中）为例，2019年上半年在基地务工收入就达6000元。茶园建成后，按照亩产鲜茶叶200公斤、每公斤16元计算，群众采收销售可实现收入3200元/亩。对长期外出务工、无劳动力的农户，可按照每年300元/亩，流转给专业合作社或者大户获得租金收入。

**完善"村集体＋专业合作社＋农户"分配机制**。将扶贫资金注入专业合作社，把资金股权量化到贫困户，推动贫困群众持续稳定增收。村级合作社与企业合作成立嘉铭茶叶公司，共同投资300万元建设茶叶加工厂，合作社以产业帮扶资金入股65%，企业自有资金入股35%。实施"631"利益联结模式（群众60%、合作社30%、村集体10%，建卡贫困户在群众分红中按照1：3的比例进行人口配股分红），确保贫困群众利益最大化，提高全村群众发展茶叶产业的积极性。

## 抓组织建设促产业发展，实现"后进"变"先进"

坚持党建促脱贫，切实解决党员管理涣散、村级集体经济薄弱等问题，实现了村级党支部由"后进"到"先进"的转变。

**完善组织保障体系。**建立"县委书记定点包干、县委办公室对口帮扶、清溪场镇党委主要负责人驻村指导"工作机制,选优配强第一书记和驻村工作队。加强后备人才培养,新发展党员、积极分子5人。严格落实驻村人员管理制度,坚持吃住在村、干在村,每月走访建卡户户均不低于3次,一般农户每季度走访不低于1次,做到家底清、情况明。

**强化支部党员示范带动。**探索"村党支部+公司+合作社+贫困户"的"党建+"模式,形成支部引领、企业支持、合作社带动、群众参与的发展格局。坚持把党小组建在茶叶产业发展项目上,将茶叶基地划分为2大片区,择优选择长期基地务工党员2名,设置党员示范岗2个,切实发挥党员在产业发展中的先锋模范作用。

**动员社会力量参与帮扶。**坚持"村企合作、互惠双赢"原则,深入实施"万企帮万村"精准扶贫行动,精准对接重庆博滋林农业开发有限公司等4家企业参与产业发展。联合团县委、县妇联举办贫困学生爱心捐赠活动2次,组织520爱心志愿者协会、创新创业学校等社会组织和企业开展帮扶活动4次。

## 抓"志智双扶"促产业发展,实现"旧貌"变"新颜"

坚持群众主体、"志智双扶",建立健全广泛参与、合力攻坚的动员机制,着力激发贫困群众内生动力。

**改善人居环境。**大力实施通组公路硬化3.1公里、入户路硬化6.3公里、人居环境改造97户,整治山坪塘3个。完善小型水利设施和生产便道,改扩建排洪沟2公里、边沟2公里,堰渠3公里。聚焦农村生活垃圾处理、生活污水治理、村容村貌整治,深入实施农村环境连片整治,落实保洁员5名,实现村庄常态化保洁。

**实施茶旅融合。**投入470万元实施茶叶基地农业综合开发项目,将茶叶基地进行园林化改造,套种五彩桂花1万株、樱花6000株,实现茶园绿化美化。硬化产业路3.5公里,新建观光便道8公里,观光亭台2个,配套建设休闲观光设施,着力发展集观光旅游、休闲采摘为一体的现代生态茶园。

**强化乡村治理。**开设政策形势宣传"大喇叭",在8个自然组布局8个常态化宣传阵地,开展习近平扶贫论述、扶贫政策、科学知识、法律法规、环保观念普及等宣传教育60余次,引导群众破除陈规陋习、树立文明新风。积极组织全村群众参加文明家庭系列创建活动,开展茶叶种植、农村电商等培训200余人次,村民素质稳步提升。2018年成功创建成为市级文明村。

# 国企龙头创新模式
# 引领贫困群众走上小康路

2016年7月，习近平总书记在宁夏考察时指出发展产业是实现脱贫的根本之策，要因地制宜，把培育产业作为推动脱贫攻坚的根本出路。酉阳县始终将产业扶贫作为解决贫困户稳定脱贫、长效脱贫最有实效的方式，充分发挥国企酉州实业集团有限公司的作用，深度介入油茶产业发展，目前在全县发展油茶10.65万亩，走出了一条既符合国企高质量发展又助力农户增收致富的好路子。

## 市场与优势耦合，发展愿景远大光明

全县在2018年底明确县属重点国企要强化实体化转型，并深度介入农业产业发展工作。以什么方式介入？发展什么产业？规模做多大？油茶是酉阳县传统农业产业，大部分山区遍布野生油茶林，并且挂果率非常高，油茶的生产周期特别长，很多乡镇还有300余年的野生油茶树，通过精细管护还能开花结果。全县大量青壮年劳动力外出务工，形成大量的撂荒地以及荒山、荒坡，存量土地资源多，发展油茶产业具有先天优势条件。中国疾病预防控制中心营养与食品安全所对油茶和橄榄油进行的对比研究表明，茶油与橄榄油的成分尽管有相似之处，但茶油的食疗双重功能实际上优于橄榄油，市场前景非常好。为此，酉州实业集团有限公司确立了：未来6年发展油茶50万亩，改造低效林10万亩，把酉阳县打造为全国油茶大县油；通过7年把集团旗下酉州生态农业公司打造为全国油茶第一大品牌，通过8年推动酉州生态农业公司在沪深主板上市。

## 创新与扶持对接，三方合作联结共赢

良好的发展模式是产业发展的基础，在农村发展产业如果不能把村支"两委"和农户的积极性、主动性调动起来是注定会失败的，要调动他们的积极性、主动性就必须让他们与公司成为利益联结体，让他们能从合作中获得实惠，通过实地调研、讨论、甚至争论，全县最终提炼出"公司+村集体经济组织+农户"的油茶产业发展模式。由公司全额资金投入，村集体组织务工、管护，农户以土地经营权入股，参与务工。股权分配按公司占60%，村集体经济组织占8%，农户占32%的股权进行分配，并且要求务工必须向建卡贫困户倾斜；对农户实行"保底收益+分红"，针对油茶产业发展周期较长，为让农户收益更有保障，在油茶未进入盛产期前，农户的土地租金每年按荒山、荒坡每亩50元，撂荒地按每亩100元，确保农户的基本收益；农业公司今后要向市场要收益，逐步让利村集体经济组织和农户，从第16年开始，公司维持股权不变的前提下，在基地的分红比例每五年降低5%，最终公司只保留20%的分红比例，村集体经济组织和农户将达到80%。多层效益和长远分红，习近平总书记说："油茶产业发展是一举多得的好产业，要坚持走绿色发展的路子。"通过利益联结带动村集体经济发展，带动农民增收，农户还能够得到林下养殖收入、基地务工佣金、承接基地管护和分红收入及农旅融合带来的乡村旅游收入。通过这样一种模式充分把公司、村集体经济组织、农户的利益联结在一起，让他们深刻地领会到不是在给别人干，而是给自己干，充分激发他们发展的内生动力。

## 壮大与带贫同步，发展势头可喜可贺

酉阳的油茶产业发展，取得了明显的成效。**示范基地已高标准建成。**现已完成土地流转经营权入股面积达15万余亩，建成油茶基地10.65万亩，发展已涉及30个乡镇120个村，打造了2个2万亩、4个1万亩、6个0.5万亩的高标准示范基地，与中国林科院亚林所合作，启动建设了2个国家高产示范基地。**育苗培育基地处于领先。**目前已建设了280亩的高产高质种苗培育基地，每年生产优质良种油茶苗木达1000万株，目前的油茶育苗基地在全市无论规模还是技术都处于领先，未来两年将持续发力打造为国家级示范基地。**带动作用显现。**现已联结带动全县120个村集体经济组织，联

酉阳县龚滩镇红花村——阿蓬江边绝壁下的新农村

结农户29060户101710人，其中建卡贫困户3542户12397人；实现农户增收达6800余万元（其中贫困户增收达1200余万元），春栽工作启动后，每天在基地务工的农户达3000人以上，公司积极鼓励和支持贫困户参与油茶春栽工作，参与务工的贫困户人均每月增收可达2600元以上，真正意义上实现了贫困户的稳定增收，未来5年将完成油茶基地建设50万亩，实现全县油茶产业全覆盖，油茶产业将带动10万余户40余万人，常年在基地务工人数将突破1万人。油茶产业是一项长效产业，一般具有100年以上丰产期。50万亩油茶基地建成后，茶果年收入可达20亿元，利润可达10亿元以上，村集体经济和农户每年可实现收入4亿元以上。

## 党建与人才匹配，内生动力后劲十足

酉州实业集团公司加强"双带"引领（党组织带领、党员干部带动）示范作用，创新机制，农业公司党支部与可大村等几个村党支部建立支部共建，定期组织活动，引导村级党组织做实集体经济，同时依靠村党支部和党员力量，发展油茶产业，聚焦脱贫攻坚，助力乡村振兴，以目前的合作模式，有的村栽种油茶面积达5000亩，甚至有的突破1万亩，以较为普遍的一个村2000亩计算，进入盛产期后每亩年收益按较低水平3000元计算，村集体经济组织收益将达到48万元，对提升基层组织管理和服务水平将发挥重要作用。两山理念与科技创新相结合是产业发展最有力支撑。加强与油茶科研机构的合作，组织酉州实业集团有限公司先后与中国林科院亚林所、重庆林科院、国家林业工程研究中心、华南农业大学等科研院建立战略合作协议，成立油茶科研院，从品种选优、苗木培育、高标准基地建设与管护、产品深加工与衍生品开发、品牌与渠道建设等全产业链进行全方位的技术支持，在油茶产业发展过程中少走了很多弯路。结合实际，先后选聘优秀人才组建农业公司班子，同时特别注重对当地能人的引入和培养，农村里的优秀人才大都外出务工，油茶产业发展过程中全县目前有200余名优秀人才回流，就地务工，他们很多已成长为村集体经济组织的负责人，油茶产业发展的技术和管理骨干。

酉阳县油茶产业发展模式的根本是国企、村集体经济组织、农户建立起广泛、长远、深度的利益联结，是全县脱贫攻坚的重要推手，能长期有效地防止返贫，实现可持续增收，必将推动全县农业经济大发展、大提速，使全县的农业产业变得更强、农村环境更美、农民收入更高，这种发展模式最大的优点在于充分调动国企、村集体、农户的积极性，激发他们的内生动力，最大的亮点在于走出了一条可持续发展的路径，具有较强的推广、借鉴、复制意义。

# 车田乡

# 对标对表战贫困　决战决胜奔小康

2014年酉阳县车田乡建档立卡贫困人口626户2802人，目前已全部脱贫。车田乡坚持以习近平新时代中国特色社会主义思想为指导，深学笃用习近平总书记关于扶贫的重要论述、在决战决胜脱贫攻坚座谈会上的讲话精神和在解决"两不愁三保障"突出问题座谈会上的重要讲话精神、视察重庆系列重要讲话精神，贯彻落实敏尔书记"两手抓""两不误""两促进"的要求，对标县委、县政府关于脱贫攻坚统筹部署，保持定力、持续发力、深度发力、合力攻坚，以强烈的政治担当、责任担当攻克贫中之贫、坚中之坚，保持决战决胜姿态，坚决做到"两个防止"，一鼓作气、攻坚克难、顽强作战，紧紧围绕"两不愁三保障"目标任务，统筹推进基础设施、产业发展，实现脱贫攻坚、乡村振兴无缝衔接、有机结合。

## 对标对表"两不愁三保障"，解决突出问题

把解决"两不愁三保障"放在决战决胜脱贫攻坚战的首要环节，突出"两不愁三保障"目标任务，坚持问题导向，做到"四个经得起"（收入经得起算，房子经得起看，现场经得起查，资料经得起翻），同时聚焦未脱贫户、边缘户、监测户等，提前干预，因户施策、因人施策，把帮扶措施政策精准到户、到人、到项，切实筑牢脱贫底线。**抓实抓细"两不愁"**。按照标准因户施策、精准到户地落实产业规划，做到户户有产业，户户不愁吃、不愁穿；坚持劳务输出、就近务工、开发公益性岗位等"多位一体"的方式，解决贫困劳动力就业1100人，开发公益性岗位283个，直接增加588户贫困户收入。**义务教育有保障**。严格落实控辍保学机制，全乡义务教育阶段学生1252人，其中义务教育阶段贫困学生504人，享受教育资助政策1252人。**基本医疗有保障**。按照贫困户必须全部参保的总要求，"先诊疗后付费""一站式"模式，实现全乡626户2802名贫困人口全部参保，保障患者正常就医治疗，落实医疗报销、救助、理赔等措施政策152人次50.25万元，贫困户目录内报销比例达90%。**住房安全有保障**。将人居环境整治，农村C、D级危房改造，易地扶贫搬迁，宅基地复垦等政策用活用好用活用足用够，实施农村C、D级危房改造193户，易地扶贫搬迁306户，宅基地复垦168户。**群众饮水安全有保障**。引进国有平台企业翔龙公司进一步完善饮水工程，建立完善农村饮水运行管理制度，建成集中式供水厂1座、农村人畜饮水池34口。

## 对标对表建设要求，提升生活质量

统筹推进脱贫攻坚、乡村振兴战略布局，以交通、电力、通讯、人居环境、公共服务为重点，精准落实脱贫攻坚项目114项，总投资6.07亿元，全部完成投资。**交通方面**，全面完成沕溪至车田耳机道路建设27公里；全面完成车田集镇至湖北三级道路建设12.5公里；建成"四好"农村路27条100.5公里，全乡20户以上的院落公路通畅率达100%；配套建设农村客运站1座有序推进，4个行政村客运线路全部开通。**电力方面**，新增10千伏及以下线路64.9公里，实现动力电全覆盖。**通讯方面**，实施农村通讯覆盖工程，建成17座转播基站，基本实现4G信号乡域全覆盖。**人居环境方面**，完成集镇道路黑色化工程；新建投用集镇污水处理厂1座、垃圾中转站1座；按照干净、整洁、有序的要求，强力推进全乡人居环境整治。**公共服务方面**，中心幼儿园、4所村小全部投用，完成4个村卫生室标准化建设，有序推进车田中心校、车田乡中心卫生院建设任务，4个行政村便民服务中心全部投用。

## 对标对表产业扶贫，完善利益联结

充分挖掘资源优势，大力培育特色支柱产业，规模化、产业化发展油茶、茶叶、中药材等特色农业，推动特色效益农业发展，全乡扶贫产业不断发展壮大。**特色产业上台阶**。牢固树立绿水青山就是金山银山的理念，依托车田乡生态和文化资源优势，科学确立以油茶、茶叶、中药材和乡村旅游为主攻方向，以叶用枸杞、土鸡、蜂蜜、经果林等小品种产业为有效补充，长短结合、全域发展、整体推进扶贫产业发展思路。将全乡2.3万亩耕地、7.1万亩天然林纳入农旅融合产业发展范围，着力构建全乡资源一体整合、产业一体规划、品牌一体打造的农旅融合发展格局。**农业经营上规模**。建立起"平台公司+村集体+产业+贫困户"的发展引领模式，租金、薪金、股金"三金"的利益联结机制，利用成功申报全国农业产业强镇契机，撬动社会资本，引进国有平台企业城建集团。建成油茶基地25000亩、经果林1400亩、食用菌基地50亩、吊瓜基地120亩，茶叶2000亩，培育茶叶育苗基地100亩，生态山羊存栏3000余只。**产业发展上水平**。建成铜麻台、猫头坝、苗营、文家院子等4个乡村旅游示范点，发展桃源人家、森林人家253家。推动科技成果转化，建设叶用枸杞扶贫科研示范基地300亩。建成体验、休闲产业园8个。积极发挥消费扶贫的带动作用，建立起"帮扶集团（市场）+电商中心+电商站点+农户"的销售模式、"电商+专业合作社（公司）+基地+农户"的采购模式，采取线下统购、线上统售的方式，打通农产品变商品的"最后一公里"，实现农产品销售额达80余万元。

## 花田乡何家岩村

# 昔日皇家贡米　今朝脱贫产业

何家岩村位于酉阳县花田乡南部，距酉阳县城30公里，距花田乡政府所在地5公里。全村总面积20平方公里，现辖20个村民小组，753户2527人，其中贫困人口164户641人，已全部脱贫。因该村浓厚的民族风情和独具魅力的梯田风光，被命名为中国民俗摄影创作基地、中国传统村落、中国美丽休闲乡村、全国"一村一品"示范村镇，是著名的贡米之乡，每年都吸引了全国各地的摄影爱好者前来观光旅游。

近年来，何家岩村结合资源优势，抢抓机遇，认真研究，深入实践，全力打造"百年古寨、千年贡米、万亩梯田"三大脱贫新产业，探索出了"生态循环、产业叠加、抱团发展"的脱贫新模式。昔日进贡朝廷的何家岩贡米发展如火如荼，如今成为群众脱贫增收的支柱产业。

## 加大产业基础建设，促进贡米做大做强

在何家岩贡米产业基地，投入扶贫资金近658万元，硬化产业干道5.2公里；修建田间生产便道8公里；修建旅游观光步道3公里；恢复基地稻田1100亩；修建灌溉山坪塘1口；实施有机质量提升4000亩等。通过"公司+基地+高校+合作社+农户"的运作模式，严格执行"稻鸭共作、水稻间作、物理杀虫、生物防控"等有机米栽培技术规程，何家岩贡米成功已获得了有机食品认证和地理商标两个国家级品牌。"何家岩贡米"实行"线上推广和线下体验相结合"的销售模式，消费者可以到贡米基地体验稻米的栽种过程，实地购买大米，也可以在专卖店购买"何家岩贡米"时，通过扫码大米包装上的二维码，了解有机贡米从"种子→生产→监管→加工"一条龙的监控，让消费者吃上安全、放心的有机大米，确保从田间到餐桌的安全。目前，全村已建成花田贡米核心基地5000亩，年产有机水稻1250吨，实现总产值3160万元，贡米产业辐射带动了全村145户584人的贫困户脱贫增收。

## 加大产业到户扶持，激发脱贫内生动力

按照产业发展规划，对种植贡米的农户统一标准、统一模式、统一包装等环节，对按有机贡米要求种植的农户按250元/亩的标准给予农户补助。对实施乡村旅游建设的农户，按照一户一策、一户一景的要求给予农户补助。何家岩村45户农户120余人变身旅游从业者，"何

家岩贡米"也成功由农产品变为商品,其品牌对何家岩村经济的发展带动更是后劲十足。据何家岩村13组农家乐贫困户冉华群介绍,不论春夏秋冬,到花田梯田旅游和拍照的游客总是络绎不绝。自2014年他放弃广东的工作,回乡开办农家乐以来,店里的房间一直处于爆满状态,生意很红火,腰包鼓了起来。昔日的贫困户如今天成为脱贫增收的带头人。

## 加大产业融合发展,助推乡村振兴步伐

何家岩贡米已获得了有机食品认证和国家地理商标,何家岩梯田是中国民俗摄影创作基地和重庆市最佳观景拍摄点,何家岩村是中国美丽休闲乡村和重庆市休闲农业与乡村旅游示范点,何家岩古寨已纳入了中国传统村落名录,这些资源优势为一、二、三产业融合发展奠定了坚实基础。目前,全村已开办农家乐38户,修缮包装古寨房屋79户,环境连片整治12000平方米,安装景观水车4个,修建观景台10个,玻璃栈道1个,悬崖风雨廊桥1座,古寨农耕博物馆投入使用,一大批旅游配套设施的完善,极大提升了乡村旅游品质,吸引了全国各地游客前来休闲旅游。通过发展生态贡米促进了梯田的保护,通过梯田风光带动了生态旅游的蓬勃发展。何家岩生态产业融合成为发展的新路径,极大地促进了乡村产业振兴。

通过产业基础设施的投入、到户资金的落实、产业融合发展的助推,何家岩贡米价格从过去的2.5元/斤卖到了现在的25.8～50元/斤,已供不应求。贡米基地已成为一、二、三产业融合发展的示范点、山地特色生态产业发展的新亮点,同时也是向十九大献礼作品《辉煌中国》第五集的拍摄点,该剧在央视播出后反响强烈。随着何家岩贡米基地的不断扩大,贡米产品的日渐走俏,全村梯田美景也逐步进入公众视野。现在,当地很多村民已不再外出务工,而是纷纷办起了农家乐、餐饮店、客栈、旅馆,坐在家门口赚钱。何家岩村贫困农户正以"生态循环、产业叠加、抱团发展"的模式助推脱贫增收致富,干劲越来越足了,腰包越来越鼓了,脱贫的信心也越来越强了。

# 两罾乡内口村

# 将脱贫攻坚与乡村旅游发展有机结合

　　内口村地处酉阳县两罾乡东部，东与天馆乡接界，西与红阳村比邻，南与石门坎村相邻，北与龚滩镇接界，最高海拔621米，最低海拔365米，辖区面积7.3平方公里。全村辖5个村民小组，总人口395户1312人。其中，建卡贫困户114户442人。内口村以千年金丝楠木群为依托，将脱贫攻坚与乡村旅游发展有机结合，先后筹资1700余万元实施27户民居风貌包装、修建林间休闲步道、停车场、游客接待中心等基础配套设施，完成7米宽、12公里长的乡村旅游公路改扩建油化工程，建成5亩金丝楠木苗圃，200亩核桃基地及100亩郁金香、玫瑰、向日葵等观光花卉园。新建1000亩桃园采摘观光基地。

　　近年来，该村支部团结，带领干部和群众开拓创新，不畏艰难，不断更新观念，认真抓好扶贫开发工作新路子，引领一方群众共走发家致富的金光大道，取得了扶贫开发工作的一系列新成绩。内口村支部紧紧围绕目标，突出"六个重抓"，实现整村销号，贫困人口全部脱贫。

　　新建通畅公路12公里、通达公路11.5公里、入户便民路13公里，实现了村通畅、组通达；新建集中供水池1口400立方米、分散式人畜饮水池104口1000立方米，安装入户供水管网5公里，278户吃上"放心水"；完成光纤到村和4G网络全覆盖。倾力打造中国金丝楠木园，结合全市巴渝民宿示范点建设，大力发展乡村旅游，扶持21户村民开办农家乐，其中贫困户10户40人，解决就近务工81人，辐射带动10户40人吃上"旅游饭"。同时，抓好传统产业发展，为108户贫困户发放产业到户资金33万元，6户贫困户获得扶贫小额贷款共18万元。38户贫困户种植核桃200亩；30户贫困户养殖蜜蜂350群；35户贫困户养殖生猪426头；8户贫困户养殖山羊125只，确保贫困户既能脱贫越线，更能持续增收。用好高山生态扶贫搬迁政策，结合"五改两建"，着力改善人居环境，全村实现农房保险全覆盖，搬迁贫困户8户，落实资金23万元，危房改造27户，落实资金14万元。实现贫困户新型农村合作医疗保险、人身意外伤害保险、大病医疗保险、大病医疗补充保险全覆盖，完成大病医疗救助5人，纳入低保兜底6户19人。享受中高职资助15人、大学资助2人；完成内口村小学义务教育均衡创建工作，适龄儿童入学率达100%；开展贫困户技术技能培训180人次，引导就近就地创业45人，务工135人。重抓驻村帮扶。村支部成员开展驻村帮扶，协调资金5万元新建便民服务中心180平方米，建成标准村级卫生室1个、农家书屋1个、便民超市2家。

可大乡吴家村

# 吴家村油茶花开

金秋十月，狮岩脚下，油茶花开了。站在狮岩山顶，放眼望去，一片片白茫茫的油茶花，簇拥在绿色的群山之间一起一伏，就像大海泛起了一层又一层浪花。高耸的狮岩山就像一座古老的灯塔，静静地矗立在这片大海上，仿佛在叙说吴家村油茶产业发展中一个个动人的故事。

## 迷惘的村支书

2013年，年仅27岁的彭德，经过一个多月的思想斗争，放弃福建泉州佳美集团陶瓷厂业务主管、月薪万余元的高薪岗位，毅然回到离开了八年的家乡，参加了村支书的选举。有幸的是，因为自己良好的口碑和在年轻人中的声望，高票当选。

吴家村位于可大乡西部，距县城100公里，下辖9个村民小组，面积约16.5平方公里，其中耕地5300亩，荒山3200亩，林地7223亩，吴家村有村民800余户，2900余人。一直以来产业发展处于空白状态，收入基本靠外出务工，是远近闻名的贫困村。村民生活艰难、生产条件不便、生态环境脏乱，是一个典型的"问题村""上访村""空壳村"，全村群众怨声载道。要想彻底解决这些问题，刚刚上任的村支书非常明白：发展是唯一出路。

年轻气盛的村支书看到满山遍野的野生油茶树，萌生了一个发展油茶产业的想法。于是找当地的有识之士商量，但面对的是一双双冷冷的目光。四处联系本村的成功人士回乡创业，也没有一个人回应。找乡上领导谈思路，找乡级各部门拉资助，收获的只有一张张笑脸。就这样，精明的村支书也开始迷惘，虽力不从心、出师不利，但他坚定了一个信念：守住土地！

接下来的工作中，他拒绝了一个又一个不切实际的占用当地土地资源的项目，伺机以待。

## 蹒跚起步

2015年，精准扶贫开始，农村产业发展迎来了一片曙光。在县乡两级的支持下，吴家村成立了狮岩油茶种植专业合作社，积极动员村民加入，最终有9名村民响应加入成为合作社股东。股东们拿出承包地120余亩，筹集资金20余万元，农机具20台架次，制定了章程制度，进行了组织分工，借用农房作为办公场地，开始正式运作。村干部和股东们一起，流转了村民土地800余亩，起早摸黑，砍山整地、栽植茶苗，经过近一年的艰辛努力，一个1000余亩的小型油茶园初见雏形，吴家产业蹒跚起步。

油茶见效时间长，一般要六七年才挂果，十年以上才会进入盛产。油茶园建成就需要50余万元，花去集资及补贴40余万元后欠下各类费用近10万元，村干部及股东还白搭了1000余个劳动力。干部的信心开始动摇，股东的信念开始崩塌。作为支书，彭德感到肩上的责任越来越沉重。如何引领村级产业健康可持续发展？如何破解油茶投资周期长的瓶颈制约？这是摆在吴家发展之坎的迫切需要解决的两大课题。

经过多次研究探讨，经过多个不眠之夜，在村支书的主持下，全体干部股东形成了进一步发展的战略转型方案：引进能人，打破所有制局限，以短养长。把引进能人放到了首要位置，开始了历时一年的寻能人之旅。

## 发展壮大

2017年，本籍成功人士彭昌州被家乡干部群众的诚意打动，回到吴家，作为吴家产业发展的领头人。他刚回吴家就对狮岩油茶种植专业合作社进行了大刀阔斧的改革，提出走出吴家油茶产业困境之策：用事业凝聚人心；用机制激发动力；用能人引领发展；用产业托起希望；让共享惠及民生。

首先，新组建酉阳县狮岩油茶种植专业合作社，以合作社为载体，把全村群众紧密团结在一起，形成全村上下心往一处想、劲往一处使的良好氛围。然后大力招商引资，吸引村民入股，技术入股，土地入股，走"公司+合作社+农户"发展之路。接着探索制定了四大机制：土地量化入股和全产业链参股。村民土地占30%的股权；村民的资金占51%的股权；集体占19%股权，并覆盖全产业链。村民享有的二次再分配权利，享受子女奖学助学、养老保险、困难补助等社会福利。油茶产业"三级"分配方式。土地折价量化入股后的红利保底并阶段性增加，按5年一个阶段，每阶段递增；土地上的油茶籽收入按阶段分红比例逐步提高，直到80%为止；出台周边专业合作社订单入股分配方式。

通过一系列改革，加强内部管理，狮岩油茶种植专业合作社不断发展壮大。至2019年，合作社发展到员工42人，入股村民512户2304人（其中建卡贫困户151户674人），取得了"酉阳茶油"地理标志证明商标，"有机茶油""有机茶籽"三块认证标志。建成万亩油茶园，建成中药材初加工厂1个，榨油生产线1条，冷冻库1座，农家乐1所，砂石厂1个，正在建设豆制品加工厂、3000头生猪养殖场、有机肥料厂，组建了吴家村社会化服务队及建筑队。为了以短养长、以耕代扶，2019年通过订单生产方式种植中药材800亩、生姜蔬菜等作物2250亩，总产值突破2800万元（其中农产品1050万元，二、三产业1750万元），利润达321万元。

集体经济逐步发展壮大的同时，全村社会事业也统筹发展。2019年，"狮岩梦想"教育基金奖教奖学8万余元；安排河道清漂等公益性岗位8个；成立吴家舞蹈队和篮球队并积极举办文体活动；设立扶贫专项资金，救助困难群众21户；在农民讲习所承办农技培训28班次，培训2600余人次。

可大乡吴家村发展油茶产业，成功构建了现代化实用农业产业体系、生产体系、经营体系，促进一、二、三产业融合。全村抱团发展，让绿水青山变金山银山，实现村村寨寨产业覆盖、家家户户利益联结。

## 美丽愿景

聚焦脱贫攻坚，助力乡村振兴，经过实践与探索，吴家村产业发展日新月异，乡村振兴已在路上。"十四五"期间，吴家村的发展目标：紧紧围绕党的十九大提出的乡村振兴战略，按照"产业兴旺、生态宜居、乡风文明、治理有效、生活富裕"的总体要求，突出发展特色优势产业油茶，建设集现代农业、休闲旅游、田园综合体的国家级美丽乡村，带动全乡及周边发展，到2025年，集体经济力争突破产值1亿元，实现人均可支配收入4万元。

吴家村的发展愿景：建设国家美丽乡村和油茶有机农产品基地；建设具有土家特色文化的传统村落，形成一个能容纳2000余人的民族风情村寨，建设有特色的民俗民居；打造水上游乐项目，推动旅游发展，实施"三赛三节"（山地自行车赛、垂钓赛、龙舟赛，茶花节、茶泡节、榨油节）等农旅休闲和文化活动，加快推进乡村旅游产业发展；大力发展特色养殖业；挖掘和发展土家特色文化、推动乡村文化建设；建设可大乡生态创业园，主要建设以茶油精深加工和衍生品研发、土豆加工厂、中药材加工厂、有机肥料厂等为主的返乡农民工生态创业园区；以教育奖励基金为基础，根据情况不断壮大基金规模，增加资助内容，扩大资助力度，最终形成具有完备功能的"吴家村公益基金会"，全面承担吴家村教育、医疗、养老、救济救助、保险等社会责任和义务。

油茶花果同树，期待又一年油茶花开。

# 板溪镇山羊村

## 农文旅融合兴业
## 利益联结富民　人居环境美村

◆◆

　　山羊村位于酉阳县板溪镇东南部，辖区面积18.6平方公里，距县政府31公里，到镇政府17公里，辖6个村民小组，469户1486人，有建档立卡贫困户69户288人。2015年该村被评为全国生态文化村，2018年被评为最美村寨和重庆十大最美特色乡村，是重庆市"三变"改革试点村和酉阳县乡村振兴示范村。

　　脱贫攻坚以来，山羊村依托文化、生态资源优势和临近园区、高速的区位优势，因地制宜、因势利导，推动农文旅融合，发展集体经济，将贫困群众联结到产业链上去，让他们有岗位、有事做、有收入，不断激发内生动力，实现高质量脱贫。

### 农文旅融合兴业

　　该村打通交通瓶颈，用活传统村落、黄栌红叶、古戏花灯、壮美梯田等自然资源，深入挖掘山羊村历史文化，围绕农业产业和乡村旅游，将全村山、水、林、田、土、房屋等资源进行整体打造，通过展示田园风光、民族风情，统筹发展观光农业、休闲产业，新建和完善基础设施、设备，开设了娱乐室、图书室等，让游客进得来、留得住、吃得好、玩得畅，将山沟沟变成聚宝盆。目前，山羊村进村路10公里道路拓宽、到楠木乡11公里通畅路、到红溪村5公路通达路、组组通10公里路等工程已全面开工，已建成稻渔基地200亩、脆红桃200亩、茶叶500亩、野生猕猴桃500亩、中蜂500余桶，发展中药材黄精、白术500余亩，培育养殖大户10户，引进镇外公司3家，推出生态稻、稻花渔、猕猴桃等"山羊山货"；发展"桃源人家"18户，其中农家乐9家、客栈9家，保护性修缮整治古寨房屋140间，初步建设农耕文化博物馆；配套建设停车场400平方米、公厕8座，步游道3000米、水体景观2处，整治河道300米。近年来，累计接待游客5万人次，村集体经济年收入达20余万元。

### 利益联结富民

　　组建村集体企业山滋闺农业发展股份有限公司，公司控股成立酉阳县更香农业专业合作社，采取农民承包地、林地、房屋折价入股，"保底分红+二次分红+效益分红"进行激励的方式，有效调动广大村民参与积极性，纷纷入股成"股东"，与合作社建立起紧密的股份联结，共抓产业，共享红利，实现全村469户农户1486人利益联结全覆盖、69户贫困户288人全带动，在用工上优先考虑贫困户就近就业，2019年贫困户户均增收2000元。此外，还探索实施财政补助资金股权化改革，通过财政补助资金变"股金"，完善贫困群众股份联结方式，拓宽增收渠道。

## 人居环境美村

在提升村民的精气神，激发群众内生动力上下功夫，结合古寨打造第一批重庆市乡村文化振兴示范村、美好环境与幸福生活共同缔造活动试点村申报工作等活动，坚持一手抓"颜值"、一手抓"素质"，形成了爱护环境卫生、共建美丽家园的新风尚。抓"颜值"，改善环境卫生：充分利用公益性岗位，采取"集中打扫、常态保洁、阶段督查、定期评比"方式，发动广大村民开展"三清一改"整治，创建"最美村寨""洁美人家"。抓"素质"，养成文明习惯：把自治、法治、德治相结合，坚持"群众事群众议、群众事群众评"，制定村规民约《铁十条》，对环境整治、言谈举止等作出明确规定，全体村干部带头示范，广大村民共同遵守。以养老服务中心建设为契机，引入西南大学志愿者等社会组织，开展实施关爱老年人活动，为老年人提供免费咨询服务，建立健全助老制度，成立了农民讲习所，积极开展法治文化活动，村民讲卫生、讲文明的习惯逐步养成，人居环境更加干净、整洁、有序。

如今的山羊村已旧貌变新颜。2019年，中央电视台、重庆市电视台分别来到山羊村，对山羊村的产业发展、民俗文化及旅游开发进行了深入的采访报道。统筹推进脱贫攻坚和乡村振兴，打造美丽乡村，带动产业兴旺，实现高质量脱贫，山羊村走除了一条适合自己发展的特色之路。

# "产业村长"闯出脱贫增收路

◆◆

彭水县三义乡地处武陵山腹地，是典型的高寒冷凉贫困山区。"两山夹一槽"、海拔垂直落差达1230米是该乡的典型特征。过去全乡农户主要依靠种植土豆、玉米、红薯"三大坨"传统作物维持生计，2017年全乡贫困发生率高达11.6%，全乡6个村均为"空壳村"。深化脱贫攻坚以来，三义乡针对本地致富带头人能力有限的实际，引入外来合作企业的负责人和培育本地产业发展的带头人作为"产业村长"，以市场为导向、以"三变"改革为利益联结纽带与村集体经济合作并带领贫困群众，建设产业基地、发展特色产业、创立扶贫车间，探索出了一条稳定的产业脱贫路。2019年全乡贫困发生率降至0.2%，经济作物种植面积达19076亩，6个村的村级集体经济平均收入达20.2万元。

## "产业村长"促发展

紧扣全乡中药材、高山蔬菜经果、特色养殖的脱贫主导产业，选择懂产业、懂技术、懂市场，在相对应的村有产业基地并具备一定实力和奉献精神的产业能人担任产业村长。产业村长属荣誉性质，不属于村支"两委"实职干部，不纳入乡村干部考核，不领取报酬。

依托自身优势，积极策划所在村特色产业发展方向。培育壮大主导产业，提高产业化、组织化程度。通过"三变"改革利益联结，实现"企业+产业基地+村集体经济+贫困户"捆绑发展，确保扶贫产业让企业、村集体、贫困户三方共同受益。积极开拓市场，采取采购、代销、委托加工、农企直通车等方式，帮助农户拓宽销售渠道。带头做好产品包装设计、打造统一品牌。深入推进"龙头企业+合作社+农户"等模式，进一步建立健全利益联结机制，确保农户稳定增收。组织农户定期参加相关专业技能培训，为贫困农户提供长期、短期就业机会，优先安排到产业基地务工。指导全村脱贫产业发展。参加全村脱贫产业发展会议，充分发挥自身优势为全村脱贫产业出谋划策，积极向村集体和农户发布市场信息，帮助全村产业发展规避市场风险。

针对6个村引入合作的龙头企业牵头建设产业基地、发展特色产业的实际，首批担任产业村长的4人中，有3人是乡外引入企业负责人，1名是本乡培育的产业能人。聘请重庆祥林中药材公司负责人王祥任五丰村产业村长，带领包括五丰村在内的4个村种植中药材6000余亩；聘请重庆沃邦农业有限公司负责人侯春均任龙合村、莲花村2个村的产业村长，建设食用菌基地80亩，并建设食用菌加工扶贫车间；聘请重庆子高中蜂养殖有限公司负责人王子高任弘升村、龙阳村2个村的产业村长，带动村民发展中蜂2600多群；聘请重庆彭椒农业开发有限公司负责人张春花任小坝村产业村长，带动村民种植辣椒和高淀粉红薯1200余亩。通过产业村长带动，贫困户100%进入合作社，并参与劳动实现就业增收。

## "产业发展"促脱贫

引入龙头企业合作，有针对性地聘请他们作为产业村长，列席产业发展会议、参与相关讨论，协助村支"两委"做好产业规划，结合村级产业发展基础、资源优势、市场环境等要素，合理布局现代山地特色高效农业产业，带领贫困群众"借船出海"。全乡粮经比由80：20调整为20：80。

在所对应的村均建有产业基地，吃住均在村里，村民们到产业基地务工，又从产业村长手里学到种植、养殖技术，双方形成"抬头不见低头见"邻里关系。平日里见面热情招呼、节日里吃饭相互串门已形成常态，这让产业村长更能安心地留下来发展产业，也更愿意带动更多的农户扩大种植、养殖规模。

建立党政班子成员"一对一"联系机制，坚持每周至少打1次电话、半月至少见1次面、每月至少召开1次推进会议，及时了解情况、协调解决工作中存在的困难。设立"产业村长室"，固定提供协商议事场所，优化办公条件，推动形成"感情留人、事业留人、环境留人"的社会氛围，打通产业发展堵点。

引进龙头企业参与产业发展，培育壮大本乡主导产业和村集体经济，是解决产

彭水县龙塘乡贫困户为合作社分级食用菌

业发展薄弱、集体经济发展滞后的有效手段。但过去部分村干部和村民认为引进的龙头企业及其负责人是在"吃政策饭"，吃完了、赚到钱就会跑，始终对他们秉持不信任、不支持、不配合的态度。

充分发挥所在产业发展中的专业性优势，通过教授种养技术、反复现场观摩、反复入户劝说"1+2"方式，开展政策宣讲、做好答疑解惑，打消了村民顾虑，变村民"排斥感"为"认同感"。实施技能培训提升行动，定期到村到户巡回指导服务，采取拓宽销路、保价收购等措施转移市场风险，做大"蛋糕"分享"甜头"，破除"龙头企业干、干部群众看"的尴尬局面，实现贫困群众种养有技术、产品卖得出、年年有收入。

## 激发"三力"实现"三赢"

**激发龙头企业动力，实现脱贫产业做大做强。** 产业村长将实现带头人自身价值、企业发展、村集体经济壮大、群众稳定增收等通盘考虑，主动思考、认真谋划，用心用力助推龙头企业和村集体经济共同发展，通过打造产业发展示范户，大力宣传产业收益等方式，强化利益联结，将贫困户与广大普通农户动员起来，不断扩大特色产业规模，提高产业效益，推动扶贫产业持续发展、贫困群众持续增收。2019年，在产业村长的带领下，种植中药材6000亩、新发展中蜂养殖2600余群、辣椒和高淀粉红薯1200亩，成功创建市级食用菌加工扶贫车间1个。

**激发龙头企业合力，实现村集体经济全面发展。** 依托"龙头企业+基地+村集体经济+农户"等产业发展模式，将各村特色产业发展与龙头企业优势相结合，通过资金入股、管理入股、保底分红等，激活各类资源要素的配置和利用效率。协助村支"两委"推进农业供给侧结构性改革、"三权"分置、"三变"改革等农业农村综合改革，为集体经济把脉问诊、开具药方，引领农业质量变革、动力变革、效率变革。目前，小坝村集体经济收入22万元，龙合村8.1万元，五丰村12.1万元，龙阳村42万元，弘升村12万元，莲花村25万元。

**激发龙头企业潜力，实现贫困群众稳定增收。** 加强"产学研"攻关，邀请西南大学、云南大学2名专家为技术顾问，推进技术扶贫创新。将产业村长培训纳入致富带头人和产业指导员培训计划，产业指导员、扶贫技术专家组常态化保持工作联络和技术对接，推进产业技术普及和更新，建成食用菌研发中心1个、育种基地3个；建设中药材加工基地1个；QS认证和申请地标2个。在企业潜力充分激发的同时，2019年产业村长直接带动贫困群众户均增收达3220元。

# 大垭乡

# "四个紧扣"攻克深度贫困

深化脱贫攻坚以来，大垭乡深学笃用习近平总书记关于扶贫工作重要论述，深入贯彻习近平总书记视察重庆重要讲话精神和在解决"两不愁三保障"突出问题座谈会上的重要讲话精神，坚持"精准扶贫、精准脱贫"基本方略，坚持以脱贫攻坚为统揽，聚焦"两不愁三保障"突出问题，着力攻克深度贫困。

## 紧扣"脱贫摘帽"，扎实抓好扶贫脱贫举措落地落细

**抓基础建设补短板。**因村因户实施"水、电、路、讯、房"等项目建设，目前，实施饮水全覆盖工程55处，群众饮水安全达到100%。完成4个村农网升级改造工程，动力电覆盖率100%。建成村通畅公路132公里，4个行政村通畅率100%。建设网络基站11个，4G网络覆盖率均达到100%。建成唐家坝、木林溪人居环境整治市级示范点，对全乡1072户农户开展人居环境整治，达到住房安全100%。

**抓产业扶贫促增收。**按照"畜林药蔬特"产业发展目标，因地制宜发展特色种养殖产业。全乡已建成中药材基地1120亩，中蜂保有量达4200群，土鸡5.69万羽，经济林5100亩，蔬菜1000亩、辣椒2000亩、烤烟400亩，肉牛存栏1090头、山羊存栏600只、生猪存栏2700头。

**抓集体经济添动力。**开展以村集体为主导、农民多种方式入股的新型公司制集体经济试点，探索推广股份合作、订单发展、联合经营等利益联结机制，推行"公司+合作社+基地+农户"等模式，通过"土地流转收租金、入社参股分红金、基地劳动赚薪金、资源抵押变资金"，带动农户持续增收。2019年度累计实现集体经济收入36万余元。

**抓政策落实保民生。**落实五位一体"控辍保学"机制，2019年以来资助贫困家庭学生447人次、资助金额52.6万元。狠抓健康扶贫，为全乡2284名贫困人口落实医疗保险补助政策及2次医疗报销政策，让贫困患者住院费用自付比例控制在10%以内。狠抓特殊困难群体保障，为贫困家庭落实公益性岗位41个，落实生态护林员岗位209个。按规定将132名贫困人口纳入兜底保障。

## 紧扣"以点带面"，着力打造亮点示范

**建扶贫超市，深化消费扶贫。**借助集团帮扶、电商扶贫、益农信息服务等渠道，从搭

建营销平台入手，成立大垭乡扶贫超市，将大垭乡的优质生态农副产品送往主城。2019年，扶贫超市共完成农副产品销售额110余万元，帮助156户农户实现户均增收2137元。

**推示范带动，全面改善人居环境。**以唐家坝、木林溪等市级人居环境整治示范点建设为抓手，实施山水田林路等综合治理，重点解决住房结构安全和村民迫切关心的路水电讯等基础设施问题，开展水体、圈厕、粪污等农村人居环境综合整治，实现"三美"（村庄美、田园美、生活美）、"四治"（水土、垃圾、污水、雨水）、"五通"（水、电、路、讯、灯）。

**促改革创新，不断激发内生动力。**大胆探索农村"三变"和股权化改革，在抓好垦甲农业股权化改革的基础上，大力推进财政项目资金的股权化工作。引进一批新型经营主体，组建一批农民专业合作社，引领推动大垭村蜂糖李、西瓜、中药材，冬瓜村花椒、油茶、中药材，木蜡村中药材、土鸡、百岁果，龙龟村核桃、稻田养鱼、中蜂等扶贫产业项目的有序实施，让农户在获取土地流转金和劳务收入的基础上，以保底利润分红，获得15%的二次分红，多种渠道增加群众收入。

## 紧扣"聚焦聚力"，有效整合利用各类扶贫资源

**用活市级帮扶集团驻乡帮扶资源。**市住建委帮扶集团23个成员单位和县乡驻村工作队常年吃住在乡村，蹲点在农户，并通过技术服务、产业合作、劳务协作、村企共建、包村包户、捐资助贫等形式，为大垭乡规划编制、产业帮扶、农村人居环境改善、地质勘查、生态环境保护等方面的工作给予政策、资金、项目、智力支持。目前，共争取3520万元的帮扶资金，用于全乡扶贫产业发展、村级集体经济建设、教育和社会扶贫。

**用实东西部扶贫协作资源。**落实聊彭扶贫协作帮扶资金1500余万元，用于人居环境整治、农业产业基础设施等项目建设，帮助贫困群众改善生产生活条件。

**用好两江新区帮扶资源。**充分利用两江新区对口帮扶彭水的机遇，落实帮扶资金2100万元，建成二级公路改造工程项目、大垭乡新村至贵州界通畅公路改扩建工程等三个公路改造项目。用好用活两江新区康美街道资助龙龟村的14.8万元，用于21户农户房前屋后整治，落实19.5万元为大垭乡1116户农户赠送漏电宝，保障农户用电安全。

## 紧扣"提档升位"，纵深推进抓党建促脱贫攻坚

**强化理论引领。**深入学习贯彻习近平总书记关于扶贫工作重要论述和视察重庆重要讲话精神，研究贯彻落实脱贫攻坚各项决策部署，确保脱贫攻坚工作始终沿着总书记指引的正确方向前进。

**强化基层党建。** 在充分发挥第一书记作用的同时，注重选好配强4个村的村党支部书记，充分发挥村级党组织的战斗堡垒作用。推行村干部交叉任职，针对木蜡村特殊的村情，选派原冬瓜村第一书记龚成兴到木蜡村担任支部书记。

**强化攻坚责任。** 全面落实脱贫攻坚"双组长"制，分阶段制定脱贫攻坚工作方案，不定期对各村开展脱贫攻坚督查，推动责任层层落实。实行领导班子成员包村、干部职工包组制度，形成"所有干部都是扶贫干部"的大扶贫体制。细化明确第一书记、驻村工作队职责，完善驻村干部考勤管理等制度，加强驻村干部日常监督管理。

三义乡

# "345"行动开辟深度贫困脱贫路径

三义乡位于彭水县最北部，地理位置偏远，属武陵山特困片区"贫中之贫""困中之困"。2017年底，全乡有3个贫困村，226户贫困户，773名贫困人口，贫困发生率为11.1%，是全市深度贫困乡镇之一。深化脱贫攻坚以来，三义乡立足"新起点"，深入学习贯彻习近平总书记关于脱贫攻坚系列重要论述，建立"三步"工作机制、开展"四季"主题行动、培育"五小"产业经济，不断探索深度贫困脱贫攻坚新路径。

## 建立"三步"工作方法，提升工作新效能

**创新攻坚方法。** 印发《彭水县三义乡脱贫攻坚总体规划》，立足加速推进项目建设，建立脱贫攻坚"三步"工作法，即"月计划"，将规划确定的各项工作任务分解到月"挂图作战"，根据工作进展情况统筹制定月计划；"周安排"，每周根据月计划执行情况和当期中心工作制定周工作任务清单，攻坚队伍根据月计划和周工作任务清单，进一步分解落实到人、到点、到天；"日推进"，每晚10点前将当天工作情况形成日志报送驻乡工作队，驻乡工作队

及时了解汇总工作进展情况，次日有针对性地安排攻坚克难，确保脱贫攻坚工作高效推进。

**聚焦攻坚目标**。创建"工作在哪里，攻坚队伍就在哪里；项目在哪里，攻坚队伍就在哪里；困难群众在哪里，攻坚队伍就在哪里"一线工作法。统筹攻坚队伍，聚焦全乡脱贫产业发展、交通水利、易地扶贫搬迁、精准识别等工作，进行"点对点"攻坚。

**抓实项目推进**。建立"一月一调度、一周一专题"项目推进机制，紧盯规划项目清单，每月县级有关领导主持召开1次项目建设调度会，每周县级有关部门、项目承建单位召开1次项目推进专题会，及时研究解决项目推进中的问题与矛盾，保障项目有序推进。目前，已投资3.34亿元，开工项目209个、开工率86.5%。

## 开展"四季"主题行动，提振干群精气神

**春季围绕产业调整，种下致富果**。以"产业下地、作风务实"为主题，开展"三月会战""四月攻坚"活动，市农委产业扶贫组对脆红李、辣椒、烤烟及中药材等产业发展进行实地指导，深度调整产业结构比例，粮经比从80∶20调整为20∶80。引入企业3家，新培育村集体企业1个、专业户13家，完成农作物播种面积1万余亩。

**夏季围绕基础改善，修好致富路**。开展"大战红五月、冲刺二季度"项目建设主题活动，聚焦公路不通、路灯不亮等问题，挂图作战，倒排工期，推进光伏路灯、小康路等一批基础项目，有效解决群众最关心的短板问题。目前，完成投资9014万元，集中开工通畅道路47.91公里。

**秋季围绕教育扶贫，激发脱贫心**。坚持"志智双扶"，建立全学段困难家庭学生长效帮扶机制，为327名贫困学生落实教育资助43万元。因地制宜抓好技术培训，对中青年、种养大户实施订单培训，增强辐射带动能力。举办感恩奋进、移风易俗、一起奔小康评选等活动，激发自力更生、摆脱贫困的信心决心。

**冬季围绕易地搬迁，建好安置房**。坚持易地扶贫搬迁与新型城镇化、旅游产业化、农业产业化及美丽乡村建设相结合，引导搬迁群众有序向乡村旅游景点、产业基地、农民新村等地集中，整合脱贫攻坚各项政策，完成易地扶贫搬迁68户240人。

## 培育"五小"产业经济，激活发展新动能

**注重调查摸底**。坚持在稳定发展"四大脱贫产业"基础上，针对贫困户缺资金、缺技术、缺人力、缺致富门路实际情况，结合农户发展意愿，对全乡农户产业发展"潜力"进行系统摸排和分析研判，探索实施"五小"经济产业扶贫新思路。

**注重产业培育**。根据调查摸底情况，依托设施农业、集体经济和基础设施建设等项目，发展小加工、小餐饮、小运输、小制作、小买卖等"五小"非农经济，配套打造小果

园、小花卉园、小瓜菜园、小水产园、小养殖园等"五小"庭院经济，构建"种养殖+肉食品加工+农家餐饮"三位一体发展模式，盘活农村资源要素。目前，已发展"五小"非农经济29户，培育"五小"庭院经济示范户19户，户均增收达3万—5万元。

**注重政策配套。**充分调动科技扶贫、电商扶贫、产业扶贫和金融扶贫等政策资源，发挥政策性金融引导作用，补齐发展资金短板，切实保障贫困户产业发展后续资金来源。市、县两级技术特派员开展现场指导、实用技术、病虫灾害防治等培训，确保种得好、养得好。主动对接帮扶成员单位、东西扶贫协作单位和社会企业等，帮助开辟市场和销路，依托电商平台、扶贫超市、扶贫专柜等，保障产品卖得好，实现群众稳定增收。

## 诸佛乡庙池村

# 盘活资源要素　探索长效脱贫路径

❖❖

庙池村位于彭水县诸佛乡，地处武陵山区，2014年人均纯收入不足5000元，贫困人口占全乡的10.5%，无村级集体经济，是典型的"村穷、民贫、地荒"的偏远村庄。脱贫攻坚以来，特别是深化脱贫攻坚以来，庙池村依托自身资源条件，注重特色产业发展，着力改革创新，坚持市场主体带动，充分发挥党组织战斗堡垒作用，有效盘活农村自然资源、存量资源，积极探索出一条长效脱贫路径。当前，村容村貌焕然一新，村级组织凝聚力战斗力不断加强，村级集体经济规模达300万元，2019年人均纯收入达12300元，成功构建基层党组织带动产业发展、产业发展带动群众脱贫致富的发展格局。

## 注重特色效益，产业发展提质增效

**发展特色产业。**坚持以农业供给侧结构性改革为主线，以发展山地特色现代效益农业为主抓手，优化农业产业结构，因地制宜发展脆李、蜜桃等特色水果2300余亩，辐射带动周边梅子垭镇佛山村、两河村发展690亩，靛水街道张家坝村发展380亩。

**打造示范基地。**大力推进"互联网+现代农业"，着力打造山地农业创新基地，创新发展订单农业，建设葡萄物联产业园，逐步推进钢架塑料大棚建设、冷冻仓库建设、"互联网+智慧云农业展示平台"建设，建成标准化钢架育苗大棚300余亩。

**做靓乡村旅游。**依托"民族、生态、文化"三大特色，推动文旅、农旅深度融合，积极挖掘苗族文化、武陵民俗文化，打造乡俗故事、生活故事、发展故事等文化品牌，做靓民俗生态文化旅游。大力提升旅游产业的供给水平，创新实施乡村旅游"后备厢"行动，为农民的农产品提供新的销售渠道。

## 着力改革创新，农民素质不断提升

**推进"三变"改革。**深化农村产权制度改革，落实农村土地"三权"分置，积极探索实施农村"三变"改革，成立农业股份合作分社11个，近228户农户以承包地入股合作社，其中带动贫困户61户，入股面积2300余亩，按照入股社员占60%、村集体组织占20%、市场经营主体占20%的比例进行分配。

**创办农民夜校。**大力实施农民教育培训，综合利用教育培训资源，围绕时事政策、法律法规、技术技能、文明新风、文化科普等基础课程，全覆盖培训村干部、合作社社长、社员，累计培训2000人次，不断提高农民文化素养。发挥乡贤作用。创新发展乡贤文化，以乡情、乡愁为纽带，吸引凝聚一大批乡贤，同时主动联系在全国各地工作的"老乡"，成立乡贤文化工作室，引回县外和本土人才15人。

## 培育市场主体，发展活力加速释放

**坚持市场带动。**坚持众创、众筹、众享理念，以市场需求为导向，积极动员引导群众参与合作社发展，通过市场主体参与将贫困农户纳入市场体系，将贫困对象小而散的生产方式对接大市场，在市场主体带动下，贫困农户"借船出海"，获得更多的发展机会。

**拓宽收入渠道。**探索建立政府引导、市场带动、农户受益"三位一体"共同推进机制，贫困户通过土地入股得分红、基地就业得薪金、委托经营得酬金、订单生产得订金，采取"兜底收入、劳务收入、收益分红"三重收益并行，在产业投资阶段合作社按照"入股田地每亩每年200元，土地每亩每年70元"的标准对农户进行兜底。采取贫困人口务工优先等方式，积极组织群众参与土地整治、基础设施建设及果树栽植，按每人每天80～100元的标准支付劳务工资。

## 坚持党建引领，乡村善治有效推进

**加强基层组织建设。**以党的政治建设为统领，选优配强村党组书记、第一书记、驻村工作队，推行"党支部+合作社+农户"模式，将党支部建在股份合作社，采取村支"两委"班子与股份合作社"双向进入、交叉任职"的方式，激活壮大村级集体经济。

**创新乡村社会治理。**建立共建共治共享的社会治理格局，逐步形成自治、法治、德治"三治合一"的乡村治理体系，成立民事调解组、矛盾纠纷化解工作组，将全村45名党员分别派往11个合作分社，积极扩大党组织的覆盖面，有效解决村组"统"不了、政府"包"不了、农民"办"不了的问题。

**完善村民自治管理。**完善村民自治规章制度，建立健全村务监督委员会，严格法律规范行使村民自治，实行民主选举、民主决策、民主管理和民主监督，制定合法、完善、规范、实用又体现村民民主意愿的各类专项规约，充分保障村民的民主权利。

龙射镇大地村

# 当好"八大员"
# 用辛苦指数换取贫困群众幸福指数

彭水县龙射镇大地村驻村工作队围绕脱贫攻坚工作目标，脚步丈量民情、行动诠释初心，当好脱贫攻坚"八大员"，助推高质量打赢脱贫攻坚战。

## 突出政治引领，当好阵地建设的"统筹员"

**筑牢政治意识。**深入学习贯彻党十九大和十九届二中、三中、四中全会精神，深学笃用习近平总书记关于扶贫工作重要论述，认真贯彻落实中央、市县党委政府等精准扶贫有关政策，扎实开展"两学一做""不忘初心、牢记使命"等系列教育，在吃透精神、以学促用、学用结合上下功夫，全面提升打赢脱贫攻坚战的能力和水平。

**强化组织建设。**健全完善党支部职责、"三会一课"、党员议事等基层党组织工作制度，并制作成版面上墙，使村支"两委"工作有章可循；2018年以来共培养发展3名年轻知识分子入党，培育致富能人13名，其中充实到村支"两委"班子2人。2018年，抓党建脱贫攻坚在全县脱贫攻坚培训会上做经验交流。

**夯实阵地建设。**争取县规划自然资源局资金8万元，建成村支部党员活动室、会议室、图书室，彻底改变村里无党员活动场所的局面。联系县文化委和龙射镇党委，先后到大地村开展文艺演出4场，丰富群众的精神文化生活，弘扬社会正能量。

**深化党务公开。**按照"四议两公开"工作法，设立党务村务公开栏，定期公示，自觉接受群众监督，密切农村干群关系，与村支"两委"心往一处想、劲往一处使，真正成为大地群众的贴心人。在县委庆祝建党98周年大会上，村党支部首次被授予"先进基层党组织"荣誉称号。

## 精准盘清家底，当好长远规划的"设计员"

**盘清家底做到应扶尽扶。**以调研走访为切入点，主动向大地村干群"拜师学艺"，走村入户、深入田间地头，用接地气的语言，群众乐意的方式，与群众拉家常、讲政策，了解群众所思所想、所期所盼，逐一分析致贫原因，摸清帮扶需求，理清发展思路，明确帮扶责任，落实帮扶措施。用心用情用力解决好群众反映的困难和问题。累计召开群众会、院坝会、田间会336场次、走访群众3000余户次，驻村第一书记遍访在家农户全覆盖。

**谋篇布局定好发展盘子。**在盘清家底基础上，充分发挥自身资源优势，帮助大地村发展谋好篇、布好局，定好发展"盘子"、找准致富"路子"、打开脱贫"口子"，牵头制定大地村三年（2018—2020年）脱贫攻坚发展规划，精准制定《大地村2019—2020年提升工程实施方案》，实行挂图作战，做到目标明、任务明、责任明、措施明。

## 牢记初心使命，当好产业发展的"指导员"

**突出产业发展富民。**引进天佑农业开发有限公司、城建莲藕种植专业合作社，采取"公司+合作社+农户"产业发展模式，坚持以短效产业促管护、以管护促长效产业发展良性促进，发展丑柑1400亩，种植莲藕、青菜头、西瓜等特色种植业3200余亩，带动2830人（含贫困人口191人）脱贫致富，实现产业发展全村村民全覆盖。同时，发挥龙头企业带动作用，498户大地村民与彭水平民公司签订青菜头稳定销售订单，不断拓宽群众增收路。

　　**突出集体经济便民**。采取"公司+村集体经济+农户"的利益联结机制，种植红高粱200亩，实现村集体经济收入4万元，摘掉村集体经济"空壳村"帽子，带动12户46名贫困户增收脱贫，在2019年全县脱贫攻坚推进会上得到县委建超书记的点名表扬，并被县电视台做了专题报道。

　　**突出民生改善惠民**。衔接落实8个78亩（涉及农户142户）建设用地复垦项目，交易地票资金1495万元；对12户易地搬迁农房实施整宗收储，兑付资金89.3万元；协调县农行等金融机构，积极为32户贫困户提供131万元小额扶贫贷款，发展规模化生猪饲养场2家、服装厂3家、养鸡场2家、鱼池8口，带动贫困户32户脱贫致富。积极为困难群众申请办理低保、五保、残疾补助、临时救助等共计121户356人。

## 强化宣传宣讲，当好惠民政策的"宣传员"

　　**突出真心换真情，提振群众致富信心**。将驻村干部连心卡张贴到每家每户，主动亮明身份，公示派出单位、电话号码及职务等信息，搭建干群沟通"连心桥"。积极帮助解决村民生产生活中的困难问题638件、办好事实事200余件，调处化解涉及公路建设、邻里纠纷、人居环境整治等方面矛盾纠纷420余起，增进与村民之间的感情，赢得了群众的信任和支持。

　　**精准对标对表，动态调整零差错**。严格精准识别、精准退出、精准帮扶，确保应入尽入、应退慎退，确保脱贫质量。全村建档立卡贫困户64户248人均脱贫致富，实现零错评、零错退、零漏评、零漏统，退出认可度100%。

　　**抓好宣传宣讲，激发群众内生动力**。采取发放告知单、入户讲解、召开群众会、院坝会、田间会等形式，每月向群众广泛宣传惠农惠民政策2～3次，不断激发群众的内生动力。为提高贫困群众种养殖技能，引导在家劳动力参加各种培训372人次，实现由"我不干""不会富"到"我愿干""我先富"的转变。

## 争取外联内引，当好基础建设的"助推员"

　　**抓饮水工程乐民**。争取投资258万元，新建供水站1个、水池9口，铺设管网23.9公里，全村727户3247人彻底告别"看天蓄水、靠挑吃水"历史。

　　**抓项目建设利民**。紧紧围绕交通等基础设施项目，积极向上争取资金，协助解决群众出行难等问题。2018年以来，投资41.8万元安装太阳能路灯93盏；投资1718万元，硬化组级公路28.8公里；投资788万元，实施土地整治项目1个，建生产路23公里，沟渠2.5公里，硬化公路4.2公里，实现组组通路、户户通电。

## 创建美丽家园，当好环境卫生的"监管员"

**危房改造"安居"**。重点摸排建设年代、建筑结构、安全等级、政策享受、一房多房等情况，采取"拆除重建一批、加固维修一批、易地搬迁一批、对标补欠一批"四个一批方式，坚持"应改尽改、愿改尽改"，实施住房加固8户、拆除重建16户、D级危房改造16户、易地扶贫搬迁23户，实现全村"零危房"。**人居环境整治"提颜"**。开展改厨、改厕、改水、改电、改院、改圈和适当增添必要生活设施"六改一增"行动，改厕738户、改厨632户、硬化院坝4.8万平方米，群众生产生活条件得到根本改变。

## 紧盯教育医疗，当好上下沟通的"联络员"

深入细致排查群众家庭成员、健康状况、政策享受、报销比例等状况，建成村级标准化卫生室2个，配备村级医生2名，所有建档立卡贫困户购买城乡居民医疗保险100%，村内14名患有高血压的全部办理慢性病证，建卡贫困户患者平均自付在10%以内，实现小病看医不出村的目标。主动沟通对接争取县教委支持，投入专项资金179万元，新盖大地完小教学楼680平方米，改善了大地完小教学环境；建立村内义务教育阶段儿童台账，全村450户454人学龄儿童无一辍学，有8名贫困大学生获得一次性资助共计5.3万元。

## 探索智随志走，当好"志智双扶"的"培育员"

针对部分贫困群众思想上的"等靠要"问题、观念上的因循守旧问题、致富上的本领不足问题。通过讲政策、谈道理、说未来等方式，开办"讲习所"，为村民讲解相关政策与技术解决实际问题，及时有效化解争当贫困户的农户们思想上消极的想法。开展驻村第一书记上党课、科教惠农培训、文化扶贫到户等一系列活动，不断激发贫困户脱贫致富的精气神。开展种（养）殖培训4期160余人次，每月1次采取以会代训培训村组干部2000余人次。

下篇

# 扶贫开发非重点区县

# "五抓五促"全面提升脱贫质量

北碚区以"五抓五促"推动脱贫攻坚工作再上新台阶，实现2015年以来累计减贫1570户4389人，3个市级贫困村脱贫销号，农村人均可支配收入达20598元，较2015年增长42%。

## 抓队伍建设，促作风转变

始终把选好配强带头人作为抓党建促脱贫攻坚的关键抓手，不断提升队伍素质，转变工作作风，提高工作效率。区领导靠前指挥、挂牌督战。采取"点面结合、上下联动、责任到人"的方式建强督战体系。10名区领导任驻镇（街道）督战第一书记，每周不少于2天驻镇蹲点督战。10个重点行业部门牵头落实督战工作，52个区级部门指导帮助解决具体问题。配齐建强街镇"一线战斗部"，有针对性地选配熟悉"三农"工作、做群众工作能力强的干部担任街镇党政正职，领导班子成员中80%以上具有基层工作经历，每个街镇配备2名以上素质过硬、能力突出、作风优良的扶贫专干。选优配强村支"两委"班子，回引农村本土人才171人，调整补充村党组书记6名，吸纳优秀农村实用人才进入村支"两委"班子。持续开展后进整顿。全面整顿提升3个脱贫村党组织，每年按不低于10%的比例排查整顿后进村党组织。派强用好驻村工作队。从区级机关选派12名年轻优秀干部充实3个脱贫村驻村工作队，进一步加强干部选派管理。

## 抓精准帮扶，促政策落地

按照"六个精准""五个一批"要求，坚持开发式扶贫与保障式扶贫相结合，进一步细化完善精准帮扶政策。安排专项资金用于农村危房改造，改造贫困户危房960户，全面解决贫困群众住房安全保障难题。健全从学前教育至高等教育全覆盖资助政策体系，累计资助各类贫困学生124万余人次，共计2.57亿元，确保学生不因经济困难而失学。设立贫困人口健康扶贫医疗基金，全面落实"七重医疗保障""先诊疗后付费"等政策措施，做实家庭医生签约服务实现应签尽签。建立贫困人口特殊医疗救助制度，对住院和慢病、重特大疾病门诊医疗费用实行兜底保障。探索贫困家庭失能人员集中照护模式，投资230万元建设贫困家庭失能人员集中照护中心，设置护理床位74张。同时，分类推进交通、水利、文化、人居环境等行业精准扶贫行动，建成农村"四好"公路330公里，实施饮水安全巩固提升工程19个，贫困户生产生活条件大幅改善。

## 抓产业就业，促增收致富

做实产业扶贫，坚持把产业扶贫作为主攻方向强力推进。组建5个产业扶贫专家技术指导组，落实到村、到户产业指导员65名，实施扶贫产业项目14个，种植百香果、双胞山药、蜡梅等3300余亩，带动843户贫困户增收。积极推行"龙头企业+农户""合作社+贫困户"等种植模式，确保贫困户持续稳定增收。引导贫困群众发展投入少、风险小、见效快的小规模养殖业，并对发展达到一定规模的产业按照1000元/人的标准补助到户，累计补助4592户11480人，共计911.65万元。建立利益联结机制，村集体经济组织持有股份，将不少于20%的分红收益用于精准扶贫。在3个脱贫村发展农民专业合作社8家，带动贫困户131户。全面启动扶贫小额信贷工作，设立了500万元"扶贫小额信贷风险补偿金"，累计发放扶贫小额信贷443户1431.25万元。深入推进就业扶贫，实施"职业技能提升+'志智双扶'脱贫"行动，累计免费培训1330人次。创建"就业扶贫示范车间"1个，吸纳7名贫困劳动力就业。建立贫困劳动力就业需求实名登记机制，鼓励企业吸纳贫困劳动力就业，目前已有1093人贫困劳动力实现转移就业，实现有劳动能力户"产业+就业"全覆盖。

## 抓宣传教育，促思想脱贫

坚持物质脱贫和精神脱贫"双同步"，扶贫与扶志、扶智相结合，激发内生动力，彻底拔掉贫困群众思想的"穷根"。大力宣传扶贫政策，发放扶贫宣传册、宣传年画等各类资料6万余份，组织宣讲活动200余场次，通过电话、微信、入户走访、召开院坝会等方式，全方位多角度宣传脱贫攻坚政策，提高群众知晓度和参与度，营造浓厚的脱贫攻坚氛围。注重典型引导，深入开展"榜样面对面"宣讲、"身边的脱贫故事"微访谈等活动，全媒体刊发脱贫攻坚举措及成效1500余条次，大力宣扬自强不息脱贫典型事迹，传递扶贫扶志不扶懒、自我发展能致富正能量，用榜样力量激发脱贫志气。加强实用技术和精气神培训，开展种（养）殖技术培训、创业就业等梦想课堂600余场次，"家风润万家""孝善立德"等移风易俗活动500余场次，"邻里守望""我们一起奔小康""文明单位爱心进农家"等志愿服务活动2000余场次，不断强化"造血"功能，坚定脱贫信心。

## 抓问题整改，促质量提升

围绕中央巡视"回头看"、国务院大督查、脱贫攻坚大排查、市级考核评估及督查暗访等反馈指出的问题，严格对表对标，举一反三，压实责任，全面整改。对照问题清单，逐一分析原因，找出问题的症结，逐条研究整改措施，制定整改方案，明确整改任务和完成时限。按照分类分级整改的原则，分别建立总、分整改台账，清晰整改进度，实行销号管理。区委书记亲自组织召开整改工作动员部署会，区领导带队督导，对整改工作不重视、整改进度缓慢的及时通报约谈。多次召开专题会研究解决危房改造、健康扶贫、档案资料等重点难点问题，做到问题不解决坚决不松手、整改不到位坚决不收兵。

生态良好、生活富裕的三圣镇德圣村

### 金刀峡镇小华蓥村

# 驻村工作队撸起袖子加油干
# 扶贫帮困暖民心

北碚区金刀峡镇小华蓥村位于金刀峡镇西南麓，地形地貌属深丘沟壑加山地，全村辖区面积6.95平方公里，耕地面积3018亩。全村有4个村民小组，2019年底户籍共669户1766人。

"既然选择了漫漫扶贫路，我们就一定会风雨兼程。"这是小华蓥村驻村工作队员的心声。每次走在村里，他们的心总牵挂着小华蓥的村村落落、家家户户。几许牵挂，几许砥砺前行，他们带着一颗赤诚之心"进农家门、听农家言、干农家活、想农家事、解农家难、助农家富"，为群众出思路、干好事、办实事，为推动小华蓥村脱贫攻坚工作、建设幸福小华蓥发挥了积极作用。

## 讲政策，摸实情，扶贫路上风雨兼程

"扶贫先扶志，治穷先治愚。"小华蓥村驻村工作队员认识到，在扶贫工作中，必须把增强贫困群众致富信心放在首要位置。他们制作扶贫宣传栏，悬挂横幅标语30余条，发放张贴公开信1000余张，发放相关政策宣传资料、印刷品、手册、书刊等3000余份(本)，建立了小华蓥村脱贫攻坚工作微信群，营造了浓厚的人人参与脱贫攻坚的工作氛围。组织全村40余名党员和村致富能手深入贫困户，常态化全覆盖走访在家农户412户，深入了解贫困户家中实情，根据各家各户情况制作详细表格，从贫困户耕地、致贫原因、生产生活状态、子女上学情况、劳动力分布情况到收入情况都做了详细登记。按照"四进、七不进"和"两评议、两公示"等八步工作法程序，对全村贫困人口进行精准识别，建档立卡，实施动态管理。为了"不落一人"，他们常常工作到深夜，深一脚浅一脚走家串户，一项一项告知贫困户各类优惠政策，帮助贫困户从思想上"拔穷根"，增强内生动力，把党对贫困户的丝丝关爱注入他们的心田，让他们感党恩、铆足劲。在他们的带领下，发动全村党员主动宣传、村民大力支持，顺利完成全村土地确权登记、指界，村组集体资产清产核资和集体经济改革等涉及群众权益的大项工作。

## 抓党建，重示范，开创工作全新局面

以党建促脱贫，发挥好村级党组织的战斗堡垒作用，离不开党员干部示范带头。为了抓好这个龙头，驻村工作队把党建目标任务与扶贫目标任务有机融合，将服务型党组织建设的重心放在找"贫"根、寻"困"源上。对内强化管理，每周星期二定期召开工作例会，制订每周学习内容、问题清单和销号清单，坚持与村党员干部一道学习政策法规，探讨农村现状，谋划发展出路，推进扶贫任务顺利开展。对外树好形象，从原有的村民来村办事的"你来做什么？"到现在第一时间表明党员身份"老乡你好，请坐，喝点水，请问你有什么事？"等一言一语细节入手，加强党员干部示范作用，强化"标杆"意识，群众对村干部的态度由抵触转变为理解、信任和支持，村班子新形象日渐形成，整体战斗力明显增强。同时，他们注重发现口碑好、头脑灵活、做事踏实的群众，将一批为群众办实事、做表率、带头致富的积极分子吸纳发展为预备党员，既让党员带头致富，又让致富带头人成为党员；通过开展"迎国庆、战脱贫、感党恩"庆祝中华人民共和国成立70周年升旗仪式等活动，协助村上完成50余名党员的服务承诺和设岗定责；积极引导在家党员主动为集体经济发展建言献策，涌现出李时兰等党员同志成为生产建设上的骨干、业务技术上的能手、增收致富上的典范的典型事迹。

## 抓基础，建设施，提升村民幸福指数

生产生活条件落后是制约小华蓥村群众脱贫致富的最大因素。为了从根本上改善贫困群众的生活生产条件和居住环境，他们积极协调各方资源在电商扶贫、消费扶贫、就业扶贫等领域给予支持，积极协调市、区级部门在资金、项目等各个方面的支持帮助，提供一切资源帮助提升发展推动力。通过他们的努力，推动和加速了道路、饮水基础设施、危旧房改造、产业发展和扶贫帮扶救助等项目，解决了村民心中一直以来的"三座大山"：解决"出行难"问题，以全区"四好"农村路建设为契机，风雨兼程地实地勘查，没有工程专业知识的他们居然草绘了该村农村公路路网规划图，起草了小华蓥农村公路调整的建议报告。借着参加会议、培训、陪同领导走访群众的机会，多次向金刀峡镇和区交通局主要领导汇报。区交通局先后多次组织专业人员和金刀峡镇政府实地调研，将小华蓥村"四好"农村路项目有针对性地新增到7个交通项目，通畅公路11公里，通达公路1.8公里，所有公路路面保持在5.5～6.5米，基本实行油化、硬化，覆盖全村所有农户和红樱桃、养蜂、百香果、特色岚垭集农产品交易市场等主要的产业地。同时，在工作队的建议下，公路选址尽可能地照顾村内贫困户、残疾人生活出行和产业发展基本所需。新建1.5米宽观光道1650米，新建人行便道34760米，农户出行通达率为100%。解决"饮水难"问题，新建和整治山坪塘18口，建200立方米分散式蓄水池10口，建1000～3000立方米不等蓄水池8口。安装各种型号饮水管道24200米。基本解决非天气影响人畜饮水问题。解决"环境差"问题，以"人居环境"整治为重点，扎实推进乡村振兴，全村改建农村危旧房C、D级共计169户，农村改厕170户，新增村级公路卫生保洁人员2名，配备垃圾转运处置箱20个，安装太阳能路灯250盏，农村村民绿化、亮化已显现，居住环境和卫生得到极大改善。持续引入市、区两级帮扶资金310余万元用于村产业发展和基础设施建设。"我们村现在修了草油路，安装了自来水，装了新电表，住进了新家，支起了太阳能路灯，生产生活得到了大大改善……这样的驻村工作队我们认可！"谈到村里的新变化，村民们言语中充满着感激之情，不由得对驻村工作队员竖起大拇指。

## 扶一程，拔穷根，优化产业发展格局

产业扶贫是扶贫大业中的支点，只有充分用好力，找准发力位置，才能"撬动""贫困"这座大山，实现真正意义上的脱贫。驻村工作队深入开展调研，召开贫困户座谈会，寻找脱贫措施，制订脱贫计划，构建村民解决创业就业难题的服务网络，在充分尊重群众意愿的基础上，确立了以农旅结合发展种养殖业为主的脱贫致富的路子。2015年以来发展红樱桃产业380亩，所有贫困户均种植2亩以上；2019年红樱桃产量2.85万斤，产值45.95万元；发展蜜蜂产业养殖350余桶，蜂蜜产量5000斤，产值50万元。在充分论证的基础上，2019年试种市场前景看好的血橙8号50亩和百香果40亩，以产业带动群众增收。为调动村支"两委"干部工作积极性，摘掉"空壳村"帽子，通过优化合作社"136"利益联结机制，在种植百香果项目上采取了将纯收入的10%用于合作社有功人员的奖励；30%留作合作社继续发展壮大；60%用于壮大集体经济，其中30%可以用于困难群众的帮扶。在镇领导和驻村工作队的争取下，区扶贫开发办划拨70万元项目资金，种植了40亩百香果。通过投入和拉动，能进一步让群众增收致富。如青山沟组贫困户王政安，家有两口人，他本人患直肠癌，妻子体弱多病，家庭负担十分沉重。在发展红樱桃产业时受传统观念影响，始终抱着传统农业不肯放松。驻村工作队员一次次走访他家，促膝交谈，耐心细致地做思想工作，他终于同意将自家土地流转出去修建红樱桃农产品交易市场，其余农地种植红樱桃。目前王政安除了可以获得每亩600元／年的土地流转报酬，还可以通过产业的发展增加销售收入，在2019年红樱桃采摘活动期间获3000余元的收入。

## 细微处、显大爱，脱贫攻坚温暖人心

点点滴滴都是爱，每个驻村干部带着感情设身处地为帮扶户排忧解难，把群众的事当自己的事干，把党的为民情怀播散到群众心间。从便民服务做起，为村内残疾人修建无障碍通道，解决来村便民服务中心"见不了人，办不了事"的问题；从点滴小事做起，积极与地方爱心企业为村困难群众解难帮困献爱心，送去米、油、衣物等基本生活用品；从解决困难做起，谁家有困难，他们就第一时间赶到现场，以实实在在的贴心服务解决群众的困难诉求。天寒暖人心，驻村工作队的热心帮助，打通了联系群众的"最后一公里"，获得了群众的一致好评。

艰辛的付出，收获了累累硕果。如今，小华蓥村各种规章制度健全，发展思路明确，集体经济有了方向。走进村里，一条条宽敞干净的道路和渠道、一处处完善的各类公共设施，俨然向人们展示了一个宜居、宜业的农村新景象。

# "战疫""战贫"两不误双推进
# 全力确保脱贫攻坚战圆满收官

渝北区是重庆联结全国的机场口岸、高铁枢纽中心，是湖北疫区进入主城的重要通道，守好"输入关口"对全市打赢防疫阻击战意义重大。新冠肺炎疫情发生以来，全区上下深入学习贯彻习近平总书记关于疫情防控和脱贫攻坚重要指示精神以及决战决胜脱贫攻坚座谈会重要讲话精神，全面落实党中央、国务院决策部署和市委、市政府工作安排，守土有责、守土尽责，一手抓疫情防控阻击战，一手抓脱贫攻坚收官战，确保"战疫"和"战贫"两不误双胜利。

## 突出两个战场，以上率下抓统筹

新冠肺炎疫情发生后，渝北区及时成立以区委、区政府主要负责同志为指挥长的新冠肺炎疫情防控工作指挥部，先后召开区委常委会会议、区政府常务会等会议，第一时间传达学习上级会议精神、研究疫情防控和脱贫攻坚工作、制定"战疫"和"战贫"政策举措。按照全市疫情防控统一部署，全区实行"红黄绿"三色分区疫情防控。所有镇村基层干部以临战姿态，从大年初二起全员返岗坚守"战"位，对返乡人员、贫困群众进行精细化排查。

## 突出问题短板，聚焦重点"回头看"

按照全市开展着力解决"两不愁三保障"突出问题、扎实做好脱贫攻坚工作"回头看"工作统一部署，紧盯四类36个问题逐项开展自查，聚焦渝北区住房、饮水安全保障等薄弱环节，持续排查全区建卡贫困户、农村四类重点对象"三保障"和饮水安全问题，并全部动态清零。

**住房保障上，扎实开展排查和危房鉴定。**2018年以来多次开展全区范围内摸排工作，尤其是2019年重点对一般农户唯一住房进行摸底排查，共排查农户4.3万户，准确掌握全区存量危房基数。聘请第三方有资质的鉴定机构，完成6万余户农村房屋鉴定工作，对四类重点对象住房进行全面鉴定。持续开展四类重点对象住房保障问题动态清零，2018年以来，先后制定《渝北区农村危房整治实施方案》《渝北区农村危房整治9条》等系列文件，累计投入资金约4.7亿元，通过修缮加固、新建房屋、租房、拆除固化等多种方式实施农村C、D级危房整治17821户，全面实现了特困家庭拎包入住，现有四类重点对象C、D级危房动态清零的目标。深入推进一般农户房屋整治，采取"六个一批"措施（新建一批、修缮一批、固化证据拆一批、土地复垦一批、建新不拆旧强拆一批、子女尽赡养义务搬一批），累计拆除旧房1万余户，有效改善了农村人居环

渝北区石船镇胜天村危房整治前后对比照

境。疫情防控期间，在达到防控条件前提下，各镇积极推进一般农户的存量C、D级危房改造、拆除工作，确保全面完成农村有人居住的危房整治工作。

**医疗救助上，全面实施"三个一批"健康扶贫行动。**大病救治病种增加到38种，贫困人口在家签约服务100%覆盖，重病兜底保障经过八重保障体系后，贫困患者住院和门诊个人自付比分别为8%、18%。2019年全区健康扶贫救助2.2万人次，救助金额560.58万元，医疗报销582.17万元。疫情防控期间，基层医务人员在开展疫情社区防控工作的同时，及时了解掌握贫困人口健康状况，有针对性地开展健康教育和健康促进活动，指导贫困人口增强个人和家庭的自我防控意识，提高防护能力。

**教育资助上，深入开展控辍保学行动。**建立由区教育部门牵头、镇街为主、公安配合、学校跟踪的劝返工作联动机制。按照"全覆盖、零拒绝"的要求，精准落实652名适龄

渝北区洛碛镇幸福村居民聚集点

残疾儿童少年入学问题，对140名残疾儿童送教上门，2019年全区2120名建档立卡贫困学生享受各类资助765万元。疫情防控期间，认真开展"停课不停学"线上教育教学，向全区近13万中小学生免费邮递教材到家。及时成立志愿者队伍，实施"一人一案"，通过送手机、送流量、送教上门等方式帮助贫困学生安心上网课。

**饮水安全保障上，大力实施农村自来水"村村通"工程。** 农村自来水普及率达90%，集中供水率达92%，实现全区建卡贫困户饮水安全保障全覆盖。大力实施农村饮水安全巩固提升工程，推进农村供水工程管理专业化、规范化，成立渝港水务公司统一管理供水工程，统一定价，持续稳步提升农村供水保障能力，让农村群众喝上"放心水"。

**各级各类反馈问题整改上，建立区级"领导小组+专项小组+背书销号"工作机制。** 落实问题清单、任务清单、责任清单"三个清单"，定人定责、限时销号，全面完成中央巡视、国家及市级成效考核、督查巡查反馈问题整改。

## 突出产业发展，促进贫困户增收

**及早下达扶贫项目资金。** 2020年第一季度已下达财政专项扶贫资金748.32万元，具体安排到21个项目，开工15个，开工率达71.4%，支出资金60.26万元，支出进度12%。**不误农时做好春季农业生产。** 根据贫困群众产业发展意愿，通过村集体经济组织免费为694户贫困户送去春耕农资1175公斤，为全区农户配送主要农作物种子126.17吨。利用宜机化整治地块的空闲期，采购30万元的苋菜、小白菜、油麦菜等速生蔬菜，免费发放给村集体经济组织发展幼林果园套种蔬菜，预计2020年全区发展蔬菜20.1万亩，其中果园套种速生蔬菜5000亩。**全面加强产业发展指导。** 成立6个生产技术指导小组，已分片区对专业合作社、种植大户以及贫困群众开展了一轮培训指导，为困难群众提供24小时春耕技术支持，发放技术资料2.5万本，技术入户率达100%。扶贫小额信贷全区累计发放538.85万元，贷款407户次，贫困户获贷率为40.26%，已还款6户12万元，无贷款逾期情况。

## 突出消费扶贫，创新模式重效果

针对新冠肺炎疫情影响，注重创新消费扶贫模式，切实解决销售难的问题。**对接政企帮购。** 全区各级党政机关、企事业单位落实政府采购政策，组织结对帮扶单位"点对点"购买帮扶贫困户农副产品。**对接公司帮销。** 结合全区"菜篮子"稳产保供工作，对接配送公司、生鲜超市、批发市场等8家企业，充分发挥好农村扶贫致富带头人作用，进村入户在各农业企业、合作社、家庭农场和贫困户中收购鲜活农产品。**干部"代购"帮送。** 驻村帮扶干部到贫困户家中了解销售需求，利用朋友圈、微信群、QQ群等方式发布农产品售卖信息，实现线上下单、代购代送。**设立自助蔬菜店帮售。** 按照"一标准五配套"要求，在全区各镇创新推广"不接触、不扎堆、不讲价、不称重"的"四不"便民自助蔬菜店，贫困户通过村集体经济组织，将待销售的当季蔬菜分门别类打包放在便民自助店内销售，实现贫困户预期收

渝北区已脱贫户用上干净清澈的自来水

入。全区通过代购代送、代销代售等形式，为477户贫困户销售畜禽5400余只、禽蛋2.2万余枚、蔬菜水果等7.1万斤，累计销售收入79.7万元。

## 突出就业扶贫，线上服务送春风

采取"四不"举措，帮助贫困户解决务工难题。**线上招聘"不打烊"**。着力打造"就业服务不打烊、网上招聘不停歇"的常态化线上活动。举办春风行动暨就业援助月活动网络招聘会，累计提供9000余个就业岗位，1.8万人次线上求职，547名贫困人员实现就业。**网上服务"不见面"**。运用"互联网+"授课手段开展职业技能培训，180名学员在线参训。全面开启稳岗返还、技能提升补贴等业务网上办理，为贫困劳动力兑现求职创业补贴4000元，困难人员一次性临时生活补助1.7万元，实现失业保险待遇线上申领51人，发放临时性价格补贴43.6万元。**岗位开发"不断档"**。结合疫情防控需要，为贫困户新开发疫情防控临时性岗位59个，

统景镇中和村村民晒粮食

重点安置就业困难群体充实一线防疫力量，过渡解决农村贫困劳动力就业问题。**扶贫车间"不停歇"**。扶贫车间有序复工复产，实现6名就业困难人员就地就近就业。

## 突出兜底保障，救助力度再加码

做好新增贫困人口救助，通过全面落实低保制度、及时提供临时救助、简化优化审批程序等措施，及时将受疫情影响基本生活有困难、符合条件的困难群众纳入保障范围，切实做到应保尽保快保。2020年2月，新审批农村低保对象17户39人，发放新增救助金10956元，救助建卡贫困户1户，救助金额1万元。做好建卡贫困户医疗救助，为全区1011户2462名建卡贫困户购买"精准脱贫保"和专属商业保险，安排252万元医疗救助资金，确保贫困户看得起病、不因病返贫。做好特困人员救助供养，及时调整我区特困人员救助供养标准，督促镇街按时、足量发放特困人员救助供养金及护理补贴金。2019年共供养特困人员3861人，支出特困人员经费供养3382.6万元。

## 突出驻村帮扶，多措并举聚群力

为保障贫困户必要出行防护，在保障现有一线医护人员及驻村排查等基层人员需求前提下，为全区2462名建卡贫困户发放防护口罩12310个。动员全区4100余名帮扶干部通过电话、微信等方式开展"六个一"帮扶活动（向贫困户宣传一次疫情防控知识、落实一些防护用品、开展一次心理疏导、制定一个脱贫增收计划、开发一批临时性公益岗位、进行一次产业扶贫指导），确保帮扶工作不断档、有实效。组织干部督促贫困户开展环境卫生大整治，帮助贫困户养成良好的生活习惯，彻底消除卫生死角，有效防止病毒传播。疫情防控期间，玉峰山镇、大湾镇等19名贫困户不计报酬主动请缨参加一线疫情防控工作，统景镇8户贫困户捐赠1000斤柑橘蔬菜助力湖北孝感抗疫，为抗疫做出自己的贡献。

# 千亩桃花同绽放　千盏村民齐小康
# 围绕"五化"补短板强产业

大盛镇千盏村是渝北区五个重点村之一，辖区面积6平方公里，人口1052户2617人，常住人口582人。近年来，千盏村坚持以习近平新时代中国特色社会主义思想为指导，按照特色农业生态化、智能化、高端化、精细化思路，扎实推进脱贫攻坚、乡村振兴等各项工作。

## 坚持抓重点、补短板，脱贫攻坚高效化

现有建卡贫困户全部脱贫，稳定实现"两不愁三保障"。村文"两委"和驻村工作队每周入户走访建卡贫困户，结合实际制定脱贫计划，采取精准帮扶措施，一对一帮助贫困户解决厨房、厕所及院坝硬化、屋顶漏水等民生问题以及产业发展、就业等问题。探索黄桃基地"622"、小龙虾基地"532"分配模式，其中村集体经济收益的5%，用于脱贫攻坚。实现"四类"人员全部兜底，现有"四类"人员78人，其中建卡贫困户12户23人，低保户29户45人，五保户13户13人。通过全力投入帮扶，对扶贫对象进行再精准识别，落实各项扶贫政策，确保稳定增收致富。居民新村有序推进，按照四合院样式精装花园房标准，建成和合下坪"扶贫+养老"模式示范点，水电气讯全通，20户"四类"人员拎包入住，昔日透风漏雨、破桌烂椅，今天青瓦白墙、窗明几净，让"忧居"彻底变"优居"，由独自居住到安享集中养老、邻里互助、其乐融融的美好生活，该示范点成为到访千盏的必游之地。当前正在规划设计新建集中居民点4个，保障86户村民居住，建成后将极大改善居住环境，提升群众幸福感。

## 坚持重科技、兴产业，集体经济多元化

千盏村通过成立专业合作社，采取"一平台、二基地、三产业"的发展模式，对闲置土地实施宜机化整治，并以1—4社发展为支点助力整村推进。"双十万"工程高速推进，建成现代黄桃特色产业园2000亩，栽植嫁接桃苗4.5万余株，村民通过入股分红、参与劳动、林下种植、过渡补贴产生收益，户均年增收可达2万元。龙虾基地建成投产，总面积达100亩，养殖池35个，其中小龙虾50亩、鱼类30亩、大闸蟹20亩，村民不但可通过土地租用获得700元/

亩的年收益，还可享受入股分红。生态养殖基地有序启动，实施玉河沟荒地整治200余亩，打造建卡贫困户产业增收园，建立循环、生态的立体化种养殖链，形成脱贫攻坚"聚宝盆"。通过致富带头人带动，采取水里养鱼、林下养禽、荒坡养畜的模式，12户贫困户均增收可达5000元/年。电商平台投入运营，由于千盏村位置偏远，区位条件较差，为畅通销售渠道，建成"千盏星"消费扶贫电商平台，通过线上销售鸡、鸭、鹅、蛋、鱼、米、酒、苕粉、蔬菜等产品，线下"一站式、点对点"配送到家，彻底解决农副产品销售难、价格低等困难，有效保障了广大村民增产增收、稳定致富。目前，已产生订单500余单，实现销售收入10余万元，其中消费扶贫2万余元。

## 坚持早谋划、重布局，农旅结合产能化

邀请市区农业农村、水利局、文化旅游委等相关部门领导，农旅项目策划专家、农林和药材种植专家、农业项目发展成功人士，专题研究全村集体经济发展。村支"两委"和驻村工作队组织村民代表到四川、合川等地考察学习农、旅、文融合发展经验，结合地形地貌，将黄桃基地建成游玩区、龙虾基地建成垂钓区、蔬菜基地打造家庭农庄建成采摘区、家畜家禽养殖建成生态区、沿山崖步道建成观光区，在黄桃基地建成面积10亩的"桃心"3个，着力打造婚纱外景基地和观光休闲步道，精心包装古院、古房、古寨、古树、古物、古洞、古墓乡村"七古"休闲游玩景点，形成春有花、夏有阴、秋有果、冬有绿的四季旅游，让村民依靠绿水青山端起致富"金饭碗"。

## 坚持建家园、美院落，村居民宿宜居化

大力开展危房整治工作，投入800余万元实施风貌改造，改造旧房192栋，拆除危房116户，全体村民均有安全住房。建成硬化路15公里、泥结石路42公里、人行便道34公里，实现了道路户户通。完善卫生保洁长效机制，以乡村主路沿线保洁为重点，通过"四类"人员参与清扫保洁，既解决了贫困户的就业和增收，又改善了人居环境。开展卫生检查评比，对室内和院坝卫生较好的家庭发放卫生家庭牌，并给予物质奖励。

## 坚持访民情、解民难，服务保障制度化

壮大队伍增活力，扎实开展"不忘初心、牢记使命"教育，充分发挥全村70名党员先锋模范作用，定期组织宣传培训，引导村民破除老观念，打破土地边界，由村集体整体规划，统一实施宜机化，优化产业结构，发展集体经济，切实改善村民的人居环境和生活水平。引进本土人才1名、成功人士2名回村创业。心系群众办实事，每月遍访群众1次，发放便民卡

1500张，由驻村工作队、村干部和社长组成民情联络员和民事代办员，将建房用地审批、计生服务、民政优抚、危房改造等10余个项目，采取代办、领办等方式，由驻村干部和村干部帮助办理。收集意见建议200余条，代办受理群众事务230余件，办结率100%以上，群众满意度达到100%。防控疫情重宣传。新冠肺炎疫情期间，村支"两委"、驻村工作队组织开展疫情宣传，做到了不漏一户不少一人，悬挂标语21条，小广播循环宣传每天不少于10小时，发放消毒水200公斤，口罩5000个。资金保障促发展。驻村工作队争取移民后扶资金2800万元，龙山街道支持集体经济发展10万元，区商务委支持电商平台建30万元，空港公司支持办公配套办公费20万元。

## 玉峰山镇

# 贫困户不等不靠脱贫致富奔小康

❖❖

2020年我们见到的傅宗勇脸上总是布满了笑容和满足，而且还精神抖擞，充满干劲，这和前几年看到的他有很大区别。47岁的傅宗勇，视力残疾，家住渝北区玉峰山镇双井村13组，家庭现有人口5人。妻子石全桂，45岁，主要从事农业生产；母亲曾祥菊，69岁，精神二级残疾需长期服药控制病情；儿子罗毅，现年11岁，就读于茨竹小学，五年级；女儿罗萌，15岁，就读于华蓥中学，九年级。

### 自身残疾，却为父母撑起一片天

几年前的傅宗勇一家居住在一栋土木结构的危房内，妹妹远嫁；母亲有精神二级残疾，需要长期服药控制病情；加之父亲偏瘫，长期卧病在床，必须要亲人在身边伺候。由于家庭困难，43岁的他还未能娶到媳妇，自己一个人担起了照顾父母和家庭的责任。照顾家庭之余，他还要为一家三口的生计和用度发愁。2013年开始，为了照顾家里的两个病人，他在自己视力不方便的情况下选择了就近务工，靠自身劳动来维系整个家庭的开销，让父母安度晚年。由于本身视力受限，很多活都不能干，不管他怎么努力，有很多老板都不怎么叫他干活，但他还是一边照顾着父母，一边找活干，过着捉襟见肘的生活，从未嫌弃和责怪过生病的父母。

## 身残志坚，迎来美好生活的开始

鉴于傅宗勇家的实际困难，在2014年建档立卡贫困户评选过程中，傅宗勇一家被评为了建档立卡贫困户。2015年在全国打响了脱贫攻坚战，跟随而来的一大波好政策下，傅宗勇没有"等靠要"，仍然一如既往的就近找活干，他什么脏活、累活都干。终于，通过几年的辛苦，在政府的帮助下，他把自己的所有积蓄拿出来，重新修建了房屋，建起了砖混结构的两层楼房。同时，政府还为他办理了低保兜底，生活一天比一天好了起来，使自己的家更像一个家的样子。他主动申请脱贫并经过验收，周围群众都看到了傅宗勇家庭的变化，都纷纷为他竖起了大拇指。也正是因为他的这种不等不靠自力更生使邻居认为傅宗勇是一个可以依靠的好男人，所以邻居牵线搭桥为傅宗勇介绍了丧偶的石全桂。石全桂也因为傅宗勇的勤劳和担当默许了这份姻缘，而且傅宗勇也没有因为石全桂还带着两个小孩的情况而退却，勇敢的担起了这份责任，使这个三口之家变为了六口之家。

## 不等不靠，肩负起家庭的责任

成了家的傅宗勇，上有父母、下有儿女要照顾，他深深感受到肩上的责任越来越重，便与妻子商量如何把家庭经营好，他们思来想去也没有想到什么好办法。帮扶责任人在第一时间了解到这一情况下，及时与傅宗勇共同商议发展产业。鉴于因其母亲有精神残疾、孩子小的现实，家中必须有人照顾的情况，傅宗勇决定就近发展种养殖业。夫妻二人说干就干，在2016年就养起了鸡，建好了大棚。通过几年的发展傅宗勇家的大棚蔬菜发展到了3亩，鸡常年存栏150余羽，生猪常年存栏2头。

据工作人员初步测算，傅宗勇母亲享受养老保险金1140元，全家享受土地流转收入7000元，低保金14820元，生产经营性收入25500元，生态补偿金1200元，生产经营性支出15250元，家庭总收入34410元，家庭年人均收入6882元。学校还为其儿女免除学费、提供爱心午餐。在区级、镇级领导结对帮扶下，全面落实了医疗保障，免费为全家购买新农合、意外保险、精准脱贫保、并免费签约家庭医生。正是在党的好政策下，傅宗勇一家通过自己的努力，已逐步过上了好日子。

# 健康扶贫为贫困户撑起"保护伞"

◆◆

自脱贫攻坚以来，巴南区坚持"转作风、强机制、抓重点、促提升"工作思路，坚定"精准施策、统筹推进、分类救治、一个不少"原则，全力推进健康扶贫各项措施落实落地，有效减轻因病致贫贫困人口家庭负担，有效遏制因病致贫、因病返贫发生。

## 步步为营，挂图实施健康扶贫工程

先后制定巴南区健康扶贫三年攻坚行动计划和健康扶贫医疗救助工作实施方案，抓紧抓实健康扶贫各项工作，所有指标全面达标。**严控自付比例**。全区2019年贫困人口3133户9232人，因病致贫返贫核准率达100%，救治进度100%。贫困人员住院费用自付比例9.69%，慢病重特大疾病门诊费用自付比例15.66%，区域内就诊率达93.33%。**严格规范诊疗行为**。组建健康扶贫医疗质量管理专家组定期对全区各定点医院的贫困患者住院病历集中审核，严格规范贫困患者就医诊疗行为。**开展大病专项救治**。巴南区大病集中救治定点医院4家，大病人员信息核准率、救治率均达100%。**做实做细家医签约服务**。在家且有签约意愿贫困人口7258人，健康档案建档率100%，签约服务率100%；全国健康扶贫动态管理系统中，慢病患者684人，签约服务率100%。**夯实基层卫生基础**。全区22个镇街的基层医疗卫生机构均配备有全科医师，198个行政村有262个村卫生室，其中231个村卫生室具有乡村医生执业；无人执业村卫生室通过属地镇卫生院派驻医务人员坐诊、巡诊等方式，确保所有行政村基本医疗卫生服务全覆盖。

## 积极作为，准确落实"先诊疗后付费"政策

全区医疗机构均设置"建档立卡贫困户综合服务窗口""建档立卡贫困户住院不交押金"提示牌。率先将全区贫困户信息接入医保HIS系统。区外贫困户到区内就医，可通过"重庆市扶贫开发办公室"网站或"我家在重庆"App核准身份信息。对"三无"人员（无医保

卡、无身份证、无法说清自己身份）待查明身份后再处理，出现"呆坏账"的相关工作人员免责，"宁愿少收三千，也不错收一个"。

## 精准施策，提升医疗服务质量和效能

2019年与重庆市理工大学团队合作设计健康扶贫软件，录入贫困户就医基本数据，自动识别分配政府兜底金额，信息直接导入全国健康扶贫动态管理系统，工作更高效。对区内因病致贫未脱贫贫困户35人，制定"一对一"个性化医疗及健康帮扶措施，如对识字困难、行动不便的贫困人员，将家庭医生联系电话设置成一键拨号，方便就医。

## 健全机制，确保医疗参保"一个不漏"

**定时维护标识身份**。区医保局每月根据全区建档立卡贫困人员变化情况，及时在医保系统中对建档立卡贫困人员进行信息标识，并设定资助相应标准，保证新增、脱贫或返贫人员信息及时更新，扶贫政策及时跟进。**定期比对参保状态**。建立"双比对"制度，各镇街对辖区建档立卡贫困人员医保参保状态每月开展一次比对的同时，借助医保业务系统，对全区所有建档立卡贫困人员参保状态每月进行一次"拉网式"排查，动态跟踪和掌握建卡贫困人员的医保参保状态。通过"双比对"机制，确保建卡贫困人员不漏保一人，不发生应保未保人员，确保应保尽保。**定向报送参保信息**。建立"双报送"机制，对中断参保人员，督促镇街及时办理中断人员的医保接续，形成异动人员月调度表、异动人员明细表，要求报送区医保局。同时镇街将异动情况录入全国扶贫开发信息系统并报区扶贫办。通过建立"双报"工作机制，确保了建档立卡贫困人员医保参保信息数据共享、信息连通。通过落实建卡贫困人员基本医疗保险参保状态信息"三定双比双报"机制，及时比对发现54名中断参保人员，及时接续中断参保人的医保参保，确保全区所有建档立卡贫困人员的基本医疗保险应参尽参，参保率100%，保证了医疗保险待遇应享尽享，医保待遇100%享受。

石滩镇村民丰收景象

# 为贫困户送来"甜蜜事业"

◆◆

"养蜂虽然投资不大，但见效快。我们镇又是花木之乡，有丰富的蜜源潜力，花季过去，钱就到兜里了，谁能不愿意呢！去年镇里组织的中蜂养殖技术培训班，我自己尝试养了几箱，效果不错！刚好今年镇里又有针对贫困户送蜂到户的政策，我就报了名，希望能有大收获！"2020年3月5日，巴南区圣灯山镇石林村建卡贫困户周继勇望着帮扶干部刚送来的蜂箱满是期待地说道！

## 技术培训酿就"甜蜜事业"

自脱贫攻坚工作开展以来，圣灯山镇始终把发展产业扶贫、助力贫困户脱贫增收作为产业帮扶重要工作来抓。2019年，圣灯山镇在全区首开先河，面向辖区建卡贫困户免费举办养蜂专业技术培训班，采取"讲座+实操"的授课模式，带领参训学员深入田间地头、蜂农家中，开展实地参观教学，为广大学员分析养蜂业发展前景，讲解中蜂春繁技术、人工育王技术和四季管理技术、中蜂分群管理和病害防治技术等，有效解决了贫困户发展养蜂事业缺技术的问题。

"养蜂是一个靠天吃饭的活计，花期时若遇到阴雨天气，一年的收成都可能搭进去。蜜蜂幼虫期更是考验养蜂人经验和水平的难题。"刚开始，这是很多计划养蜂人共同的担忧。

"从养蜂培训班毕业，我对养蜂这一行业越来越有兴趣，每天都跃跃欲试，想好好'撸起袖子加油干'，早日摆脱贫困户的身份，这次政府为我们送来了蜜蜂和技术，让我信心倍增！"永隆村建卡贫困户李建勇是养蜂技能培训班的一名"毕业生"，这次产业扶贫送蜂到户，让他学到的一身"武功"有了"用武之地"。

## 社会扶贫助推"甜蜜事业"

送蜂到户是圣灯山镇产业扶贫的一大举措，也是圣灯山镇推动社会扶贫，广泛聚集社会力量努力构建大扶贫格局的一个缩影。本次送蜂到户由圣灯山镇党委政府牵头，充分利用社会扶贫捐赠资金21600元购买企业蜂箱36箱，惠及贫困户11户。采取"政府+企业+贫困户"产业扶贫模式，由政府统筹利用社会捐赠资金向企业下单，由企业送蜂送技术到户，产业指导员和镇帮扶干部跟进，解决贫困户在喂养蜜蜂过程中遇到的各种问题，确保贫困户的"甜蜜事业"能稳定增收。

据悉，此次送蜂到户，圣灯山镇帮扶干部为贫困户送去了疫情防护口罩百余个，送蜂爱心企业还为本次收到蜂箱的贫困户送上了200元产业帮扶资金。

## "甜蜜事业"带来致富希望

日前，正值春暖花开之季，圣灯山镇抢抓时机，将一箱箱"致富蜂"送到贫困户家中，给贫困户送去了致富希望。按照一箱蜂年产15斤蜜，每斤蜜约200元的价格计算，贫困户养4箱蜂，到年底将预计增收1.2万余元。

## "甜蜜事业"助力产业脱贫

此次送蜂到户行动受到了贫困户的广泛欢迎，既充分利用了圣灯山镇丰富的自然资源，同时也能帮助贫困户稳定增收，圣灯山党委政府决定继续采取这种模式，积极动员区级帮扶单位及辖区内的企业，积极投入到产业帮扶的行列中来，利用为贫困户赠送蜜蜂、鸡、鸭等生产资料，帮助贫困户发展产业，同时实现持续增收，真正意义上做到帮助贫困户实现高质量脱贫。同时严格落实产业指导员帮扶制度，每户建卡贫困户的产业指导员都要每月登门入户，询问贫困户的产业发展情况，同时根据贫困户的诉求，一对一地为贫困户提供产业发展技术支持，并且根据贫困户的实际情况，制定具有针对性的帮扶措施，铆足全力，为圣灯山镇的产业扶贫事业添砖加瓦。

圣灯山镇党委书记张永表示："产业扶贫一直是脱贫攻坚工作重中之重，'授人以鱼不如授人以渔'，只有做到激发贫困户的内生动力，才能真正意义上实现稳定脱贫。"圣灯山镇始终坚持防止贫困户出现"靠着墙根晒太阳，等着别人送小康"的消极思想，积极出谋划策，引导贫困户勤劳自立。此次送蜂活动不仅能帮助贫困户增收，更是激发贫困户内生动力的关键之钥。

## 木洞镇海眼村

# 开创"稻田养蛙"之路
# 引领村民脱贫致富

33岁的雷德良就是返乡创业大军中的一分子。2015年，雷德良在报纸上看到习近平总书记关于未来中国农村发展系列重要论断，他欣喜若狂，他有强烈的预感农业将不再是一项分散型的糊口生计，而是将构建专业密集型的新发展模式。雷德良暗暗决定，他要回到家乡，在家乡的广袤大地上实现自己的梦想。

一个星期后，雷德良提着行囊回到家乡木洞镇海眼村。回到家乡的雷德良用了一个月的时间对村里的产业情况做了详细调查，海眼村海拔500余米，气候宜人，四季如春，历来是高质量稻米的出产地，近几年在政府的大力扶持下，当地大米走了出去，家喻户晓。不过稻米一年只能收割一季，经济周期长，且价格随着市场波动较大。雷德良在网上了解到，有一种叫作稻田蛙的经济养殖产物，能够在稻田里生长，生长周期快，近些年经济价值不断攀升，稻田蛙成为各大餐饮酒店供不应求的桌上佳肴。雷德良不禁大喜，引进此种稻田蛙，和海眼村的水稻种植相结合，稻田蛙的排泄物不但可以促进水稻的生长，还能为水稻生物灭虫，农民在稻田养蛙，秋天售卖水稻，四季均可卖蛙，在面积同样大小的区域经济收入翻了翻。

雷德良把自己的想法和方案提交到海眼村村委会，受到了木洞镇政府和村委会的大加赞赏，并表示大力支持雷德良的创业项目，各项优惠政策要一并跟上，养殖出规模后将在各大宣传渠道上为海眼稻田蛙做宣传。

有了当地政府的大力支持，也就没有了后顾之忧。随即在村委干部的牵头下，雷德良承包了50余亩优质稻田，带领辖区5户贫困户开始了他的稻田养蛙事业。当第一批蛙苗投放进田里的时候，雷德良蹲在田坎上，像看着自己刚出生的孩子一样。他知道，这些小小的稻田蛙会承载着自己大大的梦想越来越强大。

半年后，雷德良养殖的第一批成熟稻田蛙终于可以销售，先前联系的诸多经销商也提前打电话进行了预定，雷德良沉浸在即将丰收带来的喜悦中。哪知天有不测风云。一天夜里，雷德良像往常一样打着手电筒走在田埂上巡视即将销售的稻田蛙的时候，呈现在他面前的却是触目惊心的一幕，田里的稻田蛙有近2/3翻着白肚浮在水面上，没有了生命迹象。雷德良马上跑到大棚，拨通了镇农服中心的求助电话，农服中心的干部联系专家连夜赶到，专家通过对现场和稻田蛙尸体的分析加之查阅资料后得出结论，原来是雷德良在投放蛙苗的时候，只顾了亩饱和量，忽略了雄雌投放比例，导致雄多雌少，当雌蛙太少雄蛙为了争夺交配权就必定会展开厮杀。听了专家的分析，雷德良气得直跺脚，悔得肠子都青了，后悔当初没有早发现这个问题。不过如今蛙的损失是小，各地经销商过不了几天就要来拉货，并且许多经销商都付了定金，拿不出货意味着第一次与经销商的交易就胎死腹中。雷德良第一时间通知了经销商，及时变更自己的进货渠道，减少他们的亏损。雷德良把存活下来的部分稻田蛙供应给了能供应的客户，无法供应的就一一打电话解释道歉并退了定金、赔付了违约金。此次雷德良的损失高达30余万元。

有心人的亡羊补牢，注定为时不晚。在镇政府领导的鼓励和帮助下，经过惨痛教训的雷德良总结经验，革新技术，改变饲养结构，并时常主动接来专家到现场指导。终于，半年的卧薪尝胆之后，第二批稻田蛙成熟销售，这一批的蛙出栏非常顺利，个个健康有活力，体型肥大。各地经销商纷至沓来，生态好产品根本不愁销路，雷德良的脸上笑开了花。

有志者事竟成，克服创业中的种种困难，雷德良成为当地著名的稻田蛙养殖大户，原本亩产值800余元的稻田也摇身一变成了亩产值近1万元的聚宝盆。稻田蛙出名了，许多朋友还通过他的稻田蛙知道了长坪大米，有力带动了周边村民的收入。

如今尝到胜利果实的雷德良准备扩大规模，建设集孵化、育苗、饲养于一体的养殖专业合作社，并让村民自愿入股参与这个事业，带领乡亲脱贫致富，由点到面推动全村产业振兴取得实效。

# "四字诀"上下功夫　就业扶贫成效好

为巩固脱贫攻坚成效,长寿区坚持在"准、精、细、实"四个字上下功夫,扎实开展就业扶贫工作,探索出一套符合长寿实际、具有长寿特色的就业扶贫模式,走出一条贫困人员就地就近就业、实现脱贫致富的新路子。全区累计帮扶贫困人员实现就业4202人。

## 在"准"字上下功夫,摸清务工需求,引导单位就业一批

准确摸清贫困人员返岗复工和就业需求状况,在扶贫开发领导小组的指导下,统筹区级就业部门工作人员、人力资源服务机构、街镇村居就业信息员成立"就业帮扶在行动"专班,通过"走访入户+电话入户+扫码入户"方式,在原有就业信息台账基础上,全面升级更新1万余名16周岁以上贫困劳动力实名制信息台账,做到基本信息、技能特长、就业意愿、培训意愿、就业去向、行程安排"六个清"。准时全天候线上服务推荐岗位就业,开展24小时"就业服务不打烊、网上招聘不停歇"活动,充分收集区内大小企业用工岗位信息,准时定期通过长寿区政府网、长寿就业局微信公众号、长寿就业App等平台不间断发布。春节至今,已组织引导贫困人员参加网络专场招聘会3场,推荐就业岗位信息3000余个;向贫困人员定向发送岗位推荐信息、就业温馨提示等手机短信1.3万余条;24小时就业服务热线提供咨询解答500余次;在全区268个村居张贴就业岗位宣传海报7000余张。准实开发招用工平台载体吸纳就业。深入挖掘长寿经开区、高新区、现代农业园区等国家级、市级、区级几大园区汇聚各类企业数千家的就业载体优势,帮助上百名贫困劳动力走进园区变身"企业工人"。同时鼓励企业开发特色种养殖、农产品深加工、休闲农业、农村电商等适合贫困人员就业的岗位,选择其中17个就业吸纳能力强的劳动密集型企业作为就业扶贫基地,拓宽贫困人员就业渠道。准点开办就业扶贫车间吸纳就业,探索实践出三点打造就业扶贫车间方式,即引导街镇龙头企业申办、鼓励小微企业自主试办、支持返乡人员和本地能人创办。同时加大资金支持,对

认定为"长寿区就业扶贫示范车间"的用工主体给予最高30万元的一次性建设补助，吸纳农村建卡贫困户稳定就业给予带动就业示范奖补。全区已打造石堰镇曼洋农业发展有限公司等3家企业为就业扶贫示范车间，吸纳37名贫困人员就业。

## 在"精"字上下功夫，开展职业培训，提升技能就业一批

根据贫困人员培训需求，结合长寿区经济发展及主导产业发展实际，开设化工工艺操作工、长寿米粉制作员、旅游服务员、果树园艺工等地方特色培训工种。通过部门联动，精心配合，分阶段、分批次、分需求制定培训方案、设置培训内容，有针对性地组织开展贫困人员就业技能培训，力求每位培训学员都能掌握一项就业技能。共组织2380名贫困人员参加技能提升培训，发放培训补贴374.7万元，为建卡贫困人员参加技能培训发放交通食宿补助225.77万元。

## 在"细"字上下功夫，分类帮扶指导，创业带动就业一批

按照行业分类，为有创业意愿的贫困人员提供创业培训、创业项目指导、创业政策咨询和创业资金支持等精细化服务。通过项目推荐和创业指导成功帮扶16名贫困人员实现创业，

长寿湖生态养鱼产生良好的社会效益、环保效益和经济效益

并给予3名自主创业贫困人员一次性创业补助24000元。开辟创业担保贷款绿色通道，举办微型企业银企融资对接会，为4名贫困人员创业提供创业担保贷款50万元，为6名贫困人员发放贷款贴息38047.1元。对无抵押物或保证人的优质创业项目，积极向市局推荐，由小微企业融资担保公司以市场手段提供贷款担保。积极开展创业孵化基地建设，指导云集镇大同村、江南街道天星村和云台镇拱桥村成功创建"创业就业示范山村"，带动40名贫困劳动力实现就业。

### 在"实"字上下功夫，开发公益性岗位，托底安置就业一批

牢牢把握"按需开发、人适其岗、岗尽其能、人岗匹配"的务实原则，联合区内人社、扶贫、残联、交通、林业五大部门，统筹开发保安、保洁、园林绿化、市场协管、交通协管、护林员等全日制和非全日制公益性岗位，实实在在安置贫困人员就业，帮助其脱贫增收。对持久性贫苦、找工作较难的贫困家庭人员，尽量安排全日制公益性岗位；对突发性贫困、能够通过自身努力在社会上找到工作的贫困家庭人员，一般安排非全日制公益性岗位；对年龄较大、具备一定劳动力又有就业意愿的贫困人员，创新开发农村服务型岗位。目前，已安置2045名贫困人员公益性岗位就业，落实社保补贴、岗位补贴约183万元；安置274名大龄就业困难贫困人员实现农村服务型岗位就业，落实农村服务型岗位补贴117万元。

# 龙河镇

# 产业扶贫扶起了好光景

◆◆

**喜上眉梢头，人约黄花后**。黄花过后，繁星点点的"红灯笼"悬挂绿洲碧海中，看着硕果累累的柑橘，产业扶贫温暖了千家万户，发展光景越来越好。重庆市长寿区龙河镇永兴村通过抓好产业升级换代，不断强化基础设施建设，创新利益联结机制，让柑橘产业越来越好，群众的幸福感、获得感越来越强。

乘舟渡湖看永兴，兴也夏橙，衰也夏橙。被长寿湖包围的永兴村曾漫山遍野种植夏橙，夏橙的火热销售曾经在20世纪90年代让这个湖中小村步入了小康村之列。"一斤橙子换几斤谷子"的价值让永兴村农户乐开了花。然而原本红火的夏橙树有些枯死，有些因老化品质不再，行情由"一斤橙子换几斤谷子"转变为"几斤橙子换一斤谷子"，产业的衰败让生活在永兴村的群众失去了抵抗贫困的能力，一场疾病，或是子女学业的负担，或是面对产业衰败而自身又没有其他劳动技能，诸多因素让原本小康的家庭陷入贫穷的境地，一度兴旺的夏橙产业让永兴村成了市级贫困村之一。

长寿区龙河镇用心用力抓扶贫，结合永兴村的实际，坚持乡村产业的发展才是乡村经济发展的根本，要大力做好产业扶贫的文章。2015年以来，通过招商引资引进重庆市巽泰农业开发有限公司、重庆市齐佰福农业开发有限公司等柑橘种植企业，永兴村900余亩夏橙老果树实行高接换种，爱媛、纽荷尔等柑橘新品种每年增收70余万元。辐射带动永兴村柑橘产业，先后成立农业企业15个、专业合作社1个、家庭农场1个，培养种养大户6个、致富带头人4人，让贫困人口71户227人切实享受到产业发展的福利。

晚霞中的永兴村天蓝山清水秀

家住永兴村4社的文应金便是享受福利的贫困群众之一。文应金种植的10余亩夏橙曾让他们家在村里过得有滋有味，然而2014年主导产业的衰败，加上老伴蒲兴碧又患有高血压、肺泡囊肿等慢性病，让文应金的家庭负重前行。龙河镇引入技术实力强的农业科技企业后，文应金一边在巽泰农业开发有限公司务工，一边注重学习

柑橘的丰收让永兴村村民再次"担"起了幸福光景

公司的先进种植技术，同时将新技术用于自己的果园，通过他的不懈努力与巽泰农业开发有限公司的大力扶持，文应金的果园渐有起色。随后，他把周边村民外出务工后留下的果树承包过来，将种植面积扩大30余亩，引入春见、血脐、爱媛等优质柑橘品种，仅2019年文应金家庭收入就有约7万元，这让文应金的生活再次向小康奔去。

**一桥飞架东西，天堑变通途。**乐温大桥的修建不仅让长寿湖天堑变成通途，更为永兴村产业发展插上了翅膀。龙河镇推动耗资2亿余元的乐温大桥落地修建，配套建设乐白路和乐包路，2015年以来配套修建"四好"农村公路10.2公里，落实中央彩票资金项目和股权化改革项目资金433万元，实现永兴村硬化人行便道5.74公里和生产作业道14.7公里。打破天堑长寿湖阻隔，强化基础设施建设，实现乐温、龙河、垫江东西畅通，原来运输柑橘过湖需要一个多小时，乐温大桥建成后将时间缩短在10分钟内，没有了过湖的渡船费，极大地方便了永兴村群众的生产生活。

**村企紧密相连，产业有发展，人民有希望。**优先务工、技术扶持、利益分红等一系列利益联结方式将永兴村与在村企业紧紧联系在一起，将贫困群众与村集体产业紧紧联系在一起。现如今，永兴村柑橘产业已拓展至2000余亩，看到这硕果累累的柑橘产业，群众心中也有了希望。永兴村通过将自身地理优势、生态优势、产业优势相融合，正逐步成为一个集健康疗养、休闲度假、农旅结合为一体的综合型特色田园村落。

## 葛兰镇塘坝村

# 三"社"齐飞助力产业扶贫

近年来，葛兰镇塘坝村不断健全产业扶贫长效机制，着力改善贫困户收入和就业状况。结合地理和生态环境特色，先后成立了果桑种植、劳务合作、中蜂养殖三个股份合作社，以合作社为引领，引导贫困户入社参与发展生产和经营。

塘坝村养蜂合作社养蜂技术培训

塘坝村村委和驻村工作队动员贫困群众加入合作社

**立足"一村一品"，做强果桑产业。**以"集体+业主+农户"的形式成立爱花塘蚕桑股份合作社，现已吸纳农户180余户。种植前两年针对农户实行保底分红，第三年起每年按收益比例分红，其中土地股分红比例达55%。目前已经种植果桑100余亩，预计果桑量产后农户每亩土地增加收益2000元以上。

**整合人力资源，做强劳务产业。**成立葛坝劳务合作社，广泛吸收本村劳动力加入合作社，优先吸纳扶贫对象，并集中开展劳动技能培训，根据其身体、技术条件安排合适的工作，现已入社30余人。目前合作社已完成农村"四好"公路涵管建设及果桑基地除草等项目，实现群众本地务工收入零突破。

**依托资源优势，做强养蜂产业。**依托高海拔及山花蜜源等资源优势成立糖罐罐养蜂股份合作社，现已入社农户30户，其中在家贫困户实现100%入社。合作社将中蜂养殖大户和贫困户结合起来，指派专人上门指导贫困户养蜂，并利用专项帮扶资金购买蜂桶150个，中蜂养殖由"单打独斗"变为"抱团发展"。同时，合作社设计制作蜂蜜产品特定包装，塘坝村蜂蜜价格从80元/斤提升到了120/斤，根据山花蜜市场行情，预计每桶收益达1500元/年以上。

目前，葛兰镇塘坝村三个合作社均运转有序，逐步实现从"输血式"扶贫到"造血式"扶贫、从"授人以鱼"到"授人以渔"的科学转变。

# 应对疫情有五招 就业扶贫"不打烊"

2020年，是全面建成小康社会目标实现之年，是全面打赢脱贫攻坚战收官之年。因受新冠肺炎疫情的影响，江津区坚持一手抓疫情防控，一手抓贫困劳动力就业，做到"战疫""战贫"两不误，实现就业扶贫"不打烊"。

## 出台政策"早"，助力贫困劳动力就业

在落实上级已有政策的基础上，率先在全市范围印发江津区《关于新冠病毒肺炎防控期间实施招工补贴和交通补助的通知》，对新招用江津籍建卡贫困劳动力、因疫情无法返回湖北务工江津籍人员的区内企业给予1000元一次性招工补贴。对新招用重庆市外务工人员和新招用重庆市内江津区外务工人员的企业分别给予500元/人和300元/人的一次交通补助。对到区外就业的贫困劳动力每年给予一次性往返交通补贴。

## 数据采集"准"，全面掌握就业需求

依托镇街、村（社区）公共就业服务平台，通过"微信推、扫码填、电话问"等方式，广泛采集贫困劳动力外出务工意愿、就业需求、培训需求等信息，在原有实名制台账基础上及时动态更新，精准掌握贫困劳动力1571人就业需求。

## 培训方式"新"，有效开展线上培训

疫情期间严格按照"线下培训禁开展、提升行动不断档、培训服务不停歇"的原则，创新培训服务方式，区内已有12家高（中）职院校、培训机构积极开通筹建线上培训平台，开发车工、钳工、富硒特色菜制作、母婴护理、花椒种植等多个线上培训课程。潍柴汽车、重

江津区石蟆千秋塝小村庄美丽景色

庆建工等9家企业分别与区内5家高职院校合作开展企业新型学徒制培训，通过组建微信培训群，制订线上培训方案和课程计划，确保理论课程实现线上培训。目前，已有1515人足不出户参与线上培训学习，其中贫困劳动力101人。

## 岗位开发"多"，多手段实现就业

对尚未外出人员，开展"点对点、一站式"就业服务，通过"送出去一批、本地企业和新型经营主体吸纳一批、帮助就地创业一批、公益岗位兜底一批"等方式解决就业。对已有工作岗位但因疫情暂未出行到岗的贫困人员，通过设立临时防疫岗位、乡村清洁临时公益性工作岗位实现其过渡期务工，降低疫情对务工收入的影响，全区共落实此类岗位357个。积极开发贫困户公益性岗位，目前，全区累计开发建卡贫困户公益性岗位607个。开展线上线下招聘会35场，发布企业用工信息8批次，涉及263家企业2.4万个就业岗位，贫困劳动力市场化实现就业1571人。同时，建立全区贫困劳动力就业状况日报告、日通报制度，区领导第一时间掌握就业动态状况，及时调度、及时通报，确保责任落实和工作落实。

## 组织保障"实"，做好务工出行服务

会同各镇街、经信委、交通局、商务局、卫生健康委等部门和各工业园，建立农民工（贫困劳动力）24小时返岗复工和企业用工保障机制，互通信息，形成工作合力。严格按照返岗出行"6步工作法"，围绕"家门—车门—厂门"一体化防护安全目标要求，开通"江津—绍兴""白沙—深圳""江津—高新区"等包车、专列，"一对一、点对点"帮助1782名农民工（贫困劳动力）等群体安全顺利返岗，其中贫困劳动力43人。

# 嘉平镇
## 八步为营取得"志智双扶"新成果

江津区嘉平镇全镇辖区面积89平方公里，总人口2.6万人，有紫荆、大垭两个贫困村。现有建档立卡贫困对象406户1428人，目前已全部脱贫。近年来，嘉平镇结合群众主体，坚持精准方略实施产业带动，不断探索激发内生动力的途径，提升群众的获得感和认可度，"志智双扶"取得良好效果。不愿脱贫、不想脱贫、不能致富、不敢发展的"四不"对象从思想上实现"让我脱贫"为"我要脱贫"转变。

**建阵地，首治愚。**治贫先治愚，扶贫必扶智。2018年，嘉平镇利用大垭村壮大集体经济资金10万元对闲置的集体资产（原荆竹坪学校）进行装修改造，成立了江津区脱贫攻坚讲习所嘉平教学点，成为江津区首个脱贫攻坚讲习所镇街级教学点。讲习所设置学员教室、农产品展销厅、精准扶贫展示室、会议室等4个功能室，2018年11月正式开班，目前已进行20余场次500余人次的培训。充分发挥基层党建促进脱贫攻坚"志智双扶"的重要作用，为扶贫干部讲习近平扶贫论述、乡村振兴、脱贫攻坚、现代农业、"三变"改革等，不断提高干部带富致富能力；为群众讲思想、讲政策、讲思路、讲先进，激发群众摆脱贫困内生动力，帮助群众实现从"富口袋"向"富脑袋"转变。

**树典型，倡先进。**开展"六重六守"评选月活动，评选出自力更生、不等不靠脱贫致富典型14户，在院坝会进行宣讲，在宣传村组宣传栏上进行公布，在全镇范围掀起学习热潮。

**监督干，严约束。**2018年，由紫荆村村支"两委"和扶贫工作队牵头，组织20户脱贫户，每三人为一个扶贫互助小组相互监督、共同劳动，倒逼有劳动力的群众参与劳动。流转土地58亩，建设3个扶贫产业示范园，种植茄子、糯玉米、儿菜等高山蔬菜，由驻村工作队的农技专家手把手传授，让他们在生产中学到一门技术，同时激发他们的内生动力，真正实现"造血式"扶贫。

**评后进，惩懒惰。**由各村收集因"懒"致贫的对象的素材，形成典型事例材料写入《院坝会口袋书》，在院坝会上由群众共同评议。利用"情景党课"进村居活动，根据真实故事编排《懒三脱贫》情景党课。对不履行赡养老人义务的现象在院坝会上进行通报，并联合司法部门进行告诫。如仍然拒不履行赡养义务的子女则采取法律诉讼途径强制执行，并纳入失信人员管理。

**设岗位，扶困贫**。开发村级公益性岗位，选择部分有劳动力的贫困户到村任职、清扫场镇、养护公路等。嘉平镇积极引导贫困群众就近就地就业，鼓励当地企业吸纳贫困劳动力。重庆欣际汽车配件有限公司位于嘉平镇笋溪村，主要为幻速、力帆、长安等企业制作汽车座椅面套。2018年成为全区首个认定的就业扶贫示范车间。目前公司吸纳贫困劳动力7人，人均月收入在3000元，并购买五险，实现贫困群众稳定增收，牢固树立了自力更生的思想。

**重培训，掌技术**。收集贫困户就业意愿和就业需求，建立就业扶贫台账，进行靶向培训。采取有奖问答、走出去看、请进来教等多种方式巩固培训成果。联合嘉平商会为有意愿发展乡村旅游的农户举办实用技术培训，并举办厨艺比赛，挂牌商会认证特色菜肴。

**强产业，增收益**。因地制宜发展产业，在贫困村试点"1+N"产业发展模式、巩固主导产业的基础上试点发展补充产业，规避部分产业风险。紫荆村目前有1.2万亩花椒作为主导产业，辅以中药材、蛋鸡。大垭村以村干部作为"山村里的干部经纪人"带动群众发展蛋鸡产业，累计销售土鸡蛋50万枚，形成"小水果+蛋鸡"的产业模式。培育新型经营主体，大垭村引进农业公司3个，成立专业合作社1个，建设1000亩标准化果园，带动全村56户建卡贫困户种植晚熟脆红李。通过股权化改革试点项目，由财政资金和业主分别出资60万元，在大垭村建成100亩蓝莓园。2018年蓝莓园基本建成，预计2020年投产。项目带动当地农户务工增收40余人，其中贫困户有20余人。多种经营带动，采取企业出资、村集体和农户出地的办法，按照不同的出让方式约定持股分红为企业项目占50%，农村集体经济组织占20%，流转土地农户占30%。

**明村规，清民风**。各村结合实际修订村规民约，村民集体签字，明确反对铺张浪费和大操大办，推行婚事新办、丧事简办，推动移风易俗，树立文明乡风。设立38名社情民意信息员，深入群众，帮助和带领广大群众克服陋习，抵制不良习俗，弘扬清风正气。针对当前农村存在的一些突出问题，开展集中整治，严厉打击村霸，为民风建设创造良好的外部环境。

## 西湖镇关胜村

# 铺就"产业+"精准扶贫路

西湖镇关胜村辖区面积17.2平方公里，户籍人口3999人，2014年建卡贫困群众达611人，目前已全部脱贫。耕地不足39%，产业薄弱是贫困的主要原因之一。近年来，该村以"科技+健康+文旅"为主线，坚持"种出来，卖出去，能赚钱"的原则，打出一套"产业+"组合拳，铺就了一条精准扶贫路。

**"产业+科学规划"，统筹推进精准扶贫。**以"两山论"为指导，制定《江津区西湖镇关胜村产业发展规划（2018—2020年）》，力争到2020年发展富硒稻谷1000亩、绿色水果2000亩、中药材500亩，建成一条乡村游风景线。已举办了"关胜村插秧文化节暨田坎上主题团日活动""关胜村首届采梨文化节"等活动。

**"产业+引导基金"，为有源头活水来。**研究制定了《关胜村产业扶贫发展引导基金使用管理方案》，组建扶贫引导发展基金1000万元，到位140万元。引导基金以借款付息10%、入股分红6%、自主盈利8%的互助方式，提升集体经济组织、经营主体、贫困群众增收创富能力，已收到两家企业申请资金60万元，进入实审程序。

**"产业+科学技术"，提供不竭动力。**协调高校科研机构、科技特派员队伍、科技型企业等科技资源，引进武汉大学特优富硒稻种和重庆珞优农业科技公司的"三抗两降一补"关键技术，携同打造院士"津"品富硒大米；引进重庆市中药材研究院技术，支撑中药材产业发展；引进重庆天之聚科技有限公司推广无人机植保技术；协调科技特派员培养科技致富带头人16名，技术培训建卡贫困群众186人次；引入"一江善品"等电商平台，为贫困群众解决农产品销售难问题。

**"产业+贫困群众"，实现可持续增收。**为调动贫困群众发展产业的积极性，采取农产品预订、货款预付、种苗捐赠、贷款帮扶、技术入户、产品置换、营销回馈等方式，解决贫困群众"种不出来，卖不出去，赚不到钱"困难，让贫困群众劳有所获、劳有所值，实现消费性精准扶贫价值20余万元。后扶户张元忠相伴"鱼"生，通过协调科技特派员捐赠鱼苗和技术保障，结合帮扶人的"预购充值+小额贷款"资金保障，发展鱼塘1.5亩，家禽30余只，半年收入2809元。

"产业+股份合作"，构建产业扶贫大家庭。该村积极探索推进农村"三变"改革工作，实践"村集体经济组织+农业经营主体+贫困群众"的股份合作模式；发动先富带后富，打造利益共同体；建立遇事协商机制，及时解决产业发展疑难问题。目前，已有涉农企业12家、专业合作社4家、种养户联合体10家参与到该村产业发展中，36名贫困群众入股产业发展，人均年增收近千元。比如，村集体以投资引导基金30万元入股、贫困群众以土地承包经营权入股、重庆市中药材研究院以技术入股、重庆江津艺田乡生态农业有限公司等自筹资金1000万元入股的方式，共建"砚台丘国药康养文旅公社"项目，10年内村集体可实现分红18万元起、参股村民分红75万元起的目标。

目前，该村通过经营主体主导、集体经济扶持、村民全员参与，已发展小水果3000亩、水稻2500亩、花椒100亩、蔬菜66亩、中药材100亩、水产2500亩，畜牧1530头，家禽5000余只，注册"关胜梨"等商标3起，取得绿色食品认证2个，年产值超过1000万元，贫困发生率已从15.28%降至0.38%。

# 复建村
# "土货"进城走"新路"

复建村作为江津区白沙镇最偏远的市级贫困村，交通条件欠缺，产业基础薄弱，如何解决好当地农副产品"品质好"虽好，但却"销售难""价值低"的实际问题成为复建村驻村工作队面临的首要难题。为此，复建村驻村工作队通过整合全村农副产品资源，大胆探索"土货"进城的"新路子"，在帮助群众解决产销难题的同时，又逐步摸索出壮大村级集体经济的"新法子"。

**成立村集体公司，实现资源整合有平台。**为了更好地统筹整合村内的农副产品资源，2018年底成立了名为重庆金复建生态农业开发有限公司的村集体公司，村书记任董事长，4名致富带头人任股东。由村集体公司牵头对全村农副产品资源进行调查统计，建立全村农副产品资源库，再由公司统一进行包装销售，有效地将原来"散沙一盘"的局面转变为"集团作战"，形成了农副产品销售的新模式。

**打造农产品品牌，实现农副产品有形象。** 为了更好地提升村内农副产品品牌形象，以"品味复建"为主题，通过定制产品包装、完善产品手册等途径，形成系列主题农副产品。从大巴山地区引进全国地方优良品种"旧院黑鸡"，增强禽类产品的区域竞争力。注册"金复建""碓窝山"等商标3个，获批绿色食品认证1个。此外，打造"复建村农副产品展览室"，实物展览的做法得到群众的高度认可和消费者的深度认同。通过多种措施进一步巩固了农副产品的品牌形象，也进一步提升了其品牌价值。

**线上线下齐发力，实现对外销售有途径。** "土货进城"，销路是关键。为了更好地解决农副产品的销售问题，搭建优质农副产品外销渠道，复建村于2019年2月正式上线"金复建土货小店"网络销售平台，并配套解决了产品供应、物流运输、包装配送等关键难题，实现了线上常销常售、真销真售。此外，在白沙、江津城区开设"白沙村长小铺"等两家农产品直营店，建立了农产品"进城"直销模式。与江津硒在津城、荣华宽院子、恋驰电子商务经营部等经销商达成供货协议，进一步拓宽了销售渠道。与此同时，依托区委统战部扶贫集团，定期开展扶贫农副产品"赶场"活动，实现消费者与农产品"面对面"。

**坚持货源可追溯，实现产品质量有保证。** 针对在售农副产品来自千家万户，产品品质无法统一且难以甄别的实际问题，探索建立农副产品溯源系统，对所有销售产品实行"打码"销售，实现一物一码，消费者可通过标码直接得知供货人及供货时间等关键信息。村公司通过消费者反馈信息建立村民供货信用名单，对失信一次者口头警告，失信两次者永不合作，以此充分保障消费者利益，并进一步促进供货者提升产品质量。

通过以上方法，打破了群众农产品"能产难销"的局面，实现了村内农副产品从"产品难销"到"货源难找"、从"背货下山"到"上门收购"的巨大转变，部分产品的采购甚至已辐射到周边村居。2019年3—12月，直接销售农产品12万元，帮助群众联系销售农产品10万余元。2020年，全村已有27户贫困户，通过发展玉米、水稻、土鸡等种养殖项目参与"供货"，进一步实现产业增收。打破了长期以来村级集体经济无收入的尴尬局面，2019年通过销售农副产品实现纯利润3.7万元，结合投资项目收益，全年实现集体经济收益5万元，实现了通过农副产品销售壮大村集体经济的历史性突破。增强了群众对脱贫攻坚工作的认同感，帮助群众销售农副产品不仅是"做生意"，更是谈感情，能快速高效地拉近同群众的距离。

# 以产业提质　助农户增收

近年来，合川区始终把产业扶贫作为精准脱贫的关键所在，紧紧抓住产业扶贫这个"牛鼻子"，按照"因地制宜、典型带动、整村推进"思路，促进贫困村产业扶贫项目向适度规模化、组织化、产业化发展，推动精准扶贫取得显著成效。

## 实施"精准"定位，推动产业发展

**精准布局全域**。按照统筹城乡、产城融合、区域协调的要求，优化功能布局和空间布局，制定了《深化脱贫攻坚扎实推进产业扶贫实施方案》《高质量培育扶贫产业的实施方案》等政策文件，从产业布局、发展方向擘画发展蓝图。培育统领全区的粮食、水果、蔬菜、乡村旅游产业，利用辖区集中连片的用地，跨地域联动发展，拉长产业链条，全区逐步形成一、二、三产业融合发展的扶贫产业格局。**精准规划产业**。坚持以市场为导向，以资源为基础，选定"果蔬油渔信禽游"及生猪、蔬菜、柑橘为区级"6+3"主导产业；按照"镇有特色产业、村有主导产业"要求，构建起"一镇一业、一村一品"的产业扶贫集群，建立一批示范引领扶贫产业项目。实施产业扶贫项目51个，带动贫困户发展扶贫产业2.8万余亩。**精准支持投向**。优化整合政策，对成本高、投入大、周期长、效益低的基础投入和薄弱环节给予倾斜支持，对规模化专业合作社、新型家庭农场和龙头企业等给予重点扶持。2019年，整合资金2260万元，支持142个"空壳村"和经济薄弱村发展壮大村集体经济。

## 增强产业吸附力，助力群众增收

大力推行"3+N+1"发展模式，立足"三变"改革盘活集体资产，以"全产业链、全价值链、全循环链"为发展方向，聚合龙头企业、新型经营主体、集体经济力量，聚焦贫困户增收得实惠，以"龙头企业+合作社+贫困户"为主的"3+N+1"带贫模式不断创新，全区累计区级以上龙头企业134家，其中市级以上23家；成立专业合作社699个，10个贫困村发展合作社共21家，所有建卡贫困户至少加入1个专业合作社。比如，太和镇晒经村构建"村集体经济组织+经营主体+农户"合股联营的利益联结机制，2019年产出鲜椒约30万斤，实现产值200余万元，合作社累计实现分红74.9万元，贫困户户均分红1500元。实现产业扶贫多元增收。结合镇（村）情实际，合理利用自然资源和产业周边资源，因户施策指导拥有全生产要素、缺乏部分生产要素和零生产要素的贫困户都能有途径连接到产业扶贫之中，通过土地租赁、入股、参与经营等形式，获得租金、薪金、分红金等收入，带动贫困群众稳定增收。合川三庙镇瑞凤无花果种植合作社，2019年实现土地租金（保底分红）收入12.5万元；全镇贫困户均享受股金分红增收500元；无花果基地累计吸纳贫困户就业50户60余人，实现人均薪金增收3800余元/年。构建全产业链提升综合效益。发展扶贫产业，产出来是基础，卖得好才是"硬道理"。合川区围绕扶贫特色产业，支持农业企业创建自有品牌，着力打造太和"太麻佬"、隆兴"江源橄榄油"等地方特色农产品品牌，完善冷藏储运、加工运输等配套设施，支持、引入精深加工生产线，延伸产业链，提高了农产品附加值和全产业链综合效益。

## 破解销售不畅，助力脱贫攻坚

线上与线下联网，积极构建区镇村三级农村电商体系，以"互联网+"现代农业方式主动对接市场，拓宽农产品销售渠道。建成1个区级农村电商公共服务中心、10个镇级农村电商服务站、384个村级服务点，配套2000平方米的农村电商仓储、物流中心，建成"合迈网"等2个本地电商网站，线上销售合川农副产品近300款。产业与订单联结，积极推动抱团发展、抱团销售。对有产品销售需求的贫困户，引导新型农业经营主体优先与其签订长期农产品购销合同，形成稳定的购销关系。区内与区外联动，实施农旅融合扶贫工程，通过景区景点开发，带动贫困户发展农家乐、采摘园、民宿、农事体验、农副产品销售等乡村旅游配套服务，融入旅游产业链，实现脱贫致富。

## 太和镇

# 推动"三变"改革　扶贫产业落地开花

---

为帮助贫困户增收，2017年9月以来，太和镇因地制宜充分利用荒山和撂荒地，合理使用涉农项目资金，在晒经村创新推出"租金+股金+薪金"扶贫利益联结机制，发展以花椒种植为主的多种产业。2018年初，晒经村入选市级"三变"改革试点村，年底全村贫困户户均增收1.1万余元，人均增收4000余元，该村产业扶贫"造血"功能显著增强；2019年太和镇在全镇推广晒经"三变"模式，喜获重庆市脱贫攻坚先进集体；2020年太和镇"三变"改革选入新华社《内参选编》。

## 试点"三变"改革，扶贫产业兴起

**搭建平台，建立机制**。由晒经村党支部牵头，全村贫困户和其他村民积极参与成立晒经幸福农业股份合作社，村民以荒山和撂荒地经营权入股，占合作社50%股份；村集体以产业扶贫、退耕还林和其他基础设施建设等项目资金入股，占合作社50%股份。经过认真审核，合作社总股数为3034股，入股土地1840亩，入股村民达到546户。

合作社民主制定了《合作社章程》，选举产生了理事长、监事和其他管理人员，为村民颁发了股权证。为尽可能地保障贫困户和村民利益，合作社采取"保底分红+效益分红"模式，每年给群众100元/亩的保底收益，剩余部分利润又按股份分配给群众，最大限度保障了群众利益，充分调动了群众的积极性。合作社每年还从集体收益部分拿出5万元用

太和镇推动"三变"改革，扶贫产业落地开花

于给全村贫困户二次分红，贫困户户均二次分红500余元，贫困户户均总分红达到1500元。

**选优业主，做强产业。** 平台搭建后，合作社对外公开招商，择优引进6个业主发展花椒和桐子产业2000亩。合作社利用项目资金对荒山进行整治后栽植花椒和桐子苗，再以每年400元/亩的价格承包给业主经营管护。引进小龙虾养殖大户，发展小龙虾家庭农场养殖项目。合作社以标准化修建的66亩小龙虾养殖塘使用权作为股权投资，业主以资本投入和经营管护作为股权投资，采用比例分成模式，合作社每年按照基础设施建设总投入的10%分红。为缓解用工荒这一难题，合作社积极发展延伸配套产业，购买植保无人机2台、修建冻库1座，按照略低于市场价的价格给业主提供配套服务。

**严控风险，保驾护航。** 为确保改革工作顺利推进，合作社建立了五重风险防控体系。**实行业主准入制，防控道德风险。** 合作社对申请到晒经村发展产业的17家业主从资金、技术、诚信经营、社会责任感等方面进行审查，从中择优选择7家有实力、口碑好的业主合作。**发展适度规模经营，防控经营风险。** 按照"大规模、小单元、多主体"思路，合作社将各业主经营的产业规模控制在200～300亩，有效分散经营风险。**开展订单生产，防控市场风险。** 花椒产业与重庆宇隆椒丰农业开发有限公司签订订单收购协议，干花椒保底收购价50元/公斤。市场价高于保底价时，业主随行就市；市场价低于保底价时，适用保底价。生猪产业与重庆德康生猪养殖公司合作，实行代养模式，合作社不承担价格风险。**抓好技术培训，防控技术风险。** 花椒产业由重庆宇隆椒丰农业开发有限公司全程进行技术培训指导，生猪养殖由重庆德康生猪养殖公司全程提供饲料、防疫、检验等技术服务。**购买农业保险，实现风险兜底。** 开展土地流转金履约保险试点，为生猪养殖购买生猪价格指数保险等农业保险，村集体经济组织从村集体收益中拿出部分资金建立风险保障金，逐步完善风险分担机制，将风险降到最低。

**"三治"结合，增强动能。** 为最大限度激发群众活力，增强村社干部抓发展的能力，太和镇以抓实德治、法治和自治工作为基础，以"三治"促"三变"。**抓德治引领，营造干事创业氛围。** 扶贫须扶志，通过开展"乡贤"讲堂、评选"脱贫标兵"、打造"脱贫笑脸墙"等方式，积极营造脱贫光荣、创业光荣和勤劳致富的良好氛围。脱贫标兵陈银洲、张代奎两户利用小额信贷创业养殖肉牛和青蛙，家庭年收入都达到10万元以上。王三荣等50余户贫困户在花椒基地务工，每月按时领工资。群众从产业发展中得到了实实在在的好处，支持产业发展的共识已形成。**抓法治保障，创建团结和谐环境。** 完善村级财务制度、村民议事制度、村民监督制度等系列规章制度，规范重大事项"四议两公开"操作流程，建立管村治村规矩。从产业选择到合作社的组建、从每名贫困户动态调整到3034份股权确认，凡有重大决策，必经村民集体协商。村干部引导群众、规范办事的能力逐步增强，干群关系融洽，全村产业及配套项目同时推进，进展迅速，无群众信访。**抓自治管理，激发群众参与活力**。组建村民议事委员会、院落协商委员会等组织，选拔老党员、老干部等德高望重人士14人参加。制定民意收集、议题办理等机制，通过"民情日记""分片包户"等工作方式收集群众诉求。对可以自主解决的，由村民议事委员会组织群众讨论协商解决；对需要村支"两委"解决的纳入工作台账逐步解决。通过这些举措，有效分担村支"两委"工作负担，增强了群众参事议事主动性，成功引导村民积极参与产业大户引进、股权分红等村级重大事项10余项，为产业发展凝聚民心。通过倡导群众的事群众办、群众的问题群众解，村民参事议事的氛围越来越浓。

晒经幸福农业股份合作社已发展花椒1799亩、桐子235亩、小龙虾养殖66亩，吸引全村200余名贫困户和其他村民就近务工。2019年首产花椒30万斤，初上市就实现产销两旺，成功打响"太麻佬"花椒品牌。目前，"太麻佬"已通过绿色认证，并形成了餐厅装、家庭装、礼盒装等多款形态，大大提升了产品附加值。2019年合作社净利润达到100万元，晒经村96户贫困户连续3年分红近15万元。2018年、2019年、2020年春节，晒经村举行了"千家宴暨分红大会""新春团拜会""分年猪大会"，让全村人民共享扶贫产业成效。

## 推广"三变"改革，扶贫产业遍地

借鉴晒经村"三变"改革经验，在其他非贫困村探索"村集体经济组织+经营主体""村集体经济组织+经营主体+农民"等多种合作模式，在石岭、太和村发展黄桃和油桐1000亩，吸纳20个非贫困村340户贫困户入股，2019年分红近7万元；采取农民土地入股、村集体购买拖拉机入股、业主资金和管理入股的方式在米市、小河、仙桥等村组建农机合作社3个，发展青贮玉米和萝卜1500亩，预计年利润450万元；成功申报太和黄桃国家地理标志，依托黄桃资源优势，在亭子、石岭、富金、小河等村新发展黄桃2000亩，基本实现村村都有扶贫产业覆盖。

通过发展产业，既破解了晒经等村的集体收入"空壳"难题，增强了村党支部的凝聚力和战斗力，又让村民就近务工增加了收入，广大村民积极支持和参与"三变"改革。通过种植花椒、桐子树，实现了荒山变青山、青山变金山，改善了生态环境，贫困人口和贫瘠山地实现"双脱贫"。

## 三庙镇凤山村

# 试点"三变"改革 赋能产业扶贫

◆◆

市级贫困村凤山村是重庆市"三变"改革试点村，近年来，三庙镇认真落实"精准扶贫、精准脱贫"方略，聚焦产业培育发展，试点推进"三变"改革，着力构建"公司+农户（贫困户）+集体经济"利益联结机制，以产业扶贫助力脱贫攻坚、乡村振兴，取得了实质性进展。

## 以"三变"为牵引，激发产业扶贫新动能

强化要素集聚和市场化运作，有效促进股权多元化、农业集约化、农民组织化。凤山贫困村地处龙多山台地，日照时间长、昼夜温差大，山地多、平地少，土质差、保水保肥能力弱，长期撂荒闲置多。基于土壤、气候等条件，经多方论证，适宜种植无花果。截至2019年，通过聚合资源变资产，在凤山村集中流转土地1200亩，进行宜机化整治，并作为农户承包地和集体土地入股资产，农户承包地占股10%，集体经济组织占股4%。整合资金变股金，由区级农业龙头企业重庆瑞高农业发展有限公司注资255万元、镇产业扶贫资金注资45万元共同成立瑞凤无花果种植合作社。后期根据产业发展需要按股份增资，农户承包地占股10%，集体经济组织占股4%，瑞高农业占股66%，全镇贫困户占股18%、扶贫基金占股2%。联合农民变股东，通过土地流转、产业扶贫资金入股，凤山村260户农户和全镇贫困户均成为瑞凤无花果种植合作社股东，按年享受入股收益。

## 以"三金"为纽带，释放产业扶贫新效能

以"租金+股金+薪金"促稳定增收，让农户特别是贫困户最大程度参与、最大程度受益。**土地流转有租金。**由瑞凤无花果种植合作社集中流转的土地，原承包地农户（贫困户）按市租价田600元/亩、土100～260元/亩享受保底租金。若土地占股10%保底分红高于保底租金，按保底分红享有。2018年种植无花果400亩，当年计发保底租金6.2万元。2019年无花果种植扩面至1200亩，实现租金（保底分红）收入12.5万元。**占股分红有股金。**除原承包地农户和集体经济组织享有土地保底分红外，全镇贫困户均享受股金分红，2018年户均增收100元，2019年户均增收500元。**就近务工有薪金。**无花果基地累计吸纳当地劳动力200余人（其中贫困户50户60余人），实现人均薪金增收3800余元/年，就近务工贫困户户均薪金增收4560元/年。

龙多山下丰收景象

## 以"三借"为依托，累积产业扶贫新潜能

延伸产业链条增后劲，让扶贫产业牵手现代农业、脱贫攻坚与乡村振兴有机衔接。**"借梯上楼"，特色发展**。充分发挥龙头企业扶贫带动作用，依托瑞高农业资金、技术、渠道、营销等优势，不断提升市场竞争和抗风险能力，日渐形成有品牌价值的无公害、绿色无花果果品和以无花果产业为主导的扶贫产业。深化党建引领农机社会化服务，依托无花果基地组建农机协会，进行统筹管理、抱团服务，带动宝龙、戴花、白鹤、角庙等村发展"一村一品"，种植花椒、枳壳、糯高粱、蔬菜等3200亩，既与集体经济组织进行利益联结，增加村集体经济收益，又按照"有序流转、适度规模、返聘务工、保底分红"的原则，让群众特别是贫困户参与和受益。**"借鸡下蛋"，跨村受益**。通过股份合作，形成了瑞凤无花果"合股联营体"。借凤山村土地，培育出全镇受益的无花果产业。依托邮乐购，搭建起凤山电商扶贫站，除销售凤山贫困村自产的红心王红薯、南瓜、无花果、土鸡蛋等农产品外，还涵盖三庙镇辖区的凤山米、太空莲米、安哥诺李、红玫瑰葡萄等特优产品，线上线下销售额达16余万元。**"借船出海"，"接二连三"**。依托附近废弃敬老院房屋和周边空地，已在无花果种植基地建成小型冻库和扶贫车间，镇域标准化无花果扶贫加工厂规划建设正同步推进。随着无花果种植扩面、周边配套设施不断完善，依托瑞凤无花果基地，着力打造集鲜果采摘、科普教育、扶贫体验、生态农产品游乐购于一体的乡村旅游驿站。

# 聚焦农村危房改造　确保群众住房安全

永川区紧紧围绕"两不愁三保障"中住房安全有保障的工作要求，着力摸清底数，强化分类施策，完善制度建设，狠抓工作落实，全力推进农村住房保障工作，全面确保贫困群众住房安全。

## 摸清底数建台账，精确排查不留死角

2019年，开展历时两个月的"两不愁三保障"突出问题大走访、大宣传、大排查、大整改行动，组织区镇村各级干部深入23万余户农户开展全覆盖走访，就农村人口"两不愁三保障"情况进行全面调查了解。对历年来的建档立卡贫困户、在册的农村低保户、分散供养特困户、贫困残疾人等2万余户四类重点贫困对象全部开展房屋等级鉴定，悬挂住房安全等级公示牌。共排查出住房安全未保障的农村重点贫困对象4597户、农村重点贫困对象无房户1113户、一般农户旧房需整治提升户1670户。对所有农户分类建立住房安全工作台账，做到全面覆盖、一户不漏。

## 分类处置明举措，精准施策不留空当

按照"贫困群体危房应改尽改、无房群体纳入保障、一般农户旧房整治提升"的原则，制定了永川区《2019年度脱贫攻坚危房改造实施方案》《农村重点贫困对象无房户住房租赁补贴实施方案》《住房安全保障边缘农户旧房整治提升实施方案》，针对不同群体制定住房安全保障措施，有序推进实施。对当前上级政策能覆盖的农村四类贫困群体危房做到应改尽改，做好动态消除工作，不落一户。动态消除贫困群体存量危房，对目前上级政策不能覆盖的重点贫困群体中的就地农转城危房户、"C变D"危房户，由区级财政出资，按照建档立卡贫困户、低保户D级危房重建3.5万元/户、C级危房改造户均0.75万元标准，分散供养特困人员

D级危房重建2.1万元/户、C级危房改造户均0.75万元标准给予补助。实施无房户租赁补贴政策，针对区内无住房的农村重点贫困群体，参照城镇低收入家庭廉租租赁补贴方式，由区级财政出资，按照120元/月/户的标准发放住房租赁补贴，保障无房贫困群体就近就地长租安全住房。实施一般农户旧房整治提升工程，在前期摸排基础

永川区板桥镇花椒基地合作社贫困户正在剪花椒

上，运用大数据对农户户籍、住房、车辆、收入等情况进行比对，符合条件后，由区财政出资，按照户均2万元的标准进行补助，明确"六改五保障"（改屋面、改墙面、改阳沟、改地坪、改门窗、改厨卫，保障结构安全、室内整洁、设施配套、风雨无忧、外形美观）的要求，对一般农户旧房进行整治，力争解决"视觉贫困"问题。

## 完善机制抓落实，确保工作不打折扣

建立健全农村危旧房改造管理机制，按照"三严"（严格确定补助对象、严格执行审批程序、严格加强资金管理）原则，在对象认定、危房鉴定、审批程序、过程监督、档案管理及资金管理等方面作出深入细致的要求，确保危旧房改造补助政策和资金执行到位，惠及群众。建立健全农村危旧房改造技术标准，根据上级技术规范，结合实际编制印发《永川区农村危旧房改造基本建设要求》，编制4套川东民居农房标准图集，在全区危旧房改造建设中予以推广，在设计、施工、验收等环节严格执行基本建设要求，管控工程质量，防止群众盲目攀比、超标准建房。制定《农村居民建房施工合同示范文本》，在农村危旧房改造项目中全面使用，明确农户和农村建筑工匠权利义务。建立健全农村危旧房改造督查考核机制，从相关职能部门抽调人员组成4个检查组，划片区定期对危旧房改造工作开展现场检查。坚持每周统计、每周调度、每周通报工作，每半月由区政府分管领导约谈工作进度后三名镇街分管领导，每月按照考评细则打分排位，后三名由区委主要领导约谈，确保工作进度和质量。

# 松溉镇

## 凝心聚力谋发展
## "战疫" "战贫" 两不误

◆◆

自2020年以来，松溉镇一手抓疫情防控，一手抓脱贫攻坚，认真谋划当前疫情防控复杂形势下的脱贫攻坚工作，最大限度降低疫情对脱贫攻坚的影响。

**扛起两大责任，坚持双线作战。** 在坚决打好疫情防控阻击战的同时，统筹打好2020年脱贫攻坚春季第一战。印发了松溉镇《关于切实做好新冠肺炎疫情防控条件下脱贫攻坚工作的通知》《"点线面"推进脱贫攻坚实施意见》，坚持"三个不变"：作战体系不变，坚持脱贫攻坚"1+9+6"作战体系，继续发挥"指挥部""作战部""攻坚队"作用；作战机制不变，沿用"干部入网格"和"四联包干"制度，精准落实197名干部入网格，133名区镇村干部结对帮扶，实现帮扶全覆盖；攻坚任务不变，将全年目标任务逐级分解，层层压实，由面到线，由线及点。

**克服疫情影响，强化问题检视。** 利用疫情宣传、走访、排查"摸"，对照"两不愁三保障"突出问题"查"，带着各级检查反馈问题举一反三"找"。开展产业扶贫项目经营状况调查，掌握疫情对产业扶贫项目生产、经营、销售等方面影响，全面了解掌握贫困户在生产生活中存在的问题和困难，有针对性地制订了户户增收计划。摸清贫困人口的身体健康状况，重点关注贫困户家庭生活情况，落实临时救助帮扶措施，防止因疫情出现返贫和新的致贫。掌握贫困人口就业需求，评估就业收入情况。了解贫困劳动力信息和就业意愿，帮助贫困人口居家就业，加强就业信息服务，推动贫困劳动力就业意愿与就业岗位精准对接。摸清贫困人口产业发展情况和需求，积极引导贫困户自身发展产业，主动提供小额贷款服务。掌握因受疫情影响导致饲料、农药、化肥、种苗等生产资料短缺情况，制订解决措施。

**实施"五大行动"，直击决战前线。** 大力抓好备耕春播工作，对接区供销社等农资供应商，开设农资供销绿色通道，组织货源送货上门，减轻疫情对贫困户春耕生产的影响。目前贫困户、贫困村需求农资已全部送货到户。大力推进产业扶贫，利用已建立的7个合作社平台，强化利益联结机制，引导和支持有劳动能力、无法外出务工的贫困群众，因地制宜发展种养殖业等"短平快"项目。采取集中组织货源、统筹统购分散发放等方式，切实解决受疫情影响导致饲料、农药、化肥、种苗等生产资料短缺或供应不足的问题。目前，贫困户提交生产发展奖补资金申请51户，为贫困户送去小猪8头、种羊4头、鸡苗450只、鸭苗300只、鹅苗120只；其余贫困对象户采取自购方式解决。已验收30户贫困户的产业发展，发放资金3.6万元。针对贫困户发展产业不同，精心制订种养殖技术指南11项，由帮扶责任人、产业指导员逐户对接帮助实施。大力推进就业扶贫。利用网络、微信、QQ、电视、广播等提供用工信息，发放各单位的就业信息400余条，2万余个岗位，发布20期信息岗位资讯。合理开发公益性岗位解决贫困户就业，续聘加新聘16个贫困户公益性岗位。广泛宣传企业复工复厂消息，指导辖区企业复工复厂，引导贫困户复岗就业。大力推进消费扶贫。积极推进农产品产销对接"八进"行动，创新产销对接方式，组织动员社会力量扩大产品和服务消费。帮助贫困户销售家禽350余只、禽蛋150余斤、羊13头，帮助打鱼河合作社与重庆双福农产品批发市场对接销售儿菜70吨、圆白菜30余吨，与松溉龙头企业对接销售芽菜15吨。大力推进金融扶贫。指导金融机构针对贫困户春季生产需求，对符合申贷、续贷、展期、追加贷款等条件的给予资金支持。目前全镇扶贫小额贷款30户，金额16.6万元。

## 来苏镇关门山村

# 扮演四个角色　发挥四大作用

永川区来苏镇关门山村扶贫干部以宣传员、推销员、指导员等多重角色，扎实推进脱贫攻坚工作。

**当好方针政策"宣传员"**。创新"1+N"政策宣传模式，通过召开"院坝会+贫困户"大会、微信电话联系及走访农户等方式，多渠道、多方式宣传习近平新时代中国特色社会主义思想、习近平总书记关于扶贫工作重要论述和视察重庆重要讲话精神，积极宣传上级脱贫攻坚、乡村振兴以及农业农村工作等方针政策和决策部署，让脱贫攻坚各项政策措施走进百姓家中，增进群众对政策的了解度和掌握度。通过第一书记上党课对贫困户进行"志智双扶"，激发贫困户内生动力。推动行业扶贫、专项扶贫、社会扶贫等各项政策措施落实到户到人头。

**当好农副产品"推销员"。** 多渠道做好消费扶贫，在日常走访过程中，注重收集困难群众农产品生产情况信息，通过微信等渠道发布销售信息，并与重庆文理学院签订农产品销售合同，现场收购贫困户和村合作社的南瓜、辣椒等农产品5500余斤，让广大困难群众足不出户就能实现农产品销售。2019年，为全村困难群众销售南瓜等蔬菜5.5吨、柑橘等水果2吨、鸡鸭等鲜活家禽800余只、禽蛋等近1万枚，销售金额近13万元。

**当好精准脱贫"指导员"。** 实践"感情帮扶法"，即驻村工作队、帮扶干部与贫困户共同劳动生活、购买食材，在贫困户家里吃饭零距离帮扶，通过这样的帮扶方式拉近和贫困户的心理距离，同时帮助贫困户开展产业生产和人居环境整治。认真开展贫困人员脱贫工作，按照"精准识别、精准帮扶、精准退出"要求，2019年，完成建卡贫困户脱贫10户，新实施边缘户房屋提升工程4户，新识别监测户1户，新建成D级危房改造9户，新实施一般农户房屋提升工程38户。全村群众"两不愁三保障"问题得到全面解决。所有工作严格按照上级规定和标准进行认定和实施，无错评、漏评、错退或识别错误情况。实施亲情扶贫，第一书记邓德学帮助贫困户千里寻亲，为2户失联20余年的贫困户何六妹、龙海辉分别找到亲人，为其恢复户籍、举办婚礼、解决医疗、就业等问题，被群众称为"寻亲书记"。

**当好联结机制"指导员"。** 村集体主导成立农民股份合作社，采取"股份合作社+农户+贫困户"模式与贫困户建立利益联结机制，农民以土地入股、村集体以财政资金入股，花椒基地由合作社统一经营管理，所得收益分配为土地入股农民50%、村集体30%、建卡贫困户群体20%，村股份经济联合社50%、村公益性建设专项基金35%（用于村内基础设施、扶贫济困等）、建卡贫困户群体15%。所有建卡贫困户在不出资金、不出土地情况下，将无偿获得20%收益，不仅兼顾了村集体、农民和贫困户的利益，还可壮大村集体收入，同时解决贫困户长效增收问题。通过此模式，全村45户贫困户在无须投入的情况下即可享受收益，确保持续增收不返贫。

# 坚持问题导向精准实施产业扶贫
# 让农民"钱袋子"鼓起来

綦江区始终把产业扶贫作为稳定脱贫根本之策，坚持问题导向，精准发展产业，从"发展"上破题，从"机制"上着力，从"内力"上聚焦，推动形成"蔬菜、经果、畜牧"三大主导产业引领，黑猪、柑橘、蜂蜜等农业产业百花齐放良好态势，实现群众稳定增收。

## 精准建立带贫机制，解决"不愿发展"的问题

建立多项带贫机制，破解农村产业发展组织力较弱、贫困户内生动力不足问题。建立党建推动机制，区委始终坚持"帮钱帮物，不如帮助建个好支部"，推行"党组织+"模式，把支部建在农民专业合作社、农业产业协会上，选优配强贫困村第一书记，创新村党组书记评绩定星工作，带动41个软弱涣散基层党组织"后进"变"先进"，基层组织组织力、引领力显著增强。选派184名区级扶贫干部到重点村担任第一书记，帮助65个村的空壳集体经济组织成功"破壳"。建立激励带动机制，研究制定了《深化产业扶贫实施方案》《产业发展补助项目和标准》《推广农业收益险》等政策措施，明确19类产业项目发展标准、8类农业险种激励贫困户发展产业。如贫困户发展黑猪补助700元/头、发展山羊5只以上补助300元/只、发展柑橘2亩以上补助500元/亩等；同时给予1万～3万元补助鼓励适度规模经营，饲养生猪3头以上、山羊10只以上保费自交部分由区财政全额兜底，降低成本风险，解决后顾之忧。建立宣传发动机制，积极探索"背篼课堂""农家夜话"等宣传方式，将到户产业、农业保险、扶贫小额信贷等政策讲通讲透，深化乡村移风易俗行动，用好"一会一榜一奖惩"（政策宣讲会、红黑公示榜、奖惩明细单），选树先进典型76名，带动贫困群众由"要我脱贫"向"我要脱贫"转变。

## 精准选择扶贫产业，解决"发展什么"的问题

坚持"精准扶贫、精准脱贫"，因地制宜发展扶贫产业，破解贫困村扶贫产业单一、农产品无竞争力等难题。**因村施策做好规划**。充分考虑贫困村基本情况、产业定位与发展目标、功能布局与分区规划、投资估算与效益分析等因素，为25个贫困村科学规划产业发展，以"两镇七村"为示范引领，实行"一户一策"，打造"一村一品"。如东溪镇新石村针对地理条件和资源基础，确定发展收益稳定、管护较易的雷竹产业，新发展2000余亩雷竹产业，为笋竹加工、乡村旅游等一、二、三产业融合发展打下了坚实基础。**因地制宜发展产业**。立足良好的自然生态资源、乡村资源，尊重传统种养殖习惯，大力发展现代山地特色高效农业，持续壮大"蔬菜、经果、畜牧"三大扶贫主导产业，培育形成黑山羊、糯玉米、辣椒、优质稻等十大特色产业，建成产业扶贫基地45个。全区发展辣椒7万亩、糯玉米3万亩，25个贫困村发展蔬菜8000亩、经济作物1.2万亩、家禽11万只，成功入选全市辣椒、早熟梨优势区和生态畜牧、花椒、甜糯玉米功能区，涌现出三江"借鸡下蛋"、中峰"蜜蜂托管"、隆盛"经果认养"等成熟发展模式，200余户贫困户实现规模化生产。**因人而异对点指导**。对有劳动力的贫困户全覆盖落实产业指导员进行点对点技术指导和产业帮扶，让有劳动力的贫困群众都有一技傍身、一业在手。如我区从农业农村委等部门选派523名产业技术指导员到村到户落实产业指导帮扶，开展"菜单式"技能培训37期，培训贫困劳动力951人，培养和回引本土人才282名、新型职业农民5900人。

## 精准落实帮扶政策，解决"谁来发展"的问题

广泛动员各方力量参与产业扶贫，形成"一个好汉三个帮，农户产业大家忙"的良好局面，破解农村空心化、劳动力不足等难题。组织各级干部来帮，建立书记、区长任"双组长"统筹抓，一名区级领导任产业扶贫专项小组组长具体抓，区级领导包镇督战、部门干部包帮联战、街镇班子包片领战、驻村工作队驻村实战、村干部包点促战、企业结对帮扶助战的"六联动"机制，统筹调度人力、物力、财力向贫困村、贫困户倾斜，组建产业扶贫专家组和技术组，全面推动20个街镇和25个贫困村产业发展。引导经营主体来带，发动农业企业、专业合作社、家庭农场等新型农业经营主体参与产业扶贫，引导社会力量出资出本、贫困户出人出力，在贫困村探索推广5种发展模式，培育龙头企业等新型经营主体225家。比如龙头企业乐积农业发展有限公司探索推广"借鸡下蛋"模式，公司"零首付"向贫困户提供开产鸡蛋，免费提供建圈、饲养管理等跟踪服务与指导，定价回收绿壳鸡蛋，切实降低农户风险和成本，目前已与200户农户签订协议。联结群众利益来干，制定《创新财政补助资金使用利益联结机制的指导意见（试行）》，采取产业带动、入股分红、产品代销、劳务用

工、租赁经营、生产托管等方式，紧密建立贫困户利益联结机制，使贫困户参与、分享产业收益，实现稳定脱贫、持续增收，目前已有69个新型经营主体与贫困户建立利益联结机制。如中峰镇中峰村探索了"村集体公司+合作社+贫困户"经营模式和"固定资产出租+产品保底回购"模式，发展中蜂养殖

綦江区公路修到家门口

8000余群，产值1200万元，87户贫困户稳定增收，实现农民、合作社、村集体"三赢"。

## 精准抓好产销对接，解决"发展得好"的问题

促进生产、加工、流通、销售环节全线贯通，有效解决产销衔接难题，确保农产品卖得出、卖得好，贫困群众得实惠。结合市场需求，发展"多品种、小规模、高品质、好价钱"的现代山地特色高效农业，推动"产、加、销"深度融合，全产业链培育出"饭遭殃""凤冠橘"等一批特色农业品牌，打造以草兜萝卜为主的市级现代农业产业园，建成扶贫车间4个，认证"三品一标"产品173个。充分整合联系部门、国有企业、金融机构、社会组织力量资源，多方筹集资金5.7亿元，全面补齐农村路、电、讯、网等基础设施短板，实现区—镇—村三级物流、电商网点全覆盖。与辖区餐饮协会及红星国际等8家大型企业签订长期合作扶贫订单，让贫困村农产品"一小时"运得出、"半天内"能上架、"一天内"能收货。搭建机关食堂定点销售、商场超市扶贫专区、京东、天猫"綦江馆"等知名电商平台，"菜坝网""红蚂蚁商城"等本土网销平台，25个贫困村、1000户贫困户农副产品稳定进入各类扶贫专区，全面推动农特产品进企业、进食堂、进工会、进社区、进市场，确保产品有销路、卖得好、贫困群众稳定增收致富。如区人大常委会创新开展"我为乡亲卖土货"人大代表主题活动，定期组织25个贫困村到城区商圈开展农产品集中展销活动，帮助2900余户贫困户增收900余万元。

# "甜蜜事业"带领群众奔小康

◆◆

中峰镇党委政府立足辖区10万亩森林实际，秉承"生态产业化、产业生态化"的发展理念，采取"栽树子、养蜂子、搞园子、挣票子"的工作思路，因地制宜大力发展蜜蜂产业，先后发展养蜂户300余户，养殖中华蜜蜂近8000群，建成标准化蜜蜂养殖园30个，实现综合年产值1200万元，并成功申报"全国优质成熟蜜示范基地"，"甜蜜中峰"公共品牌影响力不断扩大，"中峰蜜，好蜂蜜"的观念不断深入人心，有力促进了当地群众脱贫增收致富。

**因地制宜编制蜂产业发展规划。**与重庆市畜牧科学院养蜂研究所签订《院地共建重庆中蜂第一村》协议，探索建立养蜂技术保障渠道，指导养蜂技术、良种繁育、蜜源培育等。编制完成《中峰镇中长期蜂业发展规划（2017—2025）》，制定关于补助种植蜜源植物的相关政策，结合退耕还林政策等，鼓励农户门前屋后栽种蜜源植物500亩，新增蜜源植物（摇钱树、黄柏、五倍子）3000亩，因地制宜建设标准化蜜蜂养殖场30个，促进科学化、规范化开展蜜蜂养殖。

**因人施策鼓励发展蜂产业。**探索开展"合作社+贫困户"运作模式，先后成立綦四养蜂专业合作社、春暖花开养蜂农民专业合作社，发展养蜂会员200余人，常态化开展各类养蜂技术培训，累计培训农户2000余人次。对有意愿、有能力的70户培训合格者进行"分散养殖"，每户分发4箱蜂，专门派产业发展指导员上门开展技术指导，确保每箱蜂的产蜜量达到5斤，实现户均增收2400元以上。对于技术不成熟、老弱病残等31户，采取"集中托管"模式，将4箱蜂交合作社集中统一管理，由合作社每年给予贫困户保底分红1200元，其余价值归合作社所有，从而实现贫困户与合作社互利双赢。

**因势利导构建利益联结机制。**成立重庆市綦江区甜蜜农业有限公司，采取"村集体公司+贫困户"模式，由村集体公司为每户贫困户托管1箱蜂，每户按"240元/年+效益分红"的机制进行分配，其中"效益分红"部分又按照"村集体30%+集体公司30%+所有托管蜂农40%"进行分配，持续分红3年，实现镇辖区173户贫困户全覆盖，户均年增收500元以上。同时，鼓励辖区丧失劳动能力的10户贫困户申请扶贫小额信贷1万元，由村集体公司为其购买15箱蜂进行集中托管，蜂蜜的所有权归贫困户所有，同时按500元/箱的标准获得7500元补助用于归还银行贷款，并连续两年保底分红不低于2250元/年，实现户均年增收6000元以上。

# 横山镇大坪村

# 五个强化齐发力  全民共筑脱贫梦

大坪村位于綦江区横山镇北部，全村辖9个村民小组1766人，2014年被确定为贫困村，建档立卡贫困户35户90人。近年来，大坪村村支"两委"和扶贫驻村工作队在横山镇党委、政府的坚强领导下，凝心聚力、攻坚克难、主动作为，从五个方面下功夫，积极宣传习近平总书记关于扶贫工作重要论述，逐项落实脱贫攻坚政策措施，依托优势大力发展乡村休闲旅游及配套产业，脱贫成效明显，道路、水利等基础设施趋于完善，村容村貌焕然一新，群众生活质量步步提升，贫困户"两不愁三保障"全面解决，全村贫困户均按期实现脱贫梦。

**强化队伍建设**。大坪村凝聚了一支强有力的扶贫工作队伍，为各项扶贫工作顺利开展提供了坚强保障。区委、区政府安排了区政协、区科技局作为挂钩帮扶单位，单位领导定期到村研究扶贫工作，解决面临的问题和困难。横山镇党委、政府为大坪村分派了驻村领导和联系科室，牵头负责全村各项工作。区委组织部和区扶贫办从区级部门中选派了第一书记和3名驻村工作队员，驻村开展脱贫攻坚和乡村振兴工作。区扶贫办为每户贫困户指派帮扶责任人1名，负责具体的扶贫帮扶工作；党建引领，以党建带扶贫，将习近平总书记关于扶贫工作重要论述、扶贫政策等纳入党总支"三会一课"学习内容，动员全村57名党员同志广泛宣传扶贫政策，以身垂范，充分发挥党员在脱贫攻坚和乡村振兴工作上的先锋模范带头作用。

**强化基础工作**。驻村工作队联系帮扶责任人，将入户走访、精准识别、建档立卡、动态调整、精准施策、政策落实等基础工作作为日常工作重点，确保各项扶贫工作顺利推进。驻村工作队队员包社进行建卡贫困户入户走访，详细了解贫困户家庭人口情况、致贫原因、产业发展情况、经济收入情况等，一户一册建档立卡，并做到及时更新。对"临界户"进行认真清理，专题研究，确保建卡贫困户识别精准。对已实现脱贫摘帽的贫困户进行跟踪调查，特别是重点人群，重点关注已脱贫人员返贫问题。阶段性地开展"清零行动"等专项工作，目前所有贫困户均实现"两不愁三保障"。调查摸排就业、医疗、教育、产业扶持等扶贫政策落实情况，确保各项扶贫政策应享尽享。

**强化设施建设**。"要致富先修路"，大坪村高度重视"筑巢引凤"工作，不断完善便民服务中心、道路、水利等基础设施建设，固本强基，为全村经济发展和脱贫攻坚工作奠定了坚实基础。近年来，新建便民服务中心420平方米，硬化公路13公里，新建人行便道和生产便道10公里，建成库容86万立方米的新龙庄小II型水库，完成全村安全饮水工程，完成山坪塘整治31口。2019年完成5.6公里公路硬化，新挖公路2公里，维修改造全村安全饮水供水管网，为300余户村民安装天然气清洁能源。

**强化产业带动**。围绕乡村休闲旅游、农旅融合抓产业发展，带动脱贫攻坚。通过招商引资引进业主发展九颐庄园项目860亩、茨黑竹种植项目500亩，增加村民土地流转租金收入，同时解决就近再就业；投资"大坪村康养中心"项目，大力发展村集体经济，壮大集体收入，为脱贫攻坚工作提供强有力的资金后盾，项目总投资100万元，2019年起每年收益10万元，其中收益的15%用于贫困户产业发展，10%用于村公益事业。拓展思路大力发展辐射建卡贫困户的扶贫产业项目，在已发展的355亩"脆红李种植项目"基础上，2019年重点发展"扶贫蜂园项目"，采用"基地+贫困户+专业管理人员"运作模式，前期发展中蜂养殖60群，带动建卡贫困户9户，户均年增收1200元以上。

**强化素质提升**。贫困户"两不愁三保障"已全面解决，但仍面临思想上认识不够、对美好生活向往上缺乏信心、社会认知能力差、思维能力差、知识欠缺、生活卫生习惯差等问题，大坪村依托"三清一改"专项工作契机，通过集中入户宣传、政策激励、示范引领等多种方式，推进脱贫攻坚工作往深了走，百尺竿头更进一步，彻底改变部分贫困户的"等靠要"思想，提升贫困户知识面和认知能力，改变不良生活卫生习惯，帮助重塑追求美好生活的信心，确保脱贫攻坚成效得到巩固，全民共享发展红利。

## 三角镇中坝村

# 发挥党建引领　促进农民增收

中坝村位于三角镇西部，辖区面积5.31平方公里，辖9个村民小组、487户1478人。中坝村党总支下设2个党支部、9个党小组，共有党员57名，2014年有建卡贫困户共44户141人。

"送钱送物，不如建个好支部。"三角镇中坝村发挥好党组织的战斗堡垒作用和党员的先锋模范作用，把"党建+"与群众脱贫致富有机结合，在推动脱贫攻坚工作中，坚持扶贫与扶志扶智一体化推进，落实产业帮扶责任人，跟进村集体经济和产业大户发展，产业项目引进，提供全程服务，解决实际困难，提升脱贫生产力，促进农民增收致富。

## 党建固本聚民心，激活发展新动能

**选优配强支部力量。** 中坝村回引村里的优秀人才，充实到村支"两委"班子中，以真心真情感动自考北京大学毕业退伍军人私营业主刘永国同志担任总支副书记主持工作，引进张道琴、袁洪静、臧洪等青年人才，调整分工，安排承担脱贫攻坚、计生、会计等工作。完善村支"两委"会议制度、学习制度，形成四务公开、党员目标管理责任制和村规民约等长效机制，利用"三会一课""主题党日"制度狠抓党员的思想政治教育，加强基层组织领导力。

**配齐配好基层力量。** 村支"两委"主动作为，以解决"两不愁三保障"突出为题为突破口，结合全村44家贫困户实际情况，采取"三层面帮扶、精准度结对"，全力落实帮扶责任和措施，突出脱贫攻坚力，44户已实现"两不愁三保障"，全部脱贫。2014年以来村居民人均可支配收入持续增长，2018年达到1.5万元。教育保障方面，31名各阶段受教育孩童已全部享受区教育保障政策，2018年度共享受91335元，平均每人享受教育资助政策资金3000元。医疗保障方面，141名贫困人口按照参保资助比例已全部参保；2018年16人27次就医，贫困人口就医费用77249元，自费7466元，自费平均比例低于10%。住房保障方面，2012年以来改造C、D级危房35户，投入资金105万元，其中2018年改造C、D级危房11户，44户贫困户住房已全部保障。

**结对共建携手发展。** 结合"不忘初心、牢记使命"主题教育，中坝村村支"两委"联合重庆城投集团路桥公司、九龙坡区文化旅游委、綦江区文化旅游委、中国电信綦江公司等党委（支部）在村开展支部联建活动，宣讲入党初心、重温入党誓词，慰问困难党员等。联建单位不仅帮助村上解决了资金、设施设备等困难，还在党建阵地建设、党员思想教育、脱贫攻坚产业发展等方面形成合力，加强组织建设，夯实战斗堡垒。

**压实责任强化落实**。在基础设施建设中，中坝村以项目来分责任人，把每个社的工作责任落实在村支"两委"班子成员中，点面结合，像钉钉子一样盯住，确保道路、饮水和人居环境整治等各项建设任务如期完成，提供脱贫保障力。

## 扶贫扶志相结合，提振群众"精气神"

**主题活动月月不断**。开展各类主题活动，做到"月月有活动，天天有提高"。举办五四青年座谈会，吸引20余名青年回乡共话家乡山水情义，共谋乡村振兴之策，回引两名党员担任村干部。组织六一儿童节活动，发动社会力量关爱中坝留守儿童，培养少年儿童爱家乡的社会情怀，营造促振兴良好氛围。召开八一座谈会，重温军旅生涯，送去组织关怀，倡导爱国爱家乡情怀。举办庆祝中华人民共和国成立70周年暨九九重阳节活动，共庆祖国生日，共度重阳佳节。此外，村支"两委"还组织评选表彰脱贫攻坚示范户、人居环境整治示范户、文明和谐家庭、孝老爱亲模范等，践行村规民约，以各类示范为带动，激发群众原动力，打造文明和谐美丽乡村。

**培养人才支撑发展**。中坝村现有22岁以下读书的人和适龄儿童290名，到2049年计划培养500名大学生。为抓好人才培养，让人才优势转化为乡村振兴的发展动力，中坝村出台了"2019—2049乡村振兴人才培养计划"，积极争取社会资金，发动群众捐资，设立奖学金，对村里考上研究生、大学、高中、初中、职高的学生发放300～3000元不等的现金奖励。目前，已发放了26700元，鼓励支持24名学生读书，其中考上大学的就有12名，营造了重视教育、培育感恩的浓厚氛围。

**脱贫典型示范引领**。一个脱贫典型就是一面旗帜、一个标杆、一种示范。中坝村充分发挥脱贫典型在脱贫攻坚工作中的辐射带动作用和示范引领作用，开展评比表彰，树立典型示范，激发贫困户脱贫致富的积极性和主动性。何银全、蒋明伦、赵中贵等贫困户在中坝村村支"两委"的帮扶下，有了战胜困难、摆脱贫困的勇气，并实现了勤劳致富。

## 产业扶贫增实效，合力攻坚齐脱贫

**用心用情精准帮扶**。帮助针对每户贫困户家庭劳力等情况指导发展产业。2019年，全村贫困户发展产业22户，占贫困户总数的50%，产值达125万元，平均每户收入5.7万元。获得产业扶贫资金241930元，户均1.1万元，每户年均合计收入约6.8万元。

**深挖资源壮大产业**。成立渝綦生态农业有限公司，种植辣椒、糯玉米、萝卜等绿色生态蔬菜，发展村集体经济。2018年建成380亩蔬菜基地，主要种植辣椒、萝卜、盘龙豇豆、花菜等蔬菜。83户农户将380亩土地入股，获得11.4万元土地流转保底租金，户均增收1373元。2018年集体经济发放人工工资30余万元，长期务工村民人均年收入超过1万元。该项目通过务工就业、土地流转、比例分红等多种利益联结方式，带动了贫困户稳定增收，切实将撂荒地变成了富民强村的"聚宝盆"。

**招企兴业合力攻坚。**经过村支"两委"到四川蒲江等地考察雷竹项目，报镇党委政府同意后，引进业主在小屋基、冉家嘴、陈家岩、冷浸沟、尖山子、麻湾等6个社种植雷竹1000余亩，通过"业主+农户+集体"的方式建立联结机制，以产值的"1+3+6"的分红模式，保障村集体经济和农户长效收益。通过种植雷竹，调整农业经济作物结构，中坝村走上了农旅融合发展的乡村旅游道路。目前，该村已种植400余亩雷竹。此外，中坝村还积极扶持收藏爱好者建设矿石博物馆和农耕博物馆，经营特色民宿，帮助村民增收。

**致富引领助农增收。**中坝村2016年引进的"七星百汇"珍禽养殖园项目，占地25亩，观赏园占地125亩，养殖孔雀等11个品种1500余只，带动周边农户10余人就业。种养殖大户李天全流转土地60余亩，发展辣椒、盘龙豇豆等蔬菜产业，带动周边农户10余人就业。同时带动贫困户黄小江、传永华、赵中贵、何银全等成立养鸭专业合作社发展养鸭产业，产值达30余万元，带动10余名贫困人口就业。种养殖大户李永洪建设林下生态养殖基地，带动蒋国福、李明全、蒋昌全等三户贫困户合养土鸡，产值达30万元。

**扶贫贷款"造血"添能。**为14户贫困户发放贷款25.5万元，用于扩大产业发展规模。其中传永华贷款1.5万元用作与李天全合作养鸭。蹇代秀贷款3.5万元用作发展养蜂产业和合作养鸭。林德文贷款4万元用作扩大养殖规模，发展养鸭和养猪产业。蒋明全贷款1.5万元用作扩大养猪规模。蒋明伦贷款3万元用作扩大种养殖规模。李自棋贷款2万元用于发展水产养殖。

# "三举措"精准落实危房改造

按照"不让一户困难群众住在危房里"和农村困难群众危房动态清零的总要求，大足区下足"绣花功夫"，强化精准识别，严格建设监管，用实惠民资金，规范"排查、核实、鉴定、改造、验收"等程序，农村困难群众住房改造取得实效。自2015年开展脱贫攻坚以来，全区共实施危房改造9109户（C级3155户、D级5954户），其中建卡贫困户5160户（C级649户、D级4511户）。2019年5月，大足区农村危房改造工作受到国务院办公厅通报表彰。

**坚持联合审查，识别对象精准。** 开展农户大排查大走访活动。2019年初，镇街对建档立卡贫困户、低保户等三类重点对象户户核查。区领导开展为期三天的蹲点调研，全区帮扶干部户户通过钉钉扶贫系统核实建档立卡贫困户房屋安全情况。4月，通过App排查出住房未保障479户。5月，再次对全区22万余户农户房屋进行户户排查走访，共排查出危房1399户（含一般农户）。持续推进村社、镇街、部门三级审核，镇村逐户调查核实，住建委、财政等部门通过信息系统联合审查有商品房、有企业等情况，规范危房改造审查程序。开展危房等级鉴定，聘请专家集中培训区住建委、镇街专业人员，按照《农村危险房屋鉴定技术导则（试行）》组织危房等级鉴定，或对疑似危房或群众对鉴定结果有异议的请第三方机构组织鉴定。对新增低保户全部请第三方机构鉴定。开展事前三类重点对象、一般农户危房鉴定5053户。加强党员干部涉权事项清查，将改造对象纳入党员干部涉权事项清理核实范畴，坚决杜绝优亲厚友现象。持续推进村务公开栏、镇务公示栏，以及依托大足日报、纪委阳光大足网公示等三级公开公示，广泛接受群众监督。

**坚持精心实施，建设管理精细。** 区委区政府多次专题研究农村危房改造工作，区领导亲临一线指挥和安排危房改造工作，坚持每周统计、每月通报、每季督查，进一步明确了改造任务时间点、路线图。分类处置散居特困人员房屋安置。2019年，区民政部门牵头，对分散供养特困人员D级危房通过投亲靠友、入住敬老院、入住五保家园进行安置1104户，对有精神病等通过单间配套进行安置111户；区住建部门牵头，按照维修加固方式实施散居特困人员C级危房改造104户。严格控制建标准和房屋功能，控制危房改造户建筑面积在80平方米以下，其中对5人以上户人均建筑面积不得超过18平方米。改造对象全面完善"厨房、卫生厕所、通水、通电""四配套"。强化改造房屋质量安全，镇街主动上门服务指导，做到"选址定点、质量安全巡查、竣工验收"三到场。区住建委抽调质量、安全、村建等专业人员对改造房屋进行随机抽查和督查。区扶贫办成立8个专项督查工作小组，开展半年专项督查，区住建委等责任部门根据职责分工，分别就危房改造、卫生厕所、周边环境等开展督查，确保改造不超标。加强标识悬挂和房屋排危，对所有农村现存危房、所有建档立卡贫困户等三类重点对象房屋悬挂标识标牌，悬挂房屋标识标牌43700户。对实施D级危房改造的原有危房限期拆除，对夹心房、连体房采用全封闭方式，断水断电，张贴警示标识。2019年拆除危房或全封闭1606户。

**坚持动态清零，落实政策精确。**完善"一户一档"改造档案台账，制定农村危房改造档案指导目录。强化档案资料审查，开展扶贫、民政、残联等部门信息比对，通过钉钉开发危房档案管理系统并试行，正在实施改造后建档立卡贫困户等三类重点对象24700户房屋安全鉴定，做到改造对象、改造过程、改造验收真实。区住建委会同民政、扶贫等部门对改造对象户户验收核查，对验收合格的改造对象，区财政将资金拨付到镇街及时打款到农户"一卡通"账户。同时加强危房改造对象打款名单复查，核对银行打款凭证，确保专项资金不被挤占截留挪用。开展危房改造"回头看"，年度改造任务完成后，对照"改造政策、审查程序、建设标准、档案资料、事后监督"五看标准，镇街组织"回头看"，进一步核查危房改造完成情况，区住建委通过随机走访或电话回访，下沉村社开展专项督查走访，发现问题及时整改。出台了《大足区农村危房改造资金管理办法》《进一步明确农村危房改造工作职责的通知》《2019年农村危房改造工作方案》，印制了政策汇编、指导意见，进一步规范了工作程序。

"非遗艺术·情暖童心"——大足美术馆到高坪镇农村学校开展非遗展览活动

季家镇

# 七个狠抓决战决胜脱贫攻坚

和煦春风，金黄油菜，飘香百花，一个个新农村雏形初现，农业园、产业园建在了家门口，扶贫车间里工人忙碌，产销两旺……时下，在大足区季家镇，脱贫攻坚的号角响彻每一个角落，催人奋进。近年来，在区委、区政府的坚强领导下，季家镇精准发力、狠抓落实，在"精准扶贫、精准脱贫"上取得了明显成效。

**狠抓组织领导**。成立并适时调整季家镇脱贫攻坚工作领导小组，由镇党委书记、镇长任组长、专职副书记和分管领导任副组长、班子其他成员为成员；2018年以来，至少每两周召开一次研究精准扶贫工作的党委会，每两月至少开展一次专题学习，学习习近平总书记关于扶贫工作重要论述、重要讲话和市委、市政府决策部署以及区委、区政府脱贫攻坚有关文件精神，研究解决脱贫攻坚工作存在的突出问题。党政主要负责人严格落实第一责任，始终把脱贫攻坚放在心上、扛在肩上、抓在手上、落在脚上，带头到联系村、帮扶户走访，研究制定脱贫计划和脱贫措施；分管领导具体负责落实精准扶贫工作；班子成员各施其责，严格落实一岗双责，推动脱贫攻坚工作落地生根、开花结果。

**狠抓党建引领**。前期以新时代农民讲习所和"两学一做"学习教育为契机，后期以"不忘初心、牢记使命"主题教育为重要抓手，在"学通弄懂"上下功夫、在"守初心、担使命、找差距、抓落实"上做文章，充分发挥党员先锋模范作用，积极动员党员帮扶贫困户，强化扶贫工作队和帮扶干部工作时间与工作任务完成情况的监督检查，促使驻村工作队和帮扶干部"人到、心到，下得去、待得住，有行动、效果好"，把党员干部推向服务群众一线，变被动服务为主动服务，变零散服务为全面服务。全面派驻脱贫攻坚驻村工作队，抽调精兵强将抓扶贫工作，实行联系领导包村、驻村和村组干部包社、帮扶干部包户责任体系，并与7个村分别签订"军令状"，严格落实责任。镇党委制定《季家镇脱贫攻坚考核办法》，将结对帮扶工作纳入考核，用"群众满不满意、高不高兴"作为衡量干部工作落实情况的标准。扎实开展两级书记遍访建卡贫困户工作，镇党委书记通过入户及召开院坝会的形式走访贫困户405户，走访率达到100%；村党组书记全面走访辖区建卡贫困户，走访率达到100%。目前第二轮排查遍访正在进行中。

狠抓对象精准。**着力提高扶贫对象识别精准度**。2014年开展精准扶贫以来，通过5次动态调整，4次贫困人口自然增减，全面开展数据清理、信息比对，对建档立卡数据中的基础逻辑错误等情况开展核实维护，通过入户走访、行业部门数据比对、贫困户口述等方式，累计核实修改错误信息、疑点数据4.6万余条，极大地提高了系统数据信息质量和帮扶对象精准度。**着力提高扶贫对象退出精准度**。坚持时间服从质量，严格退出标准

区、镇、村三级共商季家镇柏杨村集体经济发展

程序，既算收入账又算支出账，确保脱贫成效真实可信。对已脱贫户，坚持稳定政策，持续跟进，细化分类。对丧失劳动能力的脱贫户，以"兜"为主；对产业不稳定、就业能力弱的脱贫户，以"帮"为主；对收入不高、稳定性不强的脱贫户，以"送"为主；对具备劳动技能、有稳定就业的脱贫户，以"问"为主，做到脱贫"四不摘"。

狠抓"两不愁三保障"短板。**抓危旧房改造**。2015—2019年，投入资金986.75万元，顺利完成454户危房改造，其中，C级改造219户（建卡贫困户98户）、D级危房改造235户（建卡贫困户150户），确保所有群众居住安全有保障，目前已全部入住。同时，镇党委政府补助D级危房改造户每户1200元，严格按照"四配套要求"，缺什么完善什么，同时为他们添置生活必需品，确保农户乐意搬、住得好。**抓健康扶贫**。镇卫生院严格落实"先诊疗，后付费"服务模式，农村建卡贫困户凭身份证到定点医疗机构就医免缴押金，严格落实建卡贫困户就医报销政策；以每人100元/年的标准，为贫困户及其家庭人员购买精准脱贫保，实现贫困户100%参加居民医疗保险，采取"1+1"模式（1名村医+1名乡镇医生），实现在家贫困人口家庭医生签约履约服务全覆盖。**抓教育扶贫**。多渠道宣传教育扶贫政策，帮助贫困高中毕业生申报大学定向培养计划；全面落实雨露计划，帮助所有贫困大学生成功申报学费资助；为所有在校建卡贫困户学生开具贫困证明，减免学费和住宿费，确保教育资助全覆盖；针对因精神障碍、身体残疾等原因无法到校正常上课的学生，积极联系学校采取送教上门的方式，保障义务教育落实到位。

狠抓基础设施建设。**道路建设方面**：硬化公路31.72公里，新修泥结石路47.07公里，修建人行便道31公里，有力地改善了农村基础设施和生活环境。**农村人居环境方面**：安装垃圾桶943个、垃圾箱93个，购买手推车36个；大力推进厕所革命，2018—2019年改厕1711户，主线公路、集镇、安置小区等基本实现环境美化目标；目前正大力整治贫困户院坝和入户道

路，极大地改善了农村人居环境。**农用设施方面：**在柏杨、梯子两村实施土地整治约460亩，宜机化改造500亩，建设高标准农田4730亩；全镇整治山坪塘83口，维修提灌站4处，解决了约7860亩土地的农业灌溉问题。同时，加强水、电、气、通讯等基础设施建设。当前很多村已实现"小车开进来，走路不湿鞋；吃水不用抬，煮饭不用柴"。

**狠抓产业发展。**产业扶贫是从"输血式"到"造血式"的重要途径，是脱贫攻坚的治本之策。自脱贫攻坚战役打响以来，季家镇党委政府高度重视产业扶贫工作，精心谋划了一批产业扶贫项目，为脱贫攻坚工作提供了强劲动力。几年来，通过围绕"一村一品"建设、引进业主，着力培育主导产业和特色产业，采取"公司+基地+农户+专业合作社"的模式，种植花椒6500亩、红心猕猴桃1000亩、优质柑橘500亩，建立蔬菜基地1000亩。养殖黑山羊1万只、小龙虾1000亩、观赏鱼800万尾、稻田蛙500亩。全镇共有粉条加工厂3个，年产粉条3000吨；食品调料加工厂1个，年销售收入3000万元；培育扶贫龙头企业3个、合作社35个，直接带动贫困户就业46人，与405户贫困户建立了利益联结机制，极大带动贫困户增创收入，两个已摘帽的市级贫困村集体企业步入生产销售正轨。

**狠抓问题整改。**对每次检查（评估）反馈的问题，及时召开党委会，专题研究，严格制定整改措施，建立问题清单、任务清单、责任清单，明确整改时间表、任务书、责任人，做到每项整改任务都有领导班子成员牵头，都有工作专班负责，积极推进各类问题整改。提高思想认识，深入学习贯彻习近平总书记关于扶贫工作重要论述，对标对表中央和市、区级要求，从政治高度重视脱贫攻坚工作，对待各项问题整改；对2018年中央专项巡视、国家成效考核、市委第八巡视组反馈的问题以及2015年、2017年市扶贫审计组反馈的问题，全部细化措施，落实责任，在规定时限内已全面整改到位；严肃工作纪律，坚持从政治站位上看问题，从思想认识上找原因，从责任担当上找差距，从落实作风上找不足，针对涉及季家镇的问题，真改实改，立行立改，切实提高问题整改质量，推动整改工作走深走实。做到反馈意见全面整改、工作短板全面补齐、脱贫质量全面提升。

"精准扶贫、精准脱贫"工作，任务艰巨，使命光荣。2014年以来，季家镇已实现2个贫困村退出，全镇519户1782人全部脱贫，连续两年接受国家和市级脱贫成效考核和第三方评估，受到一致好评。黄沙百战穿金甲，民不脱贫战不休，季家镇全体干部群众齐心协力、攻坚克难，朝着打赢打好脱贫攻坚战、全面建成小康社会的目标奋勇前行。

# 创新方法战贫困　真帮实扶暖民心

　　季家镇梯子村与荣昌区河包镇接壤，是边陲中的边陲。因地处偏远、基础条件差、无支柱产业等原因，2015年梯子村被确定为市级贫困村。脱贫攻坚的号角一吹响，梯子村村支"两委"、驻村工作队立即整装集结，投入战斗。紧紧围绕"两不愁三保障"目标，按照"六个精准""五个一批"要求，认真履行"抓党建，促脱贫"政治责任和使命担当，通过找准"穷根"、攻克"穷点"、改变"穷貌"，让曾经的"无路村""空壳村"变成了如今的"示范村""兴旺村"，梯子村的变化有目共睹、翻天覆地，扶贫扎实有效、成果丰硕。全村51户贫困户、156名贫困人口全部脱贫，实现"户户通道路""家家有就业""人人有奔头"的初衷与目标。

## 夯实基础设施，人居环境焕然一新

　　做好基础设施建设，就是筑牢脱贫攻坚基底。驻村工作队始终坚持把基础设施建设作为改善群众生产生活条件的有效途径，以梯子村基础设施建设为突破口，全面解决村民的交通、住房、饮水等问题。

　　要想富，先修路。以前，梯子村没有一条公路，村民出行极度不便，交通出行问题自古以来就是梯子村群众最大的"心病"。脱贫攻坚战打响以后，驻村工作队以建设"美丽宜居新梯子"为目标，积极协调整合各方力量参与道路建设。其中，村民同意修路，但就是不愿意无偿提供自家土地。为了协调修路用地，驻村工作队早出晚归，挨家挨户、苦口婆心地做通相关村民工作。同时，向上争取区级项目资金1000余万元，建成新桥路5公里、罗杨路2公里、水库湾及笋子湾公路2.4公里、谢笋路1.38公里。如今的梯子村不仅有覆盖全村的环形公路，还建起了串联千家万户的5条射线公路，同时新建1.5米人行便

2018年初，梯子村贫困户陈德友新建房屋

梯子村贫困户在村清扫保洁公益岗工作

道11公里、2.5米入院公路6.5公里、1.5米入户便道2.7公里，实现了"户户通"目标。目前，梯子村路网犹如蛛网，路网密度走在了全区村社的前列，改写了在脱贫攻坚以前无公路的历史，改变了村民"晴天一身灰""雨天一身泥"的困窘。

同时，驻村工作队矢志不渝推动村容村貌改善，实现了梯子村人居环境整治提升。坚持"以点带片""以片带面"原则，以第4村民小组为先导，每月实施"美丽庭院"考评公示，完成罗杨路沿线1公里人居环境整治示范带建设；在全村显眼位置安装12块政策宣传牌和13幅彩喷张贴画，改造C级危房21户、D级危房52户，安装太阳能路灯146盏，安设道路交通凸面镜5处，改造垃圾箱置放点3处，安装自来水和天然气入户100余户，协调国网区供电公司将全村升级改造为动力用电。目前，全村水、电、气、讯通达齐备，村民再也不用担心"天热没水""过载停电""似聋似盲"等不便情况发生。如今享受"农村如城市般便捷"的村民逢人便说："梯子村有今天的日子，全靠党的政策好，也要感谢党和政府派来这么好的驻村工作队。"

## 注重产业扶贫，利益联结深入民心

俗话说：靠山吃山，靠水吃水。土地资源丰富一直是梯子村最大的优势，如何发挥好土地资源优势，因地制宜发展产业，是梯子村亟待解决的问题。为此，村支"两委"和驻村工作队积极探索、先行先试，确立了以发展黑山羊规模养殖和花椒规模种植为全村的主导产业。目前，黑山羊、花椒两大主导产业方兴未艾，初步达效，产业扶贫正蓬勃兴起，后劲十足。

**黑山羊规模养殖方面。**针对梯子村山林茂密，植被茂盛的特点，由驻村工作队积极协调，村支书亲自带头，成功发展黑山羊规模养殖企业——重庆市携承现代农业有限公司，该企业成立于2015年，注册资本金200万元，驻村工作队协调产业扶贫资金50万元，目前已投资180万元，建成1000平方米标准种羊场，年出栏商品羊1000余头，年收入60万元，当地村民6人实现稳定就业，带动散户10余家成立黑山羊养殖合作社，入社散户年均增收2000元以上，"携承"公司也因商品羊的年出栏量列全区第一，真正成为全区黑山羊规模养殖中的"领头羊"。

**花椒规模种植方面。**针对梯子村日照充沛、土质肥沃等特点，由村主任主抓花椒规模种植，成功发展花椒规模种植企业——重庆市大足区椒缘农业有限公司。该企业成立于2017

年，注册资本金500万元，现已投入资金50余万元，建成花椒种植基地398亩，常年用工人数达15人，其中贫困户8人，每月平均增收1500元以上。该基地花椒2019年已初步挂果，销售额达10万余元，村集体经济收入"真金白银"。

集体经济壮大了，如何带领全村贫困户共同致富奔小康，这是驻村工作队一直思考的问题。考虑到川渝两地花椒市场前景广阔，规模种植收益较高，驻村工作队引导全村贫困户成立花椒种植专业合作社，将每年的产业到户扶持资金整合起来作为原始股金入社，规模种植花椒200余亩，贫困户每年按照原始入股比例分红。同时，村集体从扶贫捐赠资金中拿出10万元注入合作社，并提供"产前揽订单、产中助管理、产后帮销售"多种服务助力贫困户发展花椒产业。经过一年的努力，贫困户的花椒产业平稳起步，2019年全村51户贫困户实现分红2万余元。

## 激发内生动力，辐射带动整村俱进

2017年以前，王荣芬和梯子村大多数村民一样日出而作日落而息。丈夫和儿子长期在外打工，自己留在家中照顾老母亲和小孙女。除照顾家庭外，王荣芬其他时间基本都是在地里辛勤劳作，但一年下来，却没有多少收入。王荣芬一直想发展点经济作物增加现金收入以补贴家用，但苦于一直没有门路。

2017年5月，驻村工作队组织20余户有意愿的村民到邻村"考察"花椒产业，王荣芬兴冲冲地报了名。看到一串串饱满的花椒挂满枝条，种了半辈子传统农作物的王荣芬心动了。"考察"回来后，她不顾家人的反对，毅然承包了25亩土地，投入3万余元种植花椒。2020年夏天，25亩花椒第一年试挂果，让她意外的是，竟然收获了2000余公斤的鲜花椒，销售收入达2万余元。

目前，王荣芬带领周边5户农户自发成立了花椒种植合作社，她也成了村里的致富带头人，跟着她种植花椒的人也越来越多。她经常向结对帮扶的贫困户传授花椒种植技术，鼓励他们坚定脱贫信心，用勤劳的双手换取明天美好的生活。

## 提供就业岗位，特困农户收入稳定

就业是民生之本。2020年春节以来，因疫情影响，各行各业均不同程度受到影响，特别是部分低收入农户因疫情影响，生产生活产生了一定困难。对此，驻村工作队有针对性地开展扶贫工作，加强脱贫收入真实性核查，对所有低收入农户2019年脱贫收入进行逐户核实，摸清低收入农户疫情防控期间收入状况，有针对性地落实低收入农户公益性岗位就业10余人，贫困户陈登新就是其中之一。

陈登新家住梯子村3组，50岁的陈登新和84岁的父亲陈云贵常年生活在一起。陈云贵年老体弱多病，家里收入主要靠陈登新在外跑摩的为生。疫情发生后，摩的不能跑了，陈登新在家急得直掉眼泪。驻村工作队排查到相关情况后，立即安排陈登新到村清扫保洁公益岗工作，每个月扣除相关费用后，仍有1400余元收入，年收入1.6万余元，从源头解决了生活所需。

目前，梯子村像陈登新这样在村公益性岗位就业的贫困户有5人，为推进精准扶贫工作，今后会实事求是地开发公益性岗位，并优先安排低收入农户参加，以确保"有需就业""劳有所保"。

## 引入社工服务，"扶幼助老""顶天立地"

梯子村青壮年外出多，常年在家人口多为空巢老人和留守儿童，这就是所谓的"天"和"地"。2019年，驻村工作队积极协调市低保中心和区民政局，为梯子村引入社会救助服务项目，为常年在家的空巢老人和留守儿童提供"顶天立地"的帮扶工作。目前，有2名社工固定在村蹲点工作，主要通过开设"四点半课堂"和日常走访服务，帮助开展本村留守儿童学业辅导和留守老人的看护工作。特别是受新冠肺炎疫情影响，社工组织利用送教上门等方式积极为村内学生辅导作业，确保孩子们跟上学习进度。对于留守老人，社工根据老人的身体状况、是否独居、年龄大小等因素，将相关老人分成A、B、C三类：对A类老人每周入户走访1次，对B类老人每月走访1次，对C类老人每两个月走访一次。通过上门走访慰问、帮助购买生活必需品、开展老年互助活动等形式，丰富了梯子村留守老人物质生活和精神生活。

# 拾万镇将军村

# 构建贫困村大文化体系
# 助推精准脱贫纵深发展

扶贫的关键是扶人，脱贫的关键是摆脱固有的思想观念。把准贫困的精神命脉，消除贫困内在根源，开展"志智双扶"，激发脱贫致富愿景，就成为脱贫攻坚的首要工作。为拔掉穷根，补足思想和精神之钙，大足区拾万镇将军村驻村工作队着力构建大文化体系，推动精准脱贫纵深发展，取得了明显成效。

**坚持问题导向，把好"致贫脉"。** 将军村留守人员老人居多，受教育程度普遍偏低，很多连名字都不会写，初中及以下文化程度占贫困总户数比例高，接受新知识新信息难度大，极度缺乏科技意识，有的贫困户想致富，但缺乏生产经营能力和致富门路。少数贫困户不思进取，思想观念陈旧，宁愿守住一亩三分地，住破烂房子活一辈子。陈规陋习多，搞封建迷信的群众有之。依赖思想严重，一部分群众等着国家解决吃穿问题，脏活累活不愿干，很多土地抛荒严重，即使在专业合作社或临近企业就业机会也不去，导致专业合作社或能人大户带动和辐射作用发挥有限。

**坚持打造阵地，搭好"医疗台"。** 打造政治阵地，坚持党建引领，定期召开全体贫困户参加的政策宣讲会，深入落实党员联系贫困户制度，使共产党好、社会主义好深入人心，让贫困户坚定信念跟党走。打造文化阵地，建立文化活动室、将军书屋和公共阅报栏；成立将军村舞蹈队，开展惠民演出；与大足区建行结对子帮助将军村小学和幼儿园的留守儿童受到广泛好评。开展"讲好将军故事""当好明照故里人"等活动，培育将军村民的自豪感和责任感。通过"志智双扶"，将军村民展现出积极向上的精神风貌。打造活动阵地，购买健身器材，建成村民健身广场；利用高产水稻项目沟带路建设村民健身步道；开展农民运动会，割水稻、抓鱼、拔河比赛等深受村民的喜爱。这些活动丰富了村民的业余生活，让大家树立了健康生活理念，打麻将的、惹是生非的、吵架斗嘴的少多了。

**坚持精准施策，唱好"脱贫戏"。** 针对存在的问题，将军村抓住重点，突出特色，精准施策，确保脱贫质量。引导村民学知识学技术，采取网络学习、集中学习和现场技术指导等方式，开展蚕桑、水稻、玉米等种植培训，鸡鸭鹅和生猪养殖培训，焊工技术培训以及养老护理培训，掌握技术，为发展产业，推动贫困户就业奠定了基础。扎实开展破除封建迷信、破除陈规陋习、破除"等靠要"思想"三破"活动。修改完善将军村村规民约，并广泛宣传；拆除或关闭将军村小庙宇，农历每月初一、十五派专人督查；禁止红白喜事大操大办，对违规行为进行劝导，情节严重的报食品药品监管部门、公安机关予以处理；引导村民摒弃土葬陋习，积极宣传火葬；对"等靠要"思想严重的贫困户建立负面清单，坚持批评教育，引导他们不等不靠，安排公益岗位、推荐就业或帮助发展生产。以艺术助力脱贫攻坚作为重要抓手，丰富基层文化内涵，邀请四川美术学院师生到将军村开展艺术创作活动，以宣传党的政策，播种乡风文明，描绘美丽乡村为工作重点，以"乡村振兴，产业兴旺""绿水青山就是金山银山""看得见山，望得见水，记得住乡愁""争做文明户，建设文明村""百善孝为先"等为绘制内容，村容村貌焕然一新，改变了将军村的精神风貌，提振了全体村民的精气神，被重庆市文旅委、团市委微博进行报道，并在"学习强国"平台展示宣传。

**树立典型，扛起"引路旗"。** "一个典型就是一面旗子。"热情颂扬新时期典型，借助榜样的力量把抽象的说教变成具体的示范，具有很强的说服力和感召力。将军村采取三项举措树立典型，传递正能量，凝聚战斗力。开展"将军好人"评选，由全体村民评选出孝顺公婆好儿媳、捐赠修路好乡贤、致富不忘贫困户带头人等共10人，广泛宣传，营造争当时代楷模的良好氛围。贫困户杨道才获得大足区"脱贫攻坚脱贫风尚奖"。在新冠肺炎疫情防控期间，全村53名党员全员参与宣传工作，11名党员志愿者、7名大学生和村民志愿者全程参与防控工作。党员赵甫华捐赠价值2万元抑菌液给大足区三甲医院，返乡人员郭文生捐赠N95口罩120个给拾万镇卫生院。开展"人居环境整治示范户"评选，评选出5户人居环境整治示范户，并给予奖励，引导全体村民改变观念，改变脏乱差的人居环境，养成良好的卫生习惯，展现乡村新貌。将军村在示范户邓义良家召开现场会，受到大家好评和效仿。开展"移风易俗之星"评选，评选出3名移风易俗之星，通过他们带动村民革除陋习，比如不大操大办、不铺张浪费、不婚车成串儿、不鞭炮乱放等，逢年过节不燃放爆竹，祭奠死者不吹吹打打，结婚不随意发放请柬减轻亲朋好友负担，殡葬礼仪从简等，形成新家风新民风。

总之，坚持以人民为中心的发展思路和工作导向，着力满足贫困村老百姓日益增长的精神文化需求，充分调动贫困村干部群众脱贫致富的积极性、主动性和创造性，激发贫困地区干部群众脱贫致富的信心和活力，是一条得到实践检验的有效路子，值得深入实施并长期坚持。

# 多措并举齐发力　脱贫攻坚显成效

◆◆

脱贫攻坚以来，璧山区坚持全面落实党中央、国务院决策部署和市委、市政府"精准扶贫、精准脱贫"工作要求，坚持尽锐出战、综合施策，在组织保障、饮水安全和消费扶贫方面探索创新，取得好的经验。

## "党建引领、水价治理"，解决群众"急忧盼"问题

聚焦农村饮水安全、农村水价偏高等群众最关切的问题，切实发挥党建引领作用，创新开展"党建引领、水价治理"工作，进一步巩固深化"不忘初心、牢记使命"主题教育成果，推动城市和农村自来水同质同价，动态解决农村人口饮水安全问题。

**"三级书记"抓**。区委书记亲自挂帅、亲自研究、亲自部署、亲自推动，每季度召开现场推进会，强调"基层党建抓得好不好，就看农村水质好不好，水价降没降"。15个镇街、174村（社区）对标成立"党建引领、水价治理"专项工作组，由党（工）委书记、村（社区）担任组长，每月定期研究推进工作。将"党建引领、水价治理"工作纳入基层党建调研督查和区委智能督查督办系统，纳入各单位党建工作年度考核和党组书记抓基层党建述职评议考核。

**工作措施细**。制定供水水源保护整治方案1个。投入资金1.9亿元，开展21个水源地水污染治理和12个饮用水源地隔离带建设。投入资金2880万元，升级改造农村供水工程16处，将农村PVC供水管网全面升级改造为PE供水管网。投入资金5800万元，实现城区水厂与来凤、丁家、大路、福禄水厂的互联互通，保障区域性、季节性缺水问题。投入资金400万元，实施农村饮水安全维修养护工程38处，解决农村供水管网局部损毁、管件缺乏、"表后表"管理不便等问题。每月开展饮用水水源地水质监测、农村供水工程水质监测，建立水质检测共享机制。通过调研摸底，进一步摸清饮水安全、水价等基本情况，找准问题症结，逐一建立工作

台账。通过试点实施，鼓励各镇街、试点村（社区）在实践过程中针对具体情况具体分析研究，提供有益工作参考。根据试点情况，总结经验、查找不足，逐步在全区推广。

**机制协作畅。**成立农村用水协会148个，健全村党组织监督指导、村民用水协会规范运行、党员群众广泛参与的供水设施管护机制，形成农村饮水安全、水价治理人人参与、人人共享的良好局面。300余名党员担任17个片区线路的巡逻员，72名农村党员担任水管员、义务监管员，党员带头宣传政策法规、带头收集村民需求、带头调处矛盾纠纷，带动群众全面参与农村供水设施管护，充分发挥党组织旗帜引领作用和党员先锋模范作用。目前，已有23个农村水厂水质实现提升，农村水价同比下降20%以上。

## "龙头企业＋电商销售"，助力消费扶贫再升级

针对建档立卡贫困户农副产品销售渠道单一、产销信息不对称等情况，由区属国有公司重庆国隆农业科技发展有限公司（以下简称国隆公司）对贫困户农副产品进行"兜底"销售，按市场价统一收购、统一销售。同时，大力支持农村电商发展，助力消费扶贫。

**统购统销。**构建"公司＋贫困户"的合作机制，借助物流配送平台，国隆公司与全区15个镇街专业合作社签订农副产品收购协议，设立137个贫困户农副产品收购点，累计收购147户贫困户蔬菜5.8吨、水果29.8吨、家禽（家畜）产品4.05吨、苗木8230株、其他农副产品0.3吨，实现销售收入50余万元。

**全程指导。**国隆公司利用自有果蔬基地的技术力量，抽调10名专业技术人员，会同区、镇街农技部门，提前"介入"贫困户产业发展，从品种选择、用药施肥、检测检验、分拣包装等各个环节进行指导，打造"涉贫"绿色产品，稳步提高"涉贫"产品质量和市场竞争力。

璧山区二郎村茶叶基地

**电商加力。**制定《关于深入开展消费扶贫助力打赢脱贫攻坚战的实施方案》《璧山区推进农产品电子商务加快发展实施方案》等，对本地农产品销售、物流和

公共配送等方面进行政策扶持，打造电商孵化中心和电商物流配送中心，选址普洛斯物流园，打造集电商分拨、货运调度、订单配送等功能为一体的电商物流配送中心1万平方米。建成电商产品展示中心。引进熊猫快收到镇街、村（社区）延伸布局，建成镇、村两级物流节点28个，配套建成城市末端公共取送点145个。建立"食在璧山""农超农商工作对接"微信工作群，机关企事业单位累计采购贫困户农副产品500余万元。扶持新型经营主体叁仁农场配送贫困户农副产品，2020年，已实现销售额20万元。

## 练好"四字诀"，推动"要我贷"向"我要贷"转变

按照自身贫困人口特点、产业布局等实际情况，采取"贷""严""服""助"的方式助推小额信贷持续精准发力，有效解决借贷无门、户贷企用、有贷无用、还贷无力等问题，确保小额信贷的持续有益。目前，璧山区小额信贷率超过40%，无一例逾期还款情况。

**拓展"贷"的宣传，着力解决借贷无门的问题。** 结合疫情防控期间逐户摸排情况，对贫困户再宣传、再动员，从源头上解决因信息不对称导致的"借贷无门"和"不愿贷"等问题。广泛宣传贷款发挥成效的工作做法和典型案例，变帮扶干部"要我贷"为贫困户"我要贷"。

**传承"严"的监管，着力解决户贷企用的问题。** 按产业发展、使用用途等分类建立台账，符合小"贷"发放政策的贫困户，通过上门服务、一站式办理等方式予以快速放贷。严管小额信贷中存在的滥用问题，实行动态监管，结合"志智双扶"，通过贫困户的思想教育转换，从源头上减少问题发生的概率。畅通小"贷"信访投诉渠道，设立投诉举报电话、邮箱，指定接待办公场所以及安排专人负责。

**做好"服"的保障，着力解决有贷无用的问题。** 提供无偿学习培训、定期组织贫困户外出考察以及无偿提供就业创业前期服务等方式激发贫困户可期待、能实现的现实利益预期。通过在农村产业发展、电商扶贫以及文旅扶贫等脱贫攻坚主要领域的引导和帮扶，有效地避免了小"贷"资金的流向错位和投入风险。构建"一村一品"的模式，大力发展葡萄、蔬菜以及花卉苗木等特色产业，保障困难群众在资金投入中的收益。

**丰富"助"的内涵，着力解决还贷无力的问题。** 建立由区、镇、村三级负责的小额信贷审核和监测预警机制，实行"红""黄""绿"三色管理模式，倒排已审核发放的扶贫小额贷款。对超过预设天数的扶贫小额贷款自动转换管理层级，通过层级的转换从而带动预警监测能力的增强，减少贫困户所贷款项出现逾期、无力偿还等情况。邀请专业人员为贫困户做好资金的准入和风险评估，确保资金安全和困难群众的利益最大化。建立风险补偿制度，对贫困户所贷款项按规定比例予以分摊催收，最大限度地将金融机构的损失降到最低，减轻贫困户的还贷压力。

# 三合镇

# 多措并举抓脱贫 精准施策惠民生

　　三合镇位于璧山区最南端，辖区面积36平方公里，辖7个行政村，6103户1.68万人。自脱贫攻坚工作开展以来，三合镇结合自身农业产业特点和贫困人口劳动力状况等实际，多点发力，坚持政策扶贫、产业扶贫、社会扶贫"三位一体"的大扶贫格局，强化多管齐下的脱贫举措，有力推进了脱贫攻坚的步伐。

## 多措并举，多管齐下，为脱贫攻坚打下坚实基础

　　**强化领导，精心安排部署**。镇党委政府始终把脱贫攻坚工作当作一项政治工作和惠民工作来抓。镇村社区落实"双组长制""一把手"责任制，成立脱贫攻坚办公室，落实3名专职工作人员。与8个村社区签订脱贫攻坚承诺书和责任书。制定脱贫攻坚单项和综合考核办法，与干部平时考核、年度考核、评优评先结合起来。制定脱贫攻坚实施方案、作战挂图，明确目标任务和帮扶措施。建立例会调度机制，每月召开一次扶贫工作推进会，总结进度，分析差距，谋划部署。建立镇党委书记、村（社区）书记遍访机制，完成对贫困户的遍访工作。建立了督查促进机制。由镇纪委牵头组成专项督察组，开展扶贫领域和作风问题专项治理"回头看"，对工作不力、不实的予以通报批评，并限期改正。

　　**精准识别，落实三级帮扶**。坚持"八步、两评议两公示一比对一公告"原则，通过政策宣传、农户申请、小组评议、入户调查、村级民主评议、乡镇审核的工作程序评定贫困户，认真填写贫困户基础信息、扶贫手册，进行扶贫系统数据录入。对精准识别的每一户贫困户都确保有区、镇、村三级责任干部进行结对帮扶，责任帮扶人实行每月至少一次贫困户走访开展扶贫工作制度。镇、村干部实行包村、包户、包人，严格落实挂钩帮扶制度。

　　**因户施策，措施精准有效**。针对不同类型的贫困户，因户因人施策，区别对待，分类施策，确保各类贫困人口同步脱贫。建立低保政策和扶贫政策对接机制，对因病、因残等收入不达标的贫困户实行低保兜底，做到应保尽保，使其实现政策性减贫增收。落实教育资助政策，对有子女上学的贫困户通过助学扶智、生活补助等办法帮助脱贫；建立特困贫困户帮扶机制，对有病、有残贫困户通过医疗救助和健康扶贫政策进行帮扶措施兜底脱贫；创建公益性岗位，充分带动有劳动能力的贫困户就业，增加其收入帮助脱贫；加强产业发展指导，

对在家有一定劳动力的贫困户，鼓励发展农业产业，并定期上门指导相关种植技术，帮助解决销售难题；加强产业利益联结机制，鼓励贫困户加入合作社，采取产业大户带产业小户、产业强户带产业弱户等办法，以此推动产业扶贫，提高贫困人口收入。

**着眼民生，保障公共服务。**大力推进基础设施建设，提升乡村公共服务水平。全镇拥有中心小学1所、卫生院1所、卫生室8所、乡村农家书屋8个、村级便民服务中心8个。推行贫困户家庭医生签约、慢病签约服务贫困户全覆盖。义务教育阶段适龄儿童控辍保学，落实教育扶贫资助政策。落实基本医疗保险制度，推行全镇贫困户基本医疗保险全覆盖。

**舆论引导，加强服务指导。**加大扶贫干部培训力度，开展宣传宣讲活动，进一步提高扶贫干部责任意识、政策水平、攻坚能力和群众知晓度。2019年全镇举办脱贫攻坚干部培训22期，培训村社干部350余人次；开办脱贫攻坚专栏36期；召开社员大会、院坝会6000余人次；脱贫攻坚文艺会演8场，发放宣传手册、宣传单1万余份。

## 精准到人，精准到户，向小康社会迈出坚实步伐

**聚焦"两不愁三保障"，夯实脱贫基础。**2019年，全镇完成农村饮水安全提升工程8个，全面接入丁家水厂供水管网，饮水安全保障进一步提升。教育扶贫政策全面落实，全镇共有53名贫困学生享受教育资助，对因自身原因无法上学的5名儿童，采取"送教上门"的方式实现教育保障。医疗保障工作扎实推进，资助建卡贫困户医疗参保347人，民政救助对象1039人，残疾人596人，计生对象888人；通过免费为建卡贫困户进行特殊疾病集中诊断，为贫困户办理（或新增加病种）特病证59人次。农村危旧房改造工作有序开展。对全镇122户建卡贫困户、214户低保户、202户特困人员的住房进行了安全鉴定，共改造危房111户。

**强化产业发展，利益联结机制逐步健全。**2019年，对全镇贫困户的产业发展情况进行逐一摸底调查，严格按照"一户一策"产业方案申报和验收，全镇104户贫困户产业发展，12户选择利益联结机制。扶贫小额信贷工作有序推进，全镇共有51户建卡贫困户办理扶贫小额信贷，贷款金额83.3万元。启动建设扶贫车间2个、茶叶加工厂1个、农贸市场1个，成立重庆市璧山区高合新农产品销售专业合作社，与全镇贫困户签订了《农副土特产品代销协议》，并与重庆国隆农业科技发展有限公司签订了《农副土特产收购协议》，增建销售平台，有效解决贫困户农产品销售问题。设立"扶贫超市"代售贫困户农产品。充分发挥致富带头人帮扶带贫作用，二郎村3名致富带头人与11户贫困户签订帮扶带贫协议，解决贫困户就近务工和农产品销售问题。在原有茶园5000余亩的基础上，引进知名品牌浙江安吉白茶1家，引种安吉白茶300余亩。改良引种福选9号、黄金芽茶叶800余亩，赠送茶苗70万株、果树苗（以柑橘苗为主）1万株。农旅融合雏形初现。引进砂之船奥特莱斯建设"二郎岗"超级农

庄，打造郊区乡村休闲旅游新去处。深度挖掘"茶"文化，成功举办"梨园茶海乡村旅游文化节"，通过"茶"文化与乡村体验式旅游的契合，为群众提供增收渠道。

**建立长效机制，创新培育主体。** 大力推进基础设施建设，在巩固二郎村市级贫困村脱贫成果基础上，推进天星村基础设施薄弱村建设。2019年，全镇新建"四好"农村路66公里，人行便道20公里，完成8个村农村电网改造，将全镇特色优势产业有效覆盖全部贫困户，不断提高贫困人口收入水平。以农村"三权"分置、"三变"改革为抓手，引进农业新型经营主体17个，建立企业、集体、农民三方持股分红的制度联结机制。开展"院坝法庭"，对贫困户子女进行赡养父母法治教育，创作"背着母亲看风景"舞台剧，传播"尊老爱老"的正能量。深入开展"身边的脱贫故事"活动，完善激励机制，做到"志智双扶"，激发贫困户内生动力，营造良好氛围。

## 七塘镇喜观村
# 山村发生大变化 脱贫攻坚底色足

"这几年村容村貌发生了翻天覆地的变化，经济也快速发展，生活是越来越有奔头了！"喜观村民向林群说起现在的生活，脸上洋溢着幸福的笑容。

近年来，喜观村在改善村民人居环境的基础上，积极引导产业发展，突出抓好农村乡风文明建设，全村的人居环境美起来了、产业发展起来了、群众精神面貌也焕然一新了。

### 增颜添彩，靓丽成型，
### 昔日"脏乱差"的小山村变成"洁净美"的宜居村

喜观村自身地势较为平坦，田园自然风光也很优美。为进一步提升人居环境质量和优美程度，喜观村就地取材，以净化、硬化、量化、美化、绿化为抓手，以整洁规范为原则，因地制宜进行精心打造。相继投入大量资金实施了院落、道路及庭院硬化、重要节点景观打造、生态污水处理、农村生活垃圾收集转运、公路沿途绿化、卫生改厕等工程，基础设施不断完善，现已建成公共厕所2座，打造出乡村人居环境整治重点示范院落2个。同时在村庄入口、公路沿途及路口等进行美化绿化亮化，对人文景观进行保护和挖掘，使村庄更有底蕴和内涵。倡导群众积极参与"六清一比"环境卫生整治，清垃圾、清沟渠、清粪污、清柴草、清厕所、清杂物，及时清理房前屋后杂草杂物、打扫干净庭前院后垃圾卫生，村里每月进行量化评比。通过一系列举措，喜观村的整体面貌仿佛按下了"美颜键"，颜值慢慢提升，昔日"脏乱差"小院华丽转身为"洁净美"美丽村庄，璧北河畔的"金色郊园"渐成品牌，其田园美、村庄美的示范效应逐渐显现。

## 产业助推，民生向好，
## 昔日为生计奔波的农民走上了小康路

环境好，决不浪费。喜观村充分依托地处国家农业科技园核心区的区位优势，不断引导农业产业发展，逐渐实现"产村融合"。为增加群众就业、开辟致富增收新路子，引进重庆凯锐农业发展有限责任公司等11家现代农业企业，共流转土地2500余亩，转移农村劳动力1000余人，村民每年人均增收5000余元。同时积极探寻农业发展新思路，打造现代农业观光旅游园，建成喜观昆虫王国博物馆一座，已荣获"重庆市最美旅游民宿"，每年接待游客9万余人。同时，喜观村加快"三变"改革，现已完成产权制度改革、土地确权等工作，为不断壮大农村集体收入，积极投入80万元入股当地农业企业，每年按照入股金5%～7%的比例获得回报。另外，近年来喜观村大力发展草皮种植，草皮种植也逐渐成为喜观村的主导产业，因为投入少、回报快、收益好，目前已种植草皮300余亩，当地农户在草皮种植大户的引领下，通过土地流转、临时务工等方式实现新的增收。

## 创"文"掘"文"，"志智双扶"，
## 昔日衰落的乡村文化焕发出新的光彩

有了产业的支撑，让喜观村文化创建更有"底气"。为确保创"文"工作有效开展，喜观村从村民精神文化建设入手，打造特色家风教育"齐家"喜观文化，借助美丽乡村建设的有利契机，以"乡愁"喜观为主题，以"古道文化"为背景，打造向家院子、幺滩院子两个院落文化，使得全村的村民见贤思齐，形成了良好的文化氛围。建立村级综合文化站、文明实践站，建设文化广场、农家书屋，制定村规民约，张贴道德建设标语。还充分利用村里的"妇女之家""儿童之家"和"市民学校"强化"五爱"教育，组织党员群众学习习近平总书记

七塘镇喜观村蔬菜基地全景

系列重要讲话精神，学习习近平总书记扶贫重要论述，聆听模范典型感人事迹。村里还大力开展了争当"整洁文明户""五好家庭""好婆婆""好媳妇"等系列活动，深挖身边典型事迹，发挥示范带动作用，引导群众见贤思齐，汇聚正能量，传播好声音。几年来，全村涌现出"五好家庭"15户、"好婆婆"15人、"好媳妇"15人、"整洁文明户"43户。

通过扶贫政策宣传、浓浓文化熏染、农村实用技术培训、举办田间学校培训班，"志智双扶"双管齐下，共同激发群众内生动力。如今，通过"风貌改造+农业转型+文化融入"三大手段，喜观村各项事业不断发展，人居环境持续改善、村民致富手段不断丰富、群众精神风貌持续好转，村民幸福指数大幅提升。

## 正兴镇大面坡村

# 坚持"五步走" 打好攻坚战

◆◆

正兴镇大面坡村辖区面积5.2平方公里，辖8个村民小组，1341户3893人，建卡贫困户28户78人全部脱贫。几年来，驻村工作队和村支"两委"坚持以筑牢"桥头堡"解组织保障问题、耕好"责任田"解分工落实问题、下好"先手棋"解增收致富问题、激发"动力源"解脱贫长效问题，促使大面坡村组织功能明显增强，脱贫攻坚成效显著，基础设施大幅改善，集体经济持续壮大。

## 坚持党建先行，全面筑牢基层组织"桥头堡"

大面坡村共有党员96人，其中，男性党员82人，女性党员14人；40年党龄以上的48人。在上级党委的正确领导和精心指导下，驻村工作队协助村党总支持续强化基层党建，增强基层党组织的战斗堡垒作用，充分发挥党建对脱贫攻坚的引领作用。加强组织建设，发展正式党员和预备党员各1名，确定入党积极分子5名，协助配强村级班子成员；持续宣传发动，营造浓厚氛围，拍摄党建宣传片1部、制作党建宣传手册1000册，利用党员大会、主题党日等向党员讲解习近平总书记关于扶贫工作重要论述，宣传党的各项扶贫政策，增强党员们对扶贫工作的知晓度、参与度与满意度；凝聚人心合力，开展送学上门、志愿服务困难党员活动20余次，列支近8000元，在重要节日对困难党员、老党员进行走访慰问60余次，让他们体验到组织温暖，提升党员凝聚力；扎实推动"党建引领，水价治理"工作，成立用水户协会，选举会员代表51人，其中，党员15人，促使全村768户用水户从中受益。

## 聚焦主责主业，潜心细耕脱贫攻坚"责任田"

为扎实推动精准脱贫，驻村工作队结合卫星地图制作全村精准脱贫攻坚作战地图，坚持每月遍访贫困户，精准掌握贫困户的情况变化。建立专项台账，对28户贫困户面对的"八难"问题进行逐一排查，全面了解贫困户的经济收入、住房安全、教育养老医疗和产业发展现状。

为确保全面小康、不落一人，驻村工作队对全村群众"两不愁三保障"问题进行深入摸排和解决。2018年以来实施三类人员C级危房改造11户，D级危房改造57户，确保121户三类人员全部实现住房安全；认真开展一般农户危房改造动员工作，核查全村543栋危房住户情况，分类宣传动员；扎实开展教育扶贫，确保12名贫困户学生全覆盖享受教育扶贫政策，积极争取外部教育资源支持，协助2名本村学生免费就读大专院校；稳步推动贫困群众增收致富，帮助在家的15户贫困户申请产业扶贫资金5.5万余元，指导9户贫困户申请扶贫小额贷款2.8万元，鼓励贫困户外出务工31人。

## 牢记为民初心，认真走好基础设施"先手棋"

结合大面坡村实际，确定蔬菜产业为主导产业，争取蔬菜钢架大棚8000平方米、蔬菜瓜果架25亩、土壤培肥改良190亩、绿色防控130亩用于蔬菜产业发展。帮助400余户村民以成本价购置优质蔬菜幼苗和种子6万余株，开展产业培训5次，发放技术资料150余份；争取区级部

驻村工作队和村支"两委"干部对贫困户开展蔬菜技术培训

门项目资金13万余元，购置安装自来水增压设备两台，彻底解决因大面坡村地势高部分村民家里水压不足、吃水用水困难的问题；在产业公路建设工作中，驻村工作队与村支"两委"深入农户进行宣传，得到群众的充分认可。目前，大面坡村拥有已硬化公路18.9公里；积极向上争取人行便道和生产便道项目建设，2019年新修人行便道10公里，全村人行便道达到31.9公里；积极申请落实区级"一事一议"项目，在村主干道建设路灯32盏，极大地方便了村民们夜间的生产生活；集聚各类资源，加强与各类企事业单位沟通协调，开展招商引资帮扶洽谈20余次，争取对村扶贫工作及乡村振兴工作项目、资金支持。

## 强化产业支撑，全面激发脱贫致富"动力源"

实施完成150万元门面资产收益项目，改写大面坡村"空壳村"历史，实现村集体年收入5.5万元；扎实推进清水养鱼项目，发动党员群众广泛参与，实现村集体年收入5万元以上；培育本村木材加工企业，引导成为全区首批"扶贫车间"，并扶持为区级农业龙头企业，带动扶贫（建卡贫困户8户10人）就业；培养农村产业致富带头人2名，带动8户32人增收致富，年增收3.3万余元；推动成立重庆市璧山区振欣农业专业合作社，注册"大面乡村"电商品牌，不断完善贫困群众利益联结机制，建立起辐射整个正兴镇的农村电商服务站，累计帮助贫困群众销售农产品12万余元。

## 强化作风建设，争当忠诚干净担当"排头兵"

驻村工作队和村支"两委"以党建活动为载体，组织开展理论学习、业务学习、党风廉政教育，深入贯彻学习党的十九大精神、习近平新时代中国特色社会主义思想和习近平系列重要讲话精神，扎实推进"不忘初心、牢记使命"主题教育活动，不断提高政治站位，努力提升思想素质和业务能力。强化阵地建设，营造攻坚氛围，时刻保持高昂的战斗力和良好的精神风貌；做好档案搜集整理，吸收借鉴先进经验，整理扶贫专项档案28项，对28户建卡贫困户分户档案规范完善；坚持群众之事无小事，制作便民服务卡，定期下村入户走访，认真倾听群众声音，耐心解答群众疑惑，解决群众难事180余件。

# 探索"六要路径"
# 壮大新型农村集体经济助力脱贫攻坚

铜梁区坚持将新型农村集体经济作为扶贫产业与贫困户利益联结的"桥梁"和"纽带",构建"新型农业经营主体+村集体+贫困户"三位一体利益联结机制,实现以农村集体经济发展带动贫困户增收脱贫。2019年,全区4465户建卡贫困户中已有3100余户将1.23万亩土地、305万元资金入股到466个集体经济发展项目中,带动5个市级脱贫村和"插花"贫困户发展脆桃、油茶、龙虾等特色产业8500余亩。

**向闲置土地要集体经济促脱贫。** "拉网式"核查清理5个市级脱贫村和建卡贫困户撂荒地、闲置地、边角地、荒山荒坡等自然资源性资产5300余亩,"一村一档"分类建立数据库,因地制宜划分花椒、茶叶等产业区域,统一发展产业项目。构建"公司+集体+贫困户"合作机制,鼓励贫困户将闲置土地投放到龙头企业、合作社等经营主体形成股权,村集体和贫困户参与管理,有效促进产业发展、集体增收、贫困群众致富。按照"三权"分置改革要求,撬动龙头企业、行业大户资金投入,引导企业采取"保底租金+分红"的形式,租赁贫困户闲置土地进行规模化生产,组建贫困户"代耕队"及职业农民队伍,带动5个市级脱贫村和建卡贫困户实现稳定增收。2019年,5个市级脱贫村和"插花"贫困户通过盘活闲置土地实现增收202万元。

**向闲置产业要集体经济助脱贫。** "变废为宝"盘活存量资产,对包含5个脱贫村在内的农村闲置产业进行清理,"一村一档""一村一策"科学编制闲置产业发展规划,以股份合作经营、集体自主经营、租赁托管经营等形式盘活兑现。"变旧为新"改良传统产业,提升农业科技含量,优先对5个市级脱贫村和贫困户较集中村的蔬果、竹木、蚕桑等传统产业进行改良升级,村集体以财政资金、土地等入股,共享产业发展成果。"变小为大"做强零散产业,针对部分产业被市场看好但因"小散乱"难以产生效益的问题,坚持走规模化、集约

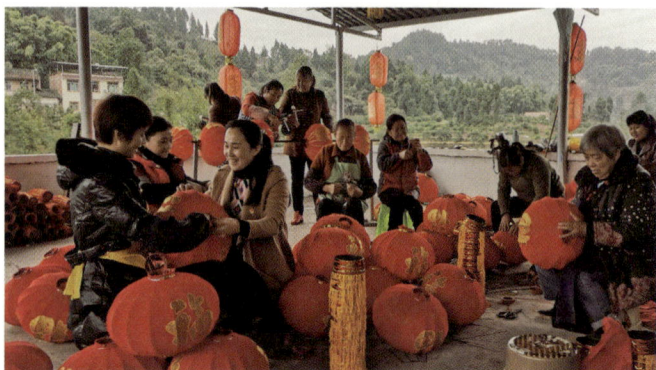

铜梁区扎龙基地（扶贫车间）红灯笼富了农家口袋

化道路，通过引进有实力的业主公司化经营、大户带贫困户等方式，把"小产业"做成"大文章"。通过盘活闲置产业，带动5个市级脱贫村和"插花"贫困户盘活闲置产业6100亩，增收340余万元。

**向已流转土地要集体经济带脱贫**。深化股权改革，指导镇街根据产业发展实际，召开已流转土地业主、农户、贫困户听证会，根据群众意愿科学制定股权化改革资金的使用办法，让资金参与经济体的营运过程，优先推选有能力、公道正派的贫困群众参与经济体的经营和管理，真正实现利益共享、风险共担。创新集体入股方式，以5个市级脱贫村和贫困户较集中村为试点，科学实施农村集体资产清产核资和量化确权，使公路、便道、灌溉管网等基础设施能够真正变成集体资产，并作为股份进入经济运营，以分红方式增加集体收入，5个市级脱贫村集体经济全部实现"脱壳"。统筹劳动力供需关系，支持市级脱贫村和贫困户较集中的村集体积极发展生产性服务业，对从事劳务的贫困人口进行专业技术培训，既组织贫困户投工投劳增加群众收入，又通过中介服务费增加集体收入。

**向农村电商要集体经济帮脱贫**。把打通农户与市场的通道作为贫困户增收的最后关节，通过发展农村电商、建立"爱在龙乡"电商平台等，把贫困户分散生产和规模经营结合起来，优先将贫困户生产的土特产统一包装、统一渠道、统一销售，实现小农户与大市场对接，助推村集体和贫困户增收。全区278个村（涉农社区）实现农村电商全覆盖。利用区内境游电商、铜梁信息网、铜梁在线、铜梁龙城网等开展产品销售、休闲旅游线上销售等业务。与京东集团合力打造"互联网+乡村振兴战略示范基地"，共建"神农大脑"，建成黄桷门生态农业互联网小镇，招引50余家知名电商企业入驻运营，为农产品销售搭建了更大的开放平台。每年对5个市级脱贫村发展农村电商实施专项财政补贴，截至2019年底，通过农村电商销售4500余户建卡贫困户农产品240余万元，有效帮助贫困户增收。

**向潜在市场要集体经济益脱贫**。着眼需求端优化供给侧结构性改革，牵头搭建产供销信息平台，开展贫困户"订单式"生产。政府主导找好买家建立产品供需目录，建立"部门—镇街—集体经济—贫困户"对接交流通道，指导大户带散户特别是贫困户因地制宜进行规模化种养、订单化生产，带动5个市级脱贫村和"插花"贫困户3000余户参与订单化生产，户均年收入近5000元。健全种养殖业品种选择、科学管理、技术培训等保障机制，推进资金、金融、用地及税费等扶持政策向农村集体经济和贫困户倾斜，每年整合6000万元涉农项目资金，全力支持有潜力有市场有销路的农村集体经济项目。

**向一、二、三产业融合发展要集体经济利脱贫。**延伸农业产业链条，深挖农产品附加值，全面推动农业"接二连三"。鼓励村集体特别是5个市级脱贫村培育村办企业、经济合作组织，引入工商资本、市场经营主体，以土地承包经营权、技术等入股，与龙头企业、专业合作社一起带动脱贫村、贫困户进军二、三产业。依托"一线四区"旅游景区，重点在5个市级脱贫村和贫困户较集中村培育荷和原乡等乡村旅游品牌10余个，开发特色民宿、主题农场等服务型产业，常态化举办采摘节、体验节等乡村旅游项目，推动产业扶贫与旅游扶贫融合发展。引导村集体大力发展特色种养殖业，引进农产品精深加工企业，培育农业龙头企业137家，开发手工扎龙、荷花茶、龙绣等特色旅游商品70余种，推进传统农业产业向高附加值产业转变。2019年，5个脱贫村、贫困户较集中村和"插花"贫困户通过一、二、三产业融合发展实现增收600余万元。

## 水口镇

# 创建"3+3"利益联结机制
# 带动贫困户增收脱贫

◆◆

产业扶贫是促进脱贫攻坚、增加贫困户收入的有效途径，是扶贫开发的战略重点和主要任务。近年来，水口镇坚持"六要"发展新型农村集体经济，带动扶贫主导产业共同发展。在脱贫攻坚工作中，以扶贫主导产业为引领，在全镇探索建立脱贫攻坚"3+3"利益联结机制，即3项集体经济产业发展收入（土地租金收入、务工收入、利益分红）+3项家庭产业发展收入（以奖代补鼓励发展种养殖业、辣椒种植和血橙种植全覆盖），实现了村集体和建卡贫困户"双赢"，持续巩固了脱贫攻坚成果。

## 为建卡贫困户增加3项集体经济产业发展收入

土地租金为贫困户发展奠定基础。每个产业基地均成立了水果专业合作社，鼓励建卡贫困户以土地承包经营权折股入社，合作社付给农户租金，土200元/亩、田400元/亩，每年为贫困户增加土地租金收入近30万元；贫困户常年务工增加工资收入。常态化开展果树栽培和管理实用技术，贫困群众400人（次）参训，提高了就业务工能力。3个产业基地常态化接纳50余名贫困群众务工，为10余名贫困户提供公益岗位，为贫困户创收40余万元；利益分红支持贫困户产业发展。基地采取"合作社（村委会）+社+农户"的合作模式经营，吸纳280户600余人参与合作经营，按村社集体51%、建卡贫困户49%收益分红。

## 为建卡贫困户增加3项家庭产业发展收入

建立利益长效机制。村集体每年拿出不低于纯收益的15%，以奖代补给所有建卡贫困户，鼓励他们发展种养殖业；实施血橙产业全覆盖。为巩固贫困户长久增收，在集体经济收益中拿出资金，统一购回塔罗科血橙苗子1.25万株，发给全镇93户建卡贫困户和树荫村388户在家的一般农户中，折合栽植面积210亩。待血橙收获后，依托扶贫产业已经形成的销售网络，进行统一销售；发展短期快速见效项目。2019年4个村种植465艳椒100亩，产量达200吨，收益40余万元。2020年计划种植150亩，现已经育好苗，将部分免费发到全镇有种植意愿的建卡贫困户中，进一步巩固脱贫攻坚成果。

## 常年在基地务工激发贫困户内生动力

产业基地的快速发展，进一步增强了党组织的凝聚力，党员干部和建卡贫困户众志成城，齐心协力投资投劳，经常奋战在产业基地，热火朝天地参加产业基地管理。让以前闲散的贫困户有了精神寄托和经济收入，培养了他们勤劳致富和艰苦奋斗的作风，激发了他们脱贫致富的内生动力，增强了自我脱贫能力。

大滩村6社周天涛，一直闲在家里，靠种植业为生，家里上有老下有小，他农忙时干点农活，农闲时到处闲逛，家庭一直处于贫困状态。自大滩村养殖生态鱼以后，村里给他安排了看守水库的公益岗位，每月有1800元的收入。他既要做好家里的农活，还要守好水库，生活充实而忙碌，改变了平时懒散的毛病，家庭终于摆脱了贫困。

树荫村12社的赵吉果，以前也是靠种植业为生，由于年龄高达70岁，老两口又长期生病，外出务工也没人要，常年窝在家里，儿子儿媳只好在家务农，照顾家庭和两个孙子，家庭长期处于贫困状态。树荫村四季经果基地建立以来，村里安排他负责基地管理，安排他儿子在公益岗位务工。赵吉果经常组织20余名建卡贫困户在基地管理果树。2019年，他家务工和种养殖业纯收入达7万余元，家庭不但摆脱了贫困，家庭成员的精神面貌都实现了根本转变。

## 安溪镇金滩村

# 发挥"长短"产业优势
# 助力农户增收致富

◆◆

安溪镇金滩村位于铜梁东南一隅，背靠毓青山，全村以坡地为主，土多田少且分布分散，缺少规模化产业引导，村级公路、产业道、作业便道、水利灌溉等基础设施落后，是铜梁区5个市级贫困村之一。自脱贫攻坚以来，金滩村理清思路，因地制宜，把发展扶贫产业作为全村脱贫攻坚工作的主要抓手，积极发展壮大新型农村集体经济，逐步探索实行油茶种植和辣椒种植"长、短"产业相结合的产业扶贫模式，并根据具体产业发展情况构建扶贫产业与贫困户的利益联结机制，进一步巩固脱贫攻坚成效。

2015年，金滩村确定了将油茶种植作为村扶贫主导产业，采用"企业+村集体+农户"的方式，先期发展油茶750亩（业主成片种植250亩，318户农户种植500亩，其中22户建卡贫困户种植17.6亩）；2018年完成一期扩规760亩，并成立油茶种植专业合作社，引进合作业主；2019年完成二期扩规500亩和配套设施建设，并落实集中管护；目前，全村油茶产业集中管护各项措施落到实处，往年栽植油茶试挂果情况良好。

2018年，针对油茶产业发展周期较长，见效较慢的问题，在联系区领导的关心下，金滩村开始以专业合作社为媒介在油茶基地中套种辣椒，作为"短平快"项目与油茶产业长短结

安溪镇金滩村辣椒种植基地

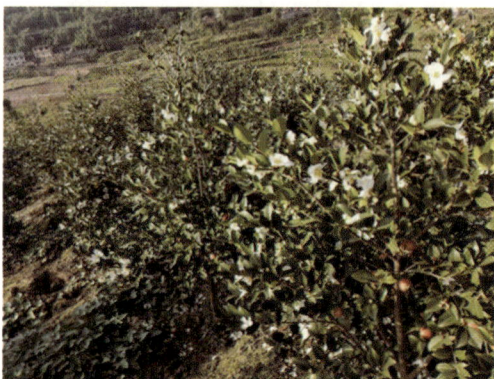

安溪镇金滩村油茶种植基地

合。当年发展辣椒种植147亩（合作社种植辣椒35亩，156户农户种植112亩，其中22户建卡贫困户种植19.8亩）。2019年套种辣椒400亩。2020年，已完成早熟辣椒450亩的栽植，并计划在辣椒收头后，轮作青菜头等其他作物，拓宽增收渠道。截至2019年底，全村辣椒产值达到110万元，村集体的纯收入超过13万元，实现了长期产业与短平快产业互补。

2019年，经过近年来的产业扶贫发展，金滩村初步形成了以辣椒种植"短平快"项目和油茶产业长远发展的扶贫产业发展格局，并涌现稻虾、花椒、柚子等多种产业共同发展，为进一步增强贫困群众吹糠见米的获得感，在镇党委有力支持下，驻村工作队与村支"两委"积极探索确立扶贫产业与贫困户利益联结机制，结合贫困户人居环境卫生整治行动和农户积分制管理工作，鼓励贫困户通过土地流转、小额信贷资金、自种作物等多种方式加入村专业合作社参与合作经营，当年为全村51户贫困户发放了预分红金、土地保底租金、产业未收益补助金、产业扶持基金等共计4.8万余元。

在全村扶贫产业从无到有，从弱到强的发展历程中，金滩村牢牢依循习近平总书记关于脱贫攻坚工作的指示精神，始终推动全村扶贫产业沿着习近平总书记指引的方向奋力前行，坚持从实际出发，坚持以人民为本，探索"长、短"产业相结合的发展路径。在这一过程中，金滩村通过分批分期推进产业调研、技术培训、作物种植、基础设施建设、集中管护和采收销售工作，敢于试错，及时纠错，切实发挥扶贫产业发展中的梯次渐进效应；通过"长、短"产业结合，既淡化了长期产业见效慢和短期产业获益暂的弱点，又凸显了长期产业获益久和短期产业见效快的强项；通过统筹推进"长、短"产业发展，在保障扶贫产业长效发展的基础上，提升了扶贫产业与贫困户利益联结机制的兑现能力，为扶贫产业向深加工、长产业链发展提供助推动力。截至2019年底，村集体经济年增收16万余元，贫困人口年收入增加1500元，一般群众年收入增加800元。

  2020年作为全面决战决胜脱贫攻坚的关键一年，金滩村深入发挥"长、短"产业结合发展优势，持续强化产业集中管护和按季度验收监管力度，保障油茶产业应期长青和辣椒产业按季见红；巩固提升产业设施保障和购销网络建设能力，保障油茶、辣椒"长得好、卖得走"；坚持探索产业往"宽"向"深"发展，保障产业产品生产附加值逐步提高；从而进一步为做强村集体经济，为贫困人口和一般群众增收提供坚实保障，更为打赢打好脱贫攻坚战提供有力支撑。

## 水口镇树荫村

# 强化党建引领　聚力脱贫攻坚

❖❖

  水口镇树荫村党支部坚持持续深化基层党组织建设，充分发挥村党支部的战斗堡垒作用和全体党员的先锋模范作用，推动基层党建与脱贫攻坚有机结合和相互促进。在基层党建推动下，因地制宜和因村施策，利用各种资源优势，深挖发展潜力，为高质量如期打赢脱贫攻坚战奠定坚实基础，脱贫攻坚工作取得了显著成效。

### 持续深化基层党建　增强干部履职意识

  树荫村村支"两委"干部整体年龄偏大，思想观念陈旧，班子不够团结，多年不发展青年党员，后备力量储备不足，在推动脱贫攻坚和乡村振兴、领导基层治理等方面能力不强、动力不足。2019年3月，市委组织部从机场集团增派赵先平担任树荫村第一书记。从驻村工作的第一天起，赵先平就积极转换角色，认真履行使命职责，迅速融入村支"两委"班子，在工作队副队长罗健的配合下，狠抓政治建设，理顺工作机制，开展软弱涣散党支部整顿，稳步推进脱贫攻坚工作。

村党支部引领凝心聚力，加强制度建设，让软弱涣散党支部强起来。"三定四全"（定时间、定计划、定要求；台账全、资料全、影像全、签到全），第一书记着力抓实支部主题党日，规范组织生活，结合"不忘初心、牢记使命"主题教育，检视村支"两委"存在的24个问题，全部按期整改完成，让组织生活真正严起来、实起来，切实提高了村支"两委"成员为民服务解难题的主动服务意识。

理顺脱贫工作机制，第一书记牵头推动"村支'两委'、驻村工作队AB角制"、"项目化清单管理"工作机制、"村务派工单"使用制度落地，推行村支"两委"及驻村工作队会议议题申报单，提升会议效率、工作效率，不断增强村党支部的凝聚力、战斗力。

村党支部坚持每周召开村支"两委"及驻村工作队脱贫攻坚工作例会，组织学习《习近平扶贫论述摘编》、习近平总书记视察重庆重要讲话以及上级文件精神，听取各位村干部、工作队员汇报上周工作落实情况，根据当前脱贫攻坚工作重点，实施项目化清单管理，安排部署本周工作任务，推动"两不愁三保障"及饮水安全问题动态清零，有效提升了脱贫攻坚工作效率。

周例会领取任务后，工作队员高世华和本土人才甘远洋为尽快落实消费扶贫数据库更新、消费渠道开辟、消费数量汇总等事宜，开始忙碌起来。"为了动态掌握贫困户的农副产品资源和消费情况，我们专门建了一个消费扶贫微信群，发动所有帮扶干部群策群力，帮助贫困户销售农副产品，分析市场需求后为贫困户后续发展产业提供决策参考。"

"目前，消费扶贫微信群已经升级为决战决胜脱贫攻坚信息群，除了消费扶贫信息外，帮扶干部在走访贫困户过程中发现诸如饮水、住房、医疗、教育、就业等方面的问题，也都会及时在群里通报，将会为推进树荫村脱贫攻坚问题整改提供强有力的信息支持。"高世华汇总帮扶干部提供的消费扶贫信息。

## 党组书记亲力亲为　脱贫产业快速发展

以前的树荫村，土地资源匮乏，坡度在15度以上的耕地就超过50%，基本以传统农业为主，农民收入主要靠外出打工，集体经济薄弱，集体经营性收入较少，发展成效不明显。如何选择打开"贫困锁"的那把钥匙呢？树荫村党支部书记赵安福找出的答案是：发展脱贫产业和新型农村集体经济，消灭集体经济"空壳"，让贫困户脱贫致富奔小康。

2016年初，赵安福带领干部群众认真分析本村自然条件、经济基础、发展优势、存在问题等情况，围绕产业结构调整方面做文章，找到了一条符合树荫村实际的发展路子，建成了血橙基地，随后又逐步发展壮大。目前已建成血橙260亩、红脆丰桃100亩、中桃六号60亩、长叶香橙30亩为主的四季经果产业基地，既是村里的扶贫产业，也是新农村集体经济重点项目。

2019年以来，村党支部、工作队积极指导四季经果基地管理，血橙、红脆丰桃以及中桃六号喜获丰收。他们还利用各自人脉广开鲜果销售渠道，脱贫产业实现销售收入17.8万元，村民在产业基地实现务工收入21万余元（其中建卡贫困户收入3万余元）、土地租金8万元。

为充分发挥本土资源优势，党组书记们正抓紧带头实施使君子花卉产业项目落地，打造君子·花间道研学基地，大力发展乡村旅游，为产业扶贫增添新活力。

## 全体党员带头示范　激发贫困户内生动力

树荫村党支部充分发挥党员的先锋模范作用，注重贫困群众思想扶贫，激发他们的内生动力，提高自我脱贫意识。驻村工作队和全体共产党员，深入村组入户走访，掌握社情民意，解决群众困难，组织召开院坝会，广泛开展宣传教育，增强贫困群众主人翁责任感，变"要我干"为"我要干"。

树荫村党支部还积极争取上级资金，加大投入，改善农村人居环境，建设美丽宜居树荫，打造美丽乡村。组织本村群众对公路两旁、房前屋后、河流两岸的垃圾进行定期清理，进一步规范垃圾堆放点；加大宣传力度，增强群众讲卫生意识。强化群众参与，推广积分奖励机制（贫困户获奖双倍奖励），每月两次社级评比、每季度一次村级评比，调动群众广泛参与的积极性，激发了贫困群众内生动力。

树荫村7社的张太平2018年底因妻子重病、儿子儿媳缺乏技术致贫，家里还有两个即将入学的小孙女。最困难时刻，树荫村党支部安排驻村工作队上门帮助，建议他在家养鸡、照顾小孙女，儿子儿媳外出务工增收脱贫。

"我目前这个状况，没有本钱买鸡苗；何况以前我都是做生意的，也没有养鸡经验啊？"得知张太平的疑惑，工作队从驻村工作经费中为其提供1000元养鸡启动帮扶资金，请村里的养鸡致富带头人苏元伦上门指导养鸡技术。产业指导员姜发丽为其申请产业发展帮扶基金，编制围栏鸡圈，扩大养鸡产业规模，并定期到户关注养鸡发展情况。

在帮助他家发展养殖业的同时，还推荐其子张贵川去参加职业技术培训，为其子提供工作岗位。2019年，在村党支部关怀下，张太平一家加入了康山水果专业合作社，享受集体经济利益联结机制带来的扶贫济困基金帮扶，发展养殖业和介绍外出务工就业，顺利走上了脱贫致富路。

# 突出"严细实强"四个关键
# 积极推动教育扶贫

**"严"守控辍保学底线。** 制定了《荣昌区强化"义务教育有保障"各项措施打赢教育脱贫攻坚战工作方案》《关于建立荣昌区义务教育"控辍保学"联控联保工作机制的通知》等系列文件,健全了以部门、镇街、学校、村社、教师、家长为主体的"1+N"联控联保责任体系。全面实行辍学学生劝返复学、登记与书面报告制度,逐步完善行政督促复学教育引导、限期整改、行政处罚、申请强制执行"四步"工作程序。强化控辍保学动态监测,实行"日清周结月汇总",加强辍学易发群体、易发学段、易发区域的监控,完善全区5959名特殊困难家庭学生工作台账,实行台账化精准控辍。建立多部门数据对接机制,结合户籍系统、学籍系统、特殊困难群体基础数据,对全区适龄儿童进行再摸底、再排查。采取随班就读、入特校就读、送教上门等形式解决全区596名残疾儿童入学问题。依托联控联保机制,强化"两落实一精准",全面开展义务教育控辍攻坚行动。每个控辍责任片区落实督办领导和责任人,每名辍学学生落实劝返专班,每名复学学生精准制订针对性教育措施。专项行动期间,全区300余名干部教师深入学生家庭进行网格化摸排和劝导工作,实现辍学学生动态"清零"目标。采取源头控辍措施,动态掌握学生在校情况、思想动态、苗头性现象。实施辍学高风险学生提前研判、提前干预,对201名重点对象落实教师一帮一制度,引导学困生消除抵触情绪和厌学心理。抓牢"小升初"控辍关键节点,对9000余名六年级小学毕业生的就学情况进行跟踪,对5名未升入初中学校就读的学生及时进行干预,化解辍学风险。强化保学措施,采取普职结合、办返校适应班、开展特色课程等措施,对复学学生实施分类安置,因材施教。目前,复学学生阶段性巩固率达到100%。

**做"细"助学帮扶引导。** 充分运用"一栏""一本""一信""一回执""两会议"五种宣传载体,强化学生资助政策宣传,竭力做到"应助尽助、应享尽享"。2019年,落实中小学资助资金4729.78万元，惠及贫困学生4万人次。疫情期间，开展贫困家庭学生线上学习网络环境调查，引导网络运营商推出针对贫困生疫情期间线上学习的帮扶政策。为1214名贫困家庭学生赠送流量，为1399名贫困家庭学生免费提供网速优化服务，为42名贫困家庭学生免费安装电视机顶盒。同时，还针对个别线上学习存在困难的学生提供线下送教服务。认真践行《荣昌区党员干部"十指连心"密切联系服务群众六项制度》，开展"千名教师访万家"活动，推动家校共育。做到干部教师全面参与，贫困生、学困生全面走访。区教委干部每年入户走访学生家庭20户以上，学校领导干部每月开展2次以上入户走访，义务教育阶段班主任和任课教师班级走访量达到95%。干部教师走访过程中坚持"一讲""二谈""三听""四帮"。宣讲义务教育、学生资助等政策；谈学生学习、生活、思想状况，谈家庭教育；听取学生在家表现情况，听取家长寄望，听取教育工作建议；帮扶学困和辍学学生，帮扶经济困难学生，帮扶身心特异学生，帮扶留守儿童。活动开展以来，6300余名干部教师入户走访联系学生4万余人次，帮助学生解决实际问题2800余件。同时，以义务教育阶段贫困学生为重点，组织2211名教师采取"1+1"或"1+N"的方式与其结成帮扶对子，通过情感引导、爱心关怀、心理疏导等措施建立常态化帮扶机制。

**抓"实"农村学校发展。** 统筹各方面力量和资源向农村学校倾斜、向基础教育倾斜，改善农村办学条件。近年来，累计投入约30869.94万元，完成17个薄弱学校改扩建项目、115个校舍维修项目、3所农村寄宿制学校建设和3所边远小规模学校改造，新建、改扩建校舍7.58万平方米，建设运动场12.72平方米，采购设施设备8.95万件，对农村学校500余幢、32余万平方米的校舍进行了房屋质量检测及抗震性能鉴定，保证了农村学校学生在校期间学习、生活、体育活动的基本需求。落实乡村教师补充机制，满足农村学校的师资和学科需求。近年来，为农村学校招聘新教师411名，为农村学校定向培养全科教师292名。依托学科工作室、名师工作室实施农村骨干教师培养计划，培育农村骨干教师227人，占骨干教师总量的49.7%。与华东师大基教所合作，打造农村地区8大基地学校，发挥区域辐射、强校带弱校的作用，带动农村教育整体发展。推动农村薄弱学校网络环境下远程教学试点工作，促进城乡义务教育一体化发展。实施中心校与所辖乡村小学在师资、排课、备课、教学、活动、建设方面的"六个统筹"，全面推进农村末端学校标准化、规范化发展，促进教学质量提升。

**增"强"脱贫致富能力。** 强力助推产业扶贫，以荣昌区职业教育中心作为智力支撑，实施智力帮扶。与市级脱贫村签订对口帮扶协议，向贫困户免费发放鸡苗400余只，组织畜牧兽医专业老师进行"林下鸡"养殖技术培训，促进贫困户年增收3500余元。开展植保无人机飞手、水果种植、茶叶种植、粮食种植、苎麻栽培技术等新型职业农民培训，技术人员在田间地头实施一对一指导，培养会经营、懂管理的新型职业农民和致富带头人共350名。强化引导就业扶贫，与贵州省级贫困县六枝特区职校、西藏昌都市职业技术学校签订对口帮扶协议，建立"2+1"合作办学模式，开展跨区域扶贫合作，为当地培养畜牧兽医、宠物养护与经营等特色专业人才1350名。针对特殊困难群体开展种植养殖专业技术指导和电工、美容师等就业技能免费培训856人次，助推贫困群众脱贫。积极推动校企合作，产教融合实施人才订单培养模式，建立海尔订单冠名班，企业对建档立卡贫困生在校学习和生活费用给予全程资助，300余名贫困生顺利完成学业实现就业。

## 观胜镇

# 发展特色产业　紧密利益联结

观胜镇位于荣昌区北部，镇域面积42.5平方公里，辖2个社区3个行政村，共58个村（居）民小组，总人口2万余人。全镇建档立卡贫困户639户1984人全部脱贫。近年来，观胜镇按照"养好一只兔、种好一棵树、栽好一味药、用好一水库"的产业发展思路，发挥特色产业优势，持续壮大集体经济，通过"三带三联""村集体+公司"等模式，探索构建集体、企业和农民的"利益共同体"。

**"公司+村集体"带动农户，实现项目联管**。银河村和许友村以46.59万元专项资金入股达生兔业，三年共获得分红资金17.1万元，180户贫困户（脱贫户）两年获得分红5.6万元，单次分红最高的达到1000元。许友、凉坪、云峰等村分别以集体资金入股肉兔科技园区和万灵山游船公司，将分红的一半用于在家贫困户（脱贫户）分红，目前年出栏肉兔100万只。

**"合作社+村集体"带动农户，实现三资联股**。银河村采取集体经济组织、有地农户和贫困户（脱贫户）合资入股银耀中药材股份合作社方式，133户贫困户（脱贫户）入股合作社发展300亩药用植物园，种植收益按股分红；云峰村采取村集体经济组织、农户土地模式入股粮油种植企业，收益按股分红，村集体收入一半用于在家贫困户（脱贫户）分红；许友村成立贯林山合作社，组织集体经济组织、养土鸡农户和48户贫困户（脱贫户）参加合作社，实现二次分红。采取订单发展模式，鼓励不愿流转土地的农户发展水果、中药材产业，产品由公司订单保护价回收。

**公司带动农户，实现产业联营。**对于一部分有劳动能力发展产业又不愿流转土地的农户，在中药材种植上，采取"土地入股，以产定面积，以面积给付保底

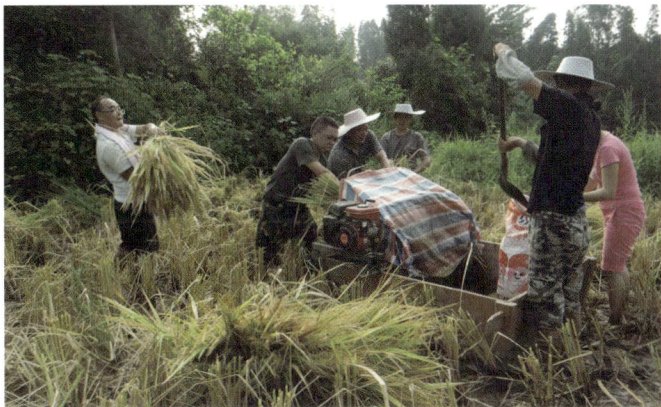

荣昌党组织结对共建，观胜镇许友村党支部成员帮助贫困户秋收

金"模式，由农户自己管理产业，按要求种植产品交企业后，由中药材公司订单收购农户产品。采取"保底+利润"，农户可获得产品收入和土地保底金。既解决了农户缺项目、缺技术和销售难题，又解决了公司缺产品、缺劳力的问题。镇里通过整合林业、畜牧、农业等多方面的项目资金，支持公司发展。此外，镇政府针对贫困户的实际情况，按照"先建后补、事后奖补"的方式，先后出台产业扶持政策，针对贫困户的实际情况，一户一策，对症下药，分批对贫困人员进行产业扶持，重点扶持在家265脱贫户养殖林下鸡、种植水果、中药材、养殖能繁母猪，年出栏鸡6730只、生猪170头、羊181只，水果5吨以上，有效促进脱贫户增收。

## 河包镇核桃村

# 聚焦短板精准发力　"贫困村"变"小康村"

河包镇核桃村地处荣昌区北部，辖区面积12.6平方公里，下辖10个村民小组，共计2036户6312人，常住人口约2000人。全村属于浅丘地貌，坡多田土少，产业发展滞后，农户增收困

难，青壮年劳动力外出现象普遍，2014年6月被确定为贫困村，全村脱贫户218户698人。

地理条件差、产业发展弱、基建短板多、思想观念旧是制约该村发展的四大瓶颈。针对这些问题，荣昌区委指导核桃村整合社会各界资源，对症下药精准施策，在短短2年时间内整合各级资金5000余万元，完善了水、路等基建配套，建成了9个高标准产业示范基地共计3000余亩，带动在家村民700余户跟随发展产业，全村贫困户全部稳定脱贫，全村面貌发生巨大改变，村民幸福感、获得感得到巨大提升。

## 立足特色抓产业，让村民"钱袋子"鼓起来

**提质主导产业**。立足河包镇是全国粉条生产基地优势，与西南大学薯类作物研究所合作，提档升级红薯种植产业，带动农户种植高淀粉红薯1450亩，增收120元/亩。**壮大配套产业**。围绕配套河包粉条产业，借助重庆市农业科学院科技优势，引进业主合作发展特色配套产业项目。与重庆椿林食品公司合作，发展酸辣粉配料菜——鲜红辣椒订单种植1000亩，平均亩产3500元，增收600元/亩；与重庆市农担公司合作，发展秋季土豆订单种植500亩，增收300元/亩。**建优增效产业**。积极对接重庆市畜牧科学院，引进重庆喜迎畜牧公司到村建设万头生猪恒温猪场、发展配套林木种植500亩，并带动指导300余户农户居家标准化养殖生猪。因地制宜开发适养鸡苗，制定居家科学养殖技术指南，带动农户养殖8000余只，增收20元/只。全村实现种养殖产业项目利益联结困难群众全覆盖。**做强集体经济**。以集体资金30万元和猪场场址用地入股重庆喜迎畜牧公司猪场，每年可获取分红5万元以上。采购农户红薯淀粉委托本村企业加工粉条20吨，与"在村头"电商平台合作进行网上销售，每年可实现盈利4万元。

## 紧盯短板抓基建，让村民"获得感"多起来

优先建设产业路，整合资金600万元，建成产业路12.5公里，有效解决农资、农产品"运输难"问题。快速打通外联路，争取上级资金1100万元，建成水泥路13公里，全村水泥路总里程达到28公里，实现对外联结"全通畅"。全村铺通出行路，投入资金300万元，铺设入户人行便道35公里，实现全村"户户通"。大力改造低效田，整合各级资金500万元，宜机化整治土地1000亩，改造高标准农田3000亩，耕种条件得到极大改善。有效解决灌溉水难题，铺设灌溉用水管网4.5公里，建设泵站1座、高位水池10个，解决了6个社灌溉用水问题。

## 围绕焦点抓民生，让村民"幸福感"强起来

照亮回家的路。实施"照亮回家的路"工程，在道路岔口安装太阳能路灯27盏，增强了

村民的安全感。牢固农户的房。实施农房"五改"136户、困难群众"三改"55户，让村民的住房更安全、更舒适。美化村里的景。实施道路绿化提升工程16公里，建成人居环境示范点2个，户户免费领取辣椒苗和野花种子种植在农房四旁作为绿化带，实现了"户户门口有花园、有菜园"，村容村貌得到明显改善，让村民幸福地生活在美丽田园中。

### 力求精准抓扶志，让村民"脑瓜子"富起来

坚持把党建摆在首位，鼓励党员带头发展，55名党员带头发展产业项目。结合新时代文明实践工作，走家入户大力宣传脱贫攻坚成效，让村民切实感受到党的好政策和村的大变化，村民思想得到改观，"等靠要"变成"主动干"，26户贫困户主动申请退出，4名贫困户成为产业发展带头人，7名贫困户在新冠肺炎防疫工作中主动"请战"，其中有1名在"战疫"期间申请入党。

## 观胜镇银河村

# 不忘初心强"四力"　党建引领助脱贫

银河村驻村工作队联合村支"两委"班子，团结带领全村党员群众深入学习贯彻习近平总书记在重庆调研时重要讲话精神，注重发挥党建引领作用，全力抓好脱贫攻坚、产业发展、基础建设等工作，切实解决"两不愁三保障"突出问题。近年来，注重培育了合作社、种养殖大户等新型规模经营主体10余家，带动发展水果、中药材种植5000亩，全村土地流转率达60%以上，村集体发展全区标准化兔场1个，年出栏肉兔10万只，集体累积创收20余万元，并被确定为全区乡村振兴试点村、"三变"改革试点村、人居环境整治试点村、新时代文明实践站和国家森林乡村，为全镇精准扶贫树立起典范。

## 坚持抓党建强组织，提升强村富民"组织力"

坚持把建强村支"两委"班子、育强党员队伍作为脱贫攻坚的首要任务来抓，努力打造村庄发展的"领头雁"。选好人才增活力，脱贫攻坚以来，先后培养了3名本土人才，其中2人进入了村支"两委"班子，接收了2名大学生村官。注重吸收农村优秀青年加入党员队伍中来，建设素质较高、作风过硬的农村党员干部队伍。新发展2名共产党员、1名预备党员，3名积极分子，增强了班子活力。完善制度促规范，以规范制度为抓手，继续完善党内监督制度、"村务财务"公开制度等，增强村务公开透明度，融洽干群关系，营造了民主管理、民主监督的良好氛围。专项活动促带动，认真做好村便民服务中心"四化"建设，做实党员"百分百工程"和党组书记"大练兵大比武"工作；鼓励农村党员参与到精准脱贫工作中，建立党员帮带台账，增强党组织领导群众、服务群众的能力。组织党员参观九龙坡区金凤镇人居环境整治情况、集中学习分享、党员志愿服务、重温入党誓词等多种活动，进一步发挥了党员模范带头作用。抓实学习强理论，以开展"不忘初心、牢记使命"主题教育为抓手，采取多种形式学深悟透习近平新时代中国特色社会主义思想，先后组织学习原文12次、开展交流讨论6次，书记讲党课6次；认真落实"三会一课"制度，持续推进"两学一做"常态化制度化，不断提高农村党员思想理论水平与政治觉悟。深入学习党的十九届四中全会精神，邀请镇联系领导开展专题党课。

## 坚持抓宣传强培训，增强脱贫攻坚"原动力"

广泛宣传扶贫政策，通过召开村社干部、党员、代表大会，开展宣讲和群众院坝会等，认真抓好了习近平总书记到重庆调研重要讲话精神和医疗、就学、住房等有关扶贫政策的学习宣传，确保扶贫政策深入到每社每户、落地生根。深化文明实践行动，制定出村规民约十条，成立新时代文明实践6支志愿者服务队，组织开展乡贤大讲堂、关爱"三留守"人员包汤圆、送文化下乡、"城乡少年手拉手"关爱留守儿童等文明实践活动，开展志愿者服务10场次，选出何天兴、黄成菊、刘燕3名乡贤。开展"乡贤面对面"大讲堂，让文明乡风滋润银河老百姓。强力扶贫教育培训，深化扶志扶智工作，针对贫困农民家庭不同情况，经常走村入户，通过交心谈心的方式，帮助分析贫困的原因，帮助树立脱贫信心，支持适龄学生认真读书，不断增强他们的致富能力。仅2019年，银河村先后开展村社干部、党员、代表大会集中学习52场次，开展宣讲16场次，召开群众院坝会29场次，参加党员干部和群众500余人，印发学习宣传资料600余份；开展中药材种植、柑橘种植、养殖、非洲猪瘟防治等技能技术培训5场次，接受培训群众300余人次。

## 坚持抓帮扶强产业，激发脱贫攻坚"战斗力"

结合贫困户实际，帮助贫困户制定短期规划和长期规划。短期规划帮助发展养鸡、养兔、养羊等养殖业，保证贫困户本年内就能增收；长期规划帮助发展中药材、水果等产业，保证贫困户长期有收益能脱贫致富不返贫。特别是2019年生猪受损情况严重，充分运用脱贫户到户资金及转产资金，分3批对脱贫户购鸡苗、种羊、兔及生猪进行补贴，及时有效地为贫困户减少损失。按照"养好一只兔、种好一棵树、栽好一味药、用好一库水"的产业发展思路，建立与村集体和贫困户的"利益共同体"，实现集体有收入，群众能增收，共享发展收益。发展中药材种植60余户1500余亩，柑橘、梨子等水果种植71户180余亩，高粱种植45户160余亩，养鸡60余户4500余只，养羊19户50余头。介绍贫困户到企业、中药材植物园、建筑工地、果园等务工26人。依靠兔场分红及土地流转社会服务费及协会资金互助，发展壮大村级集体经济。银河村3社实施土地流转120余亩，种植柑橘，银河村13社、14社实施土地流转180余亩，种植中药材佛手，争取上级资金1700余万元，全村实施土地全域整治800余亩。投资50万元入股万灵山置业有限公司游船项目，目前运转正常，已实现盈利。

## 坚持抓民生强基础，突出脱贫攻坚"凝聚力"

坚持从小事着手，着力解决好群众身边的"小事"，带动做好扶贫"大事"。强化基础设施建设，积极向上争取扶贫项目建设资金，认真抓好道路、水利、公共卫生服务等基础设施建设，脱贫攻坚工作开展以来，全村共修建公路48.09公里，人行便道和生产便道34.02公里，便道加宽800米，卫生改厕445座，农房整治提升195户，危旧房改造211户，改造农排渠道PE管25.14公里，实施山坪塘整治50口，铺设人饮管道2.6万米，天然气安装1000余户，新建银河牌坊人行桥1座、曾家坡农排1座。强化环境卫生整治，扎实开展"三清一改"和"六化"人居环境整治活动，推行农户门前"三包"责任制，配备卫生监督员14名。发动村民参与，率先对重点路段修建花台2000余平方米，并对重点路段实施绿化亮化工程，初装太阳能路灯285盏。为了不让小家禽放养，村集体购买围栏272圈发给村民。建立了清洁文明户和美丽庭院评选机制，坚持每月开展评比，评出清洁文明户和创建美丽庭院100余户，对清洁文明户实行积分奖励，对创建的美丽庭院再奖励现金500元/年。

# 聚焦三个重点　破解三大难题
# 全面确保贫困人口吃上"放心水"

梁平区遵照习近平总书记"对饮水安全有保障，西南地区重点解决储水供水和水质达标问题"的重要指示要求，以破解小型集中供水工程管护难题为攻坚方向，聚焦设施、资金、管理"三个重点"，强化工程改造、资金统筹、责任落实"三项举措"，切实解决小型集中供水工程水质保障、长期运营、监督管理"三大难题"，形成了以"规模化供水工程为骨干、小型集中供水工程为辅助、分散式供水工程为补充"的农村饮水安全格局。全区农村饮水安全达标率100%，自来水普及率83.9%，水质达标率90%以上；2.5万余名贫困人口实现"两不愁三保障"，全部脱贫。

## 实施"双改造"行动，
## 补齐设施短板，切实解决"水质提升难"

梁平区委、区政府把农村饮水安全真正作为重大民生，切实抓在手上，摆在突出位置。大力实施"水源+水厂"双改造行动，巩固提升供水保障能力。张贴贫困户饮水安全标识牌8664张、农村饮水安全标识牌1.8万余张，78万农村居民全部喝上"放心水"，人民群众获得感、幸福感、安全感不断增强。多元化保障贫困人口饮水安全，始终把保障贫困人口饮水安全作为重中之重，以农村饮水安全巩固提升试点为契机，落实分区划片包干责任制和问题动态摸排机制，全面核查贫困人口饮水状况，通过延伸供水管网，修建小型集中供水工程、集雨池、卫生井及净化设施等方式，因村因组因户施策，全面解决了8664户25157名建档立卡贫困户的饮水安全问题。实施水源规范化改造，开展小型集中饮用水水源地规范化建设，划定水源保护区域，安装隔离防护网、水源标识标牌、道路防撞栏等，强化水源地安全防护；分批次实施饮用水水源地水源涵养及水生态修复工程，改善原水水质；

实施龙君庙与竹丰水库，大沟与罗家湾、七里沟水库等水源连通工程，实现"双水源""多水源"保障。实施水厂标准化改造，以提升制水工艺、完善附属设施、美化厂区环境为重点，建设小而精、小而美的小型集中供水工程。根据原水水质状况，综合考虑运行成本和操作方便性、安全性，升级改造制水工艺，推广应用膜技

全市农村饮水安全暨巩固提升试点工作现场推进会在梁平召开

术、臭氧消毒、食盐消毒等技术，根治"水厂病"。实施管网延伸改造，防止"跑冒滴漏"和二次污染。

## 统筹"多渠道"资金，
## 补齐资金短板，切实解决"长期运营难"

2019年共投入水利扶贫资金2100余万元，按照"宜集中则集中、宜分散则分散"原则，结合客观条件和群众意愿，针对动态排查出的饮水问题，采取延伸供水管网，修建小型集中供水工程、集雨池、卫生井等方式解决，贫困人口饮水安全率达100%。建立价格调节机制，有效"造血"。按照"补偿成本、保本微利、公平负担"原则，综合考虑管理、维修、折旧等费用，采取"一事一议"方式，商定供水水价（1~3.5元/吨不等），确保水价维持合理区间。推广"基本水价+计量水价"两部制水价，探索推行基本水价预收制度，降低收费难度，提高水费回收率。建立财政补助机制，适度"输血"。针对小型集中供水工程用户分散、管网长、用水量小、运营成本高等问题，区政府建立了财政专项补助机制，根据工程运行情况，区财政每年安排300万元，按照每座每年1万~3万元标准，对全区106座小型集中供水工程（村级水厂）实行精准补助。建立政策扶持机制，充分"活血"。以乡镇（街道）为单元，探索政府购买服务，整合农村公益性岗位资源，加强农村饮水工程管理，解决管理人员的后顾之忧，逐步推进农村供水专业化管理和服务。全面落实电价优惠、税费减免政策，降低工程运行成本，切实减轻用水群众负担。

# 压实"区镇村"责任，
# 补齐管理短板，切实解决"监督管理难"

区委、区政府高度重视农村饮水安全巩固提升试点工作，成立区级领导小组，区政府区长任组长，定期听汇报、把方向、抓统筹、破难题，探索建立了"1321"管理机制，即建一座标准化水厂，落实三个责任（区水利局行业监管责任、乡镇人民政府监督管理主体责任、村委会运行管理直接责任），用活二项机制（村民"一事一议"工作机制、"三站一帮扶"机制），实行一项补贴（区财政每年按2万~3万元/座标准实行精准补贴），压茬推进各项工作。推进小型集中供水工程确权颁证，建立权属清晰、责任明确的小型集中供水工程产权制度。建立"三站一帮扶"工作机制，实行统一培训、统一指导、统一药品、统一考核的"四统一"管理机制；定期巡查抽检原水、出厂水水质，动态监控水质状况；各片区水利站落实专人包片挂点，点对点跟踪指导，及时帮助解决工程管理难题和制水技术问题，构建了"面上有管理、线上有监督、点上有指导"的全方位立体式监督管理体系和技术服务支撑体系。强化乡镇（街道）主体责任，将小型集中供水工程运营监管工作纳入乡镇（街道）工作实绩考核，压实乡镇（街道）的监管主体责任。实行"一把手"负责制和"包厂"责任制，定人、定岗、定责对辖区小型集中式供水工程实行网格化管理。督导受益村组成立管理组织、制定管理制度、规范制水操作。建立健全应急救援保障机制，实行补助激励政策，逐步将水库保洁员、制水操作员纳入农村公益性岗位管理，实现专人专事专管。强化协会（村组）运行管理直接责任，推行"合约化"管理模式，协会（村组）与用水户签订协议，用水户负责入户设施安装费用、按期缴纳水费等，协会（村组）负责制水供水、维修维护、水费收取、账务公开等，做到权责清晰、管理规范、过程透明。推行民主决策、自我管理，按照"一事一议"方式，共同商定水源保护、制水供水、维修维护、财务管理等制度，引导用水户积极参与供水过程监管，实现共商共建共管。

# 紫照镇

# 突出特色抓产业　注重实效抓增收

紫照镇位于重庆市梁平区东南边陲，与忠县接壤，属深丘地貌，地理环境较差，经济社会发展较为落后，全镇下辖3个行政村1个社区，总人口14626人，其中建卡贫困户280户1008人现已全部脱贫。紫照镇党委、政府坚持"精准扶贫、精准脱贫"基本方略，聚焦产业扶贫，落实帮扶举措，确保贫困户稳定脱贫。

**坚持量体裁衣，提高帮扶实效。** 坚持具体问题具体分析，因村因户施策，着力提高帮扶实效。2019年，紫照镇在基础设施建设、人居环境整治等方面加大力度，全年累计投入500余万元，用于改善紫照镇农业农村环境，资金流向重点向市级贫困村和贫困组倾斜。

**拓宽发展渠道，增加群众收入。** 发展扶贫车间1个，将原老政府闲置国有资产利用起来建立厂房，共吸纳贫困户家门口就业7人，人均实现月增收1000余元；针对主要致贫原因为缺资金、缺技术、独立创业难的贫困户，镇村积极引入农业种植、养殖公司，采取"公司+农户"的方式，引导贫困户参与，并以土地入股的形式帮助贫困户种植黄桃、黄金梨等经果林，既增加了贫困户收入，又能学到种养技术，有效提高了贫困户的脱贫硬实力。

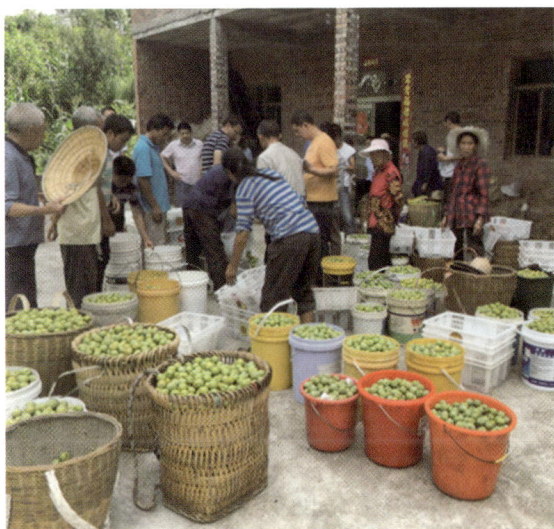

紫照镇李子产业喜获丰收

**拓宽融资渠道，用好扶贫信贷。** 严格按照"政府引导、银政共管、精准到户、风险可控"的原则，围绕紫照镇特色产业，为贫困户提供精准、特惠的金融服务，激发贫困户内生动力，努力促进贫困户贷得到、用得好、还得上、能致富。截至2019年底，紫照镇共计为104户贫困户办理了小额扶贫信用贷款，共计放款200余万元。

**完善利益联结，助力产业扶贫。** 坚持"六个到户"（规划到户、项目到户、资金到户、帮扶到户、培训到户、管理到户），规范项目安排和资金使用，重点推动榨菜、山羊等紫照传统优势特色产业在贫困村、贫困组、贫困户中发展、延伸，建立扶贫产业与村集体经济、贫困户以及特殊困难群众利益联结机制，初步建立了长效机制。大力发展小规模、多品种、高品质的山地特色高效农业，主要种植黄桃、黄金梨等生态水果，果树下套种轮作榨菜、辣椒等蔬菜，拓展以花养蜂、放养土鸡等养殖业，实现"产业的季节搭配、空间的立体使用以及远中近期效益联结"有机结合。

**压实工作责任，注重引导提升。**对驻村工作队、帮扶责任人履职情况开展督查，督促帮扶责任人进一步完善扶贫资料，完善扶贫手册填写和帮扶台账，因户施策，重点落实以种养殖业为主的长效帮扶措施。坚持扶贫与扶志相结合，让群众全面了解党和政府为帮助贫困人口脱贫所实施的各项惠民政策措施，开展李子、榨菜等技能培训，引导贫困群众改变观念、主动脱贫，提升脱贫信心。

## 曲水镇聚宝村

# 选准项目抓产业 抓好产业促脱贫

聚宝村位于梁平区东部，全村辖区面积3.7平方公里，耕地面积2546亩，辖5个村民小组，共453户1404人。2014年，聚宝村被确定为市级贫困村，建档立卡贫困户41户114人。2015年实现整村脱贫。近年来，曲水镇党委政府和聚宝村村支"两委"切实践行"两山论"，走好"两化路"，把发展产业作为稳定脱贫的根本之策，明确了"李子+油菜辣椒中药材"主辅结合的农业产业发展结构和"三产"融合的产业发展方向，统一思想、选准项目、建强组织、扶持加工、完善设施、建好机制，形成了各方参与、共抓李子产业发展的良好局面。过去光秃秃的荒山荒坡变成了"金山银山"，不起眼的小李子逐渐变成村民脱贫致富的"黄金果"。

选准项目抓产业发展。实事求是挖掘产业基础,聚宝村海拔适中,光照时间长,气候、土壤条件适宜,李子种植有百年历史,以青脆李为主,百年李树百余株,50年李树万余株。因地制宜做大李子产业,聚宝村虽距梁平城区较远,但紧邻万州区分水镇,距沪渝高速分水出口较近,可利用高速交通优势打开李子销售局面。2014年以来,聚宝村深耕细作本地土李,规模发展李子种植2000余亩,已形成谭家院子、高家院子、鲁家湾、枇杷梁、伍家塝、枣子垭口、庵子、果园等"一带八园"李子产业园区,现年产量超200万斤,年收入超700万元。精准施策做优李子产业,积极引进中晚熟李子品种,延长李子销售期。提高品质,采用无公害生产,施用有机肥,禁用高危化学药剂,统一指导,科学管护,所产李子品质优良,市场反应良好。提升品牌,打造"李果老"品牌,扶持线上销售,拓展外地市场。主辅结合优化产业结构,除李子种植外,油菜种植1500亩,辣椒种植300亩,中药材100亩,形成了以李子为主、油菜辣椒中药材为辅的农业产业结构。农旅融合发展特色旅游,以李子、油菜等本地特色经济农作物资源为依托,推动休闲乡村旅游向特色化、精品化、差异化、产业化方向发展。打造谭家院子游学实训基地,盘活闲置农屋,鼓励发展农家民宿,连续5年举办赏花节、采李节,每年吸引周边区县3万余人来村赏花、摘果,着力打造乡村旅游名片,成为休闲旅游新热地。

建强组织抓产业发展。注重党组织的引领作用,聚宝村始终把夯实农村基层党组织同脱贫攻坚有机结合在一起,2015年以来市选派第一书记1名、区选派第一书记3名、驻村工作队4人、驻村干部4人、大学生村官1名、帮扶干部38人,组建了一支强有力的帮扶队伍,努力推进聚宝党建带村、扶贫帮村、产业强村、人才建村、基建美村、文化兴村的脱贫攻坚工作格局。2015年精准扶贫方略实施后,聚宝村充分利用扶贫资金,重点扶持李子产业发展,发放李子种苗2.5万株,同时引导鼓励村民自筹资金购买李子种苗,村内李子种植规模达到2000余亩。政府发放有机肥料,组织李子管护社会化服务,除杂300余亩,修枝1.2万余株,刷白3万余株。发挥经济组织的带动作用,成立聚宝李子专业合作联社和李子产业协会,强化对专业大户和村民散户的指导支持。每年举办李子管护技能培训3场以上,组织农特产品展销2场以上。探索电商以购代扶消费扶贫,统一订购,统一价格,统一包装,统一销售,2019年通过电商销售李子20余万斤,销售金额170余万元。夯实人才队伍的支撑作用,狠抓"五支队伍",即打造一支想干事能干事的管理队伍、一支懂业务会指导的技术队伍、一支聚人心展形象的文化队伍、一支解困难做公益的志愿队伍和一支谋点子捐钱物的智囊队伍,助推脱贫攻坚和乡村振兴。

扶持加工抓产业发展。政府支持龙头企业的发展,注重其在带动农村经济、调整农业结构和促进农民增收中发挥积极作用。镇上有两家规上企业,重庆厨韵调味品有限公司需求大量辣椒等农作物，重庆昌鑫植物油厂有限责任公司需求油菜籽等原料。企业与农民实行订单种植，保护价收购。聚宝村民短期种植的油菜、辣椒，大部分被两家企业收购，既鼓了农民腰包，又为企业提供了充足的原料供给，合作双赢。

**完善设施抓产业发展**。以"基建围绕产业走，产业围绕基建兴"为思路，以"优化一条主路、打造两个院子、改造数百厕所、树立百户示范"为目标，努力提升基础设施建设，实现人居环境长效治理。优化14公里村级公路，建成18公里产业便道、3公里人行便道，实现五户以上的院落全通水泥路，100%贫困户通人行便道。新建扩建水厂，全村开通自来水，提高饮水质量。整修山坪塘48口，确保群众生产用水。2012年以来，实施危房改造70户、旧房提升31户，完成谭家院子和高家院子两个院落整体提升，卫生厕所改造230余户，建成污水治理池2座，启动垃圾分类，村民生产生活条件明显改善。建成村内观光大道、观景台和李子休闲广场，建成标准化旅游公厕5个，规划旅游生态停车场2个、星级农家乐2家、特色农家乐11家、农家饭接待点30个、休闲垂钓场所2处，旅游配套不断完善。

曲水镇龙头企业集中收购村民辣椒

**建好机制抓产业发展。** 聚宝村2组村民陈孝良一家原本经济拮据，夫妻患病，又遇儿子上大学，手术费、医药费、学费赶在了一块儿，不堪重负。2012年，他家因病因学被纳入建档立卡贫困户，靠低保政策扶持。2014年，身体好转的陈孝良主动申请脱贫，在镇村干部帮扶下积极发展李子种植。几年下来，他家已拥有9亩600余株李子树，成年李树年产1.5万斤，3～10元分级售卖，2019年李子收入达到10万元。如今的陈孝良，不仅是李子种植大户，也已成为村里的科技特派员和致富带头人。陈孝良家脱贫致富，得益于曲水镇聚宝村实施全环节"传帮带"的带贫减贫长效机制。生产环节侧重技术指导"传帮带"，发挥科技特派员、产业指导员和致富带头人在李子管护技能培训方面的指导作用。平均每年举办村内培训和现场观摩3场。销售环节侧重电商发展"传帮带"，发挥电商带头人在线上销售、品牌推广和品质提升方面的带动作用。2018年，曲水镇注册了"李果老"商标，聚宝李子成功申报"曲水聚宝李子生态原产地保护"标识，李子产业实现规模化、标准化、品牌化。大力鼓励电商销售，对电商和果农进行补贴，让聚宝李子卖得更好更远。收入环节侧重利益联结"传帮带"，发挥致富带头人、专业大户和村集体经济组织在务工开发、股权分红方面的帮扶作用。2019年贫困户集体经济股权分红人均75元。2020年为村民（以贫困户为重点）提供公益性岗位21个，本地务工岗位15人次。

**各方参与抓产业发展。** 形成良好的专项扶贫、行业扶贫、社会扶贫有机结合的"大扶贫"工作格局。2015—2019年落实财政专项扶贫项目资金230万元，专项扶贫精准落地。财政、住建、水利、教育、卫计等行业部门对村民生产生活方面的帮扶政策、措施和项目精准实施，涉及饮水、危房改造、公路便道、民政救助等方面共计1067.4万元，确保以"四类人群"为重点的全村村民"两不愁三保障"突出问题及产业发展短板得到妥善解决，行业扶贫精准实施。充分发挥区委组织部、区税务局、区老干局、区教委等帮扶部门，市、区、镇、村四级帮扶责任人以及驻村工作队在产业发展和消费扶贫等方面的结对帮扶作用，如2019年帮扶部门联合开展农产品消费扶贫，帮助贫困户增收2万余元；帮扶部门协调出资15万元支持村内李子交易市场配套设施建设；动员本村创业成功人士郭辉强捐助20万元为枇杷梁子李子产业园区安装太阳能路灯等等，社会扶贫精准发力。

依托李子产业，建设美丽乡村。聚宝村2016年被住建部评为"第一批绿色村庄"，2017年被农业部评为"中国美丽休闲乡村"，同年被确定为市级乡村振兴示范村，2019年获评"重庆十佳最美乡村"，2020年被国家林业和草原局认定为"国家森林乡村"。围绕小李子做大文章，让聚宝村在脱贫攻坚战中有了满满的底气，在乡村振兴大潮中有了更足的自信。

# 立足样板打造　提升扶贫成效

合兴镇龙滩村距梁平城区7公里，辖区面积4.6平方公里，辖7个村民小组，共1803人，建档立卡贫困户17户48人，2018年已全部脱贫。龙滩村是梁平柚的主产地，现有标准化柚园5000亩，其中有机柚3000亩，年产无公害优质梁平柚8000吨，产值5000万元。其产业基础好、生态环境美，相继荣获"住建部绿色村庄""农业部美丽乡村示范村""重庆市首批特色景观旅游名村""重庆市绿色委员会绿色新村"等诸多殊荣。2018年被确定为乡村振兴市级综合试验示范村。2020年3月，中华·梁平柚海被评为国家AAA级景区。

党的十九大以来，合兴镇龙滩村按照习近平总书记"乡村振兴要靠产业，产业发展要有特色，要走出一条人无我有、科学发展、符合自身实际的道路"的重要指示精神，突出梁平柚现代农业产业主导地位，践行"两山论"，走实"两化路"，以柚为媒，做好"标准化、市场化、产业化、多元化"四篇文章，聚力打造乡村产业振兴示范样本，助力打赢脱贫攻坚战，推动实现"农业强、农村美、农民富"。

**完善基础设施，助推产业发展。**新改建道路17.1公里，天然气安装267户，安装自来水管道15公里，卫生改厕318户，新建通讯铁塔2处，实施农村电网改造，实现公共Wi-Fi信号全覆盖，C、D级危房改造7户（贫困户3户），新建入户便道2公里，生产便道5公里，农村面貌焕然一新，群众生产生活条件明显改善。现今，龙滩村17户贫困户，1户搬入新农村居住，户户通公路，自来水入户率100%，燃气入户率94.11%。小额信贷成功贷款16户，贷款率达94.11%，产业指导员加强专业技术培训，帮助贫困户做大做强柚产业，实现稳定增收。

合兴镇龙滩村贫困群众采摘柚子

抓好乡村旅游，促进消费扶贫。依托中华·梁平柚海等景区景点，大力发展乡村旅游，新培育发展农家乐20余家（贫困户2家），带动贫困户销售农副产品增收。组织贫困户参加实用技术培训，解决贫困户就近务工就业等。中华·梁平柚海AAA

合兴镇龙滩村设立农特产品展销区

级景区通过专家组验收，旅游接待突破30万人次，实现三产综合收入1.59亿元。2019年线上销售8000吨，销售额达4500万元以上，销售范围覆盖全国各地。2019年合兴镇柚产业带动贫困户人均增收7500余元。

健全文化设施，丰富文化生活。修建打造文化广场1处，举办"榜样面对面""文明梁平 美丽乡村"等文化活动，营造良好社会风气。广泛宣传习近平新时代中国特色社会主义思想、党的十九大精神、十九届四中全会精神，推进社会主义核心价值观进农村；开展扫黑除恶、"除陋习、树新风"专项行动，引导贫困户远离黄赌毒、破除封建迷信，树立文明乡风。

着力环境整治，倡导乡村宜居。以农村人居环境整治为抓手，推进"三清五改一治"。完成卫生厕所改造140户，卫生厕所实现覆盖率85%，新建污水处理站3个，80余户农户庭院实现美化绿化，完成主干道沿线120户农房屋顶美化，完成重要节点景观梳理打造15处，完善标识标牌，健全清扫保洁机制，推行生活垃圾分类减量、餐厨垃圾无害化处理方式，实现了"寸山青、滴水净、无矿山、零污染、靓美景"。

壮大集体经济，探索利益链接。积极壮大村级集体经济组织，2020年集体经济收入达20余万元。按照"龙头企业+合作社+农户"运行机制，通过土地流转、土地入股等模式，与基地农户、农民合作社建立了"保底+分红"的利益联结关系，让村集体经济的发展成果惠及全体群众。对通过土地入股的农户，按股份进行首次分红；对于有劳动能力和一技之长的群众，特别是建卡贫困户，吸纳其长期在村集体经济组织务工，每月获得固定工资报酬；对需要临时增加用工时，组织村内富余劳动力临时务工，获得临工薪酬。

# 织密"三三"工作网
# 确保义务教育有保障

❖❖

垫江县织密"三三"工作网，着力提高教育扶贫质量，巩固教育脱贫攻坚成果，不断强弱项、补短板，确保义务教育有保障。

## 着力"三个帮扶"，确保人心暖

**教师结对帮扶**。全县教职工采取"一对一""多对一"的结对帮扶模式同贫困学生结对子，帮助解决贫困学生在学习和生活上遇到的困难，兑现"有困难找老师"承诺。同时垫江县教委每学期开学初统一印制"垫江县建档立卡家庭教育扶贫明白卡"，由责任学校和结对帮扶教师填写并张贴在建档立卡家庭学生的家中，通过"明白卡"，明确帮扶责任教师和帮扶要求，形成了教师"帮"、学校"促"、社会"助"的良好氛围。目前，全县结对帮扶4683名贫困学生，建档立卡家庭学生、送教上门学生结对帮扶覆盖率达100%。

**教育资助帮扶**。通过"致学生和家长的一封信""资助政策宣传海报"，向社会、家长和学生宣传教育资助政策。对符合条件的学生及时纳入资助对象，开通"绿色通道"，实现"应助尽助"。2019年资助在垫江县就读的建档立卡贫困家庭子女8656人次，金额921.179万元；发放大学生各类资助469.1717万元，惠及贫困大学生1014人；办理生源地信用助学贷款3837.7064万元，惠及学生5002人。2019年营养改善计划惠及学生42412人次，其中建卡、低保等困难群体学生13649人次。2020年春期资助建档立卡贫困家庭子女5953人次，金额418.1235万元，营养改善计划2959人。新冠肺炎疫情防控期间，垫江县教委统筹资金19.4万元对学生进行"线上学习"流量补贴，为3880个建档立卡贫困家庭学生每人补贴50元流量费。并协调三大网络运营商对疫情期间建卡家庭学生"线上学习"流量费全部免除。

**心理疏导帮扶**。充分发挥全县84个心理健康咨询室和200余名专兼职心理咨询教师的作用，通过专题讲座、心理咨询、一对一心理疏导等形式帮助残疾学生、贫困家庭子女等缓解自闭的心理倾向。2020年春，组织全县18名心理健康专业教师利用钉钉联播，对全县中小学生开展专题讲座，有效疏导疫情防控给学生带来的心理恐慌，促进学生身心健康发展。如坪山镇的谭莹，初中毕业后患有白血病，在家中治疗，心理自卑，不愿见人。垫江第五中学派心理教师到家为其疏导，针对她喜欢唱歌的这一爱好赠送给她一架电子琴，每周派专业的音乐教师为其送教，让她重拾生活的信心，愿意继续参加2020年高考。

## 建设"三支队伍"，确保工作实

**建设教师家访队伍。**积极组织全县7000余名教师入户家访，建立了"教师—中层干部—校级干部"三级入户家访制度，明确了义务教育阶段学生每学期至少有教师家访1次，高中阶段学生每学年至少有教师家访1次；建档立卡家庭学生的结对帮扶教师每两周至少要与家长沟通1次。家访过程中严格做到"十要""七必访""五禁止"。2020年2月，在对全县建卡家庭学生家访中，发现学生线上学习缺网络、缺设备等共性问题4个，各类个性问题100余个，均通过送学具、送手机、捐赠电视机、安装卫星信号接收器等方式及时有效解决。

**建设控辍保学队伍。**建立"教委—学区—学校"三级控辍保学工作组，落实教委领导包学区、机关干部包学校、学校领导包年级、教师包人头工作责任制，开展特殊群体学生信息摸底工作，切实掌握并解决辖区内少年儿童入学困难，积极劝导失学、辍学少年儿童返校复学，做好劝返复学学生教育教学管理工作，巩固控辍保学成果。工作中，创新模式，探索"普职融合"教育，2019年秋，顺利将已辍学学生谭春林（曹回镇）、贺宇玲（砚台镇）分别送入垫江一职中电子专业和重庆市渝东卫校护理专业学习，真真正正做到了应读尽读，"一个都不能少"。

**建设送教上门队伍。**垫江县教委落实300余名教师对全县165名不能到校参加学习的残疾适龄儿童少年，开展送教上门工作，每周送教1次，每次2学时，为残疾学生送关爱、送知识、送服务，并给予送教上门的责任学校每生4000元的公用经费补助，为送教工作提供保障。如垫江县土主小学采取送教上门、送考到家的方式，解决因家长强烈阻止孙翔、孙娟两兄妹上学的难题。

垫江县土主小学老师送教上门

垫江县打造扶贫产业农旅融合发展

# 健全"三大机制"，确保问题清

**健全情况汇总研判机制。**学校会同乡镇（街道）、村（社区）及时收集招生辖区内适龄儿童入学情况、贫困家庭学生教育资助政策落实情况，做到了日收集、周分析、月研判，并建立了研判台账。县教委结合学校报告数据，会同县扶贫办等相关部门，共同研判，合力共进，梳理教育扶贫风险点，明确责任人，并落实了县教委责任领导及责任科室一对一对全县28名重点学生进行跟踪控辍，全力确保全县适龄儿童少年义务教育阶段有学上、上好学。

**健全问题整改落实机制。**针对全县义务教育有保障情况及时开展自查自纠，梳理自查及各类检查、督查、审计中发现的问题，建立任务清单、问题清单、整改清单，实行挂图作战，制定整改措施，逐条整改，对账销号。目前，垫江县教育脱贫攻坚工作无巡视督查整改问题，但仍然坚持"举一反三"，自查自省，制订方案，落实措施，防止其他区域、其他部门类似问题在本县系统出现。

**健全督查考核通报机制。**采取定期督查、随机抽查、随时暗访等方式，对学校政策执行、责任落实、作风治理等情况进行督查，对工作状态不到位、责任心不强、抓工作不实，工作安排停留在嘴上，工作布置停留在纸上的责任人予以通报，限时整改，对违法违规行为，移交有关部门处理，同时将工作开展情况纳入学校综合督导评估考核中。

## 曹回镇

# 跳出扶贫抓扶贫　发展产业助脱贫

　　垫江县曹回镇位于垫江县城东北部，距县城16公里，辖区面积66平方公里，辖11个行政村、1个社区，有91个村民小组，总人口36858人。全镇建卡贫困户373户1156人，有市级贫困村1个，现已全部脱贫。曹回镇是一个传统农业大镇，几十年来，群众仅仅依靠单一的种植业和养殖业维持生计。为了让全镇贫困户实现"真脱贫""脱真贫"，根据曹回镇实际，镇党委政府拟定了"跳出扶贫抓扶贫，发展产业助脱贫"的工作思路。

## 白芍花"一枝独秀"，为贫困户挖回"第一桶金"

　　为加大产业结构调整力度，镇党委政府专门成立产业扶贫工作队伍，千方百计让产业兴起来，让农民富起来。徐白村是该镇的贫困村，有贫困人口65户202人，过去年人均收入不足900元，经济发展严重滞后。白芍在该村有200余年的种植历史，花和茎均可入药，具有广阔的市场前景。以前，只有单家独户零星种植白芍，收入微薄，农户捧着"金饭碗"到处"要饭吃"。近年来，为了让白芍这枝花"秀"起来，曹回镇把白芍种植作为全镇扶贫产业支柱进行培育，为白芍产业注入发展资金1000余万元，大力推进基础设施建设，引导该村90余名贫困群众加入白芍种植专业合作社。全镇白芍种植面积从最初的100余亩发展到现在的2000余亩，产业收入超过900万元，农户在自己的土地上挖回了"第一桶金"。2019年，在中国北京世界园艺博览会上，该村白芍荣获切花银奖。经过培育和打造，全镇白芍产业不断发展壮大，白芍鲜切花已迎来八方客商，花开国内各大都市。农户每年光靠卖鲜花就能收入20余万元，"花经济"在全镇扶贫产业中起到了示范作用。

## 特色产业"百花齐放"，打造扶贫产业大格局

　　在白芍花的示范引领下，该镇乘势而上，不断加大农业产业投入，大力打造"一村一品"，打造"一村一亮点"，实现"一村一特色"的产业格局。2019年，该镇安山村、徐白村分别被重庆市农业农村委员会命名为首批市级"一村一品"示范村。在徐白、安山、乐安、龙家、马竺等村打造"万亩特色农业产业带"，大力实施乡村振兴，推进脱贫攻坚工作。引进重庆绿态环生态农业发展有限公司、重庆顺攀生态农业旅游发展有限公司、垫江县

凤华柑橘种合作社、垫江皓维水产养殖合作社等20余家新型农业经营主体，在徐白、安山、马竺、大坪等村流转土地种植优质黑布李、青脆李、红脆李、西瓜李、五月脆李、金秋砂糖橘、爱媛、大雅、晚柚等经济作物3000余亩，充分发挥示范效应，利用城郊优势，在做好传统农业的同时，着力推进"一花一果四基地"建设。打造水稻制种核心示范基地，在龙家、安山、石鼓、平安、马竺、回龙等村规模化发展制种面积达2000亩，农户创收400余万元。推进特色养殖基地建设，河湾湾生态农业发展有限公司年出栏肉牛达600余头，新引进标准化蛋鸡养殖场5家，设计存栏50余万羽，新引进优科畜牧发展3000头当量以上的生猪养殖场6个，位居全县前列。中药材基地初具规模，在徐白村发展种植2000余亩白芍的基础上，垫江县富横中药材专业合作社在石鼓村新流转土地300余亩种植了10余种名贵中药材，积极拓展新的中药材产业。苗木基地起步发展，引进标准化、规范化水果育苗基地1个，流转土地300亩，搭建大棚80个，每年可吸纳1万余人次农村劳动力就近就业。

## 搭乘"产业快车"，因户施策全面脱贫摘帽

产业发展起来后，该镇下足"绣花"功夫，集中"火力"推进精准扶贫。根据贫困户情况，因户施策，实现贫困户和农业产业的有机结合，让贫困户搭乘"产业快车"，发展经济，增加收入，脱贫摘帽。安山村2组欧立成通过产业对口帮扶，饲养种猪5头、育肥猪50头，养鸡鸭700余只，年产值8万元，年人均纯收入2万余元；大坪村5组刘德学申请小额信贷5万元，自立自强发展养殖业，养蜂30桶，年产蜂蜜300斤，增收1.5万元，养鱼和土鸡创收0.8万元，并注册公司、流转15亩土地合伙养殖，第一批小龙虾即将上市，预计增收3万元。平安村2组刘功成申请小额信贷5万元发展产业，靠发展20亩水稻制种，养殖200头育肥猪、30头羊、60只鸭、5亩鱼增收18.8万元。

2020年，曹回镇将继续加大产业发展力度，确保贫困户脱贫不返贫，引导有条件的30户贫困户流转土地200余亩，适度规模化种植榨菜、水稻制种、药材和水产养殖，培育规模化养猪（3头以上）30户，家禽养殖（10只以上）60户。扩大招商引资范围，推动农业经营主体流转贫困户土地，保障50余名贫困劳动力就近务工就业。精细化实施扶贫资金到户奖补，确保贫困户高质量发展产业。按照"先建后补、以奖代补"原则，因地制宜，制定奖补办法，预计投入13.84万元鼓励、扶持贫困户、边缘户发展种植业、养殖业。

## 砚台镇

# 产业"带活"贫困户
# 花椒"麻脱"贫困帽

◆◆◆

　　脱贫攻坚工作开展以来，垫江县砚台镇党委认真领会落实习近平总书记"实事求是、因地制宜、分类指导、精准扶贫"的指示精神，紧扣"精准"二字，强化党建引领，创新扶贫模式，攻坚克难、久久为功，成功探索出一条以花椒为主导的特色长效扶贫产业之路。

## 走村串户，走出花椒产业好点子

　　砚台镇过去产业结构单一，村民主要靠种传统庄稼维持生计，贫困户脱贫致富难上加难。脱贫攻坚战"打响"后，镇党委政府与各村社区一道，深入调研、问计脱贫致富路子。由于花椒在餐饮、医药、美容、化工领域用途广泛，市场潜力巨大，是脱贫攻坚工作中一项长效扶贫产业（经济寿命至少15年），镇党委最终决定把花椒作为全镇脱贫攻坚的一项特色产业项目来发展，并提出"资金跟着扶贫产业转、产业带着贫困人群走"发展思路大胆进行开发式扶贫。利用财政扶贫资金免费发放花椒苗、化肥、农药共计70余万元，同时将花椒纳入特色经济林，争取新一轮退耕还林工程4000余亩、中央财政造林补助项目3500余亩，实现脱贫攻坚与生态文明建设双赢。

　　按照"集中连片、大户带动、技术配套、规模发展"的思路，种植面积达1.6万亩，建成千亩花椒专业村4个（太安、登丰、金钟、临江村）、精品示范园8个，培育县级农业龙头企业5家，注册有"奇叶""椒香青""一可娇"商标。登丰村荣获农业农村部"全国'一村一品'示范村"称号，砚台镇、太安村分别被授予重庆市"首批市级'一村一品'示范村镇"。

## 立足长远，培育脱贫致富带头人

　　随着经济价值的增长，全镇花椒种植热情高涨。镇政府和村社干部又在培育产业扶贫带头人、打造农村永不撤离的脱贫致富工作队上动起了脑筋。

　　为动员彭万淑夫妇返乡创业，太安村村支"两委"干部三顾其家，反复向他们宣传家乡产业发展态势和太安村如火如荼的脱贫攻坚工作，希望他们回乡创业，为家乡脱贫致富出

砚台镇临江村花椒基地

力。在村支"两委"的帮助和支持下，彭万淑回到家乡，流转了该村大湾寺荒山500余亩，先后投入200余万元，种植花椒苗7万株，修建厂房2000平方米、购置烘干机6台。2019年产值达380万元，吸引贫困人口就业10人，带动贫困户23户增收。

目前，全镇培育像彭万淑这样的创业致富带头人有18人，流转土地4670亩，他们就是本地永不撤离的脱贫致富工作队。在他们的影响带动下，全镇已有162户贫困户种植花椒。2019年全镇花椒产业年产值已突破1亿元，成为砚台镇一项重要的产业扶贫项目。为进一步增加单位面积的经济收益，砚台镇充分利用中药材黄精喜阴的特点，正大力推广在花椒林中种植黄精，进一步夯实脱贫致富的基础。

## 重视技术，破解高产栽培技术难题

为解决树型高、病虫多、采摘难、产量低等难题，砚台镇摸索形成了一套完整的高产优质种植规范，即"花椒主枝回缩短截高产栽培技术"，实现亩产1000公斤以上，亩收入达万元以上，增产幅度提高60%以上，同时减少了病虫害发生。2019年引进植保无人机10台喷洒花椒农药，更是大大减少了人工成本。成功将嫁接技术运用到花椒上，改良了部分劣质品种。

牵头成立垫江县花椒种植技术协会。通过政府搭台、协会唱戏，采取"政府+协会+农户"的模式，经常组织开展技术培训。多次邀请西南大学席万鹏教授专题为建卡贫困户和致富带头人讲解花椒高产栽培技术。组织一线技术人员编写《花椒主枝回缩高产栽培技术》

1600册并发放给所有贫困户，提高贫困户发展花椒产业的经济效益。

## 提档升级，做强做优产业发展链

在解决种植问题的同时，注重发展花椒产业链，拓宽花椒销路市场。为做好花椒粗加工，全镇建有鲜花椒冷冻库3座容量共1100吨，鲜花椒灭酶加工生产流水线1条，鲜花椒烘烤厂房6座，配备烘干机45台，基本满足全镇鲜花椒收储和粗加工。鼓励、支持垫江县花椒协会和营销大户与种植户建立稳定的营销关系，引进市内外花椒收购企业到镇收购花椒，共同搭建以收购企业、种植大户、花椒种植协会构成的产销对接平台，降低产业发展风险。

为提升砚台花椒的知名度和影响力，砚台镇举办了首届垫江县花椒美食文化节，以"做大花椒产业、助推脱贫攻坚"为主题，开展花椒采摘、花椒产品展销、花椒美食展示和花椒技术交流论坛等活动。借助花椒美食文化节这一平台，吸引了全县180户种植户、6家农业企业和3家餐饮企业参加，有效提高了花椒附加值、延长了产业链。

## 创新模式，加强贫困户利益紧密联结

花椒属于劳动密集型产业，砚台镇党委积极探索土地入股、资产分红、订单联结、劳务参与、带贫奖补等模式，实现了经销商、种植大户、龙头企业与贫困户的利益紧密联结。鼓励新型农业经营主体优先与贫困户签订长期农产品购销合同，形成稳定的购销关系，以"市场价+一定比例上浮"保护价收购；鼓励帮扶干部消费扶贫和代购代销，解决贫困户销售难题；鼓励花椒企业或种植大户优先吸纳贫困户季节性务工和长期就业，有效保障贫困户增加工资性收入。常年有40名建卡贫困户在花椒基地务工，花椒采摘期，全镇用工人数更是超过1000人。全镇实现年务工增收900余万元，花椒产业的发展壮大让贫困户就近务工、增收致富。

砚台镇的花椒产业，正一路高歌，以沁人心脾的香麻味，引领贫困群众走上致富路。正所谓产业"带活"一个镇，花椒"麻脱"贫困帽。2020年继续扶持长效扶贫产业，更加巩固脱贫成果，为全面建成小康社会、实施乡村振兴战略奠定坚实基础。

花椒基地吸纳当地贫困户就近就业

# 精准施策促脱贫 "志智双扶"斩穷根

　　垫江县五洞镇卧龙村最高海拔有600余米，由于交通不便、信息闭塞、沿山村民季节性缺水，村集体经济为零，贫困户人均收入不足3000元，2014年被列为市级贫困村。截至2018年底，全村有建档立卡贫困户40户95人，其中未脱贫户15户21人。2019年以来，卧龙村深入贯彻落实习近平总书记视察重庆脱贫攻坚重要讲话精神，以扶贫、扶志、扶智为抓手，着力解决贫困群众精神贫困、志气贫困和能力贫困等突出问题，为高质量打赢脱贫攻坚打下了坚实基础。

　　**精准"把脉"，营造摆脱贫困"好风气"**。习近平总书记强调，扶贫先扶志，扶贫必扶智。卧龙村大多数贫困户没文化、缺技术，因病因学致贫比例高，有的贫困户失去生活信心，对未来感到"绝望"，尤为突出的是村民争当贫困户，"等靠要""不感恩"等思想较为突出，人居环境普遍存在"脏乱差"，一些贫困户懒惰、酗酒、赌博、迷信。对此，卧龙村针对性提出了"扶贫扶志"、人居环境提升、建设"五好"脱贫村、乡风文明等10余项扶思想、扶观念、扶信心的工作思路，引导贫困户克服"等靠要"思想，帮助贫困群众树立起摆脱困境的斗志和勇气，增强脱贫信心，激发内生动力，营造摆脱贫困"好风气"，从根本上铲除滋生贫穷的土壤。

　　**精准"处方"，激励贫困群众"立志气"**。贫困群众是脱贫攻坚的主体力量，只有帮助他们"扶"起脱贫的志气、挺起脱贫的腰板，才能真正激发出持久的脱贫致富动力。卧龙村把"扶贫+扶志+扶智"贯穿于扶贫工作全过程，帮助贫困群众提高认识、更新观念、自立自强，唤起贫困群众自我脱贫的斗志和决心。扶贫驻村工作队每月组织贫困户集体观看垫江感动重庆十大人物等励志专题片，利用中国扶贫网、重庆电视台、华龙网以及各大主流媒体宣传卧龙村脱贫典型事迹70余次；组织贫困户和村民收看央视新闻联播，聆听习近平总书记视察重庆重要讲话；在传统佳节与贫困群众一起包粽子、包饺子、吃汤圆；开展"身边脱贫故事"宣讲和评选"脱贫光荣户""五好之星家庭"评选活动；书写固定大幅标语、召开院坝会、广播会等形式，宣传党的十九大和习近平总书记关于扶贫系列讲话精神；广泛开展扶贫政策宣传和感恩教育、励志教育，让贫困群众入脑入心，增强脱贫信心，激发内生动力。而今贫困户志气立起来了，"绝望变希望"，"酒鬼"改恶习，积极发展产业，参加公益岗位和务工就业，自发悬挂国旗、编写对联感党恩。昔日"争当贫困户"现象，变成了争当"脱贫户"，2019年底，15户未脱贫户主动申请脱贫。

**精准出招，帮助贫困群众"强底气"。**卧龙村群众贫困的根源在于缺乏"人穷志不穷"的精神和改变贫困现状的知识和能力。扶贫驻村工作队和村支"两委"一道通过多方努力争取资金，新建10余口蓄水池、1座移动基站，新建村社公路、生产便道50余公里。帮助贫困户爱心拍卖"土猪"2头，为贫困户销售"土鸡""土鸭"1000余只，帮助村民"线上线下"销售柑橘60余吨，给贫困户捐赠碗柜衣柜40套、化肥50吨。组织100名党员干部、志愿者帮助缺劳贫困户春耕春播、栽植李子苗，向28个贫困学生捐赠书籍100册，挽救不良行为的"熊孩子"变"乖孩子"，帮助2名特殊困难残疾人实施司法救助、康复托管，为全村安装"太阳能路灯"155盏，为群众解决民生实事200多件，协助处理群众纠纷30多件，贫困户实施危房改造140户等。一系列精准招式，为村民和困难群众搭台清障，村民"吃水难""通讯难""出行难""销售难"等问题得到解决，增强了贫困户自我"造血"功能，提高了贫困群众脱贫致富的能力。贫困群众有了底气，也就有了脱贫的信心。

**精准发力，引导贫困群众"卖力气"。**习近平总书记指出"幸福是靠奋斗出来的"。卧龙村着力教育引导村民树立"勤劳光荣、懒惰可耻"，"摘掉穷帽子、干出好日子"的思想观念，让他们用勤劳的双手创造幸福生活。一方面，在整村产业发展上精准发力。根据卧龙村的地理优势，以柑橘和李子为主导产业，开展提质增效行动，提升产业质量和产品品质，实现贫困群众增收致富。2019年，争取上级资金150余万元的产业发展项目8个，实施人居环境整治示范点建设项目1个，开展种养殖技术培训7次。其中，组织畜禽粪便资源化利用沼液还田600亩，柑橘、李子产业发展基础设施建设项目330亩，农田沟渠整治项目500米，垫江晚柚高接换种200亩7000株，果园种植绿肥改良土壤500亩，柑橘大实蝇绿色防控示范500亩。卧龙村产业发展初具规模，全村柑橘达到1000亩，李子600余亩；年出栏生猪4500头规范化养殖场1个，200头刺猪特色养殖场1个；培育脱贫致富带头人3名，常年解决贫困户就业15人，增收3万余元。另一方

扶贫驻村工作队给贫困学生捐赠书籍

面，整村产业的发展，带动了贫困群众发展产业的劲头。2019年，37户贫困户种植晚熟青脆李86.9亩，并与2个专业合作社建立了"三年帮建"的利益联结机制，实行"统一品种、统一栽植、统一管理、统一包装、统一销售"模式，打造"唐家坡优质青脆李"区域公用品牌，提升产业价值。贫困群众还养殖鸡、鸭、鹅等畜禽2万余只，生猪40余头，发展种植榨菜200亩，晚熟柑橘260亩。2019年贫困户人均收入突破1万元。

**精准打造，培育致富奔小康的"骨气"**。为提高贫困群众脱贫质量，实施了人居环境整治和质量提升行动。通过精准打造，为贫困户改厨改厕10户，硬化地坝10户，新修便道4户，改造电力线路3户，安装窗帘门帘18副，围栏12个，添置必需生活用品6套。同时，引导教育贫困群众整理室内杂物，开展清洁卫生大扫除，柴草规范堆码，畜禽圈养，清理房屋四周排水沟等。组织专业队伍监督和帮助贫困群众清理打扫，对不爱清洁卫生的"钉子户"，驻村工作队与村支"两委"干部一边帮扶一边监督进行清理。贫困户长期不洗澡、环境"脏乱差"得到了有效改善，村民庭院整洁卫生，室内设备摆放有序，贫困群众人居环境和生活质量大幅度提高，有了致富奔小康的"骨气"。

垫江县五洞镇卧龙村通过"扶贫扶志"的强力抓手，增强了贫困群众脱贫致富的志气、底气和骨气，在2020年脱贫攻坚收官之年，全村将继续撸起柚子加油干，与全国人民一道脱贫致富奔小康。

# 高峰镇红星村

# 坚持"五抓五促"　夯实攻坚基础

❖❖

垫江县高峰镇红星村距县城17公里，全村辖区面积7.22平方公里，辖9个村民小组，共1564户5305人，截至2019年12月，全村建档立卡贫困户73户242人，残疾人136人，低保户116户，五保18户。因病因学是致贫主要原因，致贫比例达62.4%。曾经的红星村，交通较落后，村域发展失衡，进驻工作队后，全村通过"五抓五促"，脱贫攻坚取得显著成效，脱贫成果得到进一步巩固。

垫江县委书记浦彬彬在红星村晚柚基地调研

**抓党建工作促进队伍建设。** 以"不忘初心、牢记使命"主题教育为抓手狠抓党建工作。支部定期、高质量开展"三会一课"和主题党日，完善周一集中办公制、周例会制、集中学习制、值班制和请销假等制度建设；村支"两委"规范议事决策程序和文书档案立卷归档；定期组织村社干部外出考察学习，学习先进经验、提升履职能力；大力培育致富带头人和后备干部。村支"两委"干部队伍战斗力、凝聚力、执行力逐步增强，基层组织战斗堡垒作用得到较好发挥。

**抓基础设施促进互联互通。** 以公路联网化、村庄明亮化、生产生活出行便利化为抓手，狠抓基础设施建设。通过整合各类财政资金、村民自筹等方式硬化村、社级公路27.7公里，修建生产便道17公里，新修提灌站2个，改造自来水主水管2公里，新建蓄水池10口，安装自来水750户，安装天然气750户，C、D级危房改造28户，整合帮扶集团和驻村工作队队员派出部门捐赠、社会捐赠资金安装太阳能路灯255盏。全村基础设施建设取得巨大变化，村民生产生活出行条件得到极大改善。

**抓产业发展促进增收致富。** 以大力引进兼具经济效益、生态效益和社会效益的涉农企业为抓手狠抓产业发展。引导重庆竹木森农业科技有限责任公司扩种雷竹108亩，种植面积达到500余亩，年产值500余万元；引进重庆柚美时光生物科技公司种植垫江晚柚1500余亩；引进万胜蔬菜种植专业合作社种植榨菜、密本南瓜各500亩；引导农户散种芥菜1000亩、水产养殖180亩、养蜂170桶；引进重庆汇钜食品公司订单式种植优质水稻400亩。以"双上浮"的形式（贫困户土地流转费上浮10%、务工工资上浮10%）创建带贫示范基地2个，以"三帮助"的形式（赠送种苗、指导贫困户田间管理并代售代销）创建带贫示范基地1个。种养业、劳务输出涵盖全部建卡贫困户，农户收益实现稳步增收。

**抓整改提升促进"三个保障"。** 以建卡贫困户生产生活设施整治提升为抓手着力解决"两不愁三保障"。对全村73户贫困户逐户走访排查，分类收集问题，逐户整改销号。通过部门捐赠、帮扶干部个人扶持和贫困户量力出资等形式，新建厨房4户、硬化地坝9户、硬

高峰镇红星村贫困户在雷竹基地务工

化入户便道7户、安装自来水或自来水分户3户、翻盖房屋2户、室内电线排危2户、添置衣柜碗柜6套、购置棉被12床、协助办理特病卡6张，帮助办理大学生助学金支助1人。疫情期间，联系重庆沛杰教育集团为红星村54名居家学习的建卡学生捐赠跳绳、课外读物、文具盒、铅笔等。全村建卡贫困户"两不愁三保障"户户达标。

**抓环境整治促进乡风文明**。以整村实施人居环境"三清一改"工作为抓手促进乡风文明建设。建立每场清扫、每周清运、每月评比的整村人居环境整治工作机制；建立帮扶干部每月入户引导督促、村支"两委"干部与驻村工作队包片督促、公益岗位突击整治（失能户）贫困户环境卫生工作机制；开发环境整治公益岗位4个，提供给建卡贫困户就业，既解决贫困家庭就业问题又促进环境卫生治理工作；稳步推进垃圾分类改革。山清、水秀、路净、院洁、家美的乡村环境逐渐形成。

# 旅游扶贫拓宽乡村致富路

万盛经开区位于重庆南部，辖区面积566平方公里，人口30万人，辖8镇2街，是全市非重点贫困区县。近年来，该区依托良好的旅游资源，把产业扶贫作为实现脱贫的根本之策，因地制宜打造全域旅游，充分释放"旅游+"乘数效应，全力助推脱贫攻坚，探索走出一条旅游扶贫新路子。目前，全区共有3万余名村民依靠旅游走上致富路，7个国家级贫困村全部摘帽，建档立卡贫困人口全部脱贫，脱贫攻坚推进有力、成效明显。

## 大力发展全域旅游，打造助推脱贫攻坚"强引擎"

**坚持全域布景，搭建产业扶贫载体。**制定实施《万盛经开区全域旅游发展规划》，构建"一城、四区、三带"全域旅游布局（山水运动休闲城，精品养生度假区、农旅融合示范区、民族风情旅游区、边城文化体验区，康体养生度假带、乡村旅游联动带、民俗文化体验带）。高质量开发景区景点，提档升级黑山谷、万盛石林等AAAAA级景区，梦幻奥陶纪、青年汇巅峰乐园等一大批景区景点建成投用，全域建成景区景点22个，基本实现镇镇有景区、贫困村村村有景点。充分发挥景区景点经济带动作用，壮大贫困村集体经济，解决贫困人口就业523人。

**完善基础设施，改善生产生活条件。**织密旅游交通网，累计建成旅游公路1049.8公里，修建特色公交站点466个、观景平台70余个、休憩站45个，开通旅游公交线路50条，行政村、旅游景区景点通公交率达到100%。升级改造水电气讯等基础设施，建成投用板辽湖水库及鲤鱼河引水工程，天然气实现村村通并入户度假区，建成A级以上旅游厕所202座。加快智慧旅游建设，实现全区公共场所、度假区、景区重要节点免费 Wi–Fi 全覆盖，开通旅游交通广播，上线运行全域旅游全景地图和万盛旅游轻应用。推进农村环境综合整治，农村生活垃圾有效治理率100%，建设农村生活污水管网27.5公里、污水处理设施131套，农村生活污水处理率70%，完成农村改厕2.6万户、覆盖率77%。

**多措并举发力，打响乡村旅游品牌。**以参与性体验产品为卖点，打造乡村旅游精品线路8条，举办"凉风国际塘钓积分赛""凉风鱼"千人宴等乡村旅游节会活动。因地制宜开发旅游资源，制定旅游民宿发展奖励办法，带动村民发展特色民宿120家、农家乐573户。开展旅游行业扶贫培训，带动贫困户创业46户。

**开发旅游商品，着力延伸产业链条。**深化农旅融合，加速农业产品向旅游商品转化，精心培育特色旅游农产品品牌。打造现代农业园区4个，发展茶叶、猕猴桃等五大特色产业10万亩，发展农业产业化龙头企业、涉农小微企业800余家。开发旅游农产品27个，其中"三品一标"产品15个，推出系列"万盛好礼"，竭力发展"后备厢"经济。建成本地电商平台，推动主要酒店、民宿、农家乐上线携程网，实现区内旅游商品和旅游产品线上订购。2019年，接待游客2511万人次，旅游综合收入185亿元，旅游业增加值占地区GDP比重20%以上，农民人均旅游收入占人均纯收入25%以上。

### 精准施策"造血"制氧，乡村旅游谱写脱贫新篇章

万盛经开区优先在贫困村布局旅游产业，以万东镇五和村五和梨园、关坝镇凉风村凉风梦乡渔村、石林镇庙坝村梦幻奥陶纪为代表，全区7个国家级贫困村均建成特色乡村旅游景

万盛经开区金桥镇重视生态保护，俯瞰大地仿佛一片林海

区景点，推动"贫困村变景区、贫困户变旅游从业者"，实现贫困村整村脱贫。万东镇五和村——梨园唱出精准脱贫幸福曲。通过发展乡村旅游，打造"五和果""五和鱼"等多个特色产业，种植特色果园1600余亩，建成清水鱼塘600余亩，打造清水鱼垂钓基地2个、蔬菜种植基地300余亩、蔬菜大棚基地1个，培育养鸽大户3户。深入挖掘"梨"文化，举办五和梨花文化旅游节，累计吸引游客16.5万人次，实现综合收入1250万元，带动周边农户增收90余万元，村民人均纯收入从2015年的4980元增长到2018年的11588元。关坝镇凉风村——梦乡渔村圆了脱贫增收致富梦。打造"微企创业梦乡村"项目，以精准扶贫为切入点，整合扶贫、水利、农综等项目资金和政策，全力推进旅游扶贫。成功打造乡村旅游景区凉风梦乡渔村，完善配套设施，建成莲花洞湿地、追梦迷宫等娱乐项目27个，形成独具特色的"一河三区四梦"乡村旅游景点。制定"梦乡村"微企创业专项扶持政策，推进果蔬产业、生态渔业、休闲度假、餐饮服务等业态发展，全村创办微企170余户。2018年，接待游客45万人次，人均纯收入从2015年的4600元增长到2018年的10800元。三林镇庙坝村——网红景区旺了人气、鼓了群众腰包。引进公司投资3.5亿元开发建设梦幻奥陶纪，打造"世界第一天空悬廊""悬崖秋千"等游客参与体验类高空挑战项目，成为全国十大网红景区之一，实现年接待游客百万人次以上。提供就业岗位近600个，带动村民通过旅游企业就业、发展民宿农家乐创业等方式，人均纯收入从2015年的6839元增长到2018年的13950元。

## 推动旅游提质升级，持续走深走实旅游扶贫路

优化提升旅游发展载体，深入落实全域旅游发展规划，充分挖掘旅游潜力，推进"旅游+农业""旅游+体育""旅游+文化"等深度融合发展，打响旅游品牌，着力打造世界旅游目的地、全球活力城市。提升打造黑山谷、万盛石林等核心景区，不断壮大"百万游客俱乐部"。加快黑山·万盛之眼、火电博览园等景区景点建设，推进景区创A行动，着力构建区、镇、村三级旅游目的地体系。完善升级旅游基础配套，推进旅游环线公路建设，提高交通干线与旅游景区畅通水平。实施旅游公路景观绿化改造，对重要节点进行景观提升和设施完善。推进鱼子岗、百花度假区等重点区域基础配套升级和环境整治。提档升级住宿餐饮产品，大力发展经济型特色酒店及特色民宿。深入实施城乡环境综合整治，纵深推进"厕所革命"，提升景区、城乡环境卫生水平。升级智慧旅游软硬件设施，加快打造"一部手机游万盛"智能系统。提高旅游管理服务水平，完善"1+3+N"旅游综合管理执法体制机制，推进旅游市场秩序监管常态化和治理长效化。落实企业主体责任，加强旅游企业安全管理和风险管控。抓好旅游人才队伍建设，坚持举办旅游行业专项技能培训和竞赛，提升旅游从业者能力水平。提升景区导游讲解、餐饮住宿服务水平，建立消费服务评价反馈机制，打造良好旅

游消费环境。开展文明旅游志愿服务活动，提高游客满意度和美誉度。筑牢扶贫利益联结机制，探索推广旅游扶贫多方参与、共建共享新模式，建立健全多元化利益联结机制。探索拓宽"资源变资产、资金变股金、农民变股东"改革途径，引导村集体和村民利用资金、技术、土地、房屋等入股乡村旅游合作社、旅游企业等获得收益。支持贫困村升级改造闲置农房，发展以乡村民宿改造提升为重点的旅游扶贫项目，并直接参与经营实现增收。强化脱贫攻坚和乡村振兴有机衔接，不断夯实乡村产业、人才、文化、生态和组织基础，充分发挥"旅游+"融合发展优势，拓宽多元化产业扶贫路径，为决胜脱贫攻坚提供强有力支撑。

**万东镇**

# 走好"三步棋" 逐梦小康路

    万东镇地处万盛中心城区，是典型的城乡结合镇，镇域辖区面积63平方公里，全镇辖9个村和10个居委会，常住人口9.8万人（其中农业人口1.1297万人）。自2015年以来，万东镇紧紧围绕切实解决贫困户"两不愁三保障"突出问题，下好"美居、兴业、励志"三步棋，在改善环境设施、培育特色产业、激发内生动力上下足绣花功夫，实现1个国家级贫困村五和村整村脱贫，全镇建档立卡贫困户171户529人全部脱贫，2017年以来贫困发生率、返贫率均为0。全镇农民人均可支配收入达到15984元，年均增长9.95%。

## 第一步棋："美居"——改善环境设施

    深入实施农村人居环境整治三年行动。建立村庄卫生常态化保洁机制，设立垃圾分类示范村3个、示范点6个。充分利用边角空地改善城乡接合部人居环境，建成新华村双鹞嘴、榜上村大丘休闲广场2处。完成采煤沉陷受损搬迁农房宅基地复垦50户1万余平方米。累计改建无害化卫生厕所1831户，卫生厕所普及率达到85%以上。全镇农村区域已完成2000余户农户天然气安装。全力推动生态环境保护。做好新田片区小作坊排污治理,全年空气优良天数达到327天。关闭粪污直排污染源养殖场,有效治理农村生活污水。深化国土绿化提升行动,完成植被修复、农村"四旁"植树、农田林网特色经济林改造等1.39万亩。积极打造"四好"农村路。投入资金2000余万元,建设农村公路51公里,农村生产生活便道48公里,投入资金100万元,新建及升级改造五里、五和片区人行及生产便道5.3公里,全镇建制村通公交率达100%,公路畅通率达100%,有效改善了的贫困群众的出行条件。

## 第二步棋:"兴业"——抓好农旅融合

加强扶贫产业指导。印发《关于建立贫困户产业发展指导员制度的通知》,落实产业指导员制度,为每个村设置2-3名镇级产业指导员,聘请1名产业指导专家,指导各村发展壮大产业,确定帮扶责任人为贫困户产业发展指导员,为贫困户"量体裁衣"式制定脱贫方案。因地制宜推动产业发展。强化乡村规划引领,完成五和村乡村规划现场勘查、新申报9个村乡村整体规划。着力建设特色农业基地,建成油用牡丹、村香砂仁、脆红李、五和梨、五和生态渔业3200亩,实现农业产业化经营。启动"五和清水鱼"商标及"五和梨"地标注册,投产茶园1152亩,年产121吨、综合收入200余万元。整合投入资金233万元,完成到户产业、蔬菜大棚、猕猴桃种植等15个扶贫项目建设。村集体经济消灭"空壳村",均实现翻番。深入实施旅游扶贫。万东镇将旅游扶贫作为脱贫攻坚的重要突破口,把五和村建设成为全国"美丽乡村"建设试点单位、"重庆市戏剧家活动基地"和"2016重庆十佳赏花踏青胜地"。依托青山湖现代农业园核心区域,用好用活五和梨花文化口碑,成功举办7届五和梨花文化旅游节,该节会成为全市精品乡村旅游文化节会,被评为"2013年重庆最具有影响力乡镇节庆",是万盛经开区响当当的乡村旅游品牌。梨花节共吸引游客64.3万人次踏青赏花,带动带活周边农家乐、特色民宿,实现综合收入4700余万元。

## 第三步棋:"励志"——推动"志智双扶"

加强扶贫人才队伍建设,加大乡村实用人才培养力度,实施农民工返乡创业、新型职业农民培育、村级后备力量培育"三大工程",开办产业发展专题培训班,积极开展贫困劳动力技能培训。选派15名机关优秀青年干部任基层党组织第一书记,吸纳村级本土人才9人,构建人才智力帮扶协作机制,不断强化人才支撑。强化精神文明建设,厚植"和"文化,成功创建五和村市级文化振兴示范点,建成五和村乡情陈列室、新时代文明实践站。在全镇范围内开展"邻居节""万家暖""孝文化"等系列活动220余场次,深化群众性精神文明建设。推动乡风文明治理,积极引导文明殡葬、文明祭扫,制定禁止党员及各级干部滥办酒席实施细则，倡导将禁止滥办酒席纳入村规民约。启动第二轮"活人墓"专项治理，拆除"活人墓"857座，深化移风易俗。充分发挥示范带头作用，投入资金30万元，发展致富带头人3名，带动18户贫困户增收。成立五和村"五扶队"，组织开展扶弱、扶业、扶善、扶志、扶智等帮扶活动，创建扶贫示范车间1个、带动重点困难群体就业5人，组建专业合作社，建立贫困户与产业发展利益联结机制。持续开展"造血式"扶贫，制定《万东镇五和村2019—2021年乡村振兴实施意见》，把打赢脱贫攻坚战与实施乡村振兴战略结合起来。探索集体经济发展模式，成立重庆五和旅游开发有限公司。探索利益联结机制，以五和村苦竹沟为突破点，社农户以承包地折算费用入股、村委会成员以现金入股，成立农民合作社，统一经营管理该社土地。不断提升贫困群众获得感幸福感，精准落实扶贫政策，以公益性岗位安置49名贫困人员就业，促进贫困劳动力稳定增收。抓实"两不愁三保障"工作，全面开展住房安全、基本医疗、义务教育和饮水安全排查，确保全镇171户贫困户"两不愁三保障"及饮水安全得到保障。为30户贫困户大学生申请"雨露计划"和贫困大学生助学金15万元，将88名贫困户纳入农村低保兜底，推动脱贫攻坚走深走实。

## 万东镇五和村

# 融合"文农旅" 同走小康路

◆◆

"和风吹，梨花香，绿水长长，鱼儿跃池塘；家风扬，情意长，勤劳善良，人和家业旺……"一首《爱在五和》将我们带入了情境之中。一眼望去，满山雪白的梨花争相斗艳，三三两两的游人驻足休憩。驱车沿路行驶，沿线的美景映入眼帘，五和早已不是当年那个落后贫穷的穷山沟了。

万东镇五和村地处万盛城区西北面，距万盛城区6公里，面积8平方公里，东接新田村，南连六井村，西邻金兰小桃园，北靠青山湖。多年来，交通不便、出行困难成了村民的第一难题，虽有青山湖国家湿地公园这一"强大背景"，但这样的背景却未给五和村带来实质性的"福利"，这促使五和村急需找到自己的"出路"。

由于地理条件受限，没有致富的产业和路子，导致产业发展落后，村民经济收入低。2014年，五和村被列为国家级贫困村，由于条件落后，光是建档立卡贫困户就达到52户214人。

**树立要致富，先修路的理念。**面对眼前泥泞的山路，五和村领导班子克难攻坚，积极引导村民筹资出力，在万东镇党委、政府的大力支持下，五和村村支"两委"班子带头行动，村民齐心协力，出地的出地，出钱的出钱，很快便挖好了机耕道并实施了硬化；路修好了，交通便利了，基础设施完善了，发展成了全村的第一要素，每个人心中都有着致富的强烈愿望。

同时，依托村集体土地，五和村开始了自己的产业发展，得到了镇党委政府的支持，五和村开始引进产业，发展项目，壮大村集体资产，先后发展了"五和梨""五和菜""五和果"，带动村民利用自己的土地种植黄花梨、桃树、李子树等，引进产业大户发展杨梅、葡萄、猕猴桃等果品。

**小康不小康，关键看老乡。**产业有了发展，经济收入有了提高，村里不少人有了创办农家乐的意愿。涌现出了像淳光辉、沈朝梅、何成兰、刘道强、刘绪群、袁中华等一批致富能手，率先开始了创业之路，为村民树立了榜样，带动了五和村旅游和产业多样化发展。

发展一个，带动一个，发展一片，全村致富。目前五和村有14个农业合作社、6个农民专业合作社，508户农户，要想全村百姓致富，那就要壮大产业，推动经济发展。说干就干，2019年，五和村以苦竹沟社为试点，率先成立了果之绿水果种植股份合作社，引导苦竹沟社农户以土地入股，以农业园区建设为标准，结合各类项目建设，探索"合作社+村集体+农户"的土地股份合作社试点工作，是全区第一例土地入股的专业合作社。当年，贫困户就享受到了分红，大家的信心更强、干劲更足。

现在的五和，已拥有主导产业"五和果""五和鱼""五和菜"，全村有精品果园2000余亩，主要种植梨、桃、杨梅、樱桃、葡萄、猕猴桃、李子等；有清水鱼塘600余亩，清水鱼垂钓基地2个；蔬菜种植基地300余亩，蔬菜大棚基地1个。除此之外，还成立了五和旅游公司，培养了种养殖大户，开发了扶贫车间，为当地经济带来效益的同时，也解决了村民的就业难题，实现效益与就业双丰收。

产业有了发展，经济有了提升，精神文化层面的需求也要得到充实。结合现有产业，五和村将"文、农、旅"相融合，每年3月都要举办"五和梨花节"。来自重庆各地近30万游客慕名而来，就为一睹五和梨花的芳容，梨园文化与传统戏曲的无缝衔接更是为五和梨园植入了西游记、八仙过海等神话故事。2019年3月，中央电视台对五和村做了专题报道，以"小梨花大产业，春赏花夏摘果"为主题的五和梨园在全国人民面前亮相。在党工委宣传部、文广新局的大力支持下，五和村的文化产品日臻丰富，一首《爱在五和》描绘出五和游子对家乡的情谊和怅惘，一曲《五和赋》展现出五和村这片土地的厚爱和向往，一场《五和村里说"五和"》演绎出五和乡亲其乐融融、携手奋进的愿景和风采，这一文一曲一戏作为载体，凸显出五和悠久绵长、厚德载物的文化氛围。

随着基础设施、农村环境、产业培育、旅游扶贫等政策逐步落实，五和村面貌发生了显著变化，贫困群众生产生活状况得到明显改善。行走在五和梨园中，驻足眺望，满山梨花如雪似玉，美景尽收眼底。如今的五和，早已不再是昔日那道路泥泞不堪，天黑行走摔跟头的穷山村；如今的五和，交通四通八达，天然气进村入户，网络互联互通，环境焕然一新，产业蓬勃发展；如今的五和，正向着"开放、富裕、文明、法治、美丽、幸福"的方向砥砺前行。

## 南桐镇岩门村

# "脱贫三招"走新路

◆◆

"两山夹一河，出门靠双脚"，这是几年前外人对南桐镇岩门村第一印象。当时，村里的基础条件非常落后，只有一条主干道与外界相连，村里几乎没有集体收入，整村充斥着一丝暮气。

几年后，岩门村公路四通八达、院落整洁美观、果树硕果累累、村民笑容满面……恰似一幅生态宜居乡村美丽画卷在眼前徐徐展开，这一切都得益于岩门村精心筹划的"脱贫三招"。

### 第一招：配套旅游"靓"乡村

岩门村是万盛城区通往万盛石林和梦幻奥陶纪景区的主要通道，如何借助这得天独厚的地理优势，引来八方游客，助推脱贫攻坚？在各级帮扶单位的帮助下，村支"两委"经过深入考虑，最终确立将岩门村建设为"石林、奥陶纪景区旅游配套区"的发展目标，确定"美化村容添魅力、扮靓全村助发展"的工作方向，通过美化村容村貌，打造美丽宜居乡村，助力发展乡村旅游。

说干就干，岩门村先是在村便民服务中心旁边修建了绿色停车场、旅游公厕、健身广场吸引游客驻足观赏休息，接着开发停车场对面的荒山打造100亩观光李子园，结合现有的蜜柚打造50亩蜜柚示范园，发展乡村采摘游，让岩门村变成春可赏花、秋可摘果的乡村旅游目的地。

要想吸引游客源源不断而来，发展乡村旅游必须要有优美的生态环境作为基础。岩门村全力实施农村人居环境综合整治，一方面实施刘家河小流域治理项目建设、国土绿化提升行动以及国土整治项目，开展荒山治理和美化，铲除杂草、播撒花种、植树造林，持续绿化、美化、亮化村容村貌，快速推进旅游配套服务区建设。另一方面，积极宣传文明卫生的生活理念，鼓励和引导村民参与农村环境综合整治，大力改善贫困户家庭卫生状况，制定岩门村村规民约三字经，积极推进农村移风易俗，开展最美庭院评比活动，建设美丽文明乡村。

在这一项项有力措施的持续推进之下，岩门村悄然变身：村容干净了、空气清新了、环境美了，幸福的笑容在每一个岩门村村民脸上绽放。在此基础之上，岩门村又开始谋划如何提高岩门村的知名度？一番商讨之下，决定在岩门村举办具有本土特色的美食文化节。这样一来，既能将岩门村发展乡村旅游的"招牌"打出去，还能进一步推介岩门村的特色农产品，为村民搭建一个销售平台，帮助村民增收。2018年7月18日，首届岩门村美食文化节拉开帷幕，当天吸引2600余名游客参与，直接经济收入近20万元，2019年相继又举办了第二届美食文化节，效果同样很好。

村民娄必华敏锐地"嗅"到了商机，他将自己的房子改造成为农家乐，并依托岩门村的本土农产品推出了一系列农家特色菜品，深受游客喜爱。在岩门村，像娄必华一样，因脱贫攻坚工作的深入推进而共享红利的村民并不在少数。目前，岩门村村民人均纯收入也由曾经的4150元提高到了现在9360元，翻了一番。

## 第二招："志智双扶"强素质

岩门村长期以来受闭塞的地理环境、社会环境及生活习惯等因素制约，部分贫困户存在思想观念落后、精神消极、自身发展动力不足等问题，给脱贫攻坚工作造成一定的困难。扶贫先扶志，致富先治心，对此岩门村村支"两委"班子和驻村工作队，坚持思想先行、"志智双扶"，强化从思想、教育等方面给贫困群众补足"精神之钙"，激发内生动力，使他们的思想从"要我脱贫"向"我要脱贫"转变。

走进岩门村，一幅幅图文并茂、生动形象的墙体画和宣传横幅随处可见，"扶贫不是给钱给物""扶贫先扶志，治穷先治愚"等标语入脑入心。岩门村充分利用村民大会、院坝会等形式，以各种浅显易懂、群众乐于接受的方式将社会主义核心价值观、中国梦、中华优秀传统文化等内容传递到群众身边，达到潜移默化的效果。岩门村还大力挖掘和宣传身边光荣脱贫致富典型，其中《李光桃：不等不要全力奔小康》《姚体右：党的好政策让我过上幸福生活》典型事迹区内外稿件在各级媒体刊载。此外，岩门村还广泛传承优良传统，开展"道德模范""光荣脱贫户""清洁户"等评比活动，用身边的事教育身边的人、感染身边的人。

如何破解村民劳动生产水平不足、经济效益不高？这一直是岩门村思考的课题。岩门村狠抓贫困技能培训，采用种方式、多种手段开展技能培训，走出了一条"扶智"的强技增收脱贫之路。通过不定期组织邀请种养殖专家、农技人员、科普志愿者、家庭医生深入贫困户家家户户的田间地头，实地指导种养殖技术、病虫害防治、农业实用技术等培训，切实提高了村民实用生产技术水平。利用全村贫困户大会，邀请本村种养殖大户，在大会上传授种养殖经验。组织贫困户到周边产业发展好、脱贫成效明显的地方去开阔眼界，看看外面一些成功的典型案例，进一步增强贫困户学习技能、掌握技能的主动性。目前，累计举办各类培训班50余场次，1800人次接受培训。

扶贫先扶智，教育是根本。岩门村注重教育为本，全村义务教育阶段没有一人因贫辍学。2019年岩门村贫困学生共有5人被高校录取，对于考上大学的贫困学生，村委设立专项资金进行奖励资助，鼓励学生好好学习走出大山，回报家乡。

岩门村以"志智双扶"为切入点，在为贫困户排忧解难的同时，把志气和信心输送给贫困群众，帮助贫困户树立"自力更生、勤劳致富"的观念，靠自己的双手摘掉贫困的帽子。

## 第三招：发展产业强实力

岩门村的集体经济薄弱，如何发挥优势发展特色产业、壮大集体经济？如何调动村民积极性？这些问题，一直萦绕在村支"两委"班子和驻村工作队全体同志的心头。

岩门村气候温和，雨水充沛，非常适宜种植瓜果。为了寻找最适合岩门村发展的"金果果"，村里邀请农技专家现场勘查，确定岩门村适合种植蜜柚。

2016年，岩门村的干部群众齐心协力地种下了1000余亩蜜柚。村里多次举办蜜柚种植技术培训班，邀请农技专家面对面为村民答疑解惑。村里建立起贫困户产业发展指导员制度，由镇农技专家和驻村工作队员任扶贫产业指导员，实行包户指导。村干部带队到其他区县现场学习蜜柚种植与管理技巧。如今，在岩门村走上一圈，就会发现遍布全村的柚子林，郁郁葱葱、长势喜人。部分蜜柚已试挂果，即将迎来丰产期，果子口感不错，今后应该会十分畅销。

单有蜜柚产业是不够的，岩门村还积极引进了清水鱼、虎纹蛙、园艺等产业，多管齐下以增加村集体收入。同时，在原有的土鸡土鸭养殖产业基础上，生产加工销售特色农产品，打造4个扶贫专柜，向过境游客展示和销售岩门村土特产品。引进扶贫电商"菜背篼"进村，为群众销售农产品提供好平台。

岩门村还成立村集体公司，开展乡村旅游、农产品加工销售、承建工程项目等业务。目前公司运作良好，开发的洞藏泡菜项目实现萝卜、白菜、青菜、辣椒等农产品"身价"翻番，并为5名贫困户提供就近就业的机会，来自区内外的农副产品订单应接不暇，经济效益逐步凸显。

**图书在版编目（CIP）数据**

走在大路上：重庆脱贫攻坚实践故事 / 重庆脱贫攻
坚创新实践丛书编写组组编 . -- 重庆：重庆大学出版社，
2021.2（2021.12 重印）

（重庆脱贫攻坚创新实践丛书）

ISBN 978-7-5689-2390-3

Ⅰ . ①走… Ⅱ . ①重… Ⅲ . ①扶贫—概况—重庆
Ⅳ . ① F127.719

中国版本图书馆 CIP 数据核字（2020）第 165999 号

重庆脱贫攻坚创新实践丛书

**走在大路上：重庆脱贫攻坚实践故事**

ZOU ZAI DALU SHANG：CHONGQING TUOPIN GONGJIAN SHIJIAN GUSHI

重庆脱贫攻坚创新实践丛书编写组　组编

主　编　魏大学　执行主编　孙小丽
副主编　牛文伟　谭其华　皮永生　杨　勇
特约策划：皮永生　　　　　策划编辑：张菱芷
责任编辑：刘雯娜　夏　宇　版式设计：琢字文化
责任校对：谢　芳　　　　　责任印制：赵　晟

*

重庆大学出版社出版发行

出版人：饶帮华

社址：重庆市沙坪坝区大学城西路 21 号

邮编：401331

电话：（023）88617190 88617185（中小学）

传真：（023）88617186 88617166

网址：http://www.cqup.com.cn

邮箱：fxk@cqup.com.cn（营销中心）

全国新华书店经销

重庆市联谊印务有限公司印刷

*

开本：787 mm×1092 mm　1/16　印张：23　字数：485 千

2021 年 2 月第 1 版　　2021 年 12 月第 2 次印刷

ISBN 978-7-5689-2390-3　定价：88.00 元